들면서

동서고금을 막론하고 인간은 누구나 반드시 어떤 주제를 찾아 즐기고 축제를 벌이려는(Celebrate) 본성을 지니고 있다. 그래서 인간의 존재 자체를 우리는 '축제하는 인간(Homo Festivus)' 이라고 표현하기도 한다. 축제는 인간이 본능적으로 갖는 사회적 행동욕구의 표현수단인 것이다. 이는 원시생활을 하는 미개인으로부터 첨단 선진문화를 누리고 있는 현대인들에 이르기까지 다를 바 없이 적용되는 삶의 방식이며 내용이다. .

축제는 근본적으로 더 인간적인 소통과 화합을 위한 일탈의 시간이며 기회다. 그러다보니 축제는 의식주와 더불어 4번째로 필요한 삶의 요소로 자리를 잡았다. 축제가 축제다워서 성공적이다라는 소리를 들으려면 축제의 기본에 충실하면 된다. 그렇다면 축제의 기본은 도대체 뭘까? 특정 상황이나 주제를 축제의 분위기로 연출하려는 욕구는 일상생활과는 전혀 다른 분위기의 일탈에 의해 기본적으로 충족되어야 한다고 본다. 평소와는 다른 감성과 감정을 체험하게 하는 통로로서의 역할이 필요한 것이 축제이기 때문이다.

이런 상황에서 축제는 일상을 살아가는 평범한 사람들이 감성의 물줄기로 샤워하고 삶에 필요한 자극이라는 양분을 얻는 감성 공급원이 되고 있는 것을 주지해야 한다. 축제가 축제 본연의 역할을 다하기 위해서는 러브마크적인 사랑과 존경을 받게 되는 출발점을 통과해야 한다고 저자는 주장한다.

최근 소비자들은 제품의 편익이나 특징이 주는 합리적인 제안에는 무관심한 경우가 많다. 그 보다는 제품에 담긴 이야기나 감정을 자극하여 마음을 움직일 수 있는 감성적 매력에 관심을 가진다. 결국 그들의 비이성적 결정에 핑계거리가 될 감성적인 동기를 필요로 하고, 자신들의 감성이 그 덫에 걸려들기를 주저하지 않는다.

축제의 경우에도 축제 소비자의 기분과 비이성적 결정에 영향을 미치는 감성적인 자극을 확보하는 것은 중요한 사안이다. 축제 브랜드와 유대관계를 강화할 수 있는 감성적 영역을 관리하는 것은 축제의 성패를 좌우하는 요소가 된다. 따라서 시간이 가면 갈수록 축제 소비자들은 '감성'적인 자극에 대단히 민감하게 반응할 것으로 저자는 예측한다.

사람들은 또 축제브랜드와의 의미있는 '관계'를 소중하게 생각하고 있다. 소비자와 브랜드간의 감성적 연결이 매우 중요하게 부상하는 대목이다. 축제의 경우에도 러브마크 대접을 받는 축제를 만들어 내기 위해서는 축제소비자와의 감성적 관계 관리라는 체계적 접근이 필요하다고 판단되어 저자는 이 책을 쓰게 되었다.

소비자와 축제 브랜드간의 감성적 관계에서는 축제 브랜드를 태도의 대상으로만 보던 습관에서 벗어나 소비자는 축제 브랜드에 인격을 부여한다. 또한 브랜드와 상호작용을 통한 관계형성을 중요하게 생각하게 된다.

소비자는 브랜드에 가족이나 친구, 연인 등과 같은 다양한 형태의 감정을 가지는데, 이중 소비자가 브랜드에 대해서 느낄 수 있는 최상의 감정이 '사랑'이다. 축제의 경우도 사랑과 존경의 대상으로서 인격적인 감성관계가 축제를 방문하는 개인과 형성될 수 있을 것이며 이 관계를 밝히기 위해 분석적인 시도와 검증이 필요하다는 차원에서 이 책의 주요 내용들이 준비 되었다고 할 수 있다. 아무쪼록 이 책의 주장과 제언을 통해 한국의 축제가 세계시장에 내놓아도 손색이 없는 러브마크 축제로서 발돋움하기를 기대해본다.

2011년 7월 저자 이태희 씀

CONTENTS

CONTENTS

CONTENTS

CONTENTS

CONTENTS

CONTENTS

CONTENTS

CONTENTS

CONTENTS

CONTENTS

CONTENTS

Memo

Chapter 1

♡ 축제의 개념

1. 축제의 개념
2. 지역축제의 개념
3. 문화관광축제의 역할 및 제 효과

Chapter 1

축제의 개념

1. 축제의 개념

축제의 사전적인 의미는 '축하하여 제사지냄', '경축하여 벌이는 큰 잔치나 행사'로 전통적인 의미의 제의와 현대적인 의미의 행사의 개념이 포함되어 있다(강해상, 2005). 축제는 '경사스러운 날'과 '제사드리는 날'의 합성어이기도 하다. 이를 한자로 풀어보면, 사람(人)이 말(口)로 신에게 비(示)는 '축(祝)'과 제물(肉)을 손(手)으로 제상(示)에 올려놓고 제사지내는 '제(祭)'가 합쳐진 낱말(오순환, 2001)이다.

축제는 종교적인 의미로 시작된 것으로 볼 수도 있는데, 추수가 끝나고 하늘에 제사를 지낸 후 많은 사람들이 모여 가무를 즐기는 제천의례에서 축제의 유래를 찾을 수 있다(김형국, 2002). 전통적 사회에서 벌어지는 축제들은 인간이 신에게 풍요와 안녕을 기원하는 제의(祭儀)·종교적 행사로서 행해져 왔던 것이다. 결국 공동체 사회를 더욱 결속시키고 발전적으로 이끌어온 원동력이 축제 였었다. 또한 우리의 조상들은 예로부터 가무(歌舞)를 즐기며 살아온 민족으로서 일상의 삶 속에서 주기적으로 축제를 통하여 존재의 근원에 대한 확인과 삶의 의지를 위한 재충전의 기회를 만들어 왔다(문화관광부, 1996).

발리 주민의 힌두교 의식

축제는 시간적인 개념이 적용되어 농업, 종교, 사회, 문화의 어떤 사건이나 절기를 기념하여 그것을 의례적으로 축하하는 어느 날이나 기간을 말하기도 한다. 이것이 점차 세속화과정을 거쳐 연극적 무용, 체육행사, 카니발 등이 곁들여

져(한국문화정책개발원, 1994) 다양한 내용으로 그 폭이 넓어지고 있다.

축제는 여러 학자들에 의해서 정의되고 있는데, 축제의 개념은 시대에 따라 그 내용과 의미도 변하고 있다. 오늘날 축제는 일반적으로 각 지역이라는 공간적인 제한을 바탕으로 이루어지기 때문에 축제의 의미는 각 지역의 고유한 사회·문화적인 특성과 의미가 반영되어 있다(윤설민, 2007).

Getz(1991)는 축제를 제의 및 의식 행사로 보고 '축제는 특별한 의식에 의해 규정된 제전·제의이며, 중요한 생산물의 수확이나 유명한 사람 또는 이벤트를 주제로 한 정기적으로 열리는 제의'의 개념으로 정립하였다. Goldblatt(2001)는 이벤트 용어사전에서 축제를 다양한 활동을 통해서 참가자와 관람객에게 특별한 의미를 전달하는 공공의 의식이라 정의하였다. 강해상(2005)은 축제를 일상에서 벗어나 특별한 주제를 가지고 지역의 문화와 전통을 공유하는 총체적인 삶의 현장이라고 정의하였으며, 조배행(2007)은 지역문화의 총체적 표현으로서 역사와 문화, 지역민들의 생활 등 전통문화를 기반으로 공동의 가치관을 형성하고 공동체 문화가 그 안에 응축되어 표현되고 있다고 하였다.

1) 축제의 특성과 정의

축제는 독특한 문화를 외지인에게 널리 알리고 이를 상품화하여 주민소득 증대와 연계시킬 수 있다는 특성이 있다. 한국문화관광정책연구원(2006)은 지역주민의 정체성 제고와 외지인의 지역에 대한 이해를 증진시키기 위해 매년 정해진 일자에 지역주민, 지역단체, 지방정부가 주체가 되어 준비·개최되는 것이 축제라고 하였다. 유흥렬(2007)은 축제를 지역의 특정한 주제, 개최시기, 대중의 참여, 주기 및 다양하고 복합적인 프로그램이 개최되는 문화와 관광이 접목되는 행사라고 정의하고 있다. 또한 유명의(2008)는 축제를 한 사회의 정신적, 물질적, 감정적, 지적인 것의 총체적인 복합물로서 예술과 문학을 포함한 생활방식, 인간의 기본권리, 가치체계, 전통 및 신앙을 포함하여 민족이나 특정지역의 주민이 공감하는 유·무형의 현상일체를 나타내는 것으로 정의하였다.

2) 협의의 축제와 광의의 축제

이와 같이 지역의 다양한 문화현상을 포괄하고 있는 축제는 협의의 의미와 광의의 의미로 나누어 볼 수 있다. 협의의 정의는 지역과의 역사적 상관성 속에서 생성되고 전승된 전통적인 문화유산을 축제화한 것으로 보는 것이고, 광의의 정의는 전통축제뿐만 아니라 문화축제, 예술축제, 산업축제, 관광축제, 경연대회 등을 비롯한 각 지역의 문화행사 전반을 포함한다(김명자, 1995).

현대의 축제는 광의의 정의로 받아들여 축제의 범위를 확대시키고 있으며, 전통적인 축제에서 도시화된 축제로 변화하면서 유희적이고 놀이적인 요소가 강조되고 있다. 즉, 과거의 축제가 조상이나 신에 대한 의례적인 측면을 강조했다면 오늘날의 축제는 일상의 단조로운 반복에서 잠시 벗어나 휴식과 여흥을 주는 탈일상성과 오락성, 체험성이 강화된 종합축제나 문화관광축제로 변모하고 있다(이경모, 2005).

관광학 측면에서 축제는 지역사회의 문화적 정체성에 근원을 두고, 대중적이며 주제가 있는 행사 또는 볼거리, 놀거리, 먹거리, 배울거리 등을 관광객에게 제공하여 욕구를 충족시키고 관광객들이 실제 다양한 경험을 할 수 있는 제반의 행사라고 정의할 수 있다(김성혁·고호석·김순하, 2000). Getz(1991)는 축제가 관광지에 생명력을 부가시키고, 관광지의 매력을 향상시킨다고 하였으며, Jefferson(1991)은 축제는 한정된 기간에 음악과 미술을 중심으로 음식과 음료에 이르기까지 모든 관광활동의 요소를 포함하여 개최되는 특별한 축하의식이라 하였다.

과거의 축제가 지역주민의 단합과 제의적 성격이 강하게 작용하였다면, 현대산업사회에서의 축제는 경제, 사회, 문화, 교육, 지역홍보 등에 이르는 관광상품으로서의 중요성이 부각되고 있다(이범재, 2009). 이는 축제를 통하여 관광의 주요 동기인 타 지역의 생활과 문화에 대한 관광객의 지적욕구를 충족시켜주는 계기가 되고, 지역의 전통춤, 음식, 민요 등 다양한 문화적 활동을 관람하고 참여할 수 있는 기회를 제공하기 때문이다. 더불어 지역이미지 강화와 지역주민의 문화적 자긍심을 고취하고 관광활성화 등에 기여함으로써 궁극적으로 지역발전에 이바지함과 동시에 지역사회의 정체성 확립을 가져온다. 또한 기반시설의 확충 및 강화, 전통문화의 보존과 재발견 등 사회문화적인 효과와 지역고용의 증가, 지방정부의 세수입 등 해당 지역의 경제 활성화에 기여하고 있다(강해상, 2005).

이상의 축제에 대한 여러 학자들의 정의를 종합해 보면 축제는 다양한 문화현상을 포괄하고 있는 행사로 지역주민이 주체가 되는 지역 고유의 전통·문화를 계승·발전시키는 공동체 의식으로서 지역정체성의 제고와 지역경제의 활성화와 지역이미지 제고를 가져다준다. 축제는 결국 지역문화의 정체성, 고유한 생활양식과 전통 문화적 요소가 잘 반영되어 있는 공동체적 성격을 띤 행사로 지역민이 주체가 되어 참여하고, 방문객들은 다양한 문화현상을 체험을 할 수 있는 지역문화의 활동으로 정의된다.

2. 지역축제의 개념

지역축제는 지역의 정체성(Place identity)을 나타내며, 지역의 문화를 재현하여 장소에 대한 생명력을 제공하는 이미지 정화작업이다(김철원 & Scott, 1998). 축제는 소망하는 일이 이루어지기를 바라는 제사이자 의식이며 행사이다. 원시시대에는 짐승을 많이 잡기를 기원하는 제사의 형태였다. 그 제사를 통해 사람들은 사냥을 위한 원기를 회복하고 마음을 가다듬게 되며 신에게 기원을 행하는 것을 말하며 그렇게 전해져 내려왔다.

지역의 다양한 문화현상을 포괄하고 있는 지역축제의 개념 정의는 두 가지로 생각할 수 있다. 하나는 협의의 의미로서 지역과의 역사적 상관성 속에서 생성되고 전승된 전통적인 문화유산을 축제화한 것이다. 반면에 넓은 의미로는 전통축제 뿐 아니라 문화제, 예술제, 전국민속예술대회를 비롯한 각 지역의 문화행사가 포함된다(이중구, 2000). 조배행(1999)은 축제를 공공적이고 주제를 가진 축하행사로서 보다 광범위하고 포괄적인 개념으로 보고 있다. 김병철(1998)은 지역축제를 좁은 의미와 넓은 의미로 보고 있는데 좁은 의미로는 지역과의 역사적인 상관성 속에서 생성·전승된 전통적인 문화유산을 축제화 한 것으로 정의하고 있다.

주5일 근무제 실시에 따른 여가시간의 증대, 웰빙 추세의 확산으로 인한 삶의 질에 대한 가치관의 변화, 고속철도 개통과 교통망 확충 등으로 인한 전국 1일 생활권 및 국내관광 제반여건의 개선, 가족관광 보편화 추세 등으로 국민들의 지역관광에의 수요가 증대되고 있다. 또한, 국민들의 관광에 대한 욕구도 점차 다양화되어 기존의 수동적이고 감상위주의 관광행태에서 점차 적극적으로 참여하고 체험할 수 있는 관광수요가 두드러지게 증가하고 있다(김철원·윤혜진, 2006).

경제수준의 향상과 여가시간의 증가에 따라 관광이 발전하고 단순한 자연경승지 감상형의 관광형태에서 축제와 같은 문화관광이 대두되고 있는 것이다. 이러한 배경에는 물질적 풍요를 중시하는 가치관의 변화, 교육수준과 생활수준 향상에 따른 다양한 욕구, 전세계적 지방화시대의 대두에 따른 지역문화의 재평가, 정보통신체계의 발달로 타문화에 대한 인식과 관심증대, 교통수단의 발달에 힘입은 접근성 용이, 단순히 보고 즐기는 관광이 아닌 직접체험을 통한 정신적 성숙의 추구를 원하는 관광추세의 변화 등이 존재한다(심상도, 1999).

축제에 대한 학술적인 정의에 대해 살펴보면, Getz(1998)는 '축제는 공공적이며, 테마를 가진 의식'이라고 간략하면서도 포괄적인 정의를 내리고 있다. 축제 의미에 대한 기존연구의 정의를 간단히 살펴보면 〈표 1-1〉과 같다.

이를 보다 자세하게 살펴보면 첫째, 특별한 의식에 의해 규정된 제전, 제의의 신성한 또는 세속적인 시간, 둘째, 중요한 생산물의 수확이나 유명한 사람 또는 이벤트를 주제로 한 정기적으로 열리는 제의의 개념으로 정립하였다. 과거의 축제가 그 시대의 사회적 의식·습관·사고를 바탕으로 그 시대의 사회에 맞는 기호들을 가지고 축제를 이끌어 왔다면, 오늘날의 축제는 산업사회의 시대

정신과 감각에 맞는 축제의 기호들로 발전하였다. 사람들을 끌만한 소재가 되면 지역 축제화하여 축제를 외보에 소개하고 외지인을 축제에 참석하게 하여 지역의 이미지를 강화하고 재정립하려는 것이 오늘날 지역축제의 개념으로 자리잡고 있다(오수진, 2004).

표 1-1
축제의 개념

학 자	개 념 정 의
피퍼 (Josef Pieper)	환희와 긍정의 요소가 들어있으며, 그것 자체를 목적으로 삼고 추구되는 활동, 그러니까 "위하여"로부터 완전히 격리되는 예외적인 것
Fallassi (1987)	축제는 특별한 날로 표시되는 세속적인 어떤 기념의 시간을 의미함
이창경 (1991)	주기적으로 반복을 거듭하면서 참여자들의 삶에 새로운 의미를 부여하고, 재충전의 기회가 되기도 한다.
강형기 (1992)	지역의 차별화된 공간과 시간을 표현하고, 이에 그 참여자들을 동화시키는 문화이며, 지역개발의 방향을 설정하고 유도하는 장이며 짧은 시간에 지역의 이미지를 표현하는 무대임
하비콕스 (Harvey Cox)	일상적인 자질구레한 일들을 걷어치우고 한동안 무엇인가를 경축하고, 무엇이든지 좋은 것으로 긍정해주며 신들이나 영웅들을 기념하는 특수한 시간을 가지는 것, 남들의 기쁨과 그들이 지닌 여러 시대의 경험을 자기의 생명 안에서 융화, 음미하는 것
까이요아 (Roger Callois)	인간적 생명을 구성하고 있는 본능적이고 무궤도적인 요소가 자기표현을 할 수 있도록 일시적으로 허용될 때 일어나는 현상
Getz (1996)	일반시민의 주제가 있는 기념일→일반대중의 참여를 강조함
심상도 (1998)	축제는 좁은 의미로 지역과의 역사적 상관성 속에서 생성 · 전승된 전통적인 문화유산을 축제화한 것이며, 넓은 의미로는 전통축제 뿐 아니라 문화제, 예술제, 민속예술경연대회를 비롯한 각 지역의 문화행사 전반이 포괄됨
박철 · 손해식 (1998)	지역축제는 지역의 문화가 종합되고 상징화된 행사로서 한 지역을 관광상품화 하는 것

호이징아는 인간을 생각하는 인간(Homo Sapiens), 만드는 인간(Homo Faber. Man the Maker)이기보다는 '놀이하는 인간(Homo Ludens, Man the player)으로 이해하였다. 그는 놀이를 생리현상이 아닌 문화현상으로 설명하였으며, 인간 놀이의 가장 높은 형식이 바로 축제라고 하였따. 놀이와 축제는 오락성·종교성·사회성·창조성을 지닌다.

심리적인 카타르시스·휴식·여유·즐거운 시간·긴장의 해소 등은 오락성과 관계되며, 진지한 기원·절대자에의 귀의·엄숙한 절차·근원적이고 영원한 것에 대한 추구 등은 종교성의 구체적 양상들이다. 또한 규칙성·집단성·전승성·사회통합 기능 등은 놀이와 축제의 사회성이라 할 수 있으며, 전체적인 질서와 조화의 추구·독창적인 모색·비판기능의 강화·상상력과 생산적인 사고의 확대·직관적이고 합리적인 사고의 균형 등은 창조적 성격이다(이창후, 2001).

표 1-2 전통적 의미의 축제와 현대적 의미의 축제 비교

구 분	내 용	연 도
한국문화 정책 개발원	농업·종교·사회·문화의 어떤 사건이나 절기를 기념하여 그것을 의례적으로 축하하는 어느 날이나 기간	1994
박철·손해식	지역문화의 한 유향으로 종교, 예술, 풍습, 의례, 축제, 놀이, 역사 등을 내용으로 한 지역에서 정례적으로 개최되는 축제로 지역문화가 종합화되고 축약적으로 상징화된 행사로서 한 지역을 관광 상품화하는 것	1998
이강욱	문화적인 요소와 테마를 지닌 지역 축제가 관광자원화의 목적을 지낼 때, '문화관광'과 '축제'의 합성어인 문화관광축제라는 용어로 정의될 수 있으며, 지역주민의 총체적인 삶과 전통, 문화적 요소가 잘 반영되어 있는 종합적인 문화행사	1998
김성혁·고호석·김순하	지역사회의 문화적 정체성에 근원을 두고 대중적이며 주제가 있는 행사 또는 볼거리, 놀거리, 먹거리, 배울거리 등을 관광객에게 제공하여 욕구를 충족시키고 관광객들이 실제 다양한 경험을 할 수 있도록 하는 제반 행사	2000

과거의 축제가 그 시대의 사회적 의식·습관·사고를 바탕으로 그 시대의 사회에 맞는 기호들을 가지고 축제를 이끌어 왔다면, 오늘날의 축제는 산업사회의 시대정신과 감각에 맞는 축제의 기호들로 발전하였다. 사람들을 끌만한 소재가 되면 지역 축제화하여 축제를 외부에 소개하고 외지인을 축제에 참석하게 하여 지역의 이미지를 강화하고 재정립하려는 것이 오늘날 지역축제의 개념으로 자리잡아가고 있다(류정아, 1999).

현대적 의미의 축제는 전통 문화유산뿐만 아니라 복합적 문화행사를 비롯, 다양한 이벤트적 요소를 포함한 축제를 말한다고 할 수 있다. 박철·손해식(2002)은 지역축제를 지역의 문화가 종합되고 상징화된 행사로서 한 지역을 관광 상품화하는 것이고, 예술은 지역의례를 형성하는 중요한 원천으로 음악, 미술, 무용, 연극, 영화 등 다양한 장르가 존재한다고 하면서 수원의 남파음악제, 전주의 대사습놀이 등은 예술이 원천이 된 지역축제라고 하였다. 축제를 농업·종교·사회·문화의 어떤 사건이나 절기를 기념하여 그것을 의례적으로 축하하는 어느 자리나 기간으로 개념 지었으며, 일반적으로 종교적 내지 의례적인 연원을 갖는다고 했다(한국문화정책개발원, 1997)

넓은 의미로는 지역의 전통과 민속을 기반으로 역사성과 전통성을 가지면서도 시대적 상황과 감각을 반영한 문화적 성격의 이벤트로 전통 민속 축제뿐만 아니라 문화제, 예술제, 현대 문화예술행사 또는 문화적 성격을 띤 지역이벤트 등 축제적 성격의 문화이벤트 전반이 포함되는 것으로 보고 있다(한국관광공사, 2003).

김성혁(2001)은 지역사회의 문화적 정체성에 근원을 두고, 대중적이며 주제가 있는 행사 또는 볼거리, 놀거리, 먹거리, 배울거리 등을 관광객에게 제공하여 욕구를 충족시키고 관광객들이 실제 다양한 경험을 알 수 있는 제반의 행사로 정의하고 있다. 오늘날에는 광의로 받아들여 지역축제의 범위를 확대시키고 있다. 지역축제가 중요한 점은 지역축제 말 그대로 지역의 역사와 전통과의 직접적인 관련성 속에 공감대가 설정되어 지역민과 함께 호흡할 때 의의가 있는 것이다(김성혁·고혹석·김순하, 2000).

3. 문화관광축제의 역할 및 제 효과

시대가 변함에 따라 현대인의 관광패턴도 달라지고 있다. 기존의 유명 경승지를 구경하는 관람자의 입장에서 레저 스포츠, 축제 등 행사에 직접 참여하는 주인공의 입장으로 변모하고 있다(고승익·오상훈, 2000). 축제는 변화되어 가는 관광객의 욕구와 동기를 충족시키기 위해서 가장 빠르게 대응할 수 있는 관광형태이다(이창후, 2001).

오늘날의 지역축제는 지역공동체의 결속력 강화, 전통사회의 가치구조나 여건의 변화, 산업화의 진행에 의한 생산기반의 다양화 등에 따라 축제 본연의 의미와 역할 면에서 많은 변화를 나타내고 있다(장정식, 2002). 축제는 평상시에 억압된 인간의 감정과 행동을 표현하는 기회를 제공하는 것이다. 이를 통해 전통적이고 역사성 있는 축제는 과거와 현재를 인간들에게 이어준다. 현재의 축제 행위로부터 미래를 기약하게 하는 기능을 가지고 있으며, 축제는 인간 본연의 위치를 발견하게 하는 기능을 갖고 있다. 고승익 외(2002)는 축제의 기능이 주최자와 참여자라는 쌍방의 의사소통과 기대하는 효과에 따라 여러 가지 형태로 나타날 수 있다고 하였는데, 이를 정리하면 〈표 1-3〉과 같다.

또한 지역구성원의 소속감을 바탕으로 지역정체성을 확립한다. 지방은 전통적인 지역공동체의 결속력이 강한 특징을 가지고 있었으나, 도시는 산업화의 과정에서 경제구조의 개편을 통하여 인위적으로 형성되었다. 도시자체가 형성된 역사에도 불구하고 지역주민들이 공유하는 지역공동체의 고유한 문화적 특성을 찾기가 어려워졌다. 또한 산업사회는 직장과 거주지 변화에 따른 빈번한 이동으로 보편화된 넓은 범위의 정보획득과 사회적 교류를 증가시키는 반면, 구성원 상호간의 직접적인 교류가 단절되는 현상을 초래하였다(서휘석·이동기, 2001). 하지만 이러한 개인적이고 단조로운 일상생활에서 탈출하여 자유와 휴식을 경험할 수 있는 여가공간의 역할도 하기 때문에 이를 통해 개인의 생산력 증진효과도 기대할 수 있다(채규정, 2004). 이외에 축제는 지역간, 국가간에 관광객 등의 인적, 문화적 교류와 병행하여 인간들의 새로운 의식, 새로운 관계, 새로운 혁신 등에 영향을 끼치는 문화교류의 가교역할을 하고 있다.

표 1-3
축제의 기능

축제의 기능
삶의 활력제로서의 기능 주 5일 근무제라는 여가시간의 확대로 인해 좀 더 보람 있는 시간으로 바꾸어 삶의 활력소를 되찾게 하는 자극요소로 활용
지역 특성의 이미지 부각 지역특성에 맞는 테마를 개발하여 지역의 축제와 더불어 행한다면 커다란 이미지 부각효과를 나타낼 수 있음
판촉 및 홍보의 기능 관광산업의 중요성이 커지면서 각 지역의 이미지 위신이나 홍보의 방편으로 사용 가능
지역진흥 촉진의 기능 다양한 문화 활동이 증대되고 고유한 문화의 발굴을 통해 지역주민의 전반적인 문화수준의 향상을 도모, 그 과정이 경제적 활동의 이익으로도 지역경제에 긍정적인 영향을 끼칠 수 있음
교류 및 협력의 장 지역의 문화와 풍습 등을 직접 공유함으로써 관습이나 문화적 차이를 이해, 서로 공감하여 지역 간의 이해와 친선 도모

출처: 고승익, 문성종, 부석현, 진혁식(2002).

과거 농경사회의 전통축제에서는 지역민의 단합과 제의적인 성격이 강했지만, 현대 산업사회에서는 경제, 사회, 문화, 교육, 지역홍보 등에 이르기까지 경제적 파급효과를 일으키는 관광 상품으로서의 중요성이 많이 부각되고 있다. 즉, 축제에 참여하는 관광객들이 문화이벤트에 대한 직접 지출과 숙박비, 교통비,

식비, 관광상품 및 특산품 판매 수입, 인근지역 관광에 대한 지출을 통해 지역경제에 기여한다. 그리고 대규모의 지역축제를 중심으로 한 문화이벤트는 각종 투자와 고용창출효과를 유발한다(김철원 · 이석호, 2001).

축제로부터 얻어지는 효과는 사회기반시설, 세 · 수입, 관련 산업 활성화와 같은 경제적 효과와 지역에 대한 자부심과 애착심을 유발하는 효과, 문화적 수준을 향상시키는 효과, 지역의 교류로 인한 화합의 효과 등이 있다(김춘식 · 남치호, 2002).

경제적 효과는 축제의 가장 기본적인 효과이다. 행사를 위한 시설건축, 관람객의 입장료, 쇼핑, 숙박에 대한 수입, 고용 창출, 지방정부의 세 · 수입, 행사관련 사업비의 지출 등이 효과가 있다. 축제는 고장에 대한 향토의식을 높이고 소속감과 결속력 그리고 자긍심을 높여준다. 지역민은 자원봉사자로서 행사를 준비하고 운영하면서 축제의 성공과 지역발전이라는 공통된 가치아래 협동하고, 결속력이 강화된다(안경모, 1998).

축제는 지역의 역사와 문화에 대한 관심을 불러일으키고, 문화적 수준을 향상시키며, 사람과 문화가 교류하여 서로를 이해하는 기회를 제공하는 역할을 하기도 한다. 예컨대, 각 지역은 서로의 지역축제에 참여하여 상호간의 이해를 증진하고 친선도모는 물론 무역이나 여타 활성화시키는 계기가 될 수 있을 것이다(한국문화정책개발원, 2000).

지역축제를 개최함으로써 얻을 수 있는 효과는 다양하며, 그 규모가 거대해 질수록 파급효과도 대단하다. 축제가 개최되면 관광객이 발생하고, 방문객을 수용할 건축물의 신축 또는 정비가 이뤄진다. 또 축제의 매체방송이 이루어져 관광홍보효과도 증대한다. 축제가 운영되는 과정에서 지역의 이미지는 상승하고 만족한 방문객과 지역 주민은 추천을 퍼뜨린다. 결과적으로 관광규모가 증대되고 이것은 다시 방문객을 만족의 길로 이끄는 원동력이 된다(김병철, 1998).

지역축제사업과 관련한 소비, 투자지출에 의해 유발된 생산 활동은 해당 자치단체의 고용과 그에 의한 소득을 창출하며, 동시에 주민세, 사업소득세 등의 지방세를 증가시킨다. 지방자치단체가 지역축제사업을 시행함으로써 지역의 산업에 직접적인 이익을 가져올 수 있을 뿐만 아니라, 기존의 타 업종과도 교류가 가능해져서 새로운 산업의 발전 기회로도 활용이 가능하다.

가치적인 효과를 발전시키려면, 지역축제를 통한 도시의 정비를 들 수 있는데, 적극적으로 도시정비를 하기 위한 수단으로 지역축제를 행하기도 한다(한지훈, 2005). 이러한 지역주민들의 문화가치 상승은 주민들만의 자긍심으로 발전되고 그 자긍심은 지역주민들로 하여금 지역에 대한 귀속감을 갖도록 해 준다. 또한 지역주민들은 지역문화축제를 준비하는 과정에 참여함으로써 서로 간의 유대를 강화할 수 있고, 지역적 공감대를 형성할 수 있다(Ritchie, 1984).

Memo

Chapter 2

♡ 축제의 의미

1. 축제의 의미와 관광 상품으로서의 의미
2. 국내 문화관광축제 개최의 효과
3. 국내 축제 기획 과정상의 문제점과 개선방안

축제의 의미

Chapter 2

1. 축제의 의미와 관광 상품으로서의 의미

인간은 본능적으로 사회에 참여하기를 원하며, 사회에서 자신이 원하는 것을 행동으로 표현하고자 하는 욕구를 지닌다. 이러한 인간의 본능적인 욕구는 시대와 동서를 막론하고 나타나며, 이러한 욕구를 충족시키기 위한 방법으로 모든 인간은 그 동안 축제를 벌려왔는데 이러한 의미에서 인간을 '축제하는 인간(Homo Festivus)'이라고도 부른다.

축제는 인간의 '희노애락'의 모든 주제와 상황을 포괄한 다양한 내용을 담고 있는데, 현대적 의미에서는 축제, 또는 이벤트를 지역의 발전을 위한 하나의 도구로 인식하고 있다. 따라서 지역의 축제와 이벤트의 성공을 위해 다양한 방법을 통하여 타 지역의 방문객을 유치하기 위해 노력하고 있다. 그러나 현대의 축제와 이벤트의 성공은 참가자들이 지니는 참가동기와 이벤트에 대해 갖는 감성적 일탈 욕구를 충족시켜 주는데에서 결정되어지기 때문에 이러한 참가자들이 원하는 것들이 무엇인지 정확하게 파악하는 것이 무엇보다도 중요하게 여겨지고 있다.

1) 축제의 의미와 내용

축제는 예부터 인간의 생활과 관련한 모든 내용들을 포괄적으로 담고 있는 복합적인 문화 유산이라고 하겠다. 인간은 축제를 통하여 평상시의 생활로부터 일탈할 수 있는 기회를 얻었으며, 즐거움을 느끼고 흥분과 자극을 경험하였다. 또한 축제는 집단과 민족간의 단합을 위한 도구로도 이용되었으며, 교육을 목적으로 하거나 종교적 의식을 위한 수단으로도 이용되었다.

표 2-1
축제의 의미와 내용

의 미	내 용	의 미	내 용
일탈의 수단	• (복장, 행동) 별남, 괴짜	에너지의 상승	• 의기양양
	• 엉뚱한 짓, 멋대로 함, 장난		• 쾌활, 경쾌
	• 일탈, 소풍, 벗어남		• 열의, 약진
즐거움 추구	• 쾌락, 즐거움	완전한 발산	• 발산
	• 미식주의(식도락), 쾌락주의		• 소모, 배출
	• 갈채, 웃음의 분출(유도)		• 부절제, 과도
흥분과 자극	• 무아경	교육의 수단	• 교육적 효과
	• 들뜸	평등의 추구	• 평등주의
	• 매혹적임	예식의 참여	• 의식, 예식
	• 성적 흥분	장식의 수단	• 문장장식, 깃발
	• 감탄	총체적 조화	• 앙상블

2) 축제 이벤트와 일상생활의 차이

축제 이벤트와 일상생활과의 차이를 살펴보면, 시간적 범위(Time Frame)와 사회성(Social Aspect), 주제(Theme), 자각의 정도(Level of Stimulation), 주제(Subject), 대상으로 구분할 수 있으며, 세부적인 내용은 〈표 2-2〉와 같다.

일상생활과 비교해 볼 때 축제가 지니는 가장 큰 차이점은 바로 단기적인 시간에 불특정 다수의 사람들은 단결시키기 위한 목적을 지닌다는 것이다. 즉 일탈과 자유 즐거움, 공동의식 등을 공유할 수 있는 시간적, 공간적 계기를 마련해 줌으로써 구성원간의 결속력을 다지게 하고 이를 통하여 더 큰 공동체 의식을 형성하기 위한 목적을 위하여 축제 이벤트가 개최된다는 것이다.

표 2-2 축제 이벤트와 일상생활의 차이

구분	축제(Festival)	일상생활(Daily Life)
시간적 범위 (Time Frame)	• 비지속성 • 단기적 자극(short term stimulation)	• 지속적(Lasting) • 반복적(Routine)
사회성 (Social Aspect)	• 집결(Social Gathering) • 집합 • 대규모 접촉(Massive Contact) • 결속(Union) • 유인력(Attraction)	• 개별적 삶의 영위 • 분산 • 독립 • 고독
주제 (Theme)	• 일탈 • 다양성의 표현(Variety) • 자유(Freedom) • 흥미(Interest) • 선택의 즐거움(Voluntarily Chosen) • 지역성의 강조	• 규범, 도덕 • 의무 • 생존 • 강요된 주제 • 주제의 실종
자극의 정도 (Level of Stimulation)	• 고자극 • 강한 에너지의 발산	• 저자극 • 절제 • 회피
주제 (Subject)	• 조직화된 사고 • 기획의 중요성 • 명확한 개최 목표	• 각 개인 • 임의적 판단 • 불확실성
대 상	• 공간 초월 다양함 • 불특정다수, 대규모 • 흥미집단의 형성	• 공간적 한계(직장, 가족) • 소규모 • 무의미 및 계산적 만남

3) 축제 이벤트의 관광 상품으로서의 의미와 기능

축제 이벤트는 관광 매력물(Attraction)로서 매우 큰 의미를 지닌다. 축제 이벤트는 지역의 이미지 창출의 수단으로 활용될 수 있는데, 영국 스코틀랜드의 '에든버러 축제'의 경우 지역에 대한 인지도와 이미지를 축제 이벤트를 통하여 상승시킨 좋은 예라 할 수 있으며, 또한 축제 이벤트는 주제공원(Theme Park)과 같은 정적 자원에 활기를 부여하여 동적인 이미지를 창출할 수 있다. 또한 프랑스 '앙굴렘'에서 만화를 주제한 실시한 'Angouleme 축제'와 같이 지역 개발을 위한 촉매제 역할을 담당할 수도 있으며, 대안관광 상품(Alternative Tourism)으로서 관광자원이 미비한 지역에서 전략적으로 육성할 수 있는 요소로서 이용될 수 있다.

스페인 토마토 축제

축제 이벤트 관광 상품이 지니는 다양한 기능으로는 먼저 성수기를 연장하거나 비수기를 타개할 수 기능으로 '퀘벡'에서 개최되는 'Winter Carnival'이나 '스코틀랜드'의 '씰리드 음악축제' 등이 좋은 사례라 할 수 있다. 두 번째로 수도권 중심의 관광활동을 지방관광으로 확대할 수 있는 관광대상 지역의 확대 기능과 스포츠와 연계된 이벤트의 경우에는 행사 자체에 동적인 에너지(Energy)를 부여하는 기능이 있으며, 세 번째로는 영국의 스코틀랜드의 '에든버러 축제'와 같이 도시 및 지역에 새로운 이미지를 부여하는 기능으로 미국의 '펜실베니아'에서 개최되는 'Lehigh Valley 문화이벤트'도 '에든버러 축제'와 같이 축제 이벤트의 개최를 통해 도시 및 지역의 이미지를 긍정적으로 변화시킨 사례라 할 수 있다.

그 외 재개발 촉진 기능으로 미국 테네시 'Knoxville'의 사례와 같이 도시 기반 인프라나 컨벤션 센터, 쇼핑시설과 같은 주요시설을 확충하거나 향상시킬 수 있으며, 잊혀졌던 그 지역의 특화된 관광자원을 관광 상품화 시킬 수 있는 '지역 자원 발굴 기능', 해당 지역의 경제적 수입을 창출할 수 있는 기능 등이 있다.

그러나 이러한 축제 이벤트의 성공을 위해서는 지속가능한 자원 발굴을 위하여 주변 관광 자원과 연계하거나 새로운 매력 요소를 축제 이벤트 행사 내용에 추가하는 등의 노력이 필요하며, 주민과 관광객의 교류가 활성화 되어야하고 지역에 부정적 영향 극소화할 수 있는 정책적인 노력이 필요하다.

2. 국내 문화관광 축제 개최의 효과

1) 국내 문화관광 축제의 유형

국내의 대다수 문화관광축제는 단일민족 축제의 유형을 띠고 있으나 최근 국제 간 교류가 활발해지고 그에 따른 다문화 축제가 전 세계적으로 성행하게 됨에 따라 국내의 문화관광축제들도 점차 국제적인 수준의 축제로 발전하기 위하여 노력하고 있다. 국내 문화관광 축제는 개최 목적과 행사의 내용이나 구성형식, 역사적 시점, 자원 또는 제 형태, 민족적 특성에 따라 각각 분류하고 있는데 그 내용을 살펴보면, 〈표 2-3〉과 같다.

표 2-3
국내 문화관광 축제의 유형

분류	축제
개최 목적	주민화합축제, 관광축제, 산업축제, 특수목적축제
행사의 내용 또는 구성형식	전통문화축제, 예술축제, 종합축제, 기타축제
역사적 시점	전통적 축제, 현대적 축제
자원 또는 주제 형태	축제의 자원 혹은 주제형태에 따른 다양하게 분류
민족적 특성	단일민족 축제, 다문화 축제

2) 국내 문화관광 축제의 효과

문화관광축제를 개최함으로서 그 지역은 정치적, 경제적, 사회적, 문화적, 교육적 측면에서 긍정적인 효과를 얻을 수 있다. 국내에서 개최되는 많은 지역축제들이 초기에는 정치적 목적을 이루기 위한 수단으로 이용되어왔으나, 최근 들어서는 축제 이벤트가 지역의 경제와 사회적, 문화적 측면에 미치는 효과가 높다는 것을 인식한 지자체들이 그 지역만의 독특한 축제를 개발하기 위하여 노력하고 있다. 그러나 문화관광축제를 통하여 얻을 수 있는 것은 긍정적인 측면만이 있는 것이 아니라 소비지향적 태도의 형성이나 고유성의 퇴색, 문화의 변질, 범죄율 증가 등의 부정적인 측면도 발생할 수 있기 때문에 축제를 기획할 때에는 이러한 부정적인 측면을 최소화 할 수 있는 방안을 고려해야 한다.

표 2-4
축제의 효과

분 류		내용
긍정적 효과	정치적 효과	• 국제사회에서 지위 및 이미지 향상 • 정치적·행정적 발전 • 민간외교의 진흥
	경제적 효과	• 관광객지출 효과(문화이벤트 지출, 숙박, 교통, 쇼핑, 인근 지역 관광에 대한 지출) • 지역주민에 대한 소득효과 • 고용효과 • 연관 산업 파급효과
	사회적 효과	• 지역주민에게 자긍심 고취 • 지역의 지명도 제고 및 정체성을 형성 • 지역 공동체 의식 형성 • 지역과 지역 간의 교류 촉진의 매체 역할
	문화적 효과	• 지역의 문화예술 창작수준의 향상 • 지역 주민의 문화생활 증진 • 지역의 문화 자원을 보호하고 강화 • 지역 주민의 문화활동 참여 기회 제공
	교육적 효과	• 자체의 특성만으로도 관람객의 문화 예술 감상 및 자연에 대한 지식수준 증가의 기회 제공 • 미래의 잠재적인 문화관람객을 육성하는 차원에서 교육적 효과가 있음
부정적 효과		• 정치적 목적이용, 지역주민의 물질만능주의 확산 • 소비지향적 태도 형성 • 관광적 가치 강조로 문화유산 고유의 자원성 퇴색 • 문화의 상품화, 무대화된 고유성 형성 • 유적지의 파괴 및 문화변용(문화의 변질) • 범죄율 증가, 교통 혼잡, 환경오염 등

3. 국내 축제 기획 과정상의 문제점과 개선방안

1) 국내 축제의 그릇된 고정관념

(1) 축제는 엑스포 형태의 행사가 아니다.

그동안 국내에서 개최된 '제주세계섬문화축제'와 '경주세계문화엑스포', '세계관광박람회' 등과 같은 국제 행사들은 정부나 지자체에 의해 기획되어 행사 프로그램의 대부분이 전시적인 요소들로 채워지는 형태를 나타내었다. 그러나 축제는 관람의 요소만으로는 그 상품성에 한계가 나타날 수 있으므로 축제를 일탈의 장으로 유도하여 관람객들의 참여를 유도할 필요가 있으며, 굳이 축제 자체가 대형 행사이어야 한다는 생각을 버려야 한다.

(2) 축제에는 꼭 전용행사장이 필요한가

국내의 지역 축제를 방문해 보면 보통 '축제 행사장'이라고 하는 별도의 공간에 울타리를 친 채로 행사가 진행되는 것을 확인할 수 있다. 그러나 특별한 행사나 이벤트를 위한 별도의 공간이 필요한 상황을 제외하고 일반적인 행사를 위해 의미도 없는 장소에 경계를 만들어 행사를 진행하는 것은 그 지역 및 도시의 이미지를 관광객들에게 전달하는데 오히려 부정적으로 작용될 수 있다. 외국의 사례를 살펴보면, 시 전체 혹은 거리 자체가 행사장으로 활용되어 관람객들이 그 지역의 멋과 분위기를 자연스럽게 접하는 것을 살펴볼 수 있다.

(3) 축제는 외부로 수출될 수 있는 자산이다.

성공한 축제는 지정된 장소를 벗어나 '나들이 축제'로 발전할 수 있다. 즉 세계의 유명한 축제들은 타국가나 타지역에서 모방 축제로 기획되어 상품화되는 것을 의미하며, 이러한 현상은 축제라는 해당 국가 및 지역의 문화가 타국가와 타지역에 수출되는 것이라고 볼 수 있다. 따라서 축제를 단순한 행사가 아닌 수출이 가능한 상품으로 인식하여 시장성과 경쟁력을 갖출 수 있도록 축제 기획 초기부터 신중한 검토가 필요하다.

(4) 축제를 통해서 한 도시의 모습이 바뀔 수 있다.

축제를 개최함으로서 한 도시의 모습이 새롭게 변신시킬 수 있는데, 미국 메릴랜드주 볼티모어시의 '인너 하버(Inner Harbor)' 지역이 좋은 사례라 할 수 있다. 볼티모어시는 '인너 하버(Inner Harber)' 지역이 점차 우범화, 황폐화, 노령화 되자 축제의 개최를 통해 이 지역의 변신을 시도하였다. 그 결과 '인너 하버(Inner Harbor)' 지역에 방문객이 증가하면서 이러한 방문객을 위한 식음료 시설과 공연장, 컨벤션 시설 등이 유치되어 '인너 하버(Inner Harbor)' 지역의 모습은 새로운 모습을 갖출 수 있게 되었다.

(5) 축제는 행사가 아니라 잔치다

인간은 본능적으로 일탈을 추구하려는 욕망을 가지고 있다. 이러한 인간의 욕구를 충족시키기 위한 방법의 하나로 과거부터 축제가 이용되었다. 따라서 단순한 참가와 관람이 축제의 주된 내용이 되어서는 결코 방문객으로부터 호응을 불러일으킬 수 없다는 것을 인식할 필요가 있다. 즉 축제는 근본적으로 재미를 추구하여야 하며, 엔터테인먼트와 접목되어 상품화 되어져 방문객들의 일탈 욕구를 충족시킬 수 있도록 기획되어져야 한다.

(6) 반드시 형이상학적인 것만이 축제의 주제가 되는 것은 아니다.

엄숙, 경건주의에 빠진 국내 축제의 경우 재미없고, 무미건조하기 쉬우며, 재미있는 주제도 내용과 진행방식이 엄숙하면 전체적으로 딱딱하게 느껴 질 수 있다. 따라서 형식적인 축제의 내용일지라고 그 진행방식과 프로그램 내용을 다양하게 꾸미거나, 파격적인 축제의 주제를 통해 관람객들의 관심을 유도할 수 있는 축제의 기획이 필요하다.

2) 국내 문화관광 축제의 문제점과 개선방안

현재 국내에서 개최되어지고 있는 문화관광축제의 경우 다음과 같이 몇몇 문제점을 지니고 있어 향후 이러한 문제를 해결하기 위한 개선방안이 필요하다.

첫 번째, 축제의 주체가 불명확하여 지역 주민의 정체성 확보와 정서적 통합을 하는데 한계를 지니고 있으며,

두 번째, 지역 문화와의 연계성 부족으로 인하여 축제 주제가 지역의 독특함을 표현하지 못하고 있고,

세 번째, 축제 프로그램의 감성적 차별성과 오감을 자극하는 독창성이 미흡하여 축제의 관광매력도를 높이는데 어려움을 격고 있으며,

네 번째, 인터넷을 활용한 홍보, 현장안내체계, 체험연계상품, 고유한 먹거리/살거리 개발 이 부족하고,

다섯 번째, 외국 관광객을 위한 홍보/안내체계이 미흡하여 향후 개선 방안이 필요하며,

여섯 번째, 한국을 대표할 수 있는 축제의 개발을 통해 국제적으로 인정받는 '러브마크 축제'의 기획이 필요하고,

일곱 번째, 다양한 문화컨텐츠와의 연계를 통해 전략적인 기획이 필요하며,

여덟 번째, 문화관광축제의 평가기준을 정립하여 축제를 평가하고 개선할 수 있도록 평가 시스템이 도입되어져야 한다.

Chapter 3

♡ 축제의 분류

1. 축제의 분류
2. 지역축제의 분류

축제의 분류

Chapter 3

1. 축제의 분류

축제는 여러 가지 의미와 내용을 복합적으로 지니고 있고(윤정현, 2005), 점점 다양화·복합화·대형화하는 현상을 보이고 있으며 주민화합, 지역 활성화, 홍보수단에 이르기까지 그 기원과 개최목적, 개최주제에 따라서 광범위하게 분류되고 있다(이완복, 2009). 따라서 축제의 분류는 분류자나 분류방식에 따라 서로 다른 기준이 제시되고 있으나 일반적으로 〈표 3-1〉와 같이 축제는 개최기관, 개최목적 및 프로그램 구성형태, 주제와 소재, 특성, 규모, 지역에 따라 분류되고 있다.

정부의 공식적 차원에서 이루어진 가장 대표적인 지역축제의 분류는 문화관광부에서 개최목적과 프로그램 구성형태에 따라 적용하고 있는 분류체계로 문화관광부(1996)는 개최목적에 따라 주민화합축제, 관광축제, 산업축제, 특수목적축제로 분류하였고, 프로그램 구성에 따라 전통문화축제, 예술축제, 종합축제, 기타축제로 분류하였다.

그러나 문화관광부의 축제분류는 분류기준이 애매모호할 뿐 아니라 분류결과가 상호 중복되어 구분이 불명확한 경우가 많다(윤정현, 2005)는 지적이 있었다. 따라서 최근에는 문화체육관광부(2009)에서 축제 소재에 따라 지역특산물축제, 전통문화축제, 역사인물축제, 문화예술축제, 지역특성축제, 자연환

연구자	분류기준	유형
Schuster(1995)	축제 테마, 특성	대규모축제, 제의, 예술축제, 대중축제, 도시 축제
한국관광공사 (1994)	개최 주체	공공이벤트, 사기업이벤트, 지역사회축제
김명자(1995)	개최목적	주민화합축제, 관광축제, 산업축제, 특수목적 축제
정강환(1996)	자원, 주제	농업특산물, 전통공업특산물, 지역 기후 및 지형적 특성, 꽃(식물), 음식, 음료, 역사적 사건·인물, 연극, 음악, 전통문화
이경모(2002)	축제 프로그램	전통문화축제, 예술축제, 종합축제
문화연대(2003)	축제 소재	지역특산물축제, 전통문화축제, 문화예술축제, 지역특성화축제
박근수(2004)	축제 랜드 특성	학습형, 전통문화형, 예술형, 위락형, 식물관상형
강해상(2005)	축제 규모	대규모축제, 문화관광축제/중대형축제, 중소형축제, 소규모축제
문화체육관광부 (2009)	축제 소재	지역특산물축제, 전통문화축제, 역사인물축제, 문화예술축제, 지역특성축제, 자연환경축제

표 3-1
축제의 분류

경축제로 분류하고 있다.

한편, 축제는 향토자산의 소재와 활용형태에 따라 산업축제, 문화축제, 생태축제 등으로 구분되고 있는데 문화연대(2003)는 소재를 중심으로 크게 지역특산물 축제, 전통문화축제, 문화예술축제, 지역특성화 축제로 분류하고 있으며, 한국문화관광연구원(2008)은 축제 주요소재에 따라 생태자연축제, 문화예술축제, 전통역사민속축제, 지역특산물축제, 경연·산업·스포츠 축제로 구분하여 우리나라의 축제를 〈표 3-2〉와 같이 분류하였다.

표 3-2
소재유형에 따른 축제명

소재유형	축제명
생태자연축제	양평산수유마을축제, 서운암들꽃축제, 소백산철쭉제, 함평나비축제, 무주반딧불축제, 한라산눈꽃축제, 제주마축제, 대관령눈축제, 김제청하소백련축제, 부여서동연꽃축제, 고양공원연꽃축제, 제주들불축제, 화천산천어축제 등
문화예술축제	과천한마당극제, 안동탈춤페스티벌, 안산거리극축제, 의정부음악극축제, 영동난계축제, 부천복사골예술제, 춘천마임축제, 인천락페스티벌, 김해가야문화제 등
전통역사민속축제	정선아리랑제, 제주들불축제, 영암왕인문화축제, 진도영등축제, 남원춘향제, 영월단종문화제, 강진청자문화제, 밀양아리랑축제, 김제지평선축제, 정조효행문화제, 당항포대첩축제, 영덕목은문화제, 고양행주대첩제, 진주남강유등축제, 백제문화제, 수원화성문화제, 합천대야문화제, 강릉단오제, 남해노량해전승첩제, 광주남한산성문화제 등
지역특산물축제	태안6쪽마늘요리축제, 하동전어축제, 원주한지문화제, 부산기장멸치축제, 단월고로쇠축제, 풍기인삼축제, 금산인삼축제, 양양송이축제, 경주버섯축제, 파주장단콩축제, 서천한산모시축제, 강진청자문화제, 울산옹기 마을축제, 충북영동곶감페스티벌, 인제용대리황태축제, 고성명태축제, 봉화은어축제, 함양산삼축제, 광주김치축제, 이천쌀문화축제 등
경연·산업·스포츠 축제	황강레포츠축제, 제주마라톤축제, 인왕산마라톤축제, 충주세계무술축제, 한탄강레포츠축제, 춘천호반마라톤축제, 보물섬남해마라톤축제, 펭귄수영축제 등

자료: 한국문화관광연구원(2008). 『지역축제평가 및 지원체계연구』를 참조하여 작성

개최기관에 따라서는 정부, 지자체, 공공기관이 개최하는 공공이벤트, 기업의 홍보나 세일즈 목적의 사기업 이벤트, 지역민들의 자발적 운영에 의한 지역사회축제로 구분한다(이각규, 2006). 외국의 축제의 분류사례를 살펴보면, Schuster(1995)는 축제 특성에 따라 대규모 축제(spectacles), 제의(rituals), 예술축

제(artistic events programme), 대중축제(popular fair), 도시축제(popular citizen's festival)로 구분 하였다. 또한 Dawson(1991)은 개최민족 및 프로그램 내용 등에 따라 단일 민족축제와 다문화 축제로 구분하였다.

이와 같이 현대적 의미의 축제는 여러 가지의 의미와 내용을 복합적으로 지니고 있어 성격을 뚜렷이 구별하기가 쉽지 않으며, 때문에 축제의 분류는 분류 기준의 시각에 따라 다양한 방식이 가능하다고 볼 수 있다.

2. 지역축제의 분류

현대의 지역축제의 유형을 보면 삶의 질 향상과 축제에 참여하는 관광객의 욕구가 점점 증가함에 따라 다양화, 복잡화, 대형화되는 추세이다. 따라서 축제의 분류유형도 분류자나 분류방법에 따라 여러 가지 양상을 띤다. 먼저 문화체육부는 개최목적에 따라 주민화합축제, 관광축제, 산업축제, 특수목적축제로 분류하였으며, 정강환은 주제형태에 따라 농업·전통공예 특산물, 지역적 특성, 꽃, 음식, 음료 등으로 분류하였다. 또한 김병철은 축제의 지향성에 따라 내향형 축제와 외향형 축제로 분류하였다.

축제의 유형별 분류를 〈표 3-3〉와 같이 정리해 보았다.

표 3-3 지역축제의 분류

분류	내용	
개최목적에 따른 분류	주민화합	주로 해당 지역에서 전통적으로 개최되어온 전통문화 축제를 비롯한, 도민의 날, 시·군민의 날
	관광축제	관광산업의 발전과 관광객 유치를 통한 지역경제 육성을 목적으로 하는 축제
	산업축제	관광축제를 제외한 다른 사업분야, 즉 농림수산업, 어업, 상업 등의 발전을 목적으로 하는 축제
	특수목적	환경보호 또는 역사적 인물 및 사실을 추모하거나 재현

표 3-3

행사내용 및 구성에 따른 분류	전통문화	지역의 전승설화나 풍습에 유래한 축제
	예술축제	현대적 전시 예술 및 공연예술 위주의 축제
	종합축제	전통문화 축제형식, 예술축제형식, 체육행사 및 오락 프로그램이 혼재되어 나타나는 축제
	기타축제	위에서 분류한 축제 외에 체육행사를 비롯한 오락프로그램 위주
지향성에 따른 분류	내향형 전통축제	지역주민들의 귀속감과 공동체 의식을 강화하려는 목적을 가지고 지역의 전통 문화적 배경을 토대로 개최되는 축제
	외향형 전통축제	지역경제에 대한 축제의 파급효과를 목적으로 전통문화적인 요소를 중심으로 구성되는 축제
	내향형 현대축제	지역의 자연조건이나 시회 경제적 환경을 중심으로 현대적 소재로 구성된 지역축제로 관광객 유치 확대를 통한 지역경제 활성화를 목적으로 하는 축제
	외향형 현대축제	지역주민의 화합이나, 지역 문화예술의 발전 등 사회문화적인 목적을 가지고 현대문화적 요소를 중심으로 프로그램이 구성되는 축제
주제형태에 따른 분류	자원형 축제	농업 및 전통공예특산물, 기후, 지형적 특성, 꽃, 음식, 음료 등 축제의 자원에 따른 분류

출처: 문화관광부, 한국지역축제의 분류, (1996)

Chapter 4

♡ 러브마크 축제 현황

1. 국내 러브마크 축제의 현황

Chapter 4

러브마크 축제 현황

1. 국내 러브마크 축제의 현황

현재 우리나라에서 연희되고 있는 지역축제의 수는 1,300여개로 집계되고 있다. 90년대 중반부터 지역축제의 수는 빠른 속도로 증가하였다. 이는 지방자치제가 실시된 이후 각 지방자치단체가 지역 정체성 제고, 지역경제 활성화, 지역이미지 제고 등을 이유로 지역축제를 중요하게 고려한 결과이다.

문화적 여가생활을 즐기고자 하는 일반인들의 욕구증대와 이에 따른 관광대상의 활발한 개발, 그리고 지역의 이미지 제고와 홍보 등 관광의 수요와 공급요인들이 지역축제라는 형태로 모아지면서 지역축제의 수가 급속도로 증가하였다(한국문화관광정책연구원, 2006).

문화체육관광부가 2009년 발표한 자료에 따르면 전국 시·도별 지역축제 개최 수는 921개로 집계되고 있다. 2009년 기준으로 조사한 921개 지역축제를 〈표 4-1〉와 같이 시도별로 살펴보면 서울을 제외하고는 시에 비해 도의 지역축제가 월등히 많다는 점이다. 이는 농촌지역이 도시에 비해 지역의 특색을 반영할 수 있는 향토자산과 자연자원이 다양한데서 원인이 있는 것으로 보인다.

표 4-1 2009년 전국 시·도별 지역축제 개최 수

시·도	서울	부산	대구	인천	광주	대전	울산	경기
축제수	119	47	33	27	10	22	27	115
시·도	강원	충북	충남	전북	전남	경북	경남	제주
축제수	105	50	81	50	47	48	112	28

자료: 문화체육관광부(2009). 2009전국시도별 지역축제 및 문화관광축제 정보

지역축제가 개최되는 시기를 〈표 4-2〉와 같이 월별로 살펴보면 10월에 27.0%가 개최되고 있으며, 5월에 15.4%, 9월에 13.2%순으로 개최되고 있다.

표 4-2
2009년 월별 · 유형별 지역축제 개최 현황

구분	1월	2월	3월	4월	5월	6월	7월	8월	9월	10월	11월	12월	기타
개최 빈도	34	24	37	94	142	24	45	76	122	249	27	19	25
비율 (%)	3.6	2.6	4.0	10.2	15.4	2.6	4.8	8.2	13.2	27.0	2.9	2.0	3.5

자료: 문화체육관광부(2009). 전국시도별 지역축제 및 문화관광축제 정보.

특히 봄과 가을에 집중적으로 개최되고 있으나 유사소재와 프로그램의 차별성이 없는 등의 축제기획으로 많은 축제들이 실질적으로 지역이미지 개선, 지역관광수입의 증대, 인프라 개선, 지역경제 활성화 등에는 많은 축제가 이에 못 미치고 있는 실정이다.

문화체육관광부에서는 우리나라의 지역축제 가운데 지역축제 중 보존·발전 가치가 있는 지역축제를 선정하여 이들을 '문화관광축제'로 지정하여 정책적으로 지원하고 육성·발전시키고 있다. 문화관광축제는 2010년 기준으로 대표, 최우수, 우수, 유망 순으로 선정되며, 문화관광축제로 선정된 축제는 자생력과 경쟁력을 키워갈 수 있도록 대표 축제는 3회까지만 선정하여 지원토록 하며, 최우수 축제는 등급별 3회, 총 7회가지 지원한다. 2010년도의 문화관광축제는 〈표 4-3〉와 같이 대표축제 2개, 최우수축제 8개, 우수축제 10개, 유망축제 24개, 예비축제 21개로 총 44개를 선정하였다.

표 4-3
2010년도 문화관광 축제 현황

등급 시도	대표 (8억)*	최우수 (3억)	우수 (1.5억)	유망 (0.75억)
서울(0)	–	–	–	–
부산(2)	–	–	–	부산자갈치축제 광안리어방축제
대구(1)	–	–	–	대구약령시한방축제
인천(1)	–	–	–	인천소래포구축제
광주(2)	–	–	–	광주김치대축제 광주7080충장로축제
대전(0)	–	–	–	–
울산(0)	–	–	–	울주외고산옹기축제
경기(5)	–	–	이천쌀문화축제 연천구석기축제	자라섬째즈페스티벌 수원화성문화제 과천한마당축제
강원(6)	–	춘천국제마임축제 화천산천어축제	양양송이축제	인제빙어축제 평창효석문화제 태백산눈축제
충북(2)	–	–	영동난계국악축제	충주세계무술축제
충남(5)	보령머드축제	금산인삼축제	강경젓갈축제 천안홍타령축제	한산모시문화제
전북(4)	–	김제지평선축제	무주반딧불축제 남원춘향제	순창장류축제
전남(4)	–	강진청자문화제 함평나비축제	진도신비의 바닷길축제	담양대나무축제 영암왕인문화제
경북(5)	안동국제탈춤 축제	–	문경찻사발축제	풍기인삼축제 경주한국의술과떡축제 고령대가야체험축제
경남(5)	–	진주남강유등축제 하동야생차문화축제	–	산청한방약초축제 통영한산대첩축제 김해분청도자기축제
제주(1)	–	–	–	제주정월대보름축제
계(44)	2개	8개	10개	25개

주: *축제별 사업비 지원

자료: 문화체육관광부(2010). 2010년도 문화관광축제 선정

Chapter 5

♡ 러브마크 축제의 개념

1. 축제에 대한 감성
2. 러브마크와의 감성적 관계
3. 러브마크-이성과 감성의 통합적 시각
4. 러브마크 선행연구

러브마크 축제의 개념

Chapter 5

러브마크(lovemarks)-소비자와 브랜드간의 감성적 관계

1. 축제에 대한 감성

1) 감성의 개념

일반적으로 감성(感性)은 인간이 지니고 있는 다섯 가지 감각기관의 인지 및 반응이 복합적으로 이루어져 인간의 생리적 기능이 변화를 일으키는 현상을 의미한다(오명환, 1991). 감성은 다양한 요인에 의해 복합적이고 주관적인 느낌의 정서적인 상태로서 감성을 객관적으로 측정하여 정확하게 감성을 명료하게 정의하는 일은 쉽지 않으므로 다양한 형태로 학자들의 감성의 정의가 내려지고 있다.

감성의 사전적 의미로는 '사람이 외부의 자극에 대한 어떤 느낌을 가지는 상태나 능력, 감수성'이라고 정의 되며, 철학적으로는 '감각적 자극이나 인상(印象)을 받아들이거나, 경험을 수반하는 자극에 반응하는 마음의 능력'이라고 하고 있으나, 감성공학(Human Sensibility Ergonomics)에서는 감성을 '환경의 변화나 외부의 물리적인 자극으로부터 인간의 내부에서 일어나는 고도의 심리적인 체험으로 쾌적감·고급감·불쾌감·불편함 등의 복합적인 감정'이라고 정의하고 있다(이영찬, 2009). 또한 이구형(1998)은 감성이란 '인체의 감각기관에 의

하여 감지된 외부의 물체 또는 환경에 대한 감각/ 정보자극에 대하여 두뇌가 느끼는 복합감정'이라고 하였다. 학자들마다 다양한 형태로 감성의 정의를 제시하고 있으나 감정(affect), 감성(emotion), 느낌(feeling) 그리고 기분(mood)의 네 가지 개념을 공통적으로 사용하고 있는 현상을 볼 수 있다(유재하, 2004).

Burke와 Edell(1989)은 광고효과에서 느낌의 중요성을 연구하는 논문을 통해 60가지 이상의 느낌들을 요인 분석하여 경쾌한, 따뜻한, 부정적의 세 가지 차원의 감정적 측면을 제시하였다. 그리고 이들은 감정, 느낌, 감성 그리고 감성반응(emotion response)을 동일하게 해석했다(유재하, 2004).

성영신·반은아(1995)는 감정이란 감성, 느낌, 기분 등 감정 전체에 관한 일반적인 용어라고 정의했다. 김완석(2000)은 그의 저서에서 감정을 감정, 느낌, 기분, 평가의 네 가지 차원으로 구분하여 설명하고 있다. 이지연(2005)은 감성이란 인간의 내부에서 일어나는 심리작용으로 정서적 반응, 생리적 변화에서 표현적 행동으로 이어지는 기분(Mood)이나 감정(Feeling)이며, 감성은 감각을 매개로 하여 인간과 어떤 대상이 교감을 이룰 때 인간이 받아들이는 느낌이라 할 수 있다고 정의했다.

오타루 촛불축제에 몰려든 방문객 인파

감성 그 자체를 체험소재로 한 오타루 촛불축제

이와 같이 공통적으로 국내외의 학자들이 감성, 감정 그리고 느낌 등을 구분하지 않거나 혹은 미묘한 차이들만 존재하기 때문에 포괄적인 하나의 개념으로 사용했다(이학식·임지훈, 2002; Burk & Edell, 1989). 따라서 '감성'도 감정, 정서, 느낌을 모두 의미하는 포괄적인 개념으로 사용하고자 한다.

한편 감정이나 감동에 직접적인 영향을 미치는 감각은 시각, 청각, 촉각, 후각, 미각으로 이루어져 있으며, 감정적 인지과정을 살펴보면 〈그림 5-1〉와 같이 5가지의 감각인 외적 감각기관의 자극과 내적 자극을 받게 되면 기호화된 메시지를 해석, 의식하게 되어 수용자로 하여금 개인에 따라 패턴화한 감성에 의해 이해된 정보를 인식하게 되며, 새로운 정보와 이미지를 형성하게 된다(김미지자, 1998).

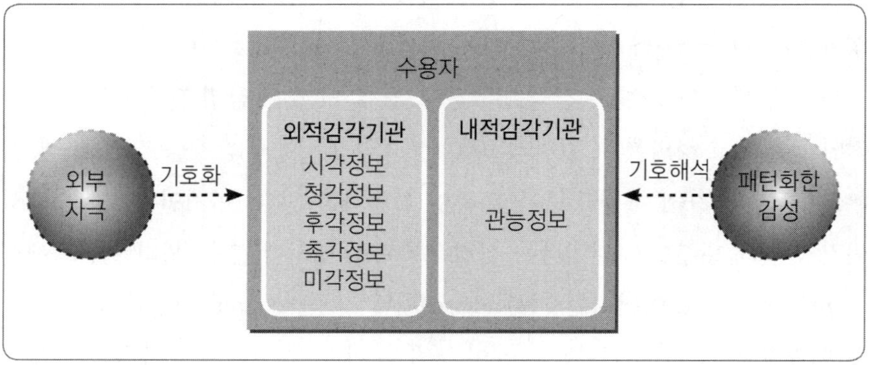

그림 5-1 감성의 인지과정

자료: 김미지자(1998). 『21C 디자인을 위한 감성공학』. 서울: 디자인 오피스, p. 7.

이러한 과정과 새롭게 형성된 이미지들은 또 다른 자극을 인식하는데 영향을 미치게 된다. 즉 인간은 외부 자극에 대해 인지과정을 거쳐 이미지로 정리하여 느끼게 되며 이것이 곧 감성이라 하겠다(이지연, 2005).

감성은 매우 종합적인 것이어서, 어떤 꽃에 대해 '아름답다'라는 감성은 시각에 관계된 형태나 색깔 외에 그 향기나 그것을 포장한 포장지와의 조화 등에도 관련이 있고, 그 사람의 문화수준, 생활 방식, 경험, 연령, 성별 과도 관련이 있다(나까마찌미쥬오, 1994). 이구형(1998)은 감성은 외부 자극의 종류와 강도에 따라 변화될 뿐 아니라 개별적 요인, 사회적 요인, 문화적 요인에 따라 변화하는 광범위한 개념이고 개인성을 주축으로 변화성, 불확실성, 애매 모호성 등의 특징을 갖고 있다고 주장하였다.

감성은 복합적이고 종합적인 느낌으로 명확한 표현이 어려운 동시에, 개인의 심미적인 기준과 환경변화에 따라 다양하게 변화되는 특성이 있다(이구형, 1998). 〈그림 5-2〉에서 보면 개인의 감성에 영향을 미치는 요인은 개인적인 사항 이외에도 사회적·문화적 요인이 중요한 비중을 차지한다. 따라서 감성을 이해하기 위해서는 개인이 속한 사회와 문화에 대한 이해가 필요하다(김규영, 2009).

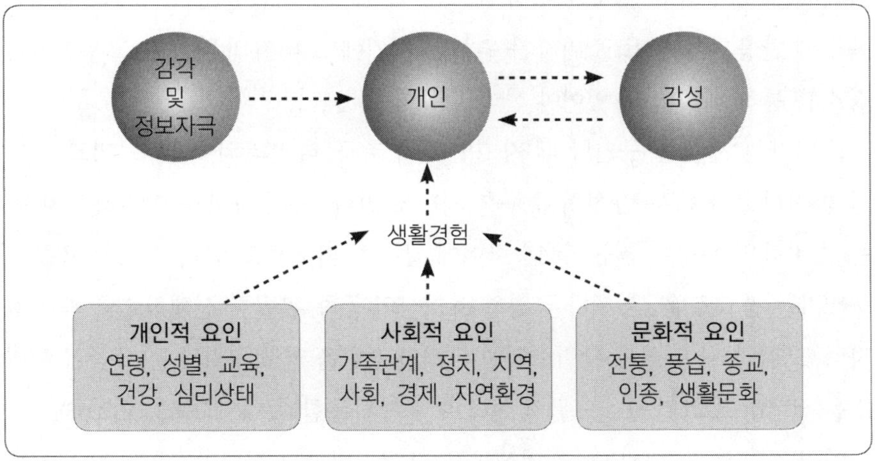

그림 5-2 감성에 영향을 주는 외부 요인들
자료: 고영화(2007). 『디자인 사전』. 서울: 인그라픽스, p. 27.

2) 감성소비자

과거의 계량적인 마케팅 기법에 익숙해져 있던 소비자는 브랜드를 접할 때 기업이 의도하는 대로 수동적으로 대해왔다. 하지만 현대의 소비자는 소비를 할 때 이성적 선택과 감성적 이끌림을 동시에 경험하는 빈도가 증가하고, 제품을 통해 즐거움을 얻고, 경험을 하고, 함께 느낄 수 있기를 원한다. 또한 소비자는 기업이 제시하는 이미지를 그대로 받아들이는 것이 아니라 소비자가 직접 그 이미지를 재해석하고, 능동적으로 수용하게 되는 것이다(손일권, 2003).

최근 소비자들은 상품을 선택할 때 유행 상품이나 상징 상품을 요구하는 것이 아니라, 각 개인의 개성을 상징하는 상품을 요구한다. 최신 유행 디자인이라도 일방적으로 추구하는 것이 아니라, 자신의 개성을 표현해주는 상품을 찾는 것이다.

소비자는 어떤 상품을 구매할 때 그 상품에서 감성적인 만족감의 요소를 찾고 싶어 하며, 내가 누구인지, 어떤 스타일의 사람이 되고 싶은지를 궁극적으로 표현해줄 상품을 찾는 경향을 보인다. 따라서 소비자의 감성적 욕구와 열망을 이해하는 것이 매우 중요한 핵심 요소가 되었으며, 기업들은 소비자의 감성적 욕구에 반응한 상품을 소비자가 원하는 시기에, 소비자의 마음을 고무시키는 장소를 통해 제공할 수 있어야 한다(김규영, 2009).

소비자는 제품을 구입할 때 자기만족의 추구, 타인과의 교감, 그리고 자아를 발견하고자 하는 감성적 욕구를 지니고 있다. 특히 자아를 발견하고자 하는 소비자의 욕구는 최근 몇 년 사이에 급속히 떠오르고 있는 감성적 욕구로 소비자는 풍요로운 삶, 색다른 경험, 호기심의 충족, 활발한 신체적 활동과 지적 자극, 모험과 재미, 삶의 활력소와 이국적인 경험을 얻도록 해주는 상품과 서비스를 선택하고, 그런 브랜드를 발견하면 계속 사용한다(Michael & Neil, 2005).

이처럼 감성이 중요되는 소비행동을 감성소비라고 한다.(이태희, 2011: 러브마크 감성 행동론) 감성소비를 바꾸어 말하면 '소비자는 부가가치를 산다'라고 할 수 있는데, 이 말은 구매의사 결정요인이 상품의 기능에 의존하는 본질적 기능에서 감성에 의존하는 부가적 기능으로 옮겨간다는 것이다(아키노 노루보, 1991). 이러한 변화에 소비자의 상품 선택 기준이 이성보다 감성에 영향을 많이 받게 되었다.

이와 같이 소비자들은 자신의 감각에 호소하고, 자신의 감성을 자극하고, 라이프스타일에 맞는 브랜드를 선택한다. 따라서 브랜드가 소비자에게 마음을 움직일 수 있는 감성적 요소를 제공한다면 브랜드에 가치를 더 하는 것이고, 이러한 가치는 브랜드의 긍정적인 이미지 창출과 브랜드 충성도를 형성할 수 있을 것이다.

3) 감성브랜딩

브랜드를 관리하는 것이 중요해지고, 소비자들의 머리 속에서 자신들의 브랜드를 오래 유지시키는 것이 중요한 일로 간주되면서 감성의 중요성이 증대되고 있다. 왜냐하면 소비자들에게 상품의 품질이나 기능은 더 이상 중요한 기준이 아니다. 자신들이 기업에 대해 어떠한 느낌을 가지고 있는지, 그리고 브랜드와 자신들의 감성적 상호작용이 어느 정도 일어나는지가 브랜드 충성도의 중요한 기준이 되었다(유재하, 2004). 따라서 소비자의 기분과 감정에 영향을 미치는 감성적인 자극을 통해 브랜드와 유대관계를 강화할 수 있는 감성적 영역은 매우 중요하다. 이때 감성적(emotional)이란 의미는 소비자를 감각과 감성의 차원으로 끌어들이는 방법, 즉 브랜드가 그들과 더욱 친밀하고 지속적인 연결을 형성해 나가는 방법에 관한 것이다(Gobe, 2002).

감성브랜딩이란 소비자의 감성을 자극시킬 수 있는 다양한 요소를 통해 풍요롭고 상상력 넘치는 브랜드를 소비자에게 제공할 수 있는 차별화된 브랜드를 구축하는 것을 말한다. 감성브랜딩은 소비자들을 개인적이고 총체적 차원에서 브랜드와 강력하게 연결시킴으로써 브랜드에 신뢰감과 개성을 부여해 주며, 관계형성을 통해 브랜드를 갈망하고 구매하도록 만든다. 즉 사람들은 자신의 삶의 경험에 감성적으로 반응하며, 자연스럽게 주위의 사물에 대하여 감성적 가치를 부여하기 때문에 최근 브랜드 관리에 있어 감성적 브랜드전략이 효과가 있다(Gobe, 2002).

최근 화두가 되고 있는 감성마케팅, 문화마케팅, 체험마케팅 등이 바로 이 감성브랜딩을 실현하기 위한 전략이라 할 수 있다. 인간의 심리와 감성을 중시하여 소비자의 감성과 취향을 브랜드에 담아냄으로써, 소비자가 궁극적으로 브랜드이미지에 호감을 갖게 되고, 소비 경험을 즐길 수 있게 함으로써 장기적인 소비자의 브랜드 충성심을 증가시키는데 그 목적이 있다. 즉 소비자에게 기업의 메시지, 상징 등의 요소를 궁극적으로 감성을 통해 인식시키는데 그 목적이 있는 것이다(고은별, 2010).

Gobe(2002)는 감성적 브랜딩의 기본 개념은 관계 형성, 감각적 경험, 상상력, 비전이라는 4가지 중심축을 기초로 한다고 하였는데, 이를 살펴보면 〈표 5-1〉과 같다.

표 5-1
감성적 브랜딩의 4가지 중심 축

관계형성	소비자와 친밀한 접촉을 유지하면서 존중을 표시하고, 그들이 진정으로 원하는 감성적 경험을 제공하는 것
감각적 경험	충성도를 형성하는 잊지 못할 감성 브랜드 경험을 제공하는 효과적인 브랜딩 도구
상상력	감성적 브랜딩 프로세스를 실현하고 현실화하는 요소
비전	브랜드가 장기적으로 성공하기 위한 가장 중요한 요소

자료: Gobe, M. (2002). 『감성디자인, 감성브랜딩』, 서울: 김앤김북스, p. 65.

2. 러브마크와의 감성적 관계

1) 소비자-브랜드 관계

소비자-브랜드 관계는 소비자와 브랜드가 동등한 당사자로서 서로에게 파트너로서 공헌하며 상호작용한 결과로서 생성된 연대를 말한다(Fournier, 1998). 현대 소비자들의 소비성향을 살펴보면, 소비자들은 친구를 결정하듯이 브랜드를 선택하고, 자신이 구매하는 브랜드와 삶 속에서 개인적인 관계를 맺고자 한다(유재하, 2004).

기존 소비자들은 브랜드를 소비자 태도의 객체로 보았다면, 소비자-브랜드 관계에서는 단순히 소비자가 브랜드의 혜택이나 서비스에 만족하여 재구매하는 것이 아니라 브랜드에 인격을 부여하여 마치 인간과의 관계처럼 브랜드와의 지속적인 관계를 맺고자 한다.

소비자와 브랜드 관계의 개념을 초기에 연구한 Blackston(1993)은 브랜드와 소비자의 관계를 장기적인 관점에서 서로 상호작용을 하고, 그 결과 서로 영향을 주고받는 것이라고 하였다. 소비자와 브랜드 간에 관계가 있다는 의미는 전혀 새로운 것이 아니라 개인 간의 관계에서처럼 소비자와 브랜드 사이에 발생하는 인지적, 감정적, 행동적 과정의 복합체라는 것이다.

개인 간의 관계에서와 마찬가지로 소비자와 브랜드 사이의 관계는 브랜드에 대한 소비자의 태도와 행동뿐만 아니라 소비자에 대한 브랜드의 태도와 행동 역시 고려해야 한다고 하였다.

Fournier(1994)는 소비자와 브랜드간의 관계의 깊이와 이상적인 관계의 특성에 대한 연구를 통하여 소비자-브랜드 관계의 질적 차원을 도출하였다. 이후 이러한 연구 결과를 바탕으로 Fournier(1998)는 소비자와 브랜드 관계의 통합적 차원을 제시하였다.

소비자와 브랜드 관계의 다양한 유형 중 다른 관계와 차별적으로 장기적인 지속성을 가능하게 하는 35개의 강력한 체험성 관계를 추출하여, 최종적으로 '사랑과 열정', '자아연관', '상호의존', '몰입', '친밀', '브랜드 파트너 질'과 같은 6개의 소비자와 브랜드 관계의 질적 차원(brand relationship quality)을 〈표 5-2〉와 같이 도출하였다.

표 5-2 소비자와 브랜드 관계의 6가지 질적 구성개념

구 분	차원
정서적 & 사회 감정적 애착	사랑/열정(love and passion)
	자아연관(self-connection)
행동적 연관	상호의존(interdependence)
	몰입(commitment)
지원적/인지적 신념	친밀감(intimacy)
	브랜드 파트너 품질(brand partner quality)

자료: Fournier, S. (1998). Consumers and their brands: Developing relationship. Journal of Consumer Research, 24(3), 343.

소비자 브랜드 관계 유형이 관계의 강도나 방향(긍정적, 부정적)에 상관없이

모든 관계를 포함하는 반면, 소비자 브랜드 관계의 질적 차원은 소비자 브랜드 관계 중에 그 질이나 깊이, 강도에서 긍정적으로 차별화된 관계를 언급한다(최민욱·조병량, 2006).

이상의 개념들을 종합하여 보았을 때, 소비자와 브랜드의 관계는 소비자가 브랜드를 인지하고, 구매하고, 사용 및 경험하는 전 과정에 걸쳐 관계를 맺는 것으로(최민욱·조병량, 2006), 소비자는 브랜드에 대한 기능이나 편익 등을 제공받는 단순한 관계가 아니며, 개인간의 관계처럼 감성적, 인지적 과정을 수반한다고 볼 수 있다(한은경·유재하, 2003).

2) 소비자와 브랜드간의 감성적 관계

감성소비환경이 진행됨에 따라 소비자와 브랜드 관계에서 안정되고 독점적인 감성적 관계를 확립하는 것이 브랜드 관리의 궁극적인 목표가 되고 있다. 대다수 소비자들은 머리와 가슴 또는 감성으로 소비하고 구매한다. 처음에는 제품의 기능은 무엇인지, 왜 이 제품을 선택해야 하는지 합리적인 이유를 찾는다. 하지만 결국 결론을 내리는 것은 감성이다(Roberts, 2004).

Gobe(2002)는 소비자와 브랜드간의 감성적 연결의 힘을 강조하였다. 또한 강력한 브랜드를 만드는 것은 사람과 사람과의 비즈니스라고 주장하면서 브랜드는 인간적인 특성과 감성적인 가치를 지니고 있어야 함을 강조했다. 즉, 효과적인 브랜드 관리란 브랜드를 요란하게 떠벌리는 것이 아니라 브랜드의 문화적 적실성과 감성적 연결과 관련된다고 주장했다.

Robinette, Brand 그리고 Lenz(2001)는 '홀마크(Hallmark)'의 성공에 대한 연구를 통해 관계경영에서 감성적 유대형성이 얼마나 중요한지를 밝혀냈다. 브랜드를 관리하는 데 있어서 소비자가 브랜드에 대해 갖게 되는 감성적 가치는 브랜드가 소비자에게 제공하는 물리적, 기능적 가치와 함께 핵심 가치로 다루어진다. 뿐만 아니라 브랜드에 대한 소비자의 감성적 가치는 장기적으로 브랜드에 대한 애호도를 높이는데 큰 몫을 하기 때문에 더욱 중요하게 간주된다(Barlow & Maul, 2000).

소비자와 브랜드의 감성적 관계는 상품에서 네임, 로고, 디자인 등이 특화된 상표로, 이러한 상표에서 소비자의 가치와 의미가 부여된 브랜드로 옮겨가면서 소비자들이 감성적 유대를 찾게 되었다는 점에서 중요시되고 있다.

소비자들은 좀 더 다양한 선택의 폭을 요구하며 기대수준도 더 높아졌으며, 결정을 내리는데 도움이 되는 감성적인 동기를 필요로 하며, 그들은 삶의 모든 것과 브랜드를 연결하고자 한다. 이를 통해 소비자 자신의 감성을 이해 해주기 바란다(Roberts, 2004). 따라서 감성은 소비자와의 긴밀한 유대관계를 맺을 수 있는 매우 영향력 있는 요소이다. 즉, 소비자와 브랜드의 정서적 유대 관계를 맺게 하는 통로가 된다. 따라서 기업은 소비자들과의 강력하고 지속적인 연계를 맺기 위해서는 소비자와 브랜드간의 지속적인 대화를 통한 관계 형성에 중점을 두어야 할 것이다(Gobe, 2002).

Blackston(1992)은 브랜드 관계와 감성 사이의 명백한 연결을 정형화하고자 하였으며, Fournier(1998)는 사랑과 열정, 자아연결, 상호의존, 몰입, 친밀감, 브랜드 파트너 품질 등 6가지 관계의 질적 구성개념을 도출하였다. 이 가운데 사랑과 열정은 파트너 관계 사이에서 발전된 감성적인 연결의 강도를 나타내는 것이며, 몰입이란 행위적 의도와 심리적 연결로서 정서적 몰입이 브랜드 구매의 일관적 유지라는 행동적 차원을 포괄한다(Johnson, 1973). 친밀감은 파트너 관계 간에 존재할 수 있는 정신적 밀접성과 관계의 깊은 이해로 정의되며, 특히 친밀하다고 느끼는 브랜드는 소비자와 강한 관계를 맺고 있는 것이다.

이와 같이 Fournier(1998)가 제시한 6가지 소비자와 브랜드 관계의 질적 구성 개념 가운데 사랑과 열정, 몰입, 친밀감 등은 소비자와 브랜드의 감성적 토대가 관계를 형성하는데 상당한 영향력을 미치고 있다는 것을 보여주고 있다. 또한 김유경(2002)이 도출한 소비자와 브랜드 관계 유형 가운데 신뢰친화, 습관적 애착, 헌신적 파트너, 가벼운 친구 등의 요인도 감성적 요소를 가지고 있다.

소비자와 브랜드 관계에 대한 감성적 요인의 영향을 살펴본 Pawle과 Cooper(2006)의 연구에서는 브랜드 구매 결정에 감성적 프로세스가 이성적 프로세스보다 더 많이 작용한다는 것을 보여준다. 이것은 브랜드의 감성적 요인이 관계의 밀접성에 많은 영향을 미치고 있으며, 소비자와 브랜드 관계는 감성적 요인에 의해 좀 더 많은 영향을 받는다는 것을 알 수 있다.

소비자와 브랜드의 감성적 관계에서 소비자는 브랜드에 가족이나 친구, 연인 등과 같은 다양한 형태의 감정을 가지는데, 브랜드에 대해 소비자가 느낄 수 있는 최상의 감정이 사랑이다. 소비자들은 브랜드 소유를 통해 그들의 삶에 의미를 더하며 자신을 표현함으로써 브랜드를 사랑한다. Buchholz와 Wordemann(2001)는 수많은 브랜드들이 감성적 요인으로 이익을 취하려다 좌절을 겪고 마는데, 그 이유는 그들이 너무 미미한 감정, 즉 호감을 불러일으키는 데 그쳤기 때문이라고 본다. 그들은 호감은 결코 독점적인 감정이 아니며 여러 브랜드에 대해 동시에 가질 수 있는 감성이기 때문에 하나의 브랜드에 대해 강렬한 감성이 필요하며 이것이 바로 브랜드 사랑이라고 주장한다(최원주, 2008).

브랜드에 대한 사랑은 일시적 호감이나 반복 구매 등 행동에 초점을 맞춘 충성도를 초월한 절대적 감정으로 이성적이고 논리적인 평판인 신뢰나 존경을 넘어선 감성적 관계이다. 소비 감성화가 진행되고 경쟁이 가중되면서 브랜드 관리의 목표가 소비자의 마음을 사로잡는 사랑의 영역으로 확장되고 있다. 실제로 글로벌 기업은 신뢰와 존경 등 이성적이고 논리적인 평판에 만족하지 않고 소비자의 마음을 사로잡을 수 있는 사랑의 영역으로 브랜드 관리의 지평을 넓히고 있다(삼성경제연구소, 2006).

브랜드 사랑은 Roberts(2004)가 제시한 러브마크(lovemarks)를 통해 구체적으로 살펴볼 수 있는데, Roberts(2004)는 소비자와 브랜드의 감성적 관계의 중요성과 함께 브랜드 사랑을 러브마크 이론으로 정립하고 있다. 그는 소비자와 안정되고 감성적인 관계를 사랑으로 규정하고, 사랑이 의미 있는 관계를 창출하는 감성이라고 주장한다.

브랜드 사랑은 소비자와 지속적으로 접촉하고 그들을 이해하며, 그들과 함께 시간을 보내는 끊임없는 과정이라고 할 수 있다. 러브마크의 핵심 정의는 충성심을 고무하는 제품, 서비스 또는 존재로서, 소비자들은 그들 자신의 러브마크를 가지고 있으며, 러브마크인 브랜드와 독특한 관계를 가지고 있다는 것이다. 그들이 의미하는 러브마크는 단순히 브랜드를 의미하는 단어라기보다는 브랜드에 대한 소비자의 친밀하고 감성적인 반응관계를 나타내는 하나의 연결고리로 사용 된다. 최근 감성경제시대에서 러브마크는 소비자와 브랜드의 감성적 관계를 중심으로 이루어지는 브랜드 전략에 매우 의미 있는 이론으로 평가되고 있다.

따라서 본 저서에서는 소비자와 브랜드간의 감성적 관계를 브랜드 사랑과 브랜드 존경차원으로 설명하고 있는 Roberts(2004, 2006)의 러브마크 이론을 가지고 축제기획에 적용하고자 한다.

3. 러브마크–이성과 감성의 통합적 시각

1) 러브마크(lovemarks)의 개념

1990년대 이후 마케팅관련 연구에서 가장 많은 관심의 대상이 된 영역이 브랜드이며, 브랜드 확장, 브랜드 개성, 브랜드 자산 등 브랜드 관련 연구들이 활발히 수행되었다. 그러나 브랜드의 남용, 제품 차별화의 어려움, 경쟁의 강화와 소비자의 능동성 증가로 브랜드에 대해서도 이전과는 다른 시각이 요구되었고, 이에 소비자와 브랜드의 관계를 분석하고 발전시키려는 연구들이 증가하여 왔다.

소비자-브랜드 관계에 대한 연구들은 소비자와 브랜드에 대하여 이전과는 다른 시각을 요구하는데, 브랜드를 더 이상 수동적인 거래의 대상으로 보지 않고 적극적인 관계의 당사자로 간주하고 있다(안광호·임미화, 2008). 특히 소비자와 브랜드의 관계에서 감성적 유대감은 중요한 토대를 이루고 있는데, 소비자와 브랜드간의 감성적 연결은 소비자와 브랜드간의 관계가 형성되고 브랜드가 제2의 자아로 인식될 수 있다(유재하, 2004).

소비자와 브랜드간의 감성적 관계 가운데 브랜드 사랑은 치열한 경쟁 상황에서 단순한 브랜드에 대한 호감을 넘어선 소비자와의 강력하고 독점적인 관계 구축의 도구라고 할 수 있다(최원주, 2008). 하나의 브랜드에 대해 강렬하고도 독점적인 감성인 브랜드 사랑은 좋은 시기에나 나쁜 시기에나 경쟁자가 특별한 할인가로 유혹할 때조차도 소비자와의 강력한 관계를 유지하게 한다. 가장 강력하고도 독점적인 감성을 통한 정서적 결속, 이것이 브랜드 사랑이다 (Buchholz & Wordemann, 2001).

Roberts(2004)는 소비자-브랜드의 감성적 관계의 중요성과 브랜드 사랑을 러브마크(lovemarks) 이론으로 정립하고 있는데(최원주·최준환, 2008), 경영학의 브랜드 개성 및 관계 이론과 심리학 분야의 사랑 이론을 접목하여 '러브마크'라는 개념이 탄생했다.

러브마크란 Roberts(2004, 2006)가 직접 창안한 개념으로 러브마크는 생산자나 기업이 소유하는 브랜드가 아니며, 단순히 한번 쓰고 잊어버리는 일용품이나 한순간 폭발적인 인기를 얻는 유행과는 달리 시간이 흘러도 사랑과 존경을 받는 브랜드를 뜻한다. 즉 '소비자들과 감성적으로 연결된 브랜드', '소비자들의 열렬한 사랑을 받는 브랜드'가 바로 러브마크 이다. 러브마크는 이성적 논의나 혜택 같은 것을 뛰어 넘어 소비자와 감성적으로 연결되면서 만들어지므로, 브랜드에 대한 소비자의 친밀하고 감성적인 반응관계를 나타내는 하나의 연결고리로 사용된다(Roberts, 2004).

브랜드의 개념은 이성적이고 상징적인 측면에 관심이 집중된다. 따라서 감각적, 경험적, 미적인 측면은 오히려 간과되기도 하는데, 러브마크가 브랜드와 다른 점은 러브마크는 세 가지 요소 즉, 신비감, 감각, 친밀감으로 구성되어 있다는 점이다.

브랜드는 상품이나 서비스를 식별시키고, 경쟁자들과 차별화하는 역할을 수행하는 것이라면(Aaker, 1991), 러브마크는 식별과 차별기능을 초월한 사랑받는 브랜드이며, 소비자와 장기적인 관계를 구축한다고 할 수 있다. 브랜드와 러브마크의 차이점은 다음 〈표 5-3〉를 통해서 비교해 볼 수 있다.

한편, Roberts(2006)는 브랜드가 러브마크로 이동함에 있어 브랜드 사랑은 반드시 존경이라는 기반을 구축해야 함을 강조했다. 열정이나 매력은 시간이 지남에 따라 퇴색되듯 존경 없는 사랑은 지속되기 어려우며, 존경은 소비자와 브랜드의 장기적 관계에 반드시 필요한 것이라고 하였다. 일반적으로 브랜드를 사랑하게 하는 주요 요인은 순수하게 감성에서 비롯되지만, 존경을 이끄는 요소는 기능이나 성능과 관계가 있다.

표 5-3
브랜드와 러브마크의 비교

브랜드		러브마크
정보	▶	관계
소비자에게 인지됨	▶	대중에게 사랑받음
보편적인	▶	개인적인
일반적으로 설명하는	▶	스토리를 창조하는
품질에 대한 약속	▶	감각적인 터치
상징화	▶	아이콘화
규정된	▶	고취된
진술	▶	이야기
속성을 규정하는	▶	신비에 쌓인
가치	▶	마음
전문적인	▶	열정적이며 창의적인
광고 대행사	▶	아이디어 컴퍼니

자료: Roberts, K. (2004). 『브랜드의 미래, Lovemarks』. 서울: 서돌, p. 78.

러브마크는 기존의 감성브랜드, 소비자-브랜드 관계 그리고 브랜드 사랑 등의 연구에서 간과하고 있는 기업의 성과, 신뢰, 평판 등 브랜드 존경의 중요성을 강조함으로써 기존의 브랜드 감성 및 관계 연구와 차별화를 시도하였다.

반면 브랜드는 존경받고는 있지만 사랑받지 못한다. 이는 이성적으로는 작동하지만 감성적으로는 전혀 작동하지 않는 상황을 의미한다. 그래서 브랜드에서 러브마크로 진화하기 위해서는 감수성이 필수적이다(Roberts, 2006).

러브마크가 기존 연구와 다른 점은 브랜드, 감성브랜드, 소비자-브랜드 관계 그리고 브랜드 사랑 등 이들 각각의 연구들을 통합적인 시각에서 보고자 하였다. 즉 기업의 실적, 혁신, 명성, 정직성 등의 탄탄한 기초위에 브랜드 사랑을 통해 러브마크가 형성될 수 있다는 것이다.

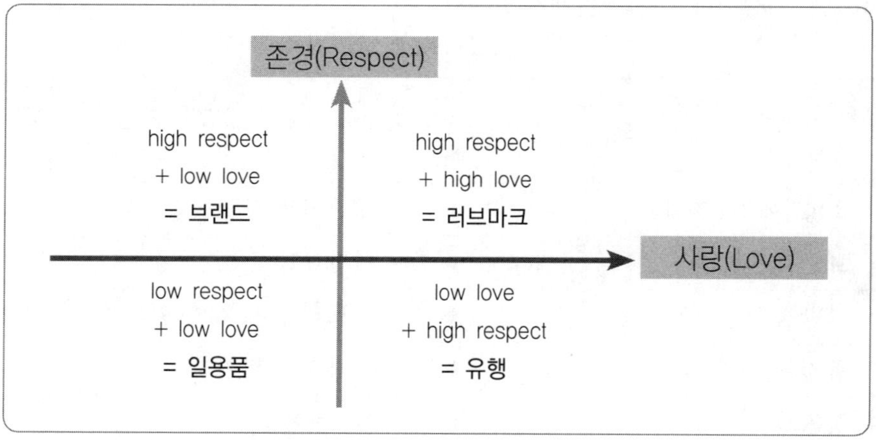

그림 5-3 러브마크 사랑과 존경 축

자료: Roberts, K. (2004). 『브랜드의 미래, Lovemarks』. 서울: 서돌, p. 149.

Roberts(2006)는 러브마크를 브랜드 사랑과 브랜드 존경차원으로 설명하고, 〈그림 5-3〉과 같이 사랑과 존경 좌표축에서 러브마크가 어떤 지점에 위치하고 있는지를 보고자 하였는데, 낮은 존경과 낮은 사랑은 일용품(commodities), 낮은 존경과 높은 사랑은 유행(fads), 높은 존경과 낮은 사랑은 브랜드(brands), 그리고 높은 존경과 높은 사랑이 '러브마크(lovemarks)'이다.

(2) 러브마크의 구성차원

Roberts(2006)는 소비자와 특별한 감성적 관계를 유지하기 위한 감성과 기능의 통합을 강조하였는데, Pawle과 Cooper(2006)는 소비자와 브랜드의 관계에서 감성의 역할과 이성의 역할을 이해하고 측정하기 위해 '경로모델'이라는 조사 방법을 개발했다.

이 방법은 제품과 사람의 관계에서 어떻게 감성 연결이 이루어지는지 진단하는데 초점을 두어 브랜드 메시지가 이성경로와 감성경로를 어떻게 통과하는지를 증명하고, 자아의 '실행기능'을 통해 어떻게 통합되는지 보여준다. 러브마크 경로모델을 <그림 5-4>와 같이 제시하였다.

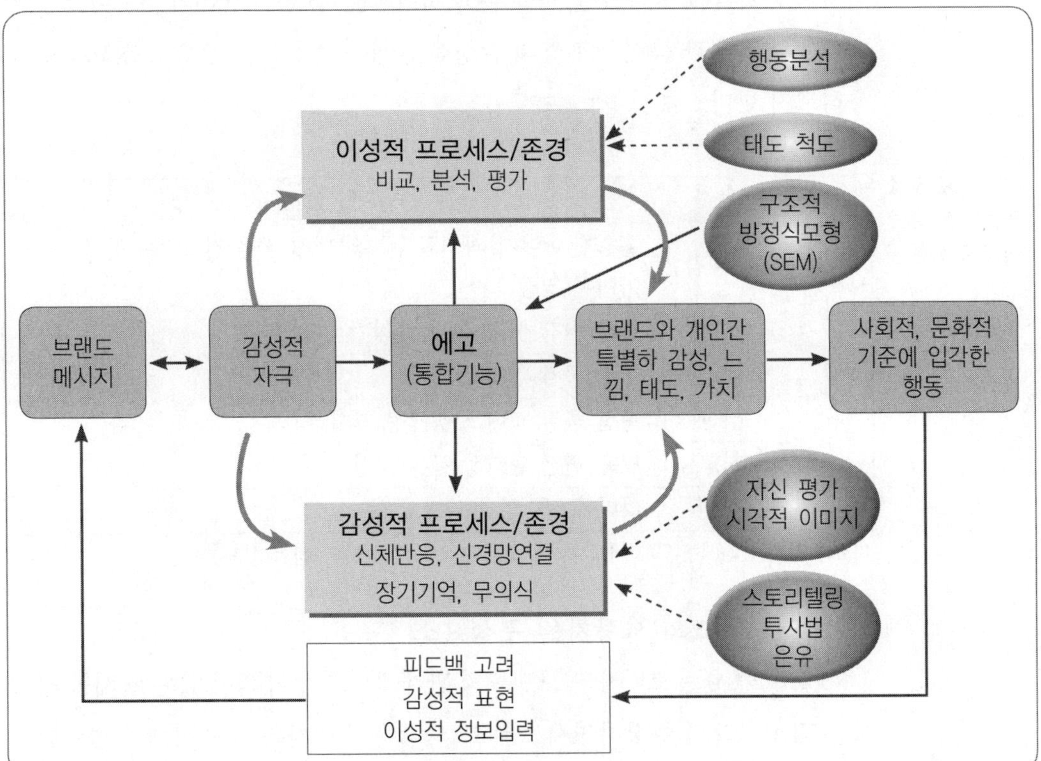

그림 5-4 러브마크(Lovemarks) 경로모델

자료: Roberts, K. (2006). The future beyond brands-Lovemarks. Journal of Advertising Research: p. 21.

러브마크 경로모델은 브랜드와의 관계와 소비자 행동에 대한 분석을 통해 이루어졌으며, Roberts(2006)는 러브마크 경로모델을 통해 사회문화적 코드에 좌우되는 감성과 소비자와 브랜드 관계를 설명하고자 하였다.

Roberts(2006)는 러브마크를 브랜드 사랑과 브랜드 존경으로 구분하여 개념을 설명하였으며, 〈표 5-4〉와 같이 사랑의 주요차원으로 신비감, 감각, 친밀감을 구성하였고, 존경의 주요차원으로는 신뢰, 평판, 성과로 구성하여 기존 브랜드개념과 차별화하여 소비자의 감성 및 브랜드와의 관계를 측정하고자 하였다.

Pawle과 Cooper(2006)는 사랑과 존경 지수를 파악하고자 러브마크 이론에 대한 리서치를 실시하였으며, 그 결과 러브마크를 만들면 매출이 증가한다는 결정적 증거를 도출하였다. 이에 본 저서에서는 Roberts(2006)의 러브마크 구성개념을 방문객과 축제 브랜드의 감성적 관계를 측정하는 주요 구성요소로 적용하고자 한다.

표 5-4
러브마크 측정 항목 구성요소

차원		구성 요소
사랑	신비감	훌륭한 이야기, 과거와 현재와 미래, 꿈을 건드리는 것, 신화와 아이콘, 영감
	오 감	청각, 시각, 미각, 촉각, 후각
	친밀감	헌신, 공감, 열정
존경	성 과	혁신, 품질, 서비스, 정체성, 가치
	신 뢰	믿음, 헌신, 편리성, 공유, 보안
	평 판	리더십, 정직성, 책임감, 효능

자료: Roberts, K. (2007). 『러브마크 이펙트』. 서울: 서돌, p. 85를 참조하여 연구자 작성

가. 러브마크의 사랑차원 구성요소

Roberts(2004)는 소비자와 브랜드의 관계에서 사랑이 의미 있는 관계를 창출하는 감성이라고 주장하면서 브랜드 사랑은 소비자와 지속적으로 접촉하고 그들을 이해하며, 그들과 함께 시간을 보내는 끊임없는 과정이라고 한다.

브랜드 사랑은 일시적인 소비가 아닌 장기적인 관계를 유발한다는 점에서

마케팅 분야에서 주목해야 할 소비 감정으로 여겨지고 있다(권민택·정미화·최낙환, 2010). 소비자의 브랜드 사랑 또한 소비자와 브랜드 관계의 근원적인 감성으로서 강력한 브랜드 형성에 많은 영향력을 발휘한다. 인간관계를 설명하는 감성 중 하나인 사랑은 소비자와 브랜드 관계를 인간의 감성을 바탕으로 대인관계 차원에서 이해할 수 있는 하나의 척도이며, 감정이입적 파트너쉽을 이해할 수 있는 요소라고 할 수 있다(최원주, 2008). Roberts(2004, 2006)가 도출한 러브마크 사랑차원의 구성항목을 다음에서 자세히 살펴보겠다.

① 신비감

브랜드는 평범하면서도 신비로움을 잃지 말아야한다. 신비로움을 간직하면서도 소비자의 공감을 얻어내야 장수브랜드가 될 수 있다(노장오, 2003). 신비감이 관계를 지속가능하게 하는 이유는 사람들은 호기심이 유발되거나 예상치 못한 스릴을 즐기기 때문이고 그것을 오래 기억한다.

Roberts(2004)는 신비감을 위한 다섯 가지 구성요소를 다음과 같이 제시하였다. 첫째, 이야기를 들려준다. 허희옥(2006)은 스토리텔링이 개인이 경험한 실제에 대하여 기억, 저장, 전이하는 지성을 자극 할 뿐만 아니라 관심, 느낌, 공감 등과 같은 감성을 동시에 일깨워 흥미와 몰입을 증진할 수 있다고 하였다. 또한 소비자들은 독특한 이야기를 가진 브랜드에 돈을 아끼지 않으며, 스스로 브랜드에 담긴 이야기를 체계화하면서 이로부터 자신만이 느낄 수 있는 고유한 가치를 만들어 낸다. 이야기의 힘이 오랫동안 지속되면 될수록 소비자가 브랜드에 느끼는 친밀감과 호감도는 높아지게 되며 주변인들의 관심까지 이끌어내는 중요한 역할을 하게 된다.

브랜드 그 자체는 제품과 소비자 간의 중간적 존재이지만, 브랜드 속의 이야기는 양자 간의 '관계 맺기를 위한 도구'가 된다(김훈철·이상훈·장영렬, 2008). 이는 축제 브랜드에서도 방문객과 브랜드 관계형성에 중요하다고 할 수 있는데 Mohr, Backman, Gahn과 Backman(1993)은 축제의 기획이 개인이나 집단에게서 어떤 형태적 결과를 유도해 내기 위해 치밀하게 설계하고, 그 구성을 조직화하여야 한다고 제시하였다. 또한 축제의 기획은 대중적 지지를 얻기 위해 각 개인의 감성과 관심 등을 고려하여 누구나 함께 공감하고 함께 할 수 있는 축제의 주제와 스토리가 있어야 한다며, 이는 축제의 이야기를 펼쳐나가는 것의 중요성을 강조했다.

둘째, 월트 디즈니가 한 마리 생쥐에 관한 짧은 만화에서 시작해 디즈니 제국을 건설했을 때부터 믿어온 원칙의 하나는 과거, 현재, 미래가 서로 연결되어 있음을 이해하는 것이었다. Roberts(2004)는 브랜드가 과거를 어떻게 미래로의 도약대로서 인식하는지 살펴보고 과거와 미래의 연결이 없다면 러브마크도 없음을 강조했다. 즉, 러브마크는 과거에서 배우고 역동적인 현재를 거쳐 위대한 미래를 창조할 수 있어야 하며, 이것은 브랜드의 지속가능성(brand sustainability)을 높일 수 있다(Roberts, 2004).

셋째, 꿈에 동참한다. 소비자가 꿈꾸는 것이 무엇인지 파악하고 소비자의 요구와 갈망을 알아야 한다. 소비자는 브랜드를 통해서 그들의 꿈과 환상을 경험, 실현하는 수단으로 이용할 때 브랜드와의 관계를 형성하고 오랫동안 유지하고자 한다.

넷째, 아이콘을 만든다. 인간의 대화 도구(Communication tool)는 심벌, 단어, 사진, 그림, 사인, 제스쳐 등이 있는데 우리가 기억하고 있는 것은 아이콘적 그림으로 이 아이콘을 꺼내서 대화를 한다(이영희, 2001). 아이콘은 타사와 구별되기 힘든 브랜드는 자사의 메시지를 간결하고도 정확하게 전달하면서도 신화적인 환상이나 상징을 연상할 수 있는 표식물을 제공해 소비자에게 친근감을 심어주는 전달방법으로 언어적 설명보다는 시각적 표현 방법이 효과적이다.

다섯째, 영감이 있어야 한다. 영감은 갑자기 떠오르고 뛰어나고 시의적절한 아이디어이다. Roberts(2004)는 복잡하고, 혼란스럽고, 무질서한 시대에 영감은 삶을 바꿔 놓는 힘을 가지고 있으며, 영감을 주는 브랜드만이 러브마크가 될 수 있다고 한다. 어른이 아이들에게, 지도자가 추종자에게, 제품이 소비자에게, 어떤 공연이 관객에게 줄 수 있는 가장 중요한 일은 바로 영감을 주는 것으로, 예를 들면 올림픽이라는 역사적인 행사에 대한 직, 간접적인 경험을 통하여 개막식, 시합 등을 통한 감정적인 흥분과 오륜기, 성화, 메달과 같은 상징적인 아이콘을 통해 여러 가지 감흥을 받게 되는 것이다(Roberts, 2004).

② 오감

소비자의 브랜드에 대한 느낌과 경험의 강도가 높아질수록 소비자와 브랜드는 점점 더 가까워진다(권민택 · 정미화 · 최낙환, 2010). 특히 오감은 생생하고 뚜렷한 자극으로서 제품에 가치를 더하고, 오감을 통해 소비자를 감성적인 차원으로 끌어들여 소비자의 흥미를 유도할 수 있다. 오감은 시각, 청각, 후각, 촉각, 미각으로 러브마크화가 되기 위해서는 다섯 가지 오감을 통해서 성취가 가능하다(Roberts, 2004).

③ 친밀감

소비자는 강력한 관계를 맺고 있는 브랜드에 대해 정교화된 지식 구조를 갖고 있으며, 이러한 브랜드에 대해 보다 깊은 친밀감을 느낀다(Fournier, 1998). 친밀감은 소비자가 브랜드와의 연관성이 높다고 여기고 브랜드가 자신과 어울린다는 열정적인 감정을 느낌으로써 증대된다. 또한 브랜드에 대한 높은 이해를 통하여 정서적인 깊은 친밀감을 느끼며, 이러한 친밀감은 관계의 지속가능성을 높여준다.

소비자와 브랜드간의 친밀감은 개인적인 감정이나 정보를 공유함을 통해 형성될 수 있다(Altman & Taylor, 1973). Roberts(2004)는 친밀감은 긴밀한 연대감으로 제품의 특징이 사라진 뒤에도 강한 충성도를 유지시키며 그러한 애착심 없는 브랜드는 러브마크가 될 수 없다고 하며, 브랜드 친밀감을 형성하는 요인을 몰입, 공감, 열정으로 보았다.

나. 러브마크의 존경차원 구성요소

Roberts(2006)는 브랜드 사랑은 반드시 존경이라는 기반을 구축해야 러브마크를 형성할 수 있다고 하였다. 러브마크는 커뮤니티나 네트워크와 진정한 감성적 관계를 맺는 브랜드나 기업이 될 수 있으나, 존경없는 사랑은 지속되지 못하듯 존경이 소비자와 장기적 관계에 반드시 필요한 것임을 강조하였다.

Kovecses(1990)가 언어학적 분석을 통하여 존경이 감정의 차원과 관련이 있는가를 분석한 결과 대부분의 피조사자들은 감정으로 인식하지 않았으나, 이를 잠재적인 감성차원으로 규정하였고, 존경의 개념은 가치의 은유적인 인식에 기반한다고 하였다. 즉, 존경은 구조적으로 태도, 인지, 행동적 경향으로 볼 수 있다.

존경을 이끄는 요소는 기능이나 성능과 관계가 있는데, Roberts(2004, 2006)는 존경의 지평을 재무나 생산 실적에서 보다 근원적인 데까지 확장을 하고자 하였으며, 존경은 실행, 평판, 신뢰를 그 근본원칙으로 삼았다. 각 구성요소의 개념을 살펴보면 다음과 같다.

① 성과

브랜드 성과는 제품이나 서비스가 고객들의 기능적 욕구를 충족시키는 방식과 관련 있는 것으로 제품이나 서비스의 고유한 특성을 말한다(김병재, 2007). Roberts(2006)는 끊임없는 향상의 노력으로 혁신을 통한 가치 창출이 필요하다고 하였으며, 성과는 브랜드에 대한 혁신, 품질, 서비스, 정체성, 가치에 대한 인식으로 분류하여 측정하고자 하였다.

② 신뢰

Doney와 Cannon(1997)은 브랜드 신뢰를 고객과 기업의 공유된 목표나 가치에 기초하여 브랜드가 고객에게 최상의 이익을 주기 위해 행동할 것이라는 브랜드에 대한 고객의 믿음이라고 정의하였다. Coulter와 Coulter(2002)는 브랜드 신뢰를 브랜드의 기밀성, 정직성, 성실성, 그리고 높은 도덕적 표준에 대한 고객의 지각이라고 하였으며, Sirdeshmuhkh, Singh과 Sabol(2002)는 브랜드를 의지할 만하고, 약속한 서비스가 전달될 것에 대해 믿을 수 있다는 고객들의 기대라고 하였다.

일반적으로 신뢰는 관계마케팅의 중요한 구성요소로서, 고객과의 장기관계를 개발·유지하는데 있어 신뢰는 중요한 요소가 된다. 신뢰는 소비자가 브랜드와 긍정적이거나 정서적으로 신뢰할 때 지속적인 관계가 형성된다. 이에 Roberts(2006)은 브랜드 존경의 구성요소로서 장기적 관계를 가능하게 하는 신뢰의 중요성을 강조하고, 신뢰의 구성요인으로 믿음, 헌신, 편리성, 공유, 보안 등을 신뢰의 측정항목으로 도출하였다.

③ 평판

Roberts(2006)는 브랜드 평판을 기업의 리더십, 정직성, 책임감, 효능 등으로 측정하고자 하였다. 소비자는 상품이나 서비스를 구매하게 될 때, 그 거래에 대한 비용과 이익을 고려하게 되는데 거래에 대한 가치를 판단하는 데 있어서 브랜드 평판은 매우 중요한 요소이다. 또한 브랜드 평판은 오랜 시간에 걸쳐 형성된 기업의 모든 속성에 대한 변함없는 성과의 결과이다(Fombrun, 1996; Fombrun & Van Riel, 1997). 특히 브랜드 평판은 기존고객을 유지함과 동시에 서비스품질 평가의 중요한 단서가 되며, 서비스 기업이 잠재적 경쟁자에 대하여 쌓아 놓은 진입 장벽의 역할을 할 수 있다는 점에서 매우 중요한 역할을 한다(이문규, 1999).

4. 러브마크 선행연구

최근 브랜드 관리의 궁극적인 목표는 소비자의 사랑을 받는 것이라 할 수 있을 것이다. 이런 감성소비환경을 바탕은 최근 브랜드 관리에 관한 연구는 감성 접근으로 감성브랜드, 소비자와 브랜드의 관계, 그리고 브랜드 사랑 등 감성관련 연구들이 활발히 수행되고 있다. 이에 본 저서에서도 축제 브랜드의 가치를 감성적 영역에서 살펴보고자 하였다. 그러나 방문객과 축제브랜드간의 감성적 관계에 관한 선행연구는 매우 부족하며, 특히 축제 러브마크에 관한 연구는 전무한 실정이다. 러브마크의 등장배경은 브랜드 감성, 소비자와 브랜드간의 관계, 브랜드 사랑이 바탕이 되었으므로 러브마크와 함께 이들 선행연구를 살펴보고자 한다.

먼저 러브마크 관련 선행연구들을 살펴보면, Roberts(2006)은 러브마크를 요소를 계산하고자 러브마크 측정모델을 〈그림 5-5〉와 같이 제안하였다. 러브마크 요소를 계산하는 방법은 측정모델을 이용하여, 각 러브마크 요소가 매우 열정적이면 2점, 따듯한 정도면 1점, 차가우면 0점을 부여하게 하여, 총점이 0-36점은 제품, 37-40점은 브랜드, 41점 이상은 러브마크에 해당된다. 이때 브랜드 사랑은 존경을 기반하고 있으므로 최소한 존경차원의 점수가 25점은 되어야 러브마크라 할 수 있다(Roberts, 2006).

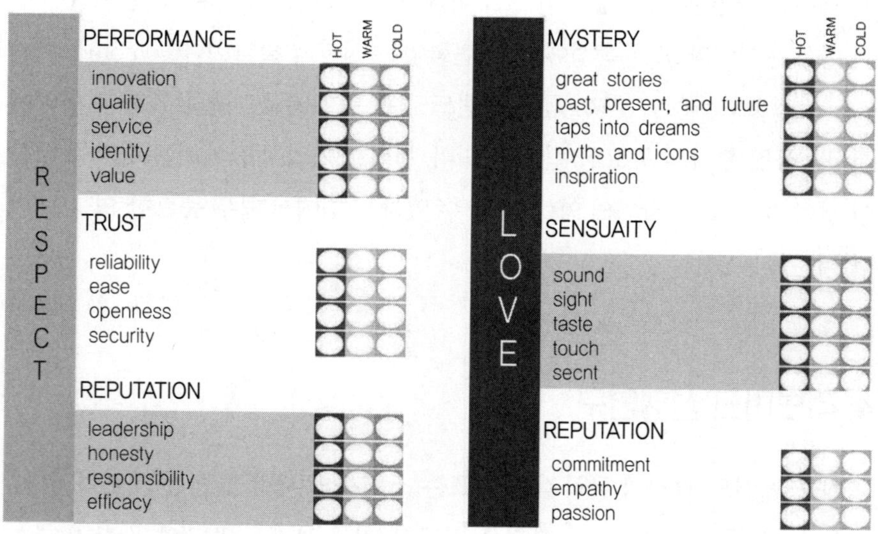

그림 5-5 러브마크 측정모델

자료: Roberts, K. (2006). www.lovemarks.com

Pawle과 Cooper(2006)는 감성을 측정하고, 신비감, 감각, 친밀감을 재며, 사랑과 존경 지수를 파악하는 새로운 방법을 모색함으로써 러브마크 이론에 대한 리서치를 실시했다. 이들 연구에서는 러브마크를 만들면 매출이 증가한다는 결과를 도출하였고, 또한 친밀감은 시험한 모든 분야에 걸쳐 구매에 가장 중요한 영향을 미침을 밝혔다.

이태희(2011)는 그의 저서 '러브마크 감성행동론'에서 소비자와 관광객의 결정에 감성이 관여하는 이론적 부분과 실무적 내용을 연결지어 풀어나갔다.

이태희(2010)는 러브마크 이론을 적용한 전북 관광체험 가치의 평가 틀 도출 및 러브마크 가치 상향화전략을 제시하였다. 이 연구에서는 전북의 관광이 지방관광의 시대에서 살아남을 수 있고, 경쟁력을 갖출 수 있기 위해서는 감성소비의 시대에 맞는 러브마크 전략이 도입되어야 함을 강조하였다.

다음으로 소비자와 브랜드 관계와 관련된 기존 연구들을 살펴보면, Aaker(1997)는 강력한 브랜드 개발을 위해 브랜드 아이덴티티(brand identity)라는 개념을 도입하면서 브랜드 아이덴티티 시스템의 궁극적인 목표를 소비자와 브랜드간의 관계 개발로 보았고, 아울러 이러한 소비자와 브랜드 관계는 브랜드 충성도 형성의 기반이라고 주장하였다.

Blackston(1993)은 브랜드와 소비자 관계를 브랜드를 향한 소비자의 태도와 소비자를 향한 브랜드의 태도사이의 상호작용이라고 정의하고, 브랜드와 소비자가 동등하게 인정되는 커뮤니케이션 모델을 제안하였다. 이 모델에서 성공적인 소비자와 브랜드 관계의 발전은 소비자를 향한 브랜드의 태도를 소비자가 어떻게 인식하는 가에 달려있다.

Fournier(1998)는 중요한 삶의 단계(전통적 가치관의 50대, 포스트모더니즘 가치관의 20대 초반, 과도기적 30대 후반)를 대표하는 세 여성과의 심층적 인터뷰를 통해 소비자와 브랜드 사이의 기초적 관계를 밝히고 소비자와 브랜드 관계의 통합적인 이론적 토대를 만들었다. 그 결과 첫째, 브랜드는 소비자와 브랜드의 관계파트너로써 존속가능하고, 둘째 소비자와 브랜드관계는 소비자의 경험적 차원에서 의미 있고, 셋째, 소비자와 브랜드 관계는 이론적으로나 실무적으로 유용한 개념으로 세분화 될 수 있다고 주장하였다.

김승주(2005)는 소비자와 브랜드 관계의 결정요인과 제품유형의 조절효과에 관한 연구에서 다중회귀분석 결과, 자아연계적 애착, 만족, 행동적 몰입, 신뢰, 감성적 친밀감이 소비자와 브랜드 간의 관계를 강화하는데 영향을 미쳤고, 관여도는 브랜드 관계 품질과 개별 차원의 관계에 영향을 미쳤으나 제품유형은 영향력이 약하다는 것을 밝혔다.

이윤원(2004)은 소비자와 브랜드 관계의 질 측정을 위한 척도 개발 연구에서 제품 브랜드와 서비스 브랜드로 구분하여 조사한 결과, 관계의 질적 차원은 자아연계적 애착, 만족, 몰입(행동적 몰입 및 인지적 몰입), 신뢰(약속 준수에 대한 믿음, 성실성에 대한 믿음), 친밀함(지식적 친밀함, 감성적 친밀함)으로 구성되어, Fournier(1998)의 소비자와 브랜드 관계의 질적 차원과 거의 유사한 것으로 나타났고, 제품 브랜드와 서비스 브랜드 모두 몰입에서는 인지적 몰입이, 친밀함에서는 지식적 친밀함이 제거된 점 외에는 연구 모형의 개념적 틀과 동일한 형태를 보여주었다고 보고하였다.

김유경과 허웅(2003)은 Fournier(1998) 연구의 이론적 근거와 개념화된 기준을 바탕으로 국내 소비자의 문화적 가치가 고려된 관계의 질에 대한 연구를 시행하였다. 그 결과 국내 소비자들은 감성적 몰입성향, 정서지향성, 상호의존성, 자아지향성이라는 대표적 체험성 관계의 질적 성향을 보이는 것으로 나타났고, 이러한 관계의 질적 성향은 제품 유형별로 상대적 차이가 있고, 커뮤니케이션 도구가 관계의 질에 다양한 영향을 미친다고 보고하였다.

김유경(2002)은 소비자와 브랜드 관계 유형과 영향요인에 관한 실증연구에서 Fournier(1998)가 제시한 체험성 관계 유형을 국내 소비자들에게 적용한 결과, 국내 소비자들이 인식하고 있는 체험성 관계 유형은 상황적 의존관계, 신뢰친화관계, 습관적 애착관계, 자아표현관계, 부정적 대안관계 등 5개의 유형을 도출하였다.

이수부·유영진·하동현(2008)은 브랜드 퍼스넬리티가 브랜드 인지·연상, 브랜드 감성-관계 및 브랜드 이미지 및 브랜드 애호도에 미치는 영향을 알아보고자 울산 및 대구지역 레스토랑의 고객을 대상으로 연구를 수행하였다. 이 중 브랜드와의 감성-관계에 영향을 미치는 요인을 살펴보면, 감성적/친절함의 요인이 브랜드와의 감성-관계에 영향을 주는 것으로 나타나 고객들이 감성적이고, 친절한 요인에 대한 지각이 높아질수록 고객이 지각하는 브랜드와의 감성-관계는 높아진다는 것을 밝혔다.

최근 소비자와 브랜드 관계에서 감성의 중요성이 대두됨에 따라 인간이 가질 수 있는 최고의 감정인 사랑을 브랜드에 적용하여 연구가 수행되고 있다. 박희석(2007)은 브랜드 사랑을 관광분야에 실증적으로 적용시킬 필요성을 제기하고, 관광분야의 온라인 브랜드 커뮤니티의 상호작용성이 관계품질과 브랜드 충성도와 브랜드 사랑에 미치는 영향 관계를 설정하고, 한국관광공사의 웹사이트와 타운홈피 이용자 그리고 오프라인 이용자를 대상으로 연구조사를 실시하였으며, 그 중 브랜드 사랑에 미치는 영향을 분석한 결과를 살펴보면, 타운홈피에서 관계몰입과 브랜드 애착이 브랜드 충성도와 함께 브랜드 사랑에 가장 영향력을 미치는 변수임을 확인하였다.

최원주·최준환(2008)은 소비자-브랜드 관계를 인간관계를 형성하는 가장 기본 감성인 사랑에서 접근함으로써 브랜드 사랑에 대한 이해를 구체화시키고자 브랜드 사랑의 항목을 도출하였다. 이들은 브랜드 사랑의 척도를 바탕으로 브랜드의 전략적 도구로서 브랜드 사랑의 활용성을 논의하면서 브랜드 사랑을 친숙한 사랑, 매혹적 사랑, 즐거운 사랑, 든든한 사랑의 4가지 유형으로 도출하였다. 권민택 등(2010)은 실증분석을 통하여 자아욕구는 브랜드에 대한 긍정적인 감정인 사랑을 유발하는데 주요한 원인으로 작용함을 밝히고, 브랜드에 대한 강한 사랑이 브랜드와의 관계를 지속하겠다는 몰입을 강화시킴으로써 브랜드 사랑이 소비자와 브랜드의 장기적인 관계 형성에 긍정적인 영향을 미칠 수 있다는 결과를 제시하였다.

축제의 경우도 러브마크의 이론을 적용하여 사랑과 존경을 받는 러브마크 축제의 감성기획이 필요한 시대를 맞고 있다고 할 수 있다.

Chapter 6

♡ 러브마크 축제의 기획

1. 러브마크 축제기획과 마케팅
2. 러브마크 축제 제공편익과 기획의 핵심 포인트
3. 축제 브랜드의 홍보 전략

러브마크 축제의 기획

Chapter 6

1. 러브마크 축제기획과 마케팅

러브마크 축제를 기획하기 위해서는 먼저 축제가 지니는 의미와 축제를 통해 얻을 수 있는 지역경제의 파급효과에 대한 사전적인 연구와 검토가 필요하며, 축제를 그 지역의 고유한 관광 상품 브랜드로 발전시키기 위한 계획도 수립되어져야 할 것이다. 또한 축제 상품의 마케팅을 위해서는 축제 자체에 대한 전반적인 이해와 함께 축제를 방문할 가능성이 높은 시장을 선별하기 위하여 시장(소비자 집단)이 지니는 특성에 대해서도 연구할 필요가 있다. 궁극적으로는 지역의 독특함과 고유성을 잘 표현할 수 있는 축제를 기획하여 지역의 대표적인 관광 상품으로 개발하기 위해서는 치밀한 계획과 전략이 필요하다는 것을 의미한다.

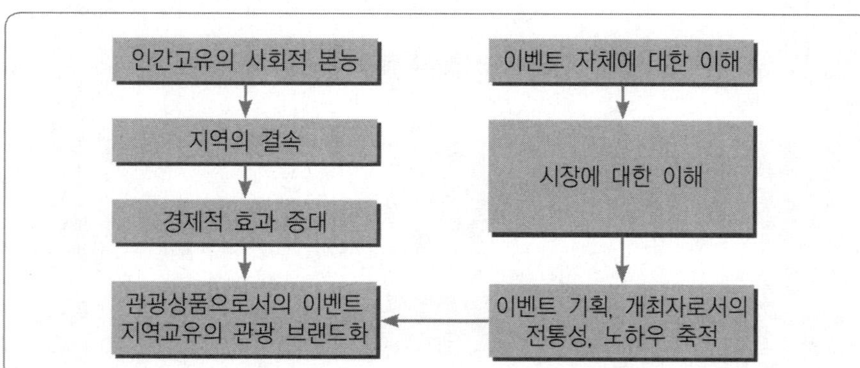

그림 6-1 축제기획에 대한 이해

1) 러브마크 축제 기획과 마케팅 전략

축제 이벤트를 개최하기 위해서는 〈그림 6-2〉에서와 같이 축제 이벤트의 목표의 설정, 개최조직의 설정, 마케팅 전략 수립, 예산 수립, 집행, 평가 보안의 단계가 필요하다. 축제 이벤트의 목표는 시장과 개최 조직과 관련한 다양한 변수를 고려해야 하며, 마케팅 전략의 수립을 위해서는 수요의 추정과 표적 시장, 시장 세분화에 대한 구체적인 조사를 바탕으로 한 구체적인 마케팅 믹스 전략이 세워져야 한다.

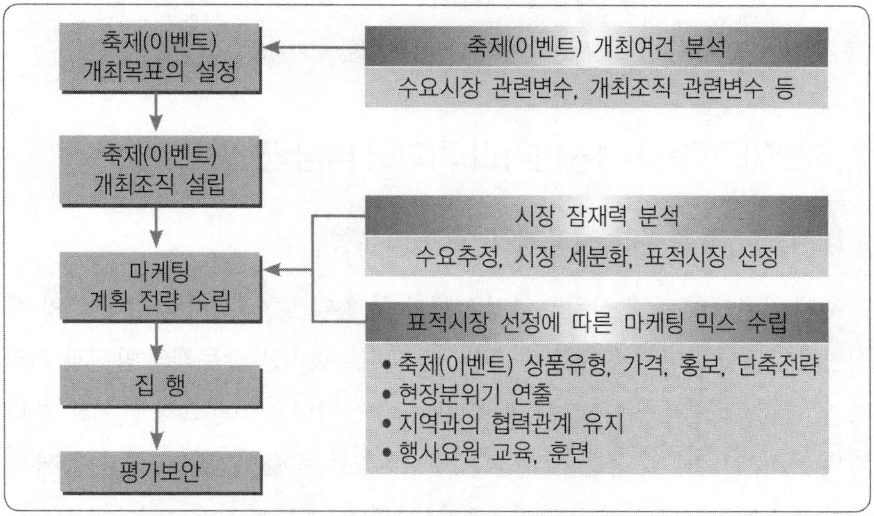

그림 6-2 축제 이벤트 개최기획과 마케팅 전략 수립

2) 러브마크 축제 마케팅 목표 및 평가지표 설정

러브마크 축제 이벤트를 개최한 후 축제에 대하여 객관적으로 평가하는 것은 향후 개최될 축제의 발전을 위한 매우 중요한 과정이다. 축제 이벤트의 객관적인 평가를 위해서는 〈그림 6-3〉과 같이 마케팅 목표에 얼마만큼 부합되었는가와 표적시장의 방문증가율, 숙박관광객수의 증가율, 객실이용률, 축제 개최 지역에 대한 인지도 및 태도에 대한 변화와 같이 수치화된 자료를 바탕으로 객관적인 평가를 내릴 수 있어야 한다.

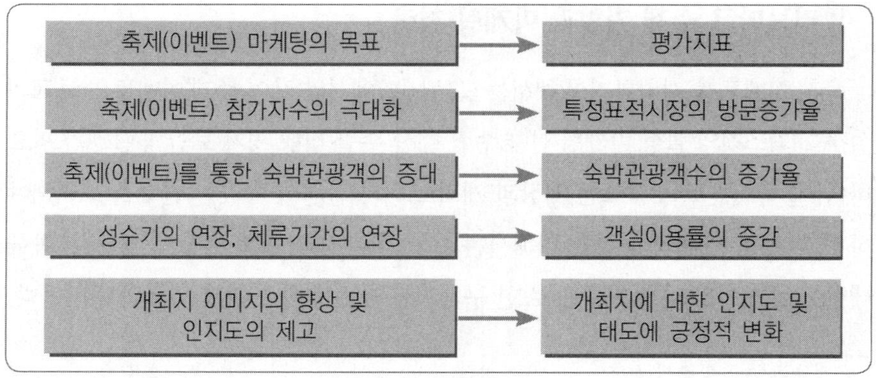

그림 6-3 축제 이벤트에 대한 평가지표

2. 러브마크 축제 제공편익과 기획의 핵심 포인트

1) 러브마크 축제가 제공해야 할 편익유형

축제 이벤트가 관광 상품으로서 지녀야 할 편익은 기본편익과 중간편익, 핵심편익으로 구분하여 살펴볼 수 있다. 먼저 기본편익은 방문객의 안전과 편리성, 안락함, 접근의 용이성 등을 의미하며, 중간편익은 이벤트의 진수성, 주민과의 동화, 연출의 멋 등을 의미한다. 핵심편익은 축제 이벤트가 다른 축제 이벤트와 차별되는 가장 중요한 요소로서 특화성, 개성, 즐길 수 있는 요소와 쇼핑 대상 상품 등을 의미하며, 핵심편익의 성공여부가 축제의 향후 발전에 가장 큰 영향을 미칠 수 있다고 볼 수 있다.

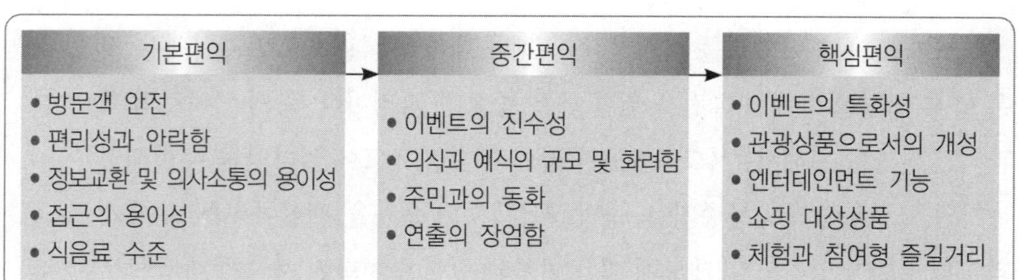

그림 6-4 러브마크 축제가 제공해야 할 편익유형

2) 축제 브랜드 기획의 핵심 포인트

(1) 감성적 축제기획이 가능한 전문 인력의 확충

관광 상품 브랜드로서 방문가치가 있는 축제를 기획하기 위해서는 능력 있는 전문인력이 확보되어야 한다. 지금까지 국내의 문화관광축제의 경우 지자체나 정부에 소속된 공무원들이 중심이 되어 기획한 사례가 많아 축제 자체의 의미와 질을 살리는데 다소 한계가 나타났다. 따라서 전문적인 축제 이벤트 기획가와 마케팅 전문가를 양성하여 지역의 이미지가 잘 표현되는 축제의 기획과 함께 방문객을 효과적으로 끌어들일 수 있는 마케팅 전략을 세워 축제 상품이 경쟁력을 갖춘 상품이 될 수 있도록 하여야 한다.

(2) 여행사 참여 확대

국내에서 개최되는 축제 이벤트는 현실적으로 여행사의 협조 없이는 성공을 기대하기 어려운 실정이다. 따라서 축제 이벤트 기획가는 구체적인 목표와 마케팅 전략을 수립하였더라도 여행사관계자로부터 축제 진행상의 방문객 수용태세에 관련한 조언을 구해야 하며, 여행사 관계자와 원활한 관계를 구축하여 방문객 유치에 도움을 얻을 수 있어야 한다.

(3) 원활한 의사소통

국내 축제 이벤트라고 해서 외국인들의 참여를 완전히 배제할 수 없으며, 또한 대다수의 축제 이벤트들은 국제적인 축제로 인정받기를 원하고 있기 때문에 축제에 참여하는 외국인들을 위한 자원봉사자와 외국어 팸플릿은 꼭 필요한 요소라 할 수 있다. 만약 정확한 해설과 정보가 제공되지 못한다면 축제의 의미를 외국인들이 잘못 이해할 수 있으며, 이러한 결과는 향후 축제 이벤트가 국제적인 관광 상품으로 발전하는데 있어 부정적인 영향을 미칠 수 있다.

(4) 강한 자극적 요소의 도입을 통한 감성적 축제요소의 기획

단순하고 반복적인 관람과 쇼핑거리만을 나열한 축제는 결국 방문객을 지루하게 만들어 축제 이벤트에 대한 만족감을 감소시킬 수 있다. 만약 축제를 방문한 관람객이 독특한 행사가 있는 것을 확인하고 그러한 행사에 직접적으로 참여하고 싶은 욕구가 발생하여 직접적인 체험을 하였다면, 그 방문객은 그 축제 이벤트에 대하여 좀더 오랜 추억을 가질 수 있을 것이다. 이러한 결과는 결국 재방문이라는 형태로 나타날 수 있어 그 축제 이벤트의 성공에 큰 영향을 미칠 수 있다.

(5) 꾸준한 감성 홍보활동

국내의 문화관광축제들의 개최 기간은 앞서 살펴본 바와 같이 대략 1주일 정도이다. 그러나 축제의 기간이 단기간이더라도 축제의 홍보는 1년간 지속되어져야 할 필요성이 있는데, 그 이유는 축제에 대한 사람들의 관심을 지속적으로 유지시킴으로서 축제 개최에 대한 기대감을 심어줄 수 있기 때문이다. 또한 외국 관광객의 경우, 1년 계획을 미리 세우는 경향이 있기 때문에 외국 관광객을 유치하기 위해서는 지속적인 홍보가 이루어져야 하며, 만약 축제 관련 책임자가 바뀌더라도 행사의 진행 및 홍보는 지속적으로 유지되어야 한다.

(6) 독자적인 재원의 조달

축제 상품의 지속적인 발전을 위해서는 중앙정부로부터의 의존도를 낮출 수 있는 방안을 마련해야 한다. 따라서 축제를 후원할 수 있는 후원업체를 발굴하고 이들 업체를 통해 축제를 홍보하는 방안을 병행하여야 하며, 축제 관련 토산품 및 캐릭터 상품 등을 개발하여 축제재원을 조성하여야 한다.

(7) 지역행사로서의 한계 극복

축제 이벤트가 관광 상품으로서 그 가치를 인정받기 위해서는 그 지역만의 행사로 바라보는 시각을 버려야 한다. 따라서 축제 기획가는 외지인들의 관심과 방문을 증진시킬 수 있는 '화제성'을 기획 단계에서부터 고려하여 축제를 지역의 행사가 아닌 전국적으로 인정받을 수 있는 관광 상품으로 기획하여야 한다.

(8) 성급한 판단금지

축제 상품은 단기간에 그 성과가 나타나는 상품이 아니므로 축제 개최 후 나타나는 결과에 대해 조바심을 내서는 안 된다. 방문객들로부터 축제에 대한 평가를 지속적으로 피드백(Feed Back)하여 방문객의 욕구를 점차 충족시켜 나갈 때 축제의 지명도는 높아질 수 있으며, 그러한 노력을 통해서만이 축제의 발전을 기대할 수 있다.

(9) 축제의 감성 브랜드화

한국의 경우, 수도권에 편중된 외국인 관광객을 지역으로 확대시키기 위해서는 강한 브랜드 개성을 지닌 지역 축제를 개최할 때 가능성이 있으며, 이러한 강한 브랜드를 지닌 축제를 기획하기 위해서는 축제 자체가 그 지역을 방문하는 주목적이 되도록 하여 축제 브랜드가 지역의 이미지를 대표할 수 있도록 발전시켜 나가야 한다.

(10) 오감을 자극하는 연출력의 강화

연출력이 어설픈 축제는 일탈의 수준과 유인력, 매력도 등을 창출하는데 있어 한계를 나타낼 수밖에 없다. 축제의 연출은 드라마와 같이 관람객들에게 감동을 전달할 수 있도록 진행되어져야 하며, 가급적이면 스토리가 있도록 연출하여 사람들에게 인상적인 장면과 함께 쉽게 기억될 수 있도록 진행되어져야 한다.

(11) 완성도 높은 감성 자극의 구비

축제에서 시행되는 각종 공연예술은 축제가 지니는 의미를 바탕으로 진수성 있게 표현하여 전반적인 수준을 높여야 하며, 관광객의 감각을 자극할 수 있도록 다양한 소리와 시각적 효과, 향 등을 이용하여 전체적인 완성도를 높여 방문객에게 감동을 전할 수 있어야 한다.

3. 축제 브랜드의 홍보 전략

1) 지역축제의 단계별 홍보전략

(1) 축제 고유의 '브랜드 이미지'를 안정적으로 확보

축제를 사람들에게 인식시키기 위해서는 축제가 일회적 행사가 아닌 주기적 행사라는 것을 알려 사람들에게 축제에 대한 '브랜드 이미지'를 심어줄 필요가 있으며, 이를 위해 체계적이고 일상화된 홍보 전략을 구축하여야 한다.

(2) 효과적인 홍보활동을 위한 환경의 조성과 홍보조직의 구성

축제 브랜드의 효과적인 홍보활동을 위해서는 장기적 관점에서 홍보 전략을 위한 시스템 환경을 구축하여야 한다. 또한 장기적인 안목에서의 홍보 전략의 확장과 지속적이 활동을 위해서는 홍보 전략을 위한 기술과 전문 홍보 인력의 개발 및 육성이 필요하다.

(3) 표적 집단에 맞는 차별화된 감성 홍보 전략의 구사

축제에 참가할 가능성이 높은 방문객 집단의 특성을 확인하기 위해서는 다양한 사람들의 인구통계학적 특성과 라이프스타일 등에 따른 선호도와 욕구의 차이를 계량화된 조사를 통해 확인하여 정확한 표적 집단을 선정하여야 하며, 그에 따라 나타난 결과를 바탕으로 적절한 홍보 전략을 구사하여야 한다.

(4) 감성적 홍보 매트릭스의 구성

축제가 개최된 후 축제를 방문한 관람객의 특성을 파악하여 주요 관람객층에 대한 자료를 수집한 후 향후 축제 기획에 이러한 정보를 이용하여 그에 맞는 홍보 전략을 세운다면 보다 효율적일 것이다. 홍보 전략을 기획할 때는 다양한 홍보 매체의 유기적 결합을 통한 홍보 매트릭스를 개발하여 체계적인 전략을 수립하여야 한다.

(5) 행사간 패키지화와 쌍방향적 홍보

축제를 개최하는 지역의 다양한 관광자원과 주변의 타 지역 축제에 대한 정보를 관람객들에게 알려 추후 다시 주변 지역을 방문할 수 있도록 하여야 한다. 이를 위해 다양한 소프트 상품을 개발하여 축제와의 연계성을 높이고, 주변 타지역의 행사와 패키지화하고 상호간 쌍방향적 홍보 이벤트를 시행하는 등 다양한 방법을 모색하여 관람객들의 관심을 끌어들일 수 있어야 한다.

〈그림 6-5〉는 '경주세계문화엑스포'의 단계별 축제홍보전략 사례를 나타낸 것이며, 〈표 6-1〉은 '나주축제'의 시장 세분화를 통한 시장별 홍보 전략 사례이다.

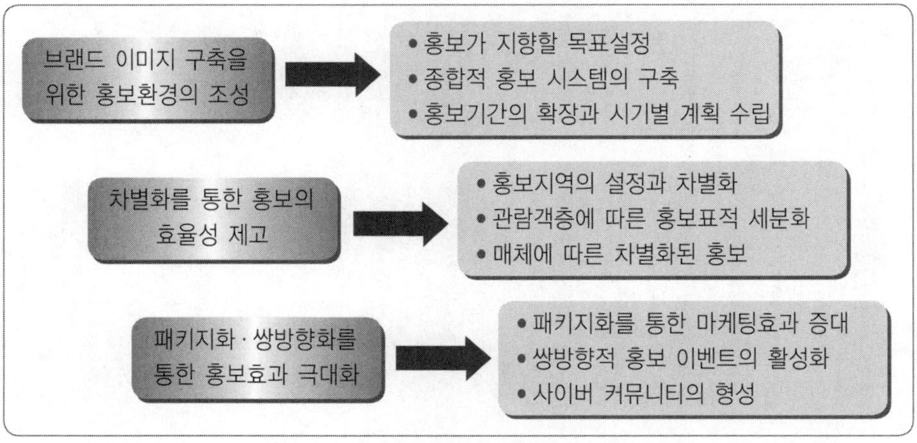

그림 6-5 성공적인 단계별 축제홍보전략

표 6-1
세분화된 시장별 홍보전략 (나주 사례)

구분	지역	홍보의 주안점
제1차 홍보지역	개최지인 나주시를 중심으로 한 인접 도시권(광주, 목포, 영광, 고창, 해남, 강진등)	• 축제의 주인의식과 참가의식 고취 • 반복방문에 대한 할인혜택 부여 • 야간방문의 매력을 높임으로써 잦은 방문 유도
제2차 홍보지역	당일방문이 가능한 전주, 남원, 순천, 광양시를 포괄하는 원형의 지역	• 시내관광시설과 제휴, 매력적 당일관광 홍보 • 알차고 보람 있는 주말여가지라는 인식확대 • 초, 중, 고생 등 학생층에 대한 홍보 강화
제3차 홍보지역	대전, 대구, 진해, 부산 등을 포함하는 충청도, 경상도 전역	• 부산, 대구, 대전 등 지방 미디어와 적극적 제휴 • 도내 자치단체의 참가를 통해 방문 촉진 • 나주, 광주지역 신규관광 코스개발을 통한 패키지 관광의 매력 증대
제4차 홍보지역	관광의 주소비지인 서울을 비롯한 수도권 대도시와 북미, 일본 등 해외지역	• 전남 전체의 관광 캠페인과 연계, 방문객 유치 • 타축제나 자매, 우호도시 등을 통한 홍보 • 중국, 일본 등 인접해외지역의 홍보 강화

Chapter 7

♡ 러브마크 축제와 이해집단

1. 러브마크 축제관련 집단의 중요성
2. 러브마크 축제 속의 이해집단 역학관계
3. 러브마크 지역축제 이해집단 분석들
4. 이해집단 역할의 방향성

러브마크 축제와 이해집단

Chapter 7

1. 러브마크 축제관련 집단의 중요성

러브마크 축제는 관광분야에서 빠른 성장과 더불어 크게 주목받고 있다. 지역이미지 개선, 외부 관광객 유치를 통한 지역경제 발전 기대효과와 함께 문화관광의 확대로 인해 그 성장속도는 한층 가속화되고 있다. 지역축제의 성장과 함께 이에 대한 학술적 연구 또한 활발해졌다. 그러나 그 양적 성장에 비해 질적인 측면에서는 아직 다양한 모습을 보이지 못하고 있다. Hal l& Weiler (1992)는 지역축제 연구의 대부분이 경제적 효과에 국한돼 있고, 그 내용 또한 비판적 고찰보다는 단순한 계량적 분석으로 일관하고 있음을 지적한 바 있다.

지역축제 연구에 대한 이런 불균형은 국내에서도 크게 다르지 않은데 외국의 경우와 마찬가지로 대부분이 계량적 방법에 의한 축제분석이나 축제의 관광상품 개발전략에 집중하고 있다(例: 이희찬, 2002; 정영이·이수범· 신민자, 2002; 정필용,2002: 이장주·박창규, 2003). 물론 한국의 지역축제 상당수가 지방자치제도 실시 이후 지역관광 개발을 위한 수단으로 강구된 성격이 강하다는 점을 감안할 때 이런 연구 경향은 실용적인 측면에서 나름대로 의의를 지니고 있다.

그러나 지역축제는 지역사회의 경제적 발전뿐 아니라 지역사회의 정체성 고양, 공공 여가시설 및 제도개선, 지역사회 참여 등의 다양한 요구를 반영해야 한다. Getz(1991)는 진정한 지역축제는 축제에 관련된 이해집단간의 이익과 목표를 잘 조율하고 지역사회의 총체적 발전에 기여해야 한다는 점을 지적했는데 이는 지역축제가 상업적인 이벤트와는 다른 公的인 축하(public celebration)의 場임을 강조한 것으로 일시적인 이윤추구나 특정집단의 일방적 이해추구가 아닌 관련 이해집단에 대한 고른 배려와 짜임새 있는 계획에 의해 진행되어야 함을 시사한다. 게다가 최근 관광학 연구에서는 지역관광개발에 있어 '이해집단'의 문제에 대한 관심 (例: Jamal & Getz, 1995; Bramwell& Sharman, 1999; Sautter & Leisen, 1999; Selin, 1999; Hall, 2000; 김남조, 2002; 홍성화,2003)들이 증가함에도 불구하고 지역축제 연구에서는 이해집단의 문제를 도외시하고 있는 것이 현실이다.

따라서 그동안 지역축제 연구에서 소홀히 취급되었던 이해집단에 주목하고자 한다. 특히 지역축제가 진정한 성공을 거두기 위해서는 이해집단간의 목표와 이해관계가 조화를 이루어야 한다는 점을 고려할 때 각 이해집단에 대한 분석이 선행되어야 함을 인식, 지역축제 이해집단을 연구하는데 사용될 수 있는 개념적 분석틀(conceptual framework)을 제시하려 한다. 質的접근(qualitative approach)에 바탕을 둔 문헌연구법(documentary method)은 기존 자료(1차, 2차, 또는 1, 2차 자료의 혼용도 가능)를 바탕으로 질적 연구와 양적 연구를 모두 사용할 수 있다. 또한 연구자의 시각에 따라 자료 사용법의 유연성이 높은 연구기법이다. 특히 질적 접근의 선행연구에 대한 역사적 고찰에 그 효용도가 높다. 연구방법은 기존의 2차 자료인 관련 논문들을 바탕으로 한 질적 접근의 문헌연구 방식을 취해 먼저 이해집단 분석과 축제에 연관된 그 동안의 연구들을 살펴보고 그 논의 결과를 응용하여 개념적 분석틀의 구축을 시도하는 형식이 될 것이다.

2. 러브마크 축제 속의 이해집단 역학관계

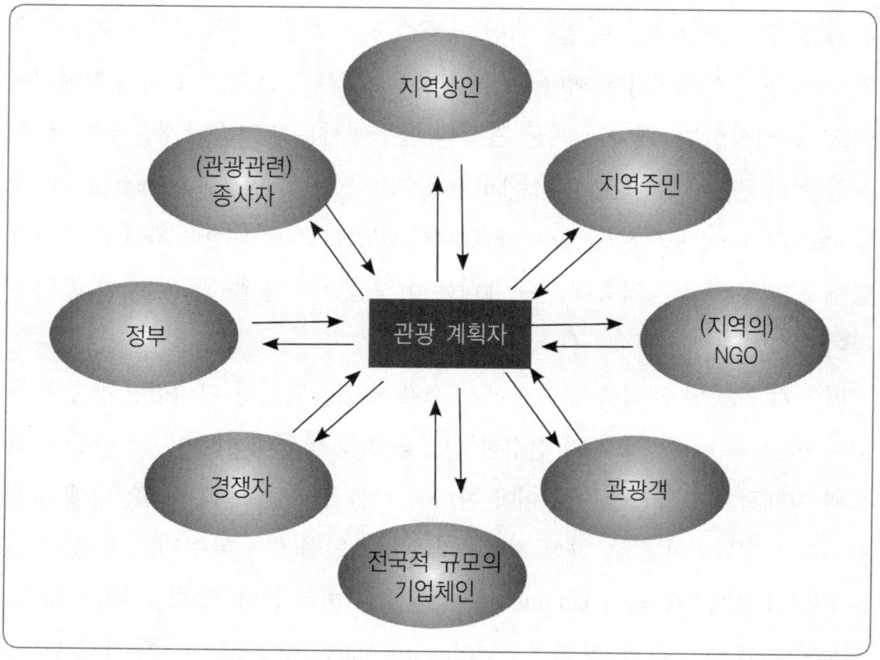

그림 7-1 관광개발에서 이해집단 구성도 (Tourism Stakeholder Map)
출처: Sautter & Leisen (1999: 315)

1) 이해집단

이해집단(stakeholder)에 대한 연구가 본격적으로 시작된 것은 1960년대 기업관리 분야로 추정된다. 맨 처음 기업의 주주들에게만 그 범위가 한정되어 있다가 "조직의 목적과 활동에 영향을 주고 그 결과에 영향을 받는 집단"으로 종업원과 고객으로까지 확장되기는 했으나 이해집단이라는 개념의 사용은 여전히 기업관리 분야에 머물러 있었다(Freeman, 1984; Gray, 1985). 그러다가 이해집단의 개념이 환경 및 자원 관리, 지역계획처럼 다자간 협상과 타협이 중요시되는 분야에서 통용되기 시작했고 그 의미도 더욱 포괄적으로 확대되면서 "특정한 조직 또는 특정 행위에 의해 영향을 받거나 그 조직 또는 행위의 이해관계를 가지고 있는 행위자"라는 사회적 의미가 강한 것으로 바뀌었다(Bryson & Crosby, 1992; Mitchell, 1997).

이해집단의 중요성은 관광개발에서도 증대되고 있는데 그 이유는 지역사회 중심의 관광 개발이 주목 받으면서 과거와 달리 관광개발에 관련된 이해집단이 늘어났고, 이들 이해집단 간에 권리 주장이 증폭되면서 상이한 이해관계를 가진 이해집단 간에 의견조율이 선행되지 않고서는 성공적인 관광개발이 불가능해졌기 때문이다. 이러한 이유 때문에 Sautter & Leisen (1999) 는 관광계획자는 계획의 시작단계에서 시행, 결과, 분석까지 이해집단간의 관계에 대해 완전히 파악하고 있는 것이 매우 중요하다는 점을 강조한다(〈그림7-1〉 참조).

(1) 협력이론

최근에는 특히 지역사회 중심의 관광개발에서 이해집단간의 협력과 조정에 대한 관심이 증폭되면서 협력이론(collaboration theory)을 이용한 연구가 주목받고 있다 (例: Selin & Beason, 1991; Selin, 1993, 1999; Getz & Jaml, 1994; Jamal & Getz 1995; Bramwell & Sharman, 1999; Hall, 2000; 홍성화 2003). 이러한 협력이론에 관한 연구들은 대부분 Gray (1985, 1989) 의 연구에 바탕을 두고 있다.

Gray는 현대 사회에서 협력이 필요한 6가지 이유 - (1) 경제적·기술적 변화 (2) 생산성 저하와 과도한 경쟁의 압력; (3) 상호 의존성 (4) 勞·社·政 의 경계가 모호해짐 (5) 법원판결에 의한 문제 해결의 불만족 증가 (6) 환경적 위험에 대한 (이해집단마다) 서로 다른 인식 - 를 제시하면서 복잡한 현대사회의 諸 문제들은 더 이상 한 집단에 의해 해결될 수 없기 때문에 집단 간의 협력이 중요함을 강조했다.

협력이론은 진화적 모델(evolutionary model)의 형태로서 3단계로 나누어져 있는데 (1) 제 1 단계: 문제 설정 (problem setting) - 주요 이해집단(key stakeholders) 과 사안들에 대한 파악, (2) 제 2단계: 방향 설정(direction setting)

- 미래의 협력에 대한 이해와 목표확인, (3) 제 3 단계: 구조화/실행 (structuring/implementation) - 이해집단 사이에서 공유된 의미(목표)의 제도화가 그것이다. 협력과정에서 이해집단 간의 자발적인 협력을 이끌어내는 것이 무엇보다 중요하며, 이러한 과정이 단기적으로는 시간이 많이 걸리고 힘든 절차일 수 있다. 하지만 장기적으로 볼 때 각 집단에 이득을 제공하게 되고 무엇보다 구성원들의 합의에 바탕을 하고 있기 때문에 차후 갈등을 방지할 수 있는 장점이 있다(Healey, 1988; Gray 1989).

이러한 협력이론의 장점 때문에 관광개발에서도 협력이론이 지역사회 중심 관광 개발을 효과적으로 실천하는 하나의 방법이 될 수 있다고 주장하는 것이다(Getz & Jamal, 1994; Jamal & Getz, 1995).

그러나 Reed(1997)는 이러한 협력이론이 현실의 불평등한 역학구도를 간과했다고 반박하며 현실에서 권력의 불평등은 상당히 뿌리 깊은 요소이기 때문에 기존의 역학구도로는 이해집단간의 협력을 어렵게 하는 경우가 많다고 지적했다. 따라서 협력이론이 실질적 효율성을 갖추려면 협력과정의 구축보다 먼저 이해집단간의 역학관계 분석이 선행되어야 한다.

Reed 가 강조한 이해집단 간 역학관계에 대한 논의는 원래 조직 관리(발전)론과 권력이론 연구 쪽에서 발달했다. 이해집단간의 역학관계란 각 이해집단들이 소유하고 행사하는 권력- 정치적, 경제적, 문화적 권력 등 - 에 따라 결정되는 사회적 관계로 정의할 수 있다(Kreisberg, 1972).

각 이해집단은 각각의 역학관계에 따라 어떤 이슈에 대해 상이한 이해관계를 갖게 마련이다. 그러므로 각 이해집단은 자신들이 가장 선호하는 이익을 추구하기 위해 소유하고 있는 권력을 행사하게 된다. 이 과정에서 다른 집단들과 공통된 이익을 추구하는 경우에는 협력 관계가, 상충된 이익이 발생할 때는 갈등 관계가 발생하며 그 협력과 갈등의 정도는 각 집단 간의 권력의 차이에 따라 결정된다(Eden, 1996).

(2) 권력자원(power resources)

이러한 이해집단 간에 작용하는 권력은 다시 사용하는 권력자원(power resources)에 따라 크게 세 가지로 분류된다. 첫째, 폭력 같은 물리적 힘에 바탕을 둔 강압적 권력(coercive power)', 둘째, 돈이나 자산 같은 재화와 용역을 바탕을 둔 실용적 권력(utilitarian power), 셋째, 명성이나 존경에 바탕을 둔 규범적(상징적) 권력(normative or symbolic power)이 그것이다. 이론상 이 세 가지 권력이 한 집단에 독점될 수도 있고, 여러 집단으로 나뉠 수도 있지만, 현실에서는 대부분 소수의 일부 집단에 권력이 편재되어 있을 개연성이 높다 (Mitchell, Agle & Wood; 1997).

Friedmann (1987; 1992) 역시 이해집단 분석에서 권력과 이익의 중요성을 강조했다. 그는 전통적인 조직발전론(organization development theory)이 조직의 운용과 발전을 지나치게 조직구성원 개개인에게만 초점을 맞추고 있다는 점을 비판하면서 조직내부에서 이해관계에 따른 권력의 행사와 영향을 간과해서는 안 된다고 지적했다.

2) 지역축제와 이해집단

지역축제는 그 지역사회의 이해집단들에게는 다양한 가치를 지니는 대상이다. 축제에 대한 가치부여는 이해집단이 그 축제에 있어서 무엇을 가장 기대하는지에 영향을 미치기 마련이고 궁극적으로 축제를 바라보는 관점(perspective)을 결정짓게 된다.

Getz(1991)는 지역축제에는 경제적인 측면 이외에 사회, 문화적, 환경적 의미 등 여러 차원이 존재한다고 지적하면서 이러한 축제의 다원적 측면과 각 이해집단의 다양한 시각에 대한 종합적 이해의 중요성을 강조했다. 그는 특히 지역축제 개최의 주된 이유가 경제적인 동기이긴 하지만, 축제를 바라보는 관점이 경제적인 것에 국한될 경우 오히려 축제의 장기적인 발전에 역효과를 가져올 수 있음을 경고했다.

(1) 유기적 협력 관계

McDonnell, I., Allen, J., & O'toole, W. (1999) 은 지역축제와 이벤트에서 축제(이벤트) 기획자와 이해집단간의 유기적 협력 관계의 필요성을 강조하고 관광개발 사례로 축제가 진행될 경우 잠재적인 이해집단으로서 정부, 지역주민, ngo,축제기구, 미디어, 관광객, 지역상인 등을 언급하고 축제가 성공하기 위해서는 이들 이해집단 간에 상생적인 구도가 조성되어야 한다고 지적했다. 이들의 축제와 이해집단에 대한 인식은 앞 절에 언급한 Sautter & Leisen (1999) 의 관광개발 계획자와 이해집단간의 관계에 대한 파악과 유사하다.

(2) 축제의 정치적 측면

한편 Hall(1992)은 축제의 정치적 측면에 특히 주목했다. 그는 '관광은 정치와 밀접한 관련이 있으며 관광자원의 배분과 관광정책 결정 등은 매우 정치적인 행위' 로서 축제와 이벤트가 기존의 권력 보유자 (conventional power holders) 들의 정치적 입지 강화를 위한 스펙터클(spectacle)한 이벤트 - 올림픽 같은 상징적 이벤트(Hallmark Event)가 정치적 동기에 이용되는 것이 그 대표적인 예 - 로서 이용되는 경우가 많다고 주장했다.

또한 사회적 맥락과 정치적 환경 속에서 벌어지는 관광활동에서 관광자원이 누구에 의해 배분되고 누구에게 이익을 주는 지 등에 대한 비판적 질문이 축제와 이벤트에서도 행해져야 하며 각 이해집단들이 어떻게 축제에 참여하는지에 대한 분석이 이루어져야 한다고 강조했다(Hall, 1992;1994).

지역축제와 관련된 이해집단에 대한 분석은 주로 축제 방문객에 대한 연구를 중심으로 진행돼 왔다. 구체적으로 방문객의 축제참가 동기, 방문객 프로필 분석, 만족도 분석 등의 연구물(例: 이충기 · 이태희, 2000; 이충기 · 정동일 · 김동기, 2000; 오정학 · 허상현 · 오휘영, 2002; 이정실 · 양일용, 2003; 김근우, 2004; Uysal, Gjahan & Martin, 1993; Lee, Toepper & Obenour, 1995; Crompton & McKay, 1997)이 있으며 상대적으로 축제를 개최하는 지역사회(host community)의 이해집단들에 대한 연구는 드문 실정이다.

구체적 연구물로는 외국의 경우 축제조직의 효과적 운용방법에 대한 Getz & Frisby (1989)의 연구와 지자체들의 축제지원 방법에 대한 Getz & Frisby (1991)의 연구를 들 수 있다. 반면에 지역주민들에 대한 연구는 대부분 지역주민들을 축제의 이해집단 보다는 자원봉사자로서 설정한 연구들(例: Saleh & Wood, 1998; Williams, Dossa & Tompkins, 1995)이 대부분이다.

국내에서는 지역주민의 地緣性이 이벤트에 미치는 인식과 협력의사에 대한 영향을 다룬 박미정(2003)의 연구가 있고, 지역주민 협력을 통한 축제기획 모형정립과 이벤트 활성화에 관한 박근수 (2000;2001)의 연구 등이 있다. 지역축제와 관련된 이해집단의 정치적 분석에 주목한 것으로는 Waterman (1998 a; 1998b)의 연구가 주목할 만하다. 그는 독특하게 예술축제에서 축제 기획자와 스폰서 사이에 발생할 수 있는 갈등과 긴장관계를 다룸으로써 이해집단 간에 헤게모니를 둘러싼 문화 정치적 분석이 필요하다고 주장했다.

3. 러브마크 지역축제 이해집단 분석틀

1) 기존 논의의 한계

선행연구 고찰을 통해서 본 지역축제 이해집단 분석에 대한 선행 연구의 한계는 다음과 같이 크게 두 가지로 요약할 수 있다.

첫째, 관광학 분야에서 이해집단 연구의 미비점이다. 선행연구에서 보듯이 현재 관광학 분야에서 이해집단 연구는 협력이론을 응용한 것이 가장 최근의 성과이다. 그러나 Reed(1997)의 지적처럼 협력이론의 현실에서 권력 불평등의 문제점을 충분히 직시하고 있지 않다는 약점을 지니고 있다.

Jamal & Getz (1995) 는 강력한 권력집단의 방해로 집단 간 협력이 어려움에 처할 경우에는 지방정부 같은 중재자(Convenor or Mediator)를 이용하면 된다고 주장하지만 현실에서 기업가 정부 성격을 띠는 지방정부는 기업으로부터 중립적이지 않은 경우가 많으며 지방정부(한국의 경우는 지방자치단체)가 직접 관광개발을 시행하는 경우도 적지 않기 때문에 이해관계에서 자유롭기 힘들다. 따라서 충분한 이해집단에 대한 분석이 없이 막연한 협력이론에 대한 기대는 금물이며 협력의 추구는 집단 간 역학 관계에 대한 선행 분석이 있어야만 한다.

둘째, 지역축제 연구에서 이해집단 분야에 대한 연구의 일천함이다. 연구의 질 뿐 아니라 양적으로도 지역축제 분야에서는 이해집단에 대한 연구가 매우 부족하다. 앞에서도 언급한 것처럼 기존 지역축제 연구는 우선 축제의 경제적 파급효과에 관한 계량적 연구가 대부분으로 이해집단에 관한 연구는 그 수가 양적으로 부족하다.

몇몇의 축제 관련 이해집단 연구조차 이해집단들에 대한 거시적, 총체적 분석이나 축제의 영향을 직접 받는 지역사회 이해집단들에 대한 분석보다는 지역사회 외부집단, 즉 축제의 소비자인 방문객에 대한 연구에 치우쳐 있음을 선행연구에서 볼 수 있다. 지역주민이나 지역상인, 지방자치단체 등에 대한 연구나 축제를 둘러싼 이들의 종합적 관계에 대한 연구는 매우 드문 것을 선행연구 분석에서 확인했다.

그러므로 지역축제 이해집단 분석틀 구축을 위해서는 선행연구의 두 가지 한계점 - 관광학 분야에서 이해집단 연구의 미비함과 지역축제 분야에서 연구의 절대적 부족함 - 을 염두에 두어야 할 필요가 있다. 즉 관광학 분야에서 기존의 이해집단 분석에 대한 선행연구 성과를 지역축제 이해집단 분석틀에 도입을 할 때 미비점을 보완해야 하는 것이며 그 보완 부분의 핵심은 앞장에서 보듯이 이해집단 간 역학 관계에 대한 파악이다.

2) 지역축제 이해집단 구성도

먼저 분석의 대상이 되는 지역축제 이해집단 구성을 고려해보자. Sautter & Leisen (1999, 〈그림 7-1〉 참고) 은 관광 계획자를 중심으로 다른 이해집단들과의 관계를 구성했는데 현실에서는 관광계획자도 중립자가 아니라 이해집단에 속하는 경우가 대부분 - 때로는 가장 강력한 이해집단이기도 하다. 따라서 여기서는 지역축제를 구심점으로 놓고 지역축제 이해집단의 모식도를 제시하겠다. 지역축제와 관련되는 이해집단은 McDonnell, Allen & O'toole(1999) 와 Getz (1991) 의 축제관련 잠재적 이해집단들(potential stakeholders)을 참고하고 여기에 이해집단의 일반적인 관계를 생각해 본다면 〈그림 7-2〉 와 같은 지역축제 이해집단 구성도가 그려진다.

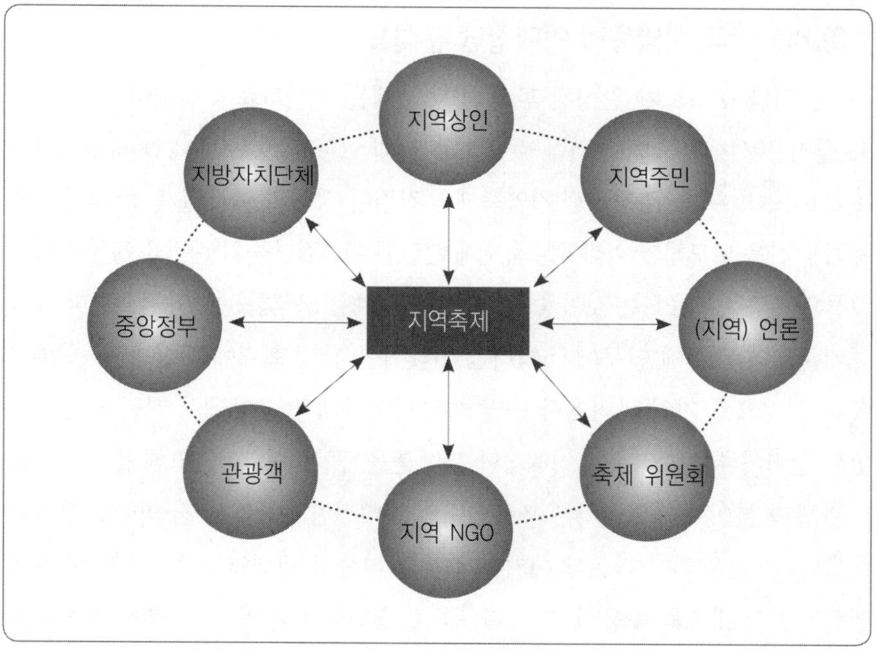

그림 7-2 지역축제 이해집단 구성도

* 이해집단 분석지표 (stakeholder analysis index) : 관점/ 이익/ 권력자원/ 참여방식/ 영향력

상황에 따라 지역축제 이해집단의 숫자와 종류, 주요 이해집단(key stakeholder)은 달라질 수 있다. 예를 들어 대부분 민간주도로 이루어지는 외국의 지역축제에서는 축제위원회나 지역상공회의소 같은 지역상인 단체들의 비

중이 상당히 큰 반면 지방정부 같은 官의 역할은 보조적이다. 그러나 지방자치제도 실시 이후 지역개발을 위해 경쟁적으로 지역축제를 개최하는 한국에서는 지방자체단체가 가장 큰 이해집단의 역할을 하고 있다(신용석 2004). 따라서 위의 〈그림 7-2〉에서 한국의 지역축제의 경우를 생각해보면 관광 계획자(개발자)로서 지방자치단체가 주도자의 입장이며 중앙정부, 축제위원회 등이 보조적 관광 계획자의 이해집단에 해당한다는 것을 알 수 있다. 즉 지역축제에서 관광계획가라는 이해집단이 단일 집단이 아닌 복수집단의 형태로 나타나는 것이다.

3) 러브마크 지역축제 이해집단 분석틀

이해집단 구성도가 완성된 후의 다음 단계는 분석지표의 설정이다. 분석 지표 설정은 선행연구의 논의를 바탕으로 한다. Getz (1991)와 McDonnell, Allen, & O'toole(1999) 의 주장처럼 지역축제의 진정한 성공과 축제를 통한 지역의 총체적 발전을 도모하기 위해서는 축제에 관련된 이해집단들의 관점을 정확히 알고 그들의 이익을 조율하는 것이 중요하며 협력 관계를 모색하는 것이 필요하다.

기존의 지역축제 연구에서 이러한 이해집단 간의 협력에 대한 연구는 매우 드문 실정으로 기업 관리에서 출발해 지역관광개발 분야에서 최근 사용되고 있는 협력이론을 지역축제 이해집단 분석틀을 구축하는데 참고해 볼 수 있다.

관광학 분야에서 협력이론 응용연구의 미비점인 이해집단 간 역학관계에 대한 고찰을 보완해야 하는데 여기서 조직 관리론과 권력이론 쪽의 역학관계와 권력자원의 개념을 응용할 수 있다. 즉 각 집단들이 사용하고 있는 권력자원, 그에 따른 참여방식과 그 과정에서 결정되어지는 영향력을 파악하는 것이 분석틀의 핵심이 되는 것이라 할 수 있다.

그러므로 이해집단 분석지표 (analysis index) 로는 다음 다섯 가지를 설정해 볼 수 있다: (1) 축제를 바라보는 관점(perspective) (2) 축제에 기대하는 이익(interest) (3) 이해집단의 권력자원(power resources) (4) 이해집단의 참여방식(involvement) (5) 이해집단의 영향력 (influence). 각 지표에 대한 구체적 설명은 다음과 같다.

첫째, 축제를 바라보는 '관점'은 각 이해집단의 가치체계(value system)에서 비롯된다. 사물의 가치(value)라는 것은 사물에 원래부터 내재하고 있는 불변의 속성(property)이 아니라 사물을 둘러싸고 있는 사회적 관계 속에서 주관적으로 사물에 부여하는 판단(judgement)이다 (Appadurai, 1987). 따라서 동일한 사물에도 여러 가지의 다른 가치가 존재할 수 있으며 또한 그 가치는 사회의 변동과 시간의 흐름에 따라서 끊임없이 변화하게 된다. 그러므로 하나의 지역축제에도 이해집단에 따라서 다양한 가치가 존재한다. 이해집단이 축제를 바라보는 관점에 따라서 축제로부터 기대하는 이익뿐 아니라 축제에 참여하는 행동방식도 영향을 받기 때문에 관점은 다섯 가지 분석지표 가운데 가장 근원적 요소다.

둘째, 축제를 바라보는 '관점' 은 이해집단이 축제에 기대하는 '이익' 을 결정한다. 예를 들어 지방자치단체가 지역축제를 바라보는 관점이 정치적 입지와 대중적 인기를 다지기 위한 스펙터클이라면 당연히 기대이익 가운데 정치적 이익에 대한 비중이 가장 높게 될 것이다. 반면 지역 상인들의 경우 지역축제를 상업적 흥행기회로 여겨서 상업적 이벤트의 관점이 강하다면 그들에게 있어 기대되는 이익의 우선순위는 상업적 이익이 될 것이다.

셋째, 축제를 바라보는 '관점'에 따라서 축제로부터 기대하는 '이익'이 결정되면 이제 각 집단은 그 이익을 관철하기 위한 권력을 행사하게 되는데 여기서 바탕이 되는 것이 바로 '권력자원'이다.

권력자원은 앞장에서 살펴봤듯이 그 자원의 종류에 따라 강압적 권력, 실용적 권력, 상징적 권력 등 세 가지 형태로 나타난다(Mitchell, Agle & Wood; 1997). 이 세 권력 중 어떤 권력이 가장 강력하게 작용하는지는 상황에 따라 다르지만 현대사회는 자본에 의해 움직여지는 계약제적 특성상 일반적으로 두 번째 권력, 즉 재화와 용역 같은 자산에 바탕을 둔 실용적 권력의 비중이 크게 나타날 확률이 높다.

지역축제에서 축제의 재정적 자원이나 기획을 구성할 인적자원이 여기에 해당된다. 따라서 축제에 관련된 이해집단 중에 이러한 실용적 권력자원(utilitarian power resources)을 보유하고 있는 집단의 힘이 가장 강하게 드러날 개연성이 높다. 한국의 지역축제에서 축제의 예산결정권과 축제위원회의 인사권을 갖고 있는 지방자치단체의 영향력이 막강하다는 점을 생각해보면 쉽게 이해된다.

넷째, 이해집단이 소유하고 있는 권력자원은 그 집단이 관련사안(또는 사물)에 관여하는 방식, 즉 분석지표의 네 번째 지표인 이해집단의 '참여방식'에 영향을 미친다. 권력자원이 풍부한 집단일수록 관련 사안에 주도적으로 참여, 자신의 이익관계를 유리하게 이끌어 나가기 위한 배타적인 권력 서클 - 소위 내부 권력 서클 (inner power circle) - 을 구성할 공산이 크다.

여기서 한 가지 유의할 것은 이해집단의 참여방식을 살필 때 그 집단이 축제에 참여하는 방식과 그 방식이 다른 집단에 미치는 영향을 함께 분석해야 한다는 점이다. 왜냐하면 지역축제를 둘러싼 이해집단들 간의 역학관계라는 것은 기본적으로 각 집단의 축제에 미치는 권력에 따라서 결정되어지는 관계이기 때문이다. 지역축제를 둘러싼 이해집단간의 역학관계는 기본적으로 각 집단이 축제에 미치는 권력에 의해 결정된다.

축제에 A 집단과 B 집단이 함께 참여하고 있을 때 두 집단의 축제를 둘러싼 역학관계는 각 집단이 축제에 미치는 권력에 따라 영향을 받는다. 일례로 현재 한국의 많은 지역축제에서는 각 지자체장이 축제 추진위원장을 겸한 채 추진위원회의 임면권과 예산결정권 등 핵심적인 권한을 독점하고 있다. 이렇게 축제에 미치는 권력이 축제위원회보다 지방자치단체가 압도적으로 클 경우 지방자치단체와 축제위원회의 역학관계는 자연스럽게 상하관계가 형성된다.

다섯째, 마지막 지표인 이해집단의 '영향력'은 앞의 네 지표들이 어우러져 나타난 총체적인 결과물을 의미한다. 즉, 축제 관련 이해집단은 이해집단의 '관점'(지표 1)에 따라 서로 다른 '이익'(지표2) 을 설정하게 되고 각 이해집단은 그 이익을 관철시키기 위해 보유하고 있는 '권력자원'(지표3)을 사용, 축제에 참여하게 되고 '참여방식'(지표4)에서 각 집단의 역학관계가 종합적으로 결정되어 '영향력'(지표5) 으로 나타나게 되는 것이다. 따라서 영향력은 축제와 관련해서 이해집단 중 어떤 집단이 주도적 권력 집단인지를 판단하게 되는 것으로 차후 이해집단 간 협력관계 설정과 조정, 이익 배분 등의 정책 방향 설정에 단초를 제시한다. 이 다섯 가지 분석지표들을 정리해 보면 '지역축제에 관여하는 이해집단분석 체크 리스트(check list)를 구성할 수 있다.

1) 축제의 주요 이해집단은 누구인가?
2) 각 이해집단의 축제를 보는 주요관점은 무엇인가?
3) 각 이해집단의 관점에 기초한 기대이익은 무엇인가?
4) 각 이해집단이 이익을 실현하기 위해 행사하는 권력자원은 무엇인가?
5) 각 이해집단은 각자의 이익관철을 위해 어떤 방식으로 축제에 참여하는가?
6) 축제 참여과정에서 생성된 각 이해집단의 역학관계에 따른 축제에 미치는 영향력은 어떠한가?

분석 준비 단계 → 실제 분석 단계 → 분석 종합 단계

그림 7-3 지역축제 이해집단 분석 체크 리스트

이처럼 각 이해집단간의 역학관계를 살피는 일은 축제에 참여한 집단들이 어떻게 기능하는지, 이익이 어떻게 배분되는 지, 축제가 지역사회 발전을 위한 총체적인 기회로 작용하고 있는 지를 가늠하는 매우 중요한 출발점이 된다.

다만 저자가 제시한 분석틀에서는 축제에 관련되어 있거나 관련될 수 있는 잠재적인 이해집단이 모두 제시되어 있지만 실제 분석과정에서는 각 이해집단의 수와 종류는 상황과 연구자의 연구관점에 따라 조정이 가능하며 풍부한 재원을 바탕으로 한 장기간의 연구조사가 아닌 경우 모든 이해집단의 분석이 사

실상 불가능하므로 실제 연구과정에서는 주요 이해집단에 대한 분석으로 축소하는 것이 현실적이라는 판단이다.

4. 이해집단 역할의 방향성

러브마크 지역축제는 문화관광, 참여관광 등 관광형태의 변화나 지역 경제 발전, 지역 이미지 개선, 지역주민 단합과 애향심 고취 등에 대한 기대감으로 매우 활발하게 성장하고 있다. 그러나 축제의 외형적 성장에 비해 축제에 대한 연구는 아직 기대에 미치지 못하고 있는 실정이다.

최근 들어 환경파괴나 수입의 지역 외 유출 등에 대한 관광개발의 부정적 영향에 대한 문제제기가 이어지면서 관광개발에 대한 논의가 지역사회 중심으로 옮겨가고 있는 것을 고려할 때, 지역축제 연구에서 참여 이해집단에 대한 분석이 이루어지지 못하고 있다는 것은 매우 안타까운 일이다.

지역축제가 상업적 이익창출만을 목표로 하는 단순한 이벤트가 아니라 지역사회의 종합적 발전을 도모하는 문화 자치 실현의 장으로 이어져야 한다는 점을 공감한다면 지역축제에 참여하는 이해집단들의 관점, 기대이익, 권력자원, 참여방식, 영향력에 대한 분석은 당연히 뒤따라야 한다. 또한 사회적으로도 각 이해집단간의 이해관계가 점차 복잡해지고 다원화하면서 서로간의 조정과 협상에 대한 필요는 관광개발 분야에서도 중요한 문제로 부상하고 있다. 따라서 지역축제에서도 각 이해집단들에 대한 관심이 필요한 시점이다. 이런 문제의식에서 출발, 이해집단에 관한 이론적 논의를 바탕으로 지역축제 이해집단 분석에 적용할 수 있는 개념적 분석틀을 탐색해 보았는데 그 가치와 한계는 다음과 같다.

첫째, 이론적 효과로서 지역축제 연구 분야에 대한 것으로 현재 통계기법의 정량적 분석에 치우쳐 있는 지역축제 연구에서 이해집단 분석에 대한 이론적, 정성적 연구를 통해서 이 분야의 균형발전에 기여할 수 있다.

둘째, 역시 이론적 효과로서 이해집단 분석틀 개발을 통해 탐색적 모델을 제시한다는 의의가 있다. 분석틀을 통해 지역축제와 개발에 관련된 이해집단의 관계를 검증함으로써 분석틀의 유효성과 미흡한 측면의 개선을 통해 후속 연구의 발전을 도모할 수 있다.

셋째, 실무적 효과로서 분석틀을 통해 사전에 이해집단 분석을 통해서 지역축제를 이용한 관광개발 시 불필요한 집단 간 마찰 비용의 감소를 기대할 수 있다. 이 사항은 관광개발 당사자에게는 경제적 이익과 함께 집단 전체적으로는 사회적 비용의 감소를 의미하는 것으로써 언뜻 생각하기에는 이러한 사전 분석이 귀찮으며 불필요한 일이라고 생각할 수 있으나 개발의 전체적인 과정을 생각해보면 장기적으로는 이익이 되는 것이다.

넷째, 역시 실무적 효과로서 축제를 통한 종합적인 지역사회 발전의 효과를 도모할 수 있다. 이 효과는 분배적 복지정책의 의미가 강한 것으로 지역경제 발전을 위해 실시되는 관광개발이 실제적으로 축제 개발(계획)자 뿐이 아니라 지역주민이나 지역상인 같은 지역사회내의 다른 이해집단들에게 어떠한 이익이 돌아갈 것인지, 그리고 그들의 참여가 어떻게 이루어지고 그들의 영향력이 어떠한지 분석모델을 통해 가늠해 보고, 냉정한 상황인식과 그에 따른 협력방향을 제시하는데 기여할 수 있다.

이 주장의 제한점으로 탐색적 연구가 가지는 태생적 한계를 언급하지 않을 수 없다. 탐색적 연구는 친숙한 사회현상에 대하여 기존의 연구 성과들을 고찰, 재정립하여 새로운 통찰을 얻고자 행해지지만, 후속 연구를 위한 기초 작업이기 때문에 연구의 완성도에 자체적 한계가 있다. 지역축제 이해집단 분석에 대해서 기존의 관련 논의들을 바탕으로 새로운 분석틀을 제시했지만 2차 자료를 통한 정성적 연구방법으로 분석틀을 실제 사례에 적용, 예증을 거치지 못한 한계가 있다. 그러므로 추후 다양한 사례에 대한 실증적 연구를 통해 본 저서에서 제시한 분석틀에 대한 다양한 검증이 이어지기를 기대한다.

참 / 고 / 문 / 헌

- 김경동 · 이온죽(1986). 『사회조사연구방법-사회연구의 논리와 기법』, 박영사
- 김근우(2004). 지역축제의 방문동기가 만족도에 미치는 영향 분석 : 청도소싸움축제를 중심으로. 『관광학연구』, 27(4): 203-218.
- 김남조(2002). 금강산 관광개발에서 이해집단의 역할변화 분석 - Wright의 정부간 관계모형을 중심으로. 『관광학연구』, 26(3): 33-52.
- 박근수(2000) 지역주민 협력과 이벤트관광 활성화 방안에 관한 연구- 99강원 국제관광엑스포를 대상으로. 『관광학연구』, 24(1): 297-313.
- 박근수(2001). 지역사회협력과 지역축제 기획 모형정립에 관한 연구. 『관광학연구』, 25(3): 149-169.
- 박미정 (2003).지역주민의 地緣性이 메가이벤트에 대한 인식과 협력의사에 미치는 영향,『관광 · 레저연구』, 15(1), 113-132.
- 신용석(2004). 지역축제에 나타난 지역사회 참여문제에 관한 이론적 고찰 - 이해집단의 역학관계를 중심으로. 한국관광학회.『학술연구 발표 논문집』 56:495-504.
- 오정학 · 허상현 · 오휘영 (2002). 이벤트 관광객의 만족요인 연구. 『관광 · 레저연구』, 14(1), 203-216.
- 이장주 · 박창규(2003). 주중 · 주말 관광객의 축제참여동기에 관한 비교연구.『관광학연구』, 27(3): 133-155.
- 이정실 · 양일용 (2003). 지역축제방문동기 세분화 및 만족의 차이.『관광 · 레저연구』, 14(3), 143-156.
- 이충기 · 이태희(2000). 경주세계문화엑스포에 대한 축제참가 동기분석. 『관광학연구』, 23(2): 84-98.
- 이충기 · 정동일 · 김동기(2000). '99 강원국제관광엑스포에 대한 방문객 동기분석. 『호텔경영학연구』, 9(1): 107-124.
- 이희찬(2002). 축제참가자의 관광지출 결정요인-Tobit 모형의 적용. 『관광학연구』, 26(1): 31-46.

- 정영이·이수범·신민자(2002). 관광이벤트를 통한 지역발전 촉진방안 - 광주·전남지역을 중심으로. 『관광연구저널』, 16(2):135-157.
- 정필용(2002). 도자기엑스포 행사장별 포지셔닝 분석 및 시사점에 대한 연구. 『관광학연구』, 26(1): 203-217.
- 홍성화(2003). 제주국제자유도시 추진정책에 대한 지역이해집단의 협력방안. 『관광학연구』, 27(2): 177-195.
- Appadurai, A. (1987). *The Social life of things - Commodities in cultural perspective*. Cambridge University Press.
- Bramwell, B.& Sharman, A. (1999). Collaboration in local tourism policy-making. *Annals of Tourism Research*, 26 (2), 392-415.
- Crompton, J. L., & McKay, S. L. (1997). Motives of visitors attending festival events. *Annals of Tourism Research*, 24 (2), 425-439.
- Denzin & Lincoln. (1998). *The landscape of qualitative research: Theories and issues*. Thousand oaks, CA: Sage Publications.
- Finn, C. (1996). Utilizing stakeholder strategies for positive collaborative outcomes. In C. Huxam (Eds.). *Creating collaborative advantage* (pp.152-164). London: SAGE.
- Freeman, R. (1984). *Strategic management: A stakeholder approach*. Boston: Pitman.
- Friedmann, J. (1987). *Planning in the public domain: from knowledge to action*. Princeton: Princeton University Press.
- Friedmann, J.(1992). *Empowerment: The politics of alternative development*. Cambridge and Oxford: Blackwell.
- Getz, D. (1991). *Festivals, special events, and tourism*. New York: Van Nostrand Reinhold.
- Getz, D. & Frisby, W. (1988) Evaluating management effectiveness in community-run festivals.*Journal of Travel Research*, summer, 22-27.
- Getz, D. & Frisby, W. (1991). Developing a municipal policy for festivals and special events. *Recreation Canada*, October: 38-44.
- Getz, D. & Jamal, T. B. (1994). The Environment-community symbiosis: A case

for collaborative tourism planning. *Journal of Sustainable Tourism*, 2(3), 152-173.

- Gray, B.(1985). Conditions facilitating international collaboration. *Human Relations*, 38, 911-936.
- Gray, B.(1989). *Collaborating: Finding common ground for multiparty problems*. San Francisco: Jossey-Bass.
- Hall, C. M. (1992). *Hallmark tourist events: Impacts, management and planning*. New York: Halsted Press.
- Hall, C. M. & Weiler, B. (1992). *Special interest tourism*. London: Belven Press
- Hall, C. M. (1994). *Tourism and politics: Policy, power and place*. New York. John Wiley & Sons.
- Hall, C. M. (2000). Rethinking collaboration and partnership: a public policy perspective. In B. Bramwell and B. Lane. (Eds.), *Tourism collaboration and partnerships: Politics, practice and sustainability* (pp.143-158). Channel View: Clevedon.
- Harvey, D. (1989) *The condition of postmodernity*. Oxford: Basil Blackwell.
- Healey, P. (1998). Collaborative planning in a stakeholder society. *Town Planning Review*, 69(1), 1-21.
- Jamal, T. B. & Getz, D. (1995). Collaboration theory and community tourism planning. *Annals of Tourism Research*, 22 (1), 186-204.
- Jamal, T. B. & Getz, D. (1995). Collaboration theory and community tourism planning. *Annals of Tourism Research*, 22 (1), 186-204.
- Kreisberg, S. (1992). *Transforming power: Domination, empowerment, and education*. Albany, NY: State University of New York Press.
- Lee, T., Toepper, L., & Obenour, W. L. (1995). Using visitor profiles as a means to attract exhibitors. *Festival Management & Event Tourism*, Vol. 2, 216-226.
- Lukes, S. (1974). *Power: A radical view*. London: Macmallan.
- McDonnell, I., Allen, J., & O'toole, W. (1999). *Festival and special event management*. Singapore: John Wiley and Sons Austrailia, Ltd.
- Mitchell, B. (1997). *Resource and environment management*. Essex: Longman.

- Mitchell, R., Agle, B. & Wood, D. (1997). Toward a theory of stakeholder identification and salience: Defining the principle of who and what really counts. *Academy of Management Review*, Vol. 22 (4). 853-886.
- Neuman (2000). *Social research methods: qualitative and quantitative approaches*, 4th edition. MA: Allyn and Bacon.
- Reed, M. (1997). Power relations and community-based tourism planning. *Annals of Tourism Research,* 24 (3), 566-591.
- Saleh, F. & Wood, C. (1998). Motives of volunteers in multicultural events: The case of Saskatoon folkfest. *Festival Management & Event Tourism*, Vol. 5, 59-70.
- Sautter, E. T.& Leisen, B. (1999). Managing stakeholders: A tourism planning model. *Annals of Tourism Research*, 26 (2), 312-328.
- Selin, S. (1993). Collaborative alliances: New international forms in tourism. *Journal of Travel and Tourism Marketing*, (2/3), 217-227.
- Selin, S. (1999). Developing a typology of sustainable tourism partnerships. *Journal of Sustainable tourism*, 7(4).,260-273.
- Selin, S. & Beason, K. (1991). Inter-organizational relations in tourism. *Annals of Tourism Research*, 18 (4), 639-652.
- Uysal, M., Gjahan, L., & Martin, B. (1993). An examination of event motivations: A case study. *Festival Management & Event Tourism*, Vol, 1. 5-10.
- Waterman, S. (1998a). Place, culture and identity: Summer music in upper Galilee. *Transactions of the Institute of British Geographers*, 23 (2), 253-267.
- Waterman, S. (1998b). Carnivals for elites? The cultural politics of art festivals. *Progress in Human Geography*, 22 (1), 54-74.
- Williams, P., Dossa, K. B. & Tompkins, L. (1995). Volunteerism and special event management: A case study of whistler's men's world cup of skiing. *Festival Management & Event Tourism*, Vol.3, 83-95.

Memo

Chapter 8

♡ 지역주민과 러브마크 축제

1. 관광매력의 자산과 지역주민
2. 음식축제의 확대
3. 지역주민 인식의 틀
4. 지역주민 인식의 실체
5. 지역주민 축제인식의 시사점

지역주민과 러브마크 축제

Chapter 8

1. 관광매력의 자산과 지역주민

일반적으로 축제는 지역의 문화뿐만 아니라 관광매력 자산 역할을 하고(Getz, 1997), 이러한 관심은 지속적인 축제 연구로 이어졌다. 그 중심에는 지역주민이 아닌 주로 외지 방문객에 초점이 맞춰지고 있는데, 이는 축제 경쟁력 강화라는 측면에서 외지 방문객이 중요한 역할을 차지하기 때문이라고 해석할 수 있다(함석종 · 박선희, 2009).

결국 축제연구에 있어서 주체자인 지역주민에 대한 연구는 비교적 제한적으로 진행되었다(Gabr, 2004; Zyl & Botha, 2004). 지역축제에서 지역주민이 중심이 되지 못하고, 이들이 자발적으로 참여하지 못한다면, 그 축제는 생명력 고갈이라는 부정적인 현상을 초래할 수 있다(서용석 · 이훈 · 임동일, 2008). 즉, 지역관광의 중심에 지역주민이 필요한 것처럼, 지역축제도 지역주민이 즐겁게 참여해야만 발전할 수 있다는 것을 의미한다(Mitchell & Reid, 2001). 결국 지역주민은 축제의 발전과 성공에 핵심요소이지만, 지금까지 지역축제의 개최에 대한 영향인식의 대상으로 지역주민이 고려된 연구는 많이 진행되지 않고 있다.

그 중에서도 직접적으로 축제를 방문하는 지역주민의 경우 일반 지역주민들보다 축제 개최에 더 관심을 가지는 집단이기 때문에 이들을 대상으로 자신이 거주하는 지역에서 개최되는 축제의 관광영향 인식을 파악하는 것은 중요하다. 그러기 위해서는 그들이 인식한 관광영향 인식을 토대로 방문한 지역주민의 특징을 살펴볼 필요가 있다.

예를 들면, 관광개발(예: 골프장, 카지노, 리조트 등)이나 이벤트(예: 축제, 메가 이벤트 등) 개최는 외지 방문객 입장에서는 볼거리 등장이라는 긍정적 측면의 역할을 하지만, 지역주민들은 개발 및 개최로 인한 부정적 영향을 우선적으로 생각하게 된다. 따라서 축제 개최의 경우 지역의 변화를 우선적으로 고려하는 지역주민의 인식을 최우선적으로 고려하여 장기적인 차원의 관리 방안을 도출하는 것이 필요하다.

F1영암 서킷의 파급효과를 체감하는 목포의 숙박시설

지역주민, 특히 축제 장소를 직접 방문한 지역주민의 객관적인 관광영향에 대한 지각을 살펴보는 의의가 있는 것이다. 한편, 초기 지역주민의 영향지각에 관한 연구들은 인구통계학적 특성(예: 성별, 연령, 소득, 교육수준 등)을 독립변수로 하여 종속변수인 관광영향 인식 차이를 살펴본 연구가 대다수를 차지하고 있지만, 이는 서로 상반된 결과를 초래한다는 점에서 이론적 접근의 한계를 보이고 있다(조배행·지봉구, 2005). 본 연구는 반대로 관광영향에 대한 지각 요인을 기준변수로 하여 분류된 축제 방문 지역주민들의 특성을 종속변수인 인구통계학적 변수들을 토대로 살펴보고자 한다.

지역의 관광산업과 밀접한 관계를 보이는 지역축제는 한시적 기간 동안 개최되더라도 지역사회 및 관광에 큰 영향을 미치게 된다. 관광개발에 대한 지역주민의 관광영향 인식을 살펴보는 것과 마찬가지로 지역축제 개최에 따른 지역주민의 관광영향 인식을 살펴보는 것은 축제의 지속가능성을 도모할 수 있는 전제조건이라고 말할 수 있겠다(조배행·박종진, 2007).

국내에서 연중 1300개 이상의 축제가 개최되고 있는 상황에서 음식문화축제가 살아남기 위해서는 방문객 파악이 우선적으로 필요하다(이경모·손선미, 2006). 특히 인지도가 비교적 낮아 결과에 대한 기대단계에 머물고 있는 축제의 경우라면, 우선적으로 연구의 대상으로 지역주민을 고려해야 할 것이다(함석종·박선희, 2009). 다음 내용은 수년 간 문화관광축제 중 가장 낮은 등급의 지원을 받는 유망축제인 광주 세계김치문화축제를 방문한 지역주민들을 대상으로 축제 개최로 인한 관광영향을 방문객 입장에서 지역주민들이 어떻게 인식하고 있는지 그 특징을 살펴본 결과이다.

2. 음식축제의 확대

1) 음식축제와 광주 세계김치문화축제

음식관광의 한 형태인 음식축제는 지역의 고유 음식문화를 자원으로 활용하여 방문객을 유치하는 축제로서(이경모·손선미, 2006), 향토음식의 관광상품화를 도모할 수 있는 특별 이벤트 성향이 강하다고 할 수 있다(진영재, 2009). 축제 및 이벤트가 관광객 유치의 목적으로 활용되는 자원인 만큼, 음식이 주제인 축제의 경우도 음식자원이 풍부한 나라 또는 지역에서 관광객을 유치하는 좋은 관광자원으로 활용된다(김주연·안경모, 2009). 이에 음식 관련 주제의 축제는 지속적으로 파생되고 있다.

예를 들면, 국외의 경우 싱가포르는 매년 7월 한 달 동안 싱가포르 음식 축제(Singapore Food Festival)를 개최하여 다양한 프로그램(예: 스카이다이닝, 나이트 사파리, 블랙 앤 화이트 어페어 등)을 통해 65만명 정도의 관광객을 유치하고 있다(www.korean.visitkorea.or.kr). 국내의 경우 포털 사이트 검색에서 전국에 음식과 관련된 축제 및 박람회가 200여건 이상이 개최되는 것으로 조회되고 있다.

문화체육관광부(2010)의 보고서에서도 2009년 문화관광축제로 선정된 57개 축제 중 음식 주제 축제는 본 연구의 대상 축제인 광주김치대축제(現 광주 세계김치문화축제)를 포함하여 경주 한국의 술과 떡잔치, 하동야생차문화축제, 산청 항방약초축제, 금산 인삼축제, 양양 송이축제, 영주 풍기인삼축제, 강경

발효젓갈축제, 이천 쌀문화축제, 남도음식문화큰잔치, 파주 장단콩축제) 등 상당히 많은 축제가 음식과 관련되어 있는 것을 알 수 있다. 그 중에서도 경주 한국의 술과 떡잔치, 남도 음식문화큰잔치, 광주 김치세계문화축제가 가장 대표적인 음식문화 관련 축제로 알려져 있다(이경모·손선미, 2006).

한편, 김치 관련 축제가 광주지역에서 개최되는 이유는 넓은 호남평야에서 생산되는 풍부한 농산물과 서남해안에서 발견되는 수많은 해산물이 모이는 곳으로서 예전부터 음식 관련 문화가 발달되었기 때문이다(김승희·김성국, 2000). 하지만 광주 세계김치문화축제는 〈표 8-1〉과 같이 매년 유망축제의 등급에 머물러있고, 문화관광축제 평가보고서의 평가 대상이 되었던 전체 축제의 평균과 비교했을 때 크게 경쟁력을 가지고 있지는 못하고 있으며, 방문객 수, 경제효과, 소비액이 다른 축제에 비해 상대적으로 낮은 것으로 나타났다. 주목할 점은 축제 만족도에서 '접근용이'가 가장 높은 평균을 보이고 있는 것인데, 이는 광주 내 지역주민 또는 인접 시·도에서의 방문객이 많다는 것을 유추할 수 있는 부분이다.

표 8-1
광주 세계김치문화 축제의 시대별 변화 현황

단위: 방문객(명), 경제효과(백만원), 1인당 소비(원)

연도 (등급)	만족도 평가 (기준: 7점 척도)a			전체 축제평균	방문객	경제 효과	1인당 소비
	Min.	Max.	평균				
'04(육성)	4.22 (주차편리)	5.57 (접근용이)	4.74	4.70	687,300	5,600	32,933
'05(유망)	3.73 (상품다양)	5.12 (접근용이)	4.39	4.71	426,388	30,198	30,975
'06(유망)	4.00 (주차편리)	5.40 (접근용이)	4.71	4.69	448,000	27,530	53,658
'07(유망)	정량적 축제평가대상에서 제외			4.68	486,460	30,806	-
'08(유망)	4.28 (상품가격)	4.99 (안내책자)	4.68	4.70		35,500	-

주: 선행연구를 바탕으로 연구자 재구성, a 1점=전혀 아니다, 7점=매우 그렇다

2) 관광영향 인식

관광영향(tourism impact)은 물리적 개발과 인적 자원(관광객, 지역주민)의 접촉 등 관광에 의해 발생되는 유·무형의 긍정적·부정적 결과로서(고동완, 2001), 관광개발에 대한 지역주민의 영향지각을 파악하는 연구들은 30년 간 꾸준히 진행되고 있다(Gursoy, Jurowski & Uysal, 2002).

관광에 있어서 지역주민이 관광의 영향을 지각한다는 것은 지역주민의 자발적 참여가 성공적인 관광정책에 중요한 요소로 작용할 수 있기 때문이다(서용석·이훈·임동일, 2008). 관광개발과 마찬가지로 지역축제에 대한 지역주민의 영향 인식을 파악하는 것은 지역축제의 성공가능성을 가늠할 수 있는 중요 척도가 될 수 있다(고승익·오상운·고경실·조문수, 2007). 이는 축제 개최지역에 가장 중심에 있는 사람들은 지역주민들이고, 이들은 축제와는 큰 이해관계가 없다는 점에서 객관적으로 축제효과에 대한 인식을 살펴볼 수 있다는 장점이 있기 때문이다. 한편,

표 8-2
관광영향에 대한 국내·외 선행연구

연구자	대상	관광영향 요인(방향)	분석 방법
고민규·김남조 (2008)	개발	경제적(+, −), 사회·문화적(+, −), 환경적(+, −)	인과
부숙진 (2008)	축제	경제적(+), 사회적(+), 문화적(+), 환경적(−)	영향
이후석·오민재 (2006)	축제	경제적(+), 문화적(+), 환경적(−), 사회적(+)	차이
함석종·박선희 (2009)	축제	경제적(+, −), 사회·문화적(+, −), 환경적(+, −)	차이
Gursoy & Kendall (2006)	이벤트	사회적(+, −), 문화적(+, −), 경제적(+, −)	인과
Kang, Lee, Yoon & Long(2008)	개발	사회적(−), 경제적(+, −), 환경적(−)	인과
Lee, Kang & Reisinger(2010)	개발	사회적(+, −), 경제적(+, −), 환경적(−)	인과
Lim & Lee(2006)	이벤트	경제적(+, −), 문화적(+, −), 사회적(+), 환경적(+)	차이

〈표 8-2〉와 같이 관광영향 지각을 다룬 선행연구들을 살펴보면 관광영향을 크게 경제적, 사회·문화적, 환경적으로 구분하고 있는데(고민규·김남조, 2008; Andereck, Valentine, Knopf & Vogt, 2005; Jurowski & Gursoy, 2004), 연구대상에 따라 관광영향의 인식을 긍정적 요인과 부정적 요인으로 구분해서 진행하고 있는 것이 특징이다.

관광영향에 대한 연구방법은 관광영향 요인과 선행변인 및 결과변인과의 관계를 살펴보는 인과관계 연구(Kang et al., 2008; Lee & Back, 2006; Lee, Kang, Long & Reisinger, 2010; Lee, Kang & Reisinger, 2010)와 관광영향 요인의 지각 차이(이후석·오민재, 2006; 함석종·박선희, 2009; Kim & Petrick, 2005; Lim & Lee, 2006)를 살펴보는 연구로 구분되고 있다. 주로 인과관계를 규명하는 연구들이 많이 진행되고 있고, 최종 내생변수로 지지도(예: 추가적인 개발, 관광개발 계획 등)(Gursoy & Kendall, 2006; Kang et al., 2008; Lee & Back, 2006; Lee et al., 2010; Lee, Kang & Reisinger, 2010)를 사용하고 있다. 그리고 대부분의 관광영향에 대한 인과관계 연구들은 연구대상이 관광개발, 응답자는 지역주민으로 구성되는 것이 일반적인데, 이는 지역주민들이 거주지역에서 일어나는 관광개발에 민감할 수밖에 없기 때문이다.

축제의 성공을 기원하는 주민 모습

아울러 지역주민들이 관광 개발이나 축제 및 이벤트 개최로 인한 영향인식에 대해 경제적, 사회·문화적, 환경적 등 복합적인 관점에서 긍정적인지 부정적인지 인식하고 판단할 수 있다는 점에서 연구대상으로 적합하다고 볼 수 있다. 하지만 이벤트 개최의 경우 지역주민이지만 방문한 경험이 없다면, 개최에 따른 영향효과를 경험적으로 판단하지 못할 것이다. 더 나아가 지역주민이더라도 지역에 오래 거주한 사람들이 지속적으로 개최되는 축제에 대한 영향을 판단할 수 있다.

메가 이벤트의 오랜 기간 영향효과를 조사하는 것은 다른 종류의 메가 이벤트와 비교가 가능할 뿐만 아니라 관광객을 위한 매력적 개발의 변화측면을 관찰할 수 있다는 장점을 가진다(Lim & Lee, 2006). 따라서 이러한 오랜 조사는 당연히 지역주민의 의견이 우선시 되는 것이 바람직할 것이고, 그 중에서도 지역축제에 방문한 경험이 있는 지역주민들의 영향인식은 중요한 자료라고 볼 수 있다.

한편, 영향 관계 연구 이외에 차이 연구는 주로 인구통계학적 특성에 따른 관광영향 인식 차이를 살펴보는 것이 주된 목적이었다. 인구통계학적 특성은 분명 특별한 관리 전략을 수립함에 있어서 기본적이면서 중요한 정보를 제공하는 특징을 보이지만, 대부분의 선행연구 결과를 보면 일관성의 문제가 언급되고 있다.

따라서 기준변수로 인구통계학적 변수를 사용하기에는 적합하지 않기 때문에 이러한 문제점을 극복하기 위해 제대로 설명할 수 있는 기준변수 적용이 시도될 필요가 있다. 이에 관광영향 인식을 기준변수로 집단의 특징을 살펴보는 연구들이 시도되었다. 먼저 박덕병(2009)은 농촌관광마을 지역주민들을 대상으로 관광영향을 기준변수로 하여 집단을 나누어 영향인식 집단별 성별, 연령, 수입 등의 변수에 대한 특징을 비교하였고, Lim과 Lee(2006)는 경주엑스포와 대전엑스포를 대상으로 지역주민들의 특징을 관광영향(사회적, 경제적, 문화적, 환경적) 인식을 기준변수로 집단을 나누어 그 특징을 비교하였다.

3. 지역주민 인식의 틀

1) 지역주민 인식조사를 위한 조사설계

축제에 방문한 지역주민의 축제 개최에 대한 관광영향 인식을 살펴보고, 이에 따라 응답자 특성을 관광영향 인식별로 비교·파악하고자 하였다. 따라서 선행연구를 토대로 관광영향 인식에 대한 보편적 항목들을 도출한 다음 관광영향 인식 요인(사회·문화적, 경제적, 환경적)과 응답자 특성 간 관련성을 파악하고, 관광영향 인식별 집단 간 어떠한 특징을 가지고 있는지를 비교하는 순으로 조사·실증분석을 실시하였다.

2) 측정항목 개발 및 설문지 구성

본 설문은 크게 두 가지 부분으로 구성되었다. 구체적으로 관광영향 인식은 크게 3가지 요인으로 구분하였고, 국내·외 선행연구를 토대로 요인별 4개씩 총 12개 항목으로 구성하였다. 이에 대한 측정은 Likert 5점 척도(1=전혀 그렇지 않다, 3=보통, 5=매우 그렇다)에 의해 실시되었다. 인구통계학적 항목들은 성별, 연령, 결혼여부, 최종학력, 월평균소득, 직업 등 6개 항목을 명목 척도로 구성하였다.

표 8-3 선행연구를 통한 설문지 항목 구성

구분(항목)	조작적 정의	선행연구	척도
사회·문화적(4)	축제 개최가 주는 문화·여가·관광 관련 긍정적 효과	고민규·김남조(2008), 부숙진(2008), Yoon, Gursoy & Chen(2001), Ko & Stewart (2001), Andereck, Valentine, Knopf & Vogt(2005)	Likert 5점
경제적(4)	축제 개최로 인한 긍정적 금전 효과		
환경적(4)	축제 개최로 인해 개최 지역에 발생할 수 있는 환경파괴의 부정적 현상		
인구통계학적(6)	성별, 연령, 결혼여부, 최종학력, 월평균소득, 직업		명목

3) 자료수집 및 분석방법

모집단은 축제 개최 지역 내 지역주민으로 구체적으로 광주 세계김치문화축제를 방문한 지역주민(재방문객만으로 한정)으로 선정하였고, 조사방법은 편의표본추출법에 의해 축제 개최 장소에서 2009년 10월 31일-11월 1일 동안 대인면접법에 의한 설문조사를 실시하였다.

우선 축제 방문객 중 지역주민만을 대상으로 추출하기 위해 설문지에 스크

리닝 문항(3개)을 이용하였다. 첫 번째로 응답자들의 거주지가 광주인지를 묻고, 두 번째로 광주 이외 지역에서의 거주 여부를 물은 후, 마지막으로 거주지가 광주인 사람들에게 광주 세계김치문화축제를 방문한 경험이 있는지를 물었다. 이 중 광주에서 태어나서 지금까지 광주에서 거주하는 사람들 중 광주 세계김치문화축제를 재방문한 방문객에게만 설문지를 배포·조사하였다.

한편, 설문조사를 위해 8명의 관광 관련 학과 대학생들이 조사원으로 구성되었고, 조사목적·방법·내용 등을 충분히 숙지한 다음 조사지점(염주체육관, 다목적체육관, 광주월드컵경기장 등)에 나누어 배치되었다.

설문대상은 만19세 이상의 성인 남·여(단, 가족, 학교 등 단체로 방문한 경우 대표 한 사람만을 선정)로 한정하였고, 출입구에서 나오는 3번째 방문객을 대상으로 조사를 실시하였고, 설문작성은 주로 자기기입식과 개별면접방식을 병행하였다. 이러한 과정을 통해 300부의 설문지가 회수되었고, 측정변수의 정규성과 이상값(outlier)을 확인하여 최종적으로 278부를 실증분석에 사용하였다.

한편, 설문조사를 통해 획득된 자료는 SPSS 15.0과 AMOS 7.0을 이용하여 분석하였다. 먼저 조사된 자료의 입력오류를 빈도분석 및 기술통계분석을 통해 제거한 후 다음과 같은 분석방법을 사용하여 실증분석을 실시하였다.

첫째, 응답자의 일반적 특성을 확인하기 위해 빈도분석을 실시하였다. 둘째, 연속형 변수인 관광영향 인식관련 항목에 대한 평균값과 정규분포성을 확인하기 위해 기술통계분석을 실시하였다. 셋째, 구성개념별 내적일관성과 단일차원성을 확인하기 위해 신뢰도 분석과 확인적 요인분석을 실시하였다. 넷째, 관광영향 인식과 응답자 특성 간 응답 비교를 위해 카이스퀘어 검증과 대응일치분석을 실시하였다. 다섯째, 축제를 방문한 지역주민을 집단별로 제시하기 위해 2단계 군집분석을 사용하였다.

4. 지역주민 인식의 실체

1) 응답자의 기본적 특성

표본에 대한 전반적인 특성을 살펴보면, 〈표 8-4〉와 같다. 먼저 성별은 여성(179명)이 남성(99명)보다 많이 조사되었고, 최종학력은 주로 대학교(156명)로 나타났으며, 결혼여부는 비교적 비슷한 응답(미혼: 128명, 기혼: 150명) 분포를 보이고 있었다. 월평균소득은 100만원 미만이 151명으로 가장 많았고, 직업의 경우 학생(91명), 주부(52명), 전문직/사무직(44명) 순으로 나타났다.

구 분		빈도(n)	비율(%)	구 분		빈도(n)	비율(%)
성별	남성	99	35.6	월평균 소득	100만원 미만	151	54.3
	여성	179	64.4		100-199만원	42	15.1
연령	20대	112	40.3		200-299만원	64	23.0
	30대	48	17.3		300만원 이상	21	7.6
	40대	66	23.7	직업	전문직/사무직	44	15.8
	50대 이상	52	18.7		서비스직	26	9.4
최종 학력	고졸 이하	75	27.0		학생	91	32.7
	전문대	39	14.0		공무원/교직원	16	5.8
	대학교	156	56.1		자영업	28	10.1
	대학원	8	2.9		주부	52	18.7
결혼 여부	미혼	128	46.0		생산/기술직	10	3.6
	기혼	150	54.0		기타	11	4.0

표 8-4
응답자(N=278)의 인구통계학적 특성에 대한 빈도분석 결과

2) 측정변수에 대한 기술통계 및 신뢰도 분석

관광영향 인식의 12개 평가 항목에 대한 특징을 살펴보기 위해 기술통계분석과 신뢰도 분석을 실시한 결과를 살펴보면 〈표 8-5〉와 같다. 분석결과, 12개 항목의 최소 평균값은 3.18(지역 내 일자리 창출), 최대 평균값은 3.62(지역주민의 문화·여가 활동 증진)로 나타났으며, 전반적으로 보통 이상의 평균값을 보이고 있다.

표 8-5 관광영향 인식에 대한 변수의 기술통계 및 신뢰도 분석결과

구 분	변 수 명	Ma	왜도	첨도	신뢰계수(a)	
					제거 시	전체
사회·문화적 (social·cultural) (M=3.53)	지역의 매력·이미지 향상	3.59	-.239	.100	.858	.875
	지역주민의 문화·여가 활동 증진	3.62	-.241	-.052	.819	
	지역주민들의 생활의 질 향상	3.50	-.263	-.354	.834	
	관광객·지역주민 간 교류증진	3.39	-.269	-.183	.837	
경제적 (economical) (M=3.37)	지역의 관광소득 증가	3.48	-.321	-.221	.873	.902
	지역 내 일자리 창출	3.18	-.235	-.722	.872	
	지역의 경제 활성화에 도움이 됨	3.45	-.532	.047	.873	
	지역의 생활기반 확충	3.37	-.304	-.059	.873	
환경적 (environmental) (M=3.36)	쓰레기 증가	3.49	-.246	-.336	.808	.845
	환경오염 증가	3.22	-.083	-.086	.806	
	교통체증 증가	3.44	-.168	-.369	.779	
	소음공해 증가	3.29	.076	-.671	.820	

주: a Likert 5-point scale (1=전혀 그렇지 않다, 3=보통, 5=매우 그렇다), 전체 항목 신뢰도=.889

또한, 12개 관측값들의 정규분포성을 살펴보면, 왜도(기울기)의 경우 0보다 크거나 작으면 분포의 기울어짐이 심한 것을 알 수 있고, 첨도(뾰족함)의 경우 0에 가까울수록 중첨이라고 할 수 있는데(이훈영, 2004), 본 연구의 관측값들은 비교적 정규분포와 비슷한 기울기와 뾰족함을 보이고 있었다. 한편, 측정변수들의 내적일관성을 의미하는 Cronbach's a계수에서 모든 요인의 신뢰도는 높은 값을 보이고 있었고, 요인 내 전체신뢰도를 저해하는 항목은 없는 것으로 나타났다.

3) 관광영향 인식 관련 변수에 대한 확인적 요인분석

다음으로 관광영향 인식 측정항목에 대한 요인별 단일차원성을 확인하고, 이에 대한 통계적 검정을 위해 확인적 요인분석을 실시하였다. 먼저 측정모형에 대한 적합성 여부는 χ^2, GFI, AGFI, NFI, RMR 등을 사용하였다. 이에 대한 확인적 요인분석 결과, χ^2의 확률치인 p값이 .000으로 기준에 합당하지 않

은데, χ^2은 표본 수가 커질수록 모형이 적합하다는 귀무가설을 기각할 확률이 높아진다는 점에서 대안적으로 Q값(χ^2/df)을 비교해보았고, 본 연구에서는 1.845로 3보다 작은 것으로 나타나 모형이 적합함을 알 수 있다. 또한, 나머지 적합지수들은 기준치 이상의 적합지수를 보이는 것으로 나타나 측정항목의 단일 차원성은 수렴되었음을 알 수 있다.

표 8-6 관광영향 인식에 대한 구성개념별 확인적 요인분석 결과

요 인	변수명	표준화 요인부하량	C.R.값	개념신뢰도	AVE
사회·문화적	social·cultural1	.659	11.012	.879	.648
	social·cultural2	.781	14.376		
	social·cultural3	.829	15.432		
	social·cultural4	.848	–		
경제적	economical1	.836	16.561	.896	.682
	economical2	.846	16.860		
	economical3	.826	16.285		
	economical4	.836	–		
환경적	environmental1	.743	6.042	.837	.562
	environmental2	.768	6.197		
	environmental3	.780	11.052		
	environmental4	.668	–		

χ^2=84.866, df=46, p=.000, Q(χ^2/df)=1.845, GFI=.952, AGFI=.919, NFI=.958, RMR=.028

한편, 모든 요인에 대한 개념신뢰도(CR)나 평균분산추출값(AVE)이 각각 .7, .5 이상의 임계치를 보이고 있고, 각 항목의 표준화 요인부하량이 .5 이상으로 나타났기에 관광영향 인식 요인의 신뢰도 및 집중타당도는 확보되었음을 알 수 있다.

4) 관광영향 인식 요인과 방문객 특성 간 응답 비교

다음으로 요인분석에 의해 도출된 요인의 점수(factor score)와 응답자 특성 간 응답 비교를 파악하기 위해 χ^2 검증을 실시하였다. χ^2 검증을 사용한 것

은 요인분석을 통한 Bi-plot에서처럼 요인점수를 사용하여 요인에 대한 각 응답자들의 위치 표시가 가능하기 때문이다(안광호 · 임병훈, 2008). 구체적으로 요인분석 시 요인점수(연속형 변수)를 변수로 저장한 값으로 도출하여 요인의 상대적 크기에 따라 범주형 변수로 재코딩을 해주는데(이태희 · 김흥렬 · 윤설민, 2008), 이러한 방식은 많은 국내 · 외 선행연구(윤설민 · 김흥렬, 2008; 이태희 · 김흥렬 · 윤설민, 2008; Kim & Agrusa, 2005; Kim, Chun & Petrick, 2005; Kim & Prideaux, 2005)의 분석결과에서도 찾아볼 수 있다.

표 8-7 관광영향 인식 요인과 지역주민 특성 간 응답 관계 비교 분석

구 분[a]		사회 · 문화적	경제적	환경적	χ^2(p값/최소기대빈도)
연령	20대	53(40.9/52.0)[b]	29(35.3/33.0)	29(34.9/33.3)	13.756 (.032*/15.08)
	30대	17(17.7/16.7)	19(15.2/21.6)	12(15.1/13.8)	
	40대	16(24.3/15.7)	25(21.0/28.4)	25(20.7/28.7)	
	50대 이상	16(19.1/15.7)	15(16.5/17.0)	21(16.3/24.1)	
직업	전문직 /사무직	17(16.2/16.7)	13(14.0/14.8)	14(13.8/16.1)	25.180 (.033*/3.14)
	서비스직	14(9.6/13.7)	6(8.3/6.8)	6(8.2/6.9)	
	학생	38(33.1/37.3)	27(28.6/30.7)	25(28.3/28.7)	
	공무원 /교직원	1(5.9/1.0)	8(5.1/9.1)	7(5.0/8.1)	
	자영업	11(10.3/10.8)	12(8.9/13.6)	5(8.8/5.8)	
	주부	16(19.1/15.7)	15(16.5/17.1)	21(16.3/24.1)	
	생산/기술직	2(3.7/2.0)	6(3.2/6.8)	2(3.1/2.3)	
	기타	3(4.1/2.9)	1(3.5/1.1)	7(3.5/8.1)	
월평균 소득	100만원미만	58(55.2/56.9)	45(47.7/51.1)	47(47.1/54.0)	12.947 (.044*/6.60)
	100-199만원	16(15.5/15.7)	8(13.3/9.1)	18(13.2/20.7)	
	200-299만원	21(23.6/20.6)	30(20.3/34.1)	13(20.1/14.9)	
	300만원이상	7(7.7/6.9)	5(6.7/5.7)	9(6.6/10.3)	
결혼 여부	미혼	58(46.8/56.9)	37(40.3/42.0)	32(39.9/36.8)	8.377 (.015*/39.89)
	기혼	44(55.2/43.1)	51(47.7/58.0)	55(47.1/63.2)	

주: *p〈.05, **p〈.01, ***p〈.001, [a] 5보다 작은 기대빈도의 셀은 25% 미만임, [b] 실제빈도(기대빈도/비율)

따라서 범주형(즉, 명목화)으로 재구성한 관광영향요인을 '열(column)'에, 인구통계학적 변수들을 '행(row)'에 대입하여 각각의 셀의 실제빈도, 기대빈도, 비율, 5보다 작은 기대빈도를 가지는 셀, χ^2값, p값, 최소 기대빈도 등을 도출하였다.

분석결과, 성별(p=.747)과 최종학력(p=.329)을 제외한 나머지 변수와 관광영향 인식 요인 간에 응답 분포의 차이가 있음이 발견되었다. 구체적으로 연령은 20대와 사회·문화적 요인, 50대는 환경적 요인과 관계가 있는 것으로 나타났고, 직업은 주부, 기타가 환경적 요인, 학생, 전문직/사무직, 서비스직은 사회·문화적 요인과 연관이 있는 것으로 나타났다.

월평균소득은 100만원 미만이 사회·문화적 요인, 100만원대가 환경적 요인, 200만원대가 경제적 요인과 연관이 있는 것으로 나타났고, 결혼여부는 미혼이 사회·문화적 요인과 연관이 있고, 기혼은 경제·환경적 요인과 관련이 있는 것으로 나타났다. 관광영향 인식 요인과 응답자 특성 사이에 유의한 관계를 시각적으로 분석하기 위해 대응일치분석을 추가적으로 실시하였다.

일반적으로 대응일치분석은 2차원 맵상에 점으로 표시하여 명목화된 범주들을 행과 열로 배치하여 통계적으로 유의한 상관관계를 분석하는 기법으로서, 변수 간 카이스퀘어 검증이 유의하고, 행과 열의 수가 3개 이상일 때 의미있는 해석이 가능하다. 따라서 앞선 카이스퀘어 검증 결과가 통계적으로 유의했지만, 결혼여부는 2개의 범주로 대응일치분석에서는 제외하였다.

첫 번째로 관광영향 인식 요인과 연령 간 분석결과, 2차원으로 설명하는 누적설명분산은 100.0%로 2차원 공간상 정보손실 없이 두 범주 간 관계를 설명하고 있음을 알 수 있다. 2차원상의 관계를 살펴보면, 젊을수록 축제개최로 인한 사회·문화적인 긍정적 효과를 인식한 반면에 나이가 많을수록 축제 개최로 인한 환경의 부정적 영향을 인식하고 있음을 알 수 있다.

표 8-8 관광영향 인식과 연령 비교

좌표점	차원 1	차원 2
사회·문화적	-.584	.035
경제적	.292	-.410
환경적	.389	.374
20대	-.504	.075
30대	.030	-.578
40대	.582	-.055
50대 이상	.308	.444
비정착값	.200	.098
설명력(%)	.808	.192

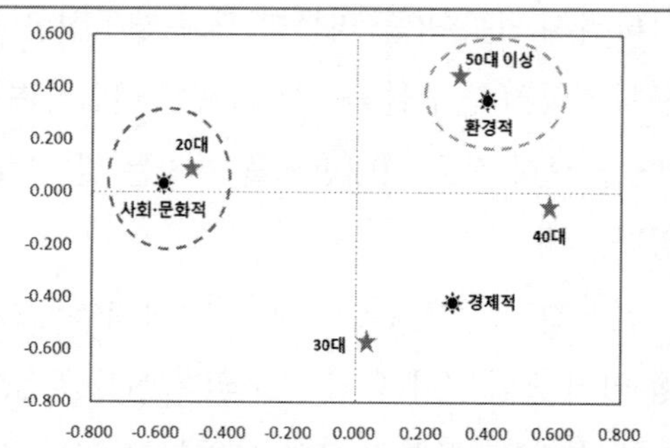

그림 1 관광영향 인식과 연령 간 상관관계

주: *p<.05, **p<.01, ***p<.001, χ^2=13.756, p=.032*

다음으로 관광영향 인식 요인과 직업 간 관계를 살펴보면, 차원 1(.222)과 차원 2(.204)의 상관관계는 미약하지만 관계가 있는 것으로 나타났고, 2차원상에 정보손실 없이 행과 열의 관계 설명하고 있음이 나타났다. 분석결과, 학생들이 사회·문화적 요인의 긍정적 부분에서 축제가 지역에 개최되는 효과를 인지하고 있지만, 주부들은 개최로 인한 환경 파괴를 인식하고 있음을 알 수 있다.

표 8-9 관광영향 인식과 직업 비교

좌표점	차원 1	차원 2
사회·문화적	.584	-.190
경제적	-.151	.647
환경적	-.532	-.431
전문직/사무직	.053	-.096
서비스직	.708	-.258
학생	.241	-.030
공무원/교직원	-1.226	.601
자영업	.315	.613
주부	-.355	-.225
생산/기술직	-.362	1.290
기타	-.871	-1.307
비정착값	.222	.204
설명력(%)	.540	.460

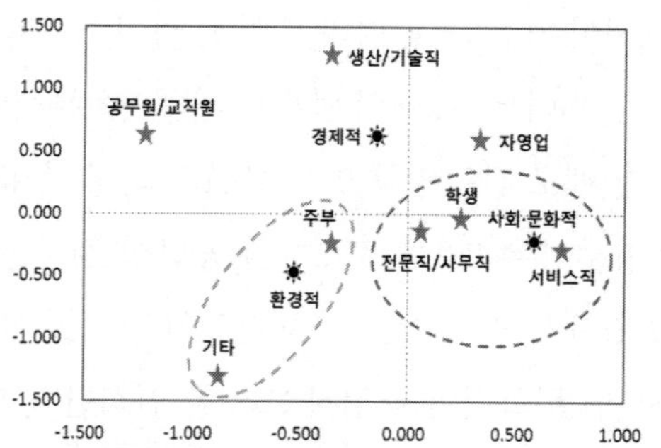

그림 2 관광영향 인식과 직업 간 상관관계

주: *p<.05, **p<.01, ***p<.001, =25.180, p=.033*

한편, 관광영향 인식과 월평균소득 간 상관관계를 보면, 소득이 적은 경우는 축제개최를 통한 사회·문화적 요인에 긍정적 인식을 가지고 있는 반면에 소득이 100만원대의 경우 환경적 부작용에 대한 효과와 관련이 있었고, 200만원대의 경우에는 축제개최로 인한 경제적 긍정적 효과에 대해 인식하고 있음을 알 수 있다.

표 8-10
관광영향 인식과 소득 간 상관관계

좌표점	차원 1	차원 2
사회·문화적	-.094	.268
경제적	.624	-.116
환경적	-.520	-.197
100만원 미만	-.058	.166
100-199만원	-.661	-.103
200-299만원	.735	-.148
300만원 이상	-.500	-.529
비정착값	.212	.043
설명력(%)	.961	.039

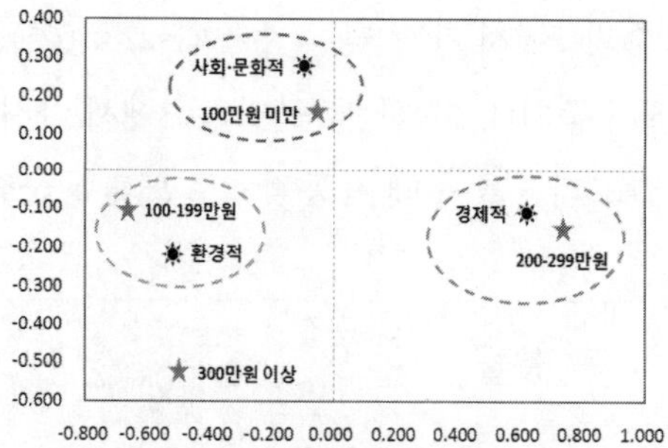

그림 3 관광영향 인식과 소득 간 상관관계

주: *p<.05, **p<.01, ***p<.001, =12.947, p=.044*

5) 2단계 군집분석에 따른 방문객 특징 비교

앞선 결과를 토대로 연속형 자료인 관광영향 인식 요인(사회·문화적, 경제적, 환경적)과 카이스퀘어 검증에서 통계적으로 유의했던 범주형 자료인 인구통계학적 특성(연령, 월평균소득, 결혼여부)을 동시에 활용하여 2단계 군집분석을 실시하였다.

군집분석을 추가적으로 살펴본 것은 카이스퀘어 검증과 대응일치분석에 사용된 관광영향 인식 요인과 인구통계학적 특성은 변수 간의 관계를 살펴본 것이기 때문이다. 즉, 동등한 선상에서 변수 간의 관계가 아닌 방문객이라는 집단을 기준으로 그 특징을 살펴보는 것이 필요함을 의미한다. 구체적으로 2단계 군집분석은 2단계 방식(계층적 군집분석 후 K-means 군집분석 활용)의 군집분석과 달리 연속형 변수(예: 관광영향)와 범주형 변수(예: 인구통계학적 특성)를 동시에 고려하는 방식으로서, 군집 간 통계적 유의성을 높여 집단을 나누는 연구의 논리적 부분을 강화시킬 수 있는 잠재력을 보이기 때문에 유용하다(심성우·송학준·이충기, 2009).

군집분석의 관건은 군집의 수를 합리적·타당적으로 분류하는 것인데, 2단계 군집분석의 경우 BIC값의 변화를 통해 군집 수를 결정할 수 있다. 본 연구에서는 군집 수가 2에서 가장 낮은 수(BIC=2282.025)를 보였고, 거리측도 비율이 군집 수 2에서 증가(1.422)한 후 군집 수 3에서 다시 감소(1.060)하기에 2단계 군집분석의 알고리즘을 통해 자동적으로 도출된 군집 수 2개가 최적인 것을 알 수 있다.

표 8-11 2단계 군집분석에 따른 응답자 특성비교 결과

구 분		군집 1	군집 2	구 분		군집 1	군집 2
		n(%)	n(%)			n(%)	n(%)
관광영향 인식(M)	사회·문화적	4.12	3.14	직업	전문직/사무직	0(0.0)	44(22.9)
	경제적	4.22	2.85		서비스직	0(0.0)	26(13.5)
	환경적	3.92	3.02		학생	86(100.0)	5(2.6)
연령	20대	85(98.8)	27(14.1)		공무원/교직원	0(0.0)	16(8.3)
	30대	0(.0)	48(25.0)		자영업	0(0.0)	28(14.6)
	40대	0(.0)	66(34.4)		주부	0(0.0)	52(27.1)
	50대 이상	1(1.2)	51(26.6)		생산/기술직	0(0.0)	10(5.2)
월평균 소득	100만원 미만	84(97.7)	67(34.9)		기타	0(0.0)	11(5.7)
	100-199만원	2(2.3)	40(20.8)	결혼 여부	미혼	81(94.2)	47(24.5)
	200-299만원	0(.0)	64(33.3)		기혼	5(5.8)	145(75.5)
	300만원이상	0(.0)	21(10.9)	합계(N=278)		86(30.9)	192(69.1)

주: *p<.05, **p<.01, ***p<.001: 사회·문화적(t=13.273***), 경제적(t=19.278***), 환경적(t=10.893***), 연령(χ^2=177.502***), 월평균소득(χ^2=94.636***), 직업(χ^2= 255.883**), 결혼여부(χ^2=116.170***)

이후 2개의 집단 특성을 살펴보면, 군집 1과 2의 관광영향 인식은 통계적으로 차이가 있는 것으로 나타난 가운데, 군집 1은 관광영향 인식 요인의 평균값

이 높은 반면에 군집 2는 사회·문화적, 환경적 요인은 보통(3점)이지만 경제적 요인은 보통 이하로 나타났다. 한편, 연령에서 군집 1은 대부분이 20대이고, 군집 2는 40~50대가 주로 분포하고 있었다. 직업의 경우 군집 1은 전체가 학생 집단으로 나타난 반면에 군집 2는 주부와 전문직/사무직을 바탕으로 구성되었고, 월평균소득과 결혼여부도 군집 1은 100만원 미만, 미혼이 대다수였고, 군집 2는 100만원 미만, 200-299만원, 기혼이 많이 분포하고 있었다.

5. 지역주민 축제인식의 시사점

축제에 방문한 지역주민들이 축제 개최에 따른 관광영향을 어떻게 인식하고 있는지, 그리고 영향 인식에 따른 집단별 특성을 파악하는 일은 의미있는 연구주제이다. 이에 선행연구를 토대로 관광영향 인식과 관련된 요인을 3가지(사회·문화적, 경제적, 환경적)로 구분하였고, 실증분석을 토대로 관광영향 인식 요인과 인구통계학적 특성 간 상관관계, 그리고 2단계 군집분석을 통해 집단별 특성을 비교하는 순으로 연구를 진행하였다. 이러한 과정을 통해 도출된 정보를 토대로 몇 가지 시사점을 살펴보면 다음과 같다.

첫째, 카이스퀘어 검증과 대응일치분석 결과를 토대로 사회·문화적 요인과 관련 있는 응답자 특성을 살펴보면, 연령은 20대, 월평균소득은 100만원 미만, 직업은 학생인 것으로 나타났으며, 결혼여부에서는 미혼임을 알 수 있다. 결국 광주 세계김치문화축제를 방문한 지역주민 중 비교적 젊은 층에 해당하는 사람들의 경우 광주 세계김치문화축제가 지역에 사회·문화적으로 긍정적 영향을 미친다고 인식하고 있음을 알 수 있다.

20대의 학생, 그리고 100만원 미만의 소득으로서 이들이 광주 세계김치문화축제에서 많은 소비를 주도하는 집단은 아니지만, 광주라는 지역과 김치라는 소재가 결국 문화, 여가나 관광 차원에서 광주 지역에 도움이 될 수 있다고 인식하기 때문에 여러 방문객 중 젊은 계층을 사로잡기 위해서 일부 프로그램을 고려할 때 광주와 김치의 브랜드 이미지를 일치화 시킬 수 있는 김치 관련 행사가 필요할 것이다. 특히 음식과 관련된 축제이기 때문에 오감 중에서도 미각과 관련이 있다는 점에서 식도락 관광 소재들을 계속 갖춰나가야 할 것이다.

현재 광주는 관광의 이미지가 약한 지역이기 때문에 여러 가지 관광 관련 행사들을 발굴해서 가꾸는 것은 중요한 문제라는 점에서 광주 세계김치문화축제에 대한 적극적인 개발·투자가 필요하다. 2004년까지는 육성축제, 2005년부터는 유망축제로 선정되어 정부 지원을 받고 있지만, 지속적인 발전 없이 제자리걸음으로 축제가 유지되고 있는 부분은 분명 문제점으로 지적될 수 있다.

분명 김치라는 소재의 음식을 100% 체험한다는 것은 현실적으로 불가능하지만, 최대한 방문객들이 만들고(make), 먹고(eat), 냄새를 맡고(scent), 보고(see) 등의 체험 감각을 활용해야 할 것이다. 예를 들면, 방문객들이 직접 참여하는 퓨전 김치 요리경연대회, 김치 데코레이션 경연대회, 김치 재료 맞추기 등 기존의 김치 관련 프로그램을 확대하는 방향을 모색하여 콘텐츠의 다양화를 추구하는 것 등을 모색해 볼 수 있다.

둘째, 경제적 요인과 관련 있는 응답자 특성으로 결혼여부는 기혼, 월평균소득은 200-299만원, 환경적 요인은 결혼여부 중 기혼, 연령 중 50대, 직업 중 주부와 관련이 있는 것으로 나타났다. 광주 세계김치문화축제를 방문하는 지역주민들 중 연령대가 중장년층에 해당되는 지역주민들은 광주 세계김치문화축제의 개최가 광주라는 지역에 경제적으로는 도움이 되지만, 환경적으로 부정적임을 인식하고 있다는 것이다.

결국 젊은 층이 사회·문화적 관광영향에 대해 긍정적으로 광주 세계김치문화축제를 바라보고 있는 것과는 상반되는 결과라고 할 수 있겠다. 이들은 축제가 지역에 소득이나 경제 활성화 측면에서 도움을 주는 것은 사실이지만, 많은 사람들의 방문으로 인한 쓰레기 증대 및 환경오염, 소음공해 등이 발생할 수 있기 때문에 지역의 환경을 지키기 위한 노력이 필요함을 인식하고 있었다.

따라서 축제를 개최하는 입장에서는 축제 개최 시, 그리고 개최 후 지역 환경에 물리적 변화를 줄 수 있는 원인들을 찾아 조기에 해결하는 방안을 모색해야할 것이다. 특히 음식과 관련된 축제이기 때문에 발생 가능한 있는 음식물 쓰레기에 주목할 필요가 있을 것이며, 축제 프로그램 중 환경친화적 음식 체험 프로그램을 구성하여 김치 소재의 축제가 환경적으로 부정적인 이미지가 아니라는 점을 지속적으로 관리해야 할 것이다. 예를 들면, 묵은 김치를 활용한 요리 활용 세미나, 음식물 쓰레기를 줄이는 방법에 대한 노하우 강좌 등을 통해 음식물 쓰레기의 재해석에 방문객들이 참여하고 공감할 수 있도록 인식 고취를 도모할 필요가 있겠다.

셋째, 관광영향 인식 요인(사회·문화적, 경제적, 환경적)과 인구통계학적 특성(연령, 직업, 월평균소득, 결혼여부)을 적용한 2단계 군집분석 결과를 종합해 보면 〈표 8-12〉와 같다. 군집 1은 모든 관광영향 인식 요인의 평균값이 높은 것으로 보아 광주 세계김치문화축제 개최에 대해 긍정적인 시각으로 바라보는 것을 알 수 있다.

축제 입장에서 축제를 방문하는 지역주민 중 군집 1에 해당되는 사람들이 목표시장이라고 볼 수 있다. 이들을 적극적으로 활용하는 것이 향후 축제 발전에 도움이 될 것이다. 하지만 축제 개최에 대한 긍정적인 인식보다 중도적이거나 부정적인 인식을 가진 군집 2의 분포가 많은 것을 보아 앞으로 축제 개최가 가진 긍정적인 영향 인식을 고취시키는 것 또한 중요한 문제라고 볼 수 있다. 결국 축제의 내실화를 위해서는 축제를 방문하는 지역주민들의 마음을 먼저 사로잡는 것이 중요하다는 것을 확인할 수 있는 대목이다.

표 8-12 광주 세계김치문화축제를 방문한 지역주민의 시장별 특성

집단	연령	직업	소득	결혼여부	관광영향 요인
군집 1 (n=86)	20대	학생	100만원 미만	미혼	高(사회·문화적, 환경적, 경제적)
군집 2 (n=192)	40-50대	주부, 전문직/사무직	100만원 미만, 200-299만원	기혼	中(사회·문화적, 환경적), 低(경제적)

이처럼 축제를 방문하는 지역주민들이 본인들의 거주지에서 개최되고 있는 축제가 미칠 수 있는 긍정적 또는 부정적 영향에 대한 인식이 상이하기 때문에 방문하는 지역주민들의 인식을 토대로 집단별 특징을 도출하고, 그에 맞는 집단별 맞춤 마케팅을 실시할 필요가 있겠다.

축제를 방문하는 지역주민들을 포괄적으로 만족시키기 위해서는 정확한 표적시장(예: 사회·문화적 영향 인식을 중시하는 집단, 경제적 영향 인식을 중시하는 집단, 환경적 영향 인식을 중시하는 집단)을 파악하여 그에 맞는 프로그램 개발 및 행사 운영 전략을 수립해야 한다.

즉, 축제는 1년에 한번 개최되는 일회성의 특징을 가지고 있는 반면에 매년 개최되는 지속성이라는 양면적 특징 또한 보유하고 있다. 따라서 관광영향 인식 중 긍정적인 효과(예: 사회·문화적, 경제적)는 최대화시키고 부정적인 효과(예: 환경적)를 최소화시키는 것이 중요할 것이며, 이를 위해 방문객의 관광영향 인식을 종단적 관점에서 연구하는 것이 앞으로의 과제라고 본다.

이러한 시사점에도 불구하고 지역주민 이외에 외지 관광객들을 표본에서 제외하였기에 축제 개최가 가져온 관광영향 인식을 모든 방문객에게 적용하지 못하였다. 또한, 표본으로 선정된 집단들이 비교적 고른 분포(예: 연령 및 직업군)를 보이지 못하기 때문에 셀의 빈도가 낮은 부분들이 발생했다는 점은 향후연구에서 보완되어야 할 것이다.

특히 카이스퀘어 검증결과, 5보다 작은 기대빈도를 가지는 셀이 모두 25% 미만이기에 통계적으로는 문제가 없다고 판단되지만, 특정 셀에 빈도가 극단적으로 낮았기 때문에 세부집단의 적절한 대표성의 문제는 해결하지 못하였다. 모든 방문객(예: 외지 방문객과 지역 주민 비교, 내국인 방문객과 외국인 방문객 비교 등)을 고려함과 동시에 인구통계학적 특성들을 비교적 균등하게 조사하여 축제 개최의 긍정적·부정적 효과를 파악해보고, 이러한 효과가 갖는 선행·결과변수와의 영향관계를 검증하여 축제 개최의 긍정적 방향을 도출하는 연구가 이어지는 것이 바람직할 것이다.

참 / 고 / 문 / 헌

- 고동완(2001). 인구통계학적 특성과 상황적 특성에 따른 관광영향 인식의 차이. 『관광학연구』, 25(3), 63-80.
- 고민규 · 김남조(2008). 지역주민의 관광영향 지각과 주민참여 관계. 『관광연구논총 『, 20(1), 181-201.
- 고승익 · 오상운 · 고경실 · 조문수(2007). 지역주민의 지역축제 평가에 관한 연구: 지역사회 애착도, 지역축제 영향인식 차이를 중심으로. 『관광학연구』, 31(4), 177-198.
- 김승희 · 김성국(2000). 광주 김치축제의 지역주민 인식에 관한 연구. 『한국조리학회지』, 6(3), 409-423.
- 김주연 · 안경모(2009). 음식문화축제 방문객의 동기에 따른 세분화와 만족도: 전주 천년의 맛축제를 중심으로. 『국제지역연구』, 13(2), 617-634.
- 문화체육관광부(2010). 『2009 문화관광축제 종합평가보고서』.
- 박덕병(2009). 농촌관광마을 지역주민의 관광개발에 대한 영향인지 결정요인. 『관광연구』, 24(4), 307-331.
- 부숙진(2008). 축제개최 지역주민의 축제효과요인 인식이 축제참여도 및 만족도에 미치는 영향: 한국 보령시를 중심으로. 『국제지역연구』, 12(3), 567-588.
- 서용석 · 이훈 · 임동일(2008). 신생 도시축제의 지역영향인식 구조모형: 하이서울페스티벌을 대상으로. 『한국콘텐츠학회논문지』, 8(10), 328-341.
- 심성우 · 송학준 · 이충기(2009). 비무장지대 외래관광객의 시장세분화와 가치 연구. 『호텔경영학연구』, 18(3), 191-210.
- 안광호 · 임병훈(2008). 『SPSS를 활용한 사회과학조사방법론 (개정판)』. 파주: 학현사.
- 윤설민 · 김홍렬(2008). 라이프스타일을 바탕으로 한 잠재신혼여행객 특성에 관한 탐색적 연구. 『관광 · 레저연구』, 20(4), 49-67.
- 이경모 · 손선미(2006). 방문객특성에 따른 음식문화축제 방문 의도 차이분

석: 문화관광부 지정 3대 음식문화축제를 중심으로. 『외식경영연구』, 9(4), 209-226.

- 이태희·김홍렬·윤설민(2008). 여가태도에 따른 영화 관람객 특성에 관한 연구. 『관광·레저연구』, 20(2), 313-331.
- 이후석·오민재(2006). 방문객 특성에 따른 관광영향인식 차이. 『관광연구저널』, 20(2), 45-56.
- 이훈영(2004). 『이훈영 교수의 통계학』. 서울: 청람.
- 조배행·박종진(2007). 지역축제의 영향에 대한 지역주민의 지각 차이 분석. 『한국지역지리학회지』, 13(1), 68-81.
- 조배행·지봉구(2005). 골프장 개발에 대한 관광지주민의 영향지각 차이분석. 『관광연구저널』, 19(3), 163-178.
- 진영재(2009). 음식 축제 시스템 구성 요인이 방문객 평가 및 재방문 의도에 미치는 영향: 제15회 남도음식큰잔치를 대상으로. 『한국조리학회지』, 15(2), 188-204.
- 함석종·박선희(2009). 지역축제의 영향에 대한 지역주민 인식: 동해 수평선 축제를 사례로. 『관광연구저널』, 23(1), 191-206.
- Andereck, K. L., Valentine, K. M., Knopf, R. C., & Vogt, C. A.(2005). Residents' perceptions of community tourism impacts. *Annals of Tourism Research*, 32(4), 1056-1076.
- Gabr, H. S.(2004). Attitudes of residents and tourists towards the use of urban historical sites for festival event. *Event Management*, 8(4), 231-242.
- Getz, D.(1997). *Event management and event tourism*. Elmsford, NY: Cognizant Communication Corporation.
- Gursoy, D., & Kendall, K. W.(2006). Hosting mega events: Modeling locals' support. *Annals of Tourism Research*, 33(3), 603-623.
- ______, Jurowski, C., & Uysal, M.(2002). Resident attitudes: A structural modeling approach. *Annals of Tourism Research*, 29(1), 79-105.
- Jurowski, C., & Gursoy, D.(2004). Distance effects on residents' attitudes toward tourism. *Annals of Tourism Research*, 31(2), 296-312.
- Kang, S. K., Lee, C.-K., Yoon, Y., & Long, P. T.(2008). Resident perception of the

impact of limited-stakes community-based casino gaming in mature gaming communities. *Tourism Management*, 29(4), 681-694.

- Kim, S. S., & Agrusa, J.(2005). The positioning of overseas honeymoon destinations. *Annals of Tourism Research*, 32(4), 887-904.
- ______, & Petrick, J. F.(2005). Residents' perceptions on impacts of the FIFA2002 World Cup: The case of Seoul as a host city. *Tourism Management*, 26(1), 25-38.
- _______, Prideaux, B.(2005). Marketing implications arising from a comparative study of international pleasure tourist motivations and other travel-related characteristics of visitors to Korea. *Tourism Management*, 26(3), 347-357.
- ______, Chun, H., & Petrick, J. F.(2005). Positioning analysis of overseas golf tour destinations by Korean golf tourists. *Tourism Management*, 26(6), 905-917.
- Ko, D. W., & Stewart, W.(2001). A structural equation model of residents' attitudes for tourism development. *Tourism Management*, 23(5), 521-530.
- Lee, C.-K., & Back, K.-J.(2006). Examining structural relationships among perceived impact, benefit, and support for casino development based on 4 year longitudinal data. *Tourism Management*, 27(3), 466-480.
- ______, Kang, S. K., Long, P., & Reisinger, Y.(2010). Residents' perceptions of casino impacts: A comparative study. *Tourism Management*, 31(2), 189-201.
- ______, Kang, S., & Reisinger, Y.(2010). Community attachment in two rural gaming communities: Comparisons between Colorado gaming communities, USA and Gangwon gaming communities, South Korea. *Tourism Geographies*, 12(1), 140-168.
- Lim, S. T., & Lee, J. S.(2006). Host population perceptions of the impact of mega-events. *Asia Pacific Journal of Tourism Research*, 11(4), 407-421.
- Mitchell, R. E., & Reid, D. G.(2001). Community integration: Island tourism in Peru. *Annals of Tourism Research*, 28(1), 113-139.
- Yoon, Y., Gursoy, D., & Chen, J. S.(2001). Validating a tourism development theory with structural equation modeling. *Tourism Management*, 22(4), 363-372.

- Zyl, C. V., & Botha, C.(2004). Motivational factors of local residents to attend the Aardklop National Arts Festival. *Event Management*, 8(4), 213-222.
- www.korean.visitkorea.or.kr: T2지식마당. 「음식」을 이용한 관광 마케팅 사례 분석.

Chapter 9

♡ 러브마크 축제 성공 요인

1. 러브마크 축제 성공 요인

러브마크 축제 성공 요인

Chapter 9

1. 러브마크 축제 성공 요인

러브마크 축제의 성공에 대한 개념적 정의는 크게 두 가지로 접근되고 있다. 첫째, 축제의 성공은 지역축제의 소재와 문화가 조화되어 방문객의 만족과 유입을 촉진하여 지역발전을 가져오는 것으로 보는 시각이다(예컨대, 김춘식, 1999; 이장주·박석희, 1999; 이장주·조현상, 2000; 임재해, 2000, Ritchie, 1984 등). 둘째, 주민반응 및 욕구를 통해 주민참여가 이루어져 지역문화의 긍정적 변화와 방문객의 만족을 가져올 때 지역축제의 성공이라고 보는 견해이다(예컨대, 강형기, 1999; 김규호, 200; 박근수, 2001; 장순희, 2001; Milman & Pizam, 1988; Richards, 1996 등).

이러한 견해들이 공통적으로 주장하고 있는 것은 방문객 만족과 지역주민 참여에 의한 지역발전이다. 축제 성공의 궁극적 목적은 지역주민의 자발적 참여를 유도하고 방문객의 만족도를 높이기 위해 홍보, 마케팅, 전문조직 운영, 인력확보, 예산확보 등의 일련의 과정이 체계적이고 조직적으로 운영된다는 믿음을 주장하고 있다. 따라서 축제의 성공은 지역의 독특한 소재거리를 통해 체계적으로 프로그램과 조직을 운영하여 자발적으로 지역주민들이 참여하여 지역발전과 이미지에 긍정적인 효과를 가져 오는 것으로 정의할 수 있다.

축제의 성공요인에 대해 연구자들은 다양한 시각을 가지고 있다. 연구자들이 축제를 바라보는 시각은 경험적 지식을 바탕에 두고 성공요인을 도출하고 있다. 강형기(1999)는 축제의 성공적 요소로, 테마, 주민참여, 인적자원개발 등으로 구분하였다. 분명하고도 공유할 수 있는 테마의 설정, 지역의 비전과 지역개발 정책과 연계 그리고 이를 뒷받침할 수 있는 주민참여, 지역인재의 활용과 개발을 통해 지역축제의 지적 축적과 교육 활성화 등을 주장하였다.

장순희(2001)는 축제의 성공을 위해서 축제 전 과정, 즉, 기획, 집행, 평가 등의 일련의 프로세스가 동태적이고 순환적으로 피드백 되어야 한다고 주장하였다. 지역축제의 프로세스가 상황에 따라 능동적이고 다양한 수요에 대응할 수 있도록 해야 한다는 의미이다. 기획과정은 지역축제의 의제설정단계로 이 과정에 우선적으로 고려되어야 할 변수로는 축제시장의 변화적응, 축제상품 성제고를 위한 이벤트 창출 등이 있다. 그리고 지역의 이미지 통합성 및 차별성이 필요하며, 집행과정에서는 축제행사를 위한 적절한 예산확보, 행사의 효율성을 확보하기 위한 조직체계, 지역주민의 참여확보 및 외지 관광객 참여 극대화를 위한 홍보마케팅의 체계화가 이루어져야 한다. 평가과정은 지역축제가 종결 이후 축제 요구 및 지지의 환류 기능을 확보하기 위한 과정으로서 의미를 지닌다.

지역축제의 개최로 발생한 성과, 당초의 의도나 목적, 그 실현과정에서 효율성 등의 평가는 시행착오를 줄여 성공적 지역축제로 가기 위한 필수요소라고 주장하였다. 이경모·강해상(2003)은 지역축제의 성공의 관건은 재정 상태에 따라 달라질 수 있다고 주장하였다.

재정 상태는 지방정부가 보유하고 있는 예산과 지출에 따라 영향을 받으며 결국 효율적인 지역축제의 운영 과정은 재정의 안정성을 어느 정도 확보하느냐에 따라 달라질 수 있다는 것이다. 임재해(2000)는 지역축제의 성공요소로 지역적 특성화, 축제 내용의 독창성, 축제 주체의민중성, 축제의 문화 산업화, 축제지식의 전문성 확보 등을 제시하였다. 첫째, 축제가 지역 고유의 특성을 잘 확보했을 때 지역의 경계를 넘어서 국제화되고 세계적인 축제로서 명성을 획득할 수 있다는 것이다.

둘째, 축제특성화를 이루려면 상대적으로 다른 지역에 견주어 비교우위가 있어야 하며 독자성을 갖추고 있어야 한다는 의미이다. 창조성과 독자성으로 축제의 질적 우수성을 확보하려면 문화의 지식기반이 뒷받침되어야 한다.

셋째, 지역주체의 자발적인 참여이다. 축제의 주인은 지역 주민들 가운데서도 평소에 기득권을 누리는 지배층이 아니라 피지배층에 속하는 민중이다. 민중이 주체가 되는 까닭에 제의적 반란이나 커뮤니타스와 같은 축제의 본질적 기능이 제대로 발휘될 수 있다.

넷째, 축제가 세계화되려면 성공적인 문화 산업화를 이룩해야 한다. 축제는 관광과 출판, 영상, 캐릭터 등과 함께 중요한 문화산업의 영역으로 주목받고 있어 산업화의 전략을 모색해야 한다.

다섯째, 축제문화의 전통이 현대로 발전하면서 축제와 관련된 문화지식이 필수적인 요소가 되었다. 해당 축제의 역사적인 의미와 문화적인 가치에 대한 다양한 연구 성과들이 문화지식으로 축적되지 않고는 세계적인 축제로 자리매김할 수 없다는 것이다.

박주성(2002)은 성공요소로 특화된 축제 소재의 개발, 테마별 축제의 개발, 철저한 기획과 홍보전략, 전문 인력의 양성 및 확보, 참여자의 실제 체험 경험을 통한 만족도 제고, 민간 참여의 활성화, 객관적인 평가 및 관리, 지역축제의 안정적 재원 확보 등이 조화롭게 이루어져야 한다고 주장하였다.

정강환(1996)은 성공요소로 지역적 주제설정, 중앙정부의 지원, 지역주민들의 자발적 참여유도를 위한 교육 프로그램 구성, 축제조직구도를 민간주도의 상설기구로 점진적 변화, 기업들의 후원이나 협찬의 활성화, 안내시설, 행사의 짜임새, 음식가격, 편리성, 친절성 등이 이루어져야 한다고 주장하였다.

안국찬(2001)은 지역축제는 명확한 축제 목표, 축제에 대한 정확한 평가, 축제의 통폐합, 지역축제에 대한 인식전환, 지역축제에 대한 체계적 연구, 지역축제의 주관 능력 배양 등이 중요한 성공요소로 판단하고 있다.

표 9-1 연구자들의 지역 축제 성공요인 구분

성공요인	강형기	장순희	안국찬	임재해	박주성	정강환	이영주	Getz	이경모	김규호	송태갑	한양명	문태현
주제(테마)		*		*	*						*	*	
주민참여	*	*		*	*	*						*	
인재개발	*				*								
예산확보		*			*				*			*	
조직체계		*	*			*					*	*	*
축제평가		*	*				*	*				*	*
축제목표			*										
축제전문성			*	*									*
문화산업화				*									
지역 특성화				*		*					*	*	
방문객 만족					*					*	*		
중앙정부지원						*							
기업후원활성화						*							
홍보 및 마케팅		*			*						*		
축제방문객수						*		*					
접근성						*		*		*			
친절성						*		*		*			
편리성						*		*		*			
관광지연계성						*		*		*			
먹거리, 쉴거리						*		*		*			
중심적 연행												*	

주: * 연구자들의 지역축제 성공요소

이영주·최승담(2002)은 지역축제가 합리적으로 기획되고 집행 정도에 따라 지역경제 발전 및 지역사회의 발전을 가져오기 때문에 체계적인 지역축제의 모니터링을 수행하여야 한다고 주장하였다.

Getz(1997)는 축제의 성공 여부에 대한 정확한 진단을 위해서는 축제 평가 및 모니터링이 필요하며 이러한 요소들에는 행사장 내부의 시설, 물리적 환경, 편의성, 서비스, 접근성 및 연계성, 음식 등의 총체적인 접근이 필요하다고 지적하였다.

송태갑(2004)은 성공적인 지역축제의 요소로 주제에 대한 컨셉의 명확화, 추진주체의 건실성, 홍보 및 관람객 유치의 참신성, 관광객 서비스 시스템의 구축, 지역민과 관람객의 만족도 높은 프로그램, 지역적 특성 부각을 들었다.

한양명(2005)은 요사코이소란마츠리 축제를 통해서 지역축제의 성공요인으로 8가지를 들었다. 먼저 축제 본연의 의미를 구연해야 한다. 둘째, 지역의 역사문화적 배경과 상황에 적합성 여부이다. 셋째, 범세대성을 갖춘 연행조직의 활성화이다. 넷째, 축제의 경제적 자립성이다. 다섯째, 자발적인 참여와 경비 부담, 그리고 지역별 분담운영제를 포함한 운영의 자율화이다. 여섯째, 축제 공간의 다변화이다. 일곱째, 중심적 연행의 확실성화 동시대적 효용성이다. 여덟째, 축제의 발전을 위한 지속적 모색이다.

문태현은 안동의 탈춤페스티벌이 성공하게 된 요인으로 세 가지를 들었다(2004:15-16). 먼저, 지방정부와 민간연구소, 대학 등이 네트워크를 형성하여 원활한 파트너십 둘째, 객관적인 평가와 그 결과의 피드백 셋째, 계속적인 연구와 벤치마킹으로 보았다.

이제 트렌드에 맞는 축제의 성공요인으로서 러브마크 요인의 적용을 들 수 있다. 감성적 기획요인으로 신비감과 감각, 친밀감 등 사랑요인의 강화를 통해 기존의 존경차원 요인들의 이성적 유인력에 감성적 유인력을 강화해야 할 것이다.

Chapter 10

♡ 러브마크 축제 체험 요인

1. 축제 체험의 개념
2. 축제 감성 체험의 유형
3. 관광체험 관련 이론

러브마크 축제 체험 요인

Chapter 10

1. 축제 체험의 개념

체험(體驗)의 사전적인 의미는 '실제로 보도 듣고 겪는 일 또는 그 과정에서 얻는 지식이나 기능'을 총체적으로 가리키는 용어로서(뉴에이스 국어사전, 2007), 경험(經驗)이라는 단어와 유사한 단어로 표기되고 있다. 체험과 경험은 어휘적인 부분으로 인해 혼동을 초래하는데, 경험이라는 말이 대상(對象)과 얼마간의 거리를 예상한 것임에 대하여, 체험은 대상과의 직접적이고 전체적인 접촉을 의미한다(두산백과사전, 2010).

기존의 선행연구에서는 일반적으로 체험과 경험의 구분에서 중요하게 활용되는 단서는 오감(五感)의 직접적인 접촉을 통해 구분된다는 견해와(박석희, 2005; 장은영, 2005; Gilmore & Pine , 1999; Schmitt, 1999; Li, Daugherty & Biocca, 2001) 현장에서 참여하여 온몸으로 대면하여 몸소 참여하는 실감하는 직접경험 이라는 표현으로(Dewey, 1916) 체험이라는 개념에 접근하고 있다.

심리학자들은(Ewert & Hollenhorst, 1994; Pearce, 1982; Stewart, 1992) 체험을 '사람들이 물리적 활동을 하면서 느끼는 즐거운 마음의 상태들'이라고 정의하였다. 반면 마케팅 분야의 학자들은 체험을 '소비자들에게 실용적 가치뿐만 아니라 헤도닉(hedonic)가치도 부여하는 소비상품'으로 규정하였는데, 여기서 헤도닉 가치란 실용적인 가치보다는 주관적이고 개인적인 성격을 띤 가치로써 소비자가 소비체험상품을 구입하면서 얻게 되는 감성적 가치를 말한다(양봉석, 2006). 임명재(2007)는 체험의 개념적인 특성으로 직접적인 경험으로서 참여자의 오감에 의해 직접 취득되고, 체험은 스스로 발생하는 것이 아니며 유발되는 것이며, 또한 거래의 산물로써 그에 다른 보상 또는 감정의 유발을 수행한다고 하였다. 따라서 본 연구에서는 선행연구를 바탕으로 체험을 현장에서 직접 참여함으로써 오감을 통해 얻게 되는 직접적인 경험으로써 참여자의 감정반응을 불러올 수 있는 것으로 규정하고자 한다.

한편, 관광객들의 의식수준이나 교육정도가 높아지면서 단순히 '보고 즐기는 과거형 관광'에서 이제는 '참여하는 관광'이 주요한 영역으로 자리 잡으면서 문화체험을 통해 문화적으로 풍요로운 삶을 누리고자하는 수준 높은 관광경향을 보이고 있다(박석희, 2001). 체험관광은 독특한 체험을 추구하기 위하여 특정 관광대상에 대한 보다 직접적이고 강도 높은 관광경험을 의미한다(안영철, 2002).

체험관광이 하나의 연구영역으로 자리 잡은 1970년대 이후 체험관광은 지속적인 연구가 이어져 왔으나, 축제의 체험에 대한 연구는 그 역사가 길지 않고, 국내에서는 축제 체험의 형태가 다양화 되지 않고 제한적인 범위로 연구되어 왔다. 따라서 이 장에서는 축제 체험에 대한 개념을 축제의 체험 관련 선행연구와 기존의 관광산업에서의 체험관광 선행연구를 병행하여 축제 체험에 대한 이론을 정립하고자 하며, 그 동안 체험에 대한 연구가 활발히 진행되었던 경영학분야에서의 체험 선행연구를 통하여 축제 체험에 대한 범위를 확대하여 해석하고자 한다.

먼저 축제체험을 비롯한 문화관광체험과 관련하여 정의된 선행연구를 살펴보면, 과거 체험관광에 관한 선행연구들은 일상생활과 구분하여 체험관광의 개념적 접근이 이루어졌는데, Cohen(1979, 1988)은 체험관광의 핵심 요소로서 일탈성과 신기성 추구를 강조하였고, MacCannell(1973)은 일상생활을 비진수적(inauthentic)인 것으로 지각하며 고유성 경험은 일상생활의 경험과의 관계를 끊음으로써 가능하다고 주장하였다. 또한 Smith(1978)는 관광객을 '변화를 경험하기 위하여 일시적으로 집으로부터 먼 곳을 방문하여 즐기는 사람'이라고 정의하였다.

최근의 국내의 선행연구에서의 체험관광에 대한 정의를 살펴보면, 고동우(1998)는 '관광을 하는 동안 여러 물리적·추상적 사물이나 현상을 접하게 될 때 나타나는 심리적 반응으로서 참여자가 지각하는 인지적 판단과 정서적 느낌(feelings) 및 행동'이라고 정의하였다. 안영철(2002)은 독특한 체험을 추구하기 위해 특정대상에 대한 직접적이고 강도 높은 경험으로 상이한 문화적 요소나 기억에 남을 만한 것을 체험한다고 하였다.

고선영(2006)은 지역사회의 이색적인 문화와 자연환경과 같은 관광대상에 대한 적극적 참여를 통해서 직접적이고 강도 높은 이해와 지적 욕구를 추구하는 관광활동이라고 하였다. 이현종(2007)은 체험관광은 관광활동 및 상품에서 체험적 요소가 포함되어 있거나 체험을 주목적으로 하는 관광형태라고 정의 할 수 있으며 일련의 관광경험 중 현지경험 단계에서 보다 활동적인 유형의 관광을 의미한다고 하였다. 이훈(2006)은 체험의 내용을 규명하기 위해서는 체험의 개념구성과 그 구성에 영향을 미치는 관계를 알아보고자 하였으며, 축제의 개념적인 접근을 통해 축제의 일탈성, 놀이성, 대동성, 신성성, 장소성의 5가지 속성으로 개념화 하였다.

한편, 축제에서 체험이 중요한 이유는 축제나 이벤트는 일상적인 생활에서 경험할 수 없는 여가적 혹은 사회문화적 체험의 기회를 제공하기 때문이다(Getz, 1991). 체험은 관광객이 축제에 참여하는 동안 즐거움이나 재미 등을 겪게 되면 자기 경험에 대해 만족하게 되고 그것은 다시 참여하고자 하는 태도를 야기하기도 한다(고동우, 2000). 따라서 관광경험은 관광지선택, 관광지 현지 체험단계, 그리고 관광 후 평가단계와 같은 심리적 과정으로 묘사된다(고동우, 1998a; 장은영, 2005; Gnoth, 1997; Li, 2000). 이러한 심리적 관점에서 체험을 보았을 때, 체험관광은 '관광을 하는 동안 여러 물리적·추상적 사물이나 현상을 접하게 될 때 나타나는 심리적 반응으로써 참여자가 지각하는 인지적 판단과 정서적 느낌 및 행동들'이라고 할 수 있다. 그러므로 체험이라는 구성 개념에는 인지적 내용과 정서적 내용 및 행동요소가 상호혼합된 것으로 볼 수 있다(정철, 2000).

이와 같이 체험에 대한 선행연구를 살펴보면, 체험과 경험이 혼동되어 체험관광, 관광경험에 대한 차이를 두지 않고 사용하고 있으며, 축제 및 관광의 체험에 대한 개념을 명확히 정립하지 않고 있다. 체험은 경험의 특수한 유형으로 제시되기 때문에 이훈(2006)은 축제체험은 참여를 통해 얻어지는 경험의 한 유형으로 규정할 수 있다고 했다. 따라서 본 장에서는 축제 체험을 축제가 이루어지는 축제장에서의 현장체험으로, 축제 방문객이 직접 참여함으로써 얻게 되는 직접적인 경험으로써 참여자의 행동과 감정의 반응을 불러올 수 있는 것으로 정의하고자 한다.

2. 축제 감성 체험의 유형

1970년대 말 관광분야에서 체험 유형은 Cohen(1979)의 연구를 시작으로 관광객의 행동유형인 위락추구, 다양성추구, 소외탈피, 방랑형, 순례자형 등 5가지로 구분하였다. 1980년대 중반이 되어서야 관광체험을 실증적으로 다룬 연구들이 본격적으로 수행되었는데, 초기의 연구들은 관광만족과 재방문 등의 후속행동에 대한 선행개념으로써 관광체험을 다루었다(윤유식·선종갑, 2005).

1980년대의 대표적인 관광체험 연구인 Gitelson과 Crompton(1984)의 연구, 그리고 Bello와 Etzel(1985)의 연구에서는 관광체험의 유형을 구분하면서 그 초점을 달리하고 있는데, Gitelson과 Crompton(1984)은 일상생활과의 관계를 중심으로 관광체험을 분류하였다. 즉 관광활동을 일상생활의 확장으로 보고 사회적 환경이나 사회 구성원들의 관계를 고려하여 관광체험의 유형을 위험회피, 사회적 유대, 정서적 애착, 아쉬움, 과시적 차원 등 5개 차원으로 구성하여 동일한 관광지를 재방문하는 사람과 재방문하지 않는 사람의 심리적인 체험의 차이를 밝히고자 질적인 방법과 양적인 방법을 함께 연구하였다.

이와 달리 체험관광을 욕구 충족의 맥락에서 보아야 한다는 주장을 한 Bello와 Etzel(1985)은 일상생활의 체험이나 경험과 구분된 관광체험을 강조하며, 관광체험을 신기성 체험, 친숙성 체험, 교육적 체험, 휴식 등으로 구분하여 측정하였으며, 관광객을 크게 신기성 추구자와 친숙형 관광 추구자로 나누어 관광지의 유형에 따라 관광지에서의 심리적인 체험이 달라질 수 있음을 확인하였다.

1990년대에 들어서면서 체험관광의 내용 자체에 관심을 갖기 시작하고, 체험관광이 관광동기와 다를 것이라는 생각을 바탕으로 심리적인 차원에서 연구가 시작되었다. Ross와 Iso-Ahola(1991)는 체험유형을 지식획득, 일상탈출, 여정, 교류, 부대시설만족 등 6개의 요인으로 분류하여 동기와 만족요인을 함께 수행하였다.

Lounsbury와 Polick(1992)의 연구에서는 현지 체험은 개인이 사전에 지니고 있던 욕구의 충족이라고 가정하고 지적인 욕구, 사회적 욕구, 자극회피 등을 사용하였다. 이들의 연구는 체험을 관광만족의 선행개념으로 보고자 하였으며, 심리적 차원에서 관광체험이 관광욕구의 충족이라는 관점에서 연구가 수행되었다.

한편 Masberg와 Silverman(1996)은 현상학적 관점에 초점을 두고, 관광객의 체험내용 및 체험 맥락 등을 파악하여 체험의 유형을 지식획득, 개인적 학습, 사회편익, 심미적 체험 등으로 구분하였다. 또한 Gilmore와 Pine Ⅱ(1999)는 체험요소의 중요성을 강조하면서 미적체험, 현실도피적 체험, 교육적 체험, 엔터테인먼트 체험 등 4개의 유형으로 구분하였다. 이와 같이 관광체험의 유형별 구분에 관한 선행연구들의 주요 연구초점은 심리학적 관점에서 관광만족의 선행 개념으로 파악하는 연구들과 체험요소의 중요성을 강조하는 연구들로 구분할 수 있다(양봉석, 2006).

심리적인 부분을 중심으로 수행한 연구는 인지적인 판단과 정서적 느낌 및 행동들이 복합적으로 구성된 것으로 나타난다(정철, 2000). 성영신·고동우·정준호(1996)는 여가체험을 내재적 동기에 대한 내재적 보상으로 이해하고, 활동지향적 체험, 사회지향적 체험, 환경지향적 체험, 정서적 체험으로 분류하였다.

또한 손일화(2000)는 국적별 문화관광체험과 관광지 속성이 만족에 미치는 영향을 파악하고자 하였으며, 이에 문화관광체험 측정항목을 건축미각의 터득, 문화적 자부심의 계기, 유명한 사찰 및 박물관 방문, 문화적 매력물 구경, 전통음식의 시식, 지역의 관광정보 제공, 이국적인 느낌 등으로 분류하여 관광체험을 관광만족과 관련시켜 재방문 및 추천의도를 예측하기 위한 연구로 수행되었다.

이와 달리 현상학적 측면에서 체험의 본질적인 속성에 관심을 갖고 체험의 유형을 구분하는 연구들이 진행되었다. 김진수(2002a)의 연구에서는 고유성과 체험관광간의 인과관계를 분석하고자 체험의 유형을 지식습득, 개인적 학습, 사회교제의 혜택, 심미적 체험으로 도출하였으며, 양봉석(2006)은 문화관광지에서의 활동이라는 측면을 고려하여 관광체험의 유형을 교육적 체험, 오락적 체험, 심미적 체험, 일탈적 체험 등 4개의 차원으로 구분하여 체험의 본질적인 속성에 초점을 맞춘 연구가 수행되었다.

이효선(2006)은 일본인 관광객을 대상으로 체험을 측정하여 5개의 요인(친교/지식, 재미/오락, 편안/기분전환, 심미/신체, 일탈/자극)으로 분류하여 체험추구성향에 따른 관광상품 선택속성을 연구하였다. 이상의 선행연구를 바탕으로 한 관광체험의 구성요소는 선행연구와 함께 요약한 〈표 10-1〉에서 살펴볼 수 있다.

3. 관광체험 관련 이론

관광체험은 만족 및 만족요소와 관련시켜 재방문 및 추천의도 등을 예측하기 위한 목적으로 많은 연구가 수행되었지만, 이러한 연구는 시간의 흐름에 따라 연구관점에 변화를 보이고 있는데 근래의 연구를 보면 체험요소의 중요성이 강조되어 체험의 속성과 관련된 연구가 많은 비중을 차지하고 있다(김진수, 2002). 관광영역에서 체험관련 선행연구들을 살펴보면, 김진수(2002)는 고유성이 인위적으로 연출된 민속촌의 사례를 통하여 고유성과 관광체험과의 인과관계 분석을 시도한 연구에서 관광체험은 필요에 따라 고유성 조작으로 적극적으로 제어할 수 있다는 것과 고유성에 관련한 방문객들의 실질적인 만족요인을 파악하였다. 관광객의 심리적인 측면에서 고동우(2003)는 '이중통로 여가체험 모형'을 개발하여 축제이벤트 방문객의 체험을 내생적 체험과 외생적 체험으로 구분하여 이러한 체험통로에 따라 후속태도에 영향을 미치는 관계를 설명하였다.

표 10-1 관광체험의 선행연구

연구자	연구내용	체험구성요소
이준엽·유정림·조현민·조태영(2005)	체험·비체험적 프로그램을 분류하여 만족도의 차이규명	일탈감, 지적체험, 대인교류감, 자연친화감, 모험감, 신기이색체험, 창의적체험
양봉석(2006)	문화관광지의 관광체험과 고유성, 관광만족의 관계를 실증분석	오락성, 심미성, 교육성, 일탈성
이훈(2006)	축제체험의 내용을 규명하기 위해 축제 체험속성 선행연구들을 중심으로 체험의 구성요소를 체계적으로 도모	일탈성, 놀이성, 대동성, 신성성, 장소성
손선미(2007)	체험지향성이 축제프로그램 선호도이 미치는 영향관계 분석	심미적 체험, 자아적 체험, 신체적 체험, 사회적 체험, 정서적 체험
허중욱(2007)	방문객의 체험동기에 따른 만족도에 대한 영향관계 분석	탈일탈성, 사교성, 오락성, 신기성, 고유성
오정근(2008)	체험형과 관람형 축제에 따른 방문객의 만족도를 조사	장소성, 자연성, 다문화성, 놀이성
이범재(2009)	축제방문객의 체험동기에 따른 시장세분화에 의한 표적시장 선정	지식체험, 모험체험, 여가체험, 시각체험, 교류체험
Uysal, Gahan & Martin(1993)	축제 방문객의 체험동기 요인의 지각수준을 검정	탈일탈성, 흥분성, 신기성, 사교성, 가족화합성
Masberg & Silveman(1996)	유적지 대학생들을 중심으로 현상학적인 접근과 적인연구방법을 활용하여 체험요인 도출	지식회득, 개인적 학습, 사회편익, 심미적 체험

권유홍·손대현(2004)의 연구에서는 드라마 촬영지를 방문하는 관광객이 체험하는 내용 가운데 포스트모던한 측면을 살펴봄으로써 드라마 촬영지 관광객의 체험을 새롭게 이해하고 드라마가 관광에 미치는 영향을 분석하고자 하였다. 이준엽·유정림·조현민·조태영(2005)은 방문자가 인식하는 체험적 프로그램의 순위에 따라 체험적·비체험적 프로그램을 분류한 뒤 그에 따른 만족도 차이를 규명하였다.

체험요소의 본질적인 속성에 초점을 두고 양봉석(2006)은 문화관광지의 관광체험과 고유성, 관광만족의 관계를 실증적으로 분석하고자 하였으며, 손선미(2007)는 체험 지향성이 관광축제이벤트 방문의도에 어떠한 영향을 미치는지 실증분석을 하고자 하였다.

축제 방문객 만족도의 선행요인을 체험속성과 함께 환경단서를 추가하여 연구를 수행한 오정근(2008)은 축제의 속성으로 체험속성과 환경단서로 구분하여 체험형과 관람형 축제에 따른 방문객의 만족도를 조사하였고, 이범재(2009)는 축제방문객의 체험동기에 따른 시장세분화에 의한 표적시장을 선정하여, 선정된 표적시장의 체험동기와 인구통계학적 특성을 파악하여 타켓마케팅 전략을 제시하였다.

한편 국외연구에서 Ross와 Iso-Ahoa(1991)는 관광객이 사전에 가지는 관광동기의 내용과 체험요인은 다를 것이라는 결과를 제시하여 동기와 체험은 구성요인 자체가 다름을 밝혔다. 또한 Masberg와 Silveman(1996)은 유적지에 관련된 연구를 진행하면서 기존의 양적인 연구에서는 방문객 관점의 연구에 한계가 있음을 지적하고, 대학생들을 중심으로 현상학적인 접근과 동시에 질적인 연구방법을 활용하여 연구를 진행하였다. 그들의 연구에서는 방문객의 경험을 다차원적인 것이며, 개인적인 것으로 간주하고, 각각의 방문객에 따른 체험내용과 맥락을 파악하는 것이 중요하다는 의견을 제시하고 연구결과로 획득한 지식과 개인적인 경험을 하위항목으로 제시하였으며, 개인적인 경험은 극도로 개인 경험과 사회적인 편익, 그리고 심미적인 경험으로 구분하여 제시하고 있다. Hayllar와 Griffin(2005)의 연구에서는 호주 시드니의 록스 근교를 방문하는 관광객들의 체험현상을 밝히고자 현상학적 접근법으로 외관, 물리적 장소, 역사에 대한 관광객 체험을 연구하였다. 이상의 선행연구들을 바탕으로 연구내용 및 체험의 구성요소를 살펴보면 〈표 10-1〉과 같이 정리된다.

F1 영암 써킷 셔틀타려고 대기하는 관람객들

F1 영암 써킷 스탠드를 메운 관람객

F1 영암 써킷 출발선에 정렬한 F1 머신들

Chapter 11

♡ 러브마크 축제 전략체험모듈 적용

1. 감성 축제의 시대
2. 전략적 체험모듈과 러브마크 감성이론
3. 체험요인-러브마크의 관계 분석
4. 러브마크 영향관계
5. 전략적 체험모듈에 역할

Chapter 11

러브마크 축제 전략체험모듈 적용

1. 감성 축제의 시대

최근 소비자들은 제품의 편익이나 특징이 주는 합리적인 제안보다는 제품에 담긴 이야기나 자신만의 감정을 자극하여 마음을 움직일 수 있는 감성중심의 제품이나 서비스에 관심을 가지고 구매를 하고 있다(박인수, 2006). 또한 소비자들은 결정을 내리는 데 도움이 되는 감성적인 동기를 필요로 하며, 자신의 감성을 이해해주기를 바라고 있다(Roberts, 2004).

소비자의 기분과 감정에 영향을 미치는 감성적인 자극을 통해 브랜드와 유대관계를 강화할 수 있는 감성적 영역은 매우 중요하며, 또한 소비자들은 '감성'적인 자극에 대단히 민감하게 반응하고 또 '관계'를 소중하게 생각하므로 소비자와 브랜드간의 감성적 연결이 매우 중요하다(Gobe, 2002).

이처럼 소비자와 브랜드간의 감성적 관계에서는 브랜드를 소비자 태도의 객체로서 바라보던 소비자는 브랜드에 인격을 부여하고, 브랜드와 상호작용을 통한 관계형성을 중요하게 생각하면서 소비자는 브랜드에 가족이나 친구, 연인 등과 같은 다양한 형태의 감정을 가지는데, 이중 소비자가 브랜드에 대해서 느낄 수 있는 최상의 감정이 '사랑'이다(삼성경제연구소, 2006). 최근 브랜드 관리의 궁극적인 목표는 소비자의 사랑을 받는 것이라 할 수 있을 것이다. 이런 감성소비환경을 바탕으로 최근 브랜드 관리에 관한 연구는 감성적 접근으로 시도하여 감성브랜드, 소비자와 브랜드의 관계, 그리고 브랜드 사랑 등 감성관련 연구들(유재하, 2004; 김성규, 2006; 이수부 · 유영진 · 하동현, 2008; 최원주, 2008)이 수행되고 있다.

Roberts(2004)는 소비자와 브랜드의 감성적 관계의 중요성과 함께 브랜드 사랑과 브랜드 존경에 토대를 두고 한층 더 진화된 감성 브랜드의 개념을 러브마크(lovemarks)이론으로 정립하고 있다. 러브마크란 Roberts(2004)가 직접 창안한 개념으로 '소비자들과 감성적으로 연결된 브랜드', '소비자의 열렬한 사랑을 받는 브랜드'를 뜻한다. 러브마크는 이성적 논의나 혜택을 뛰어 넘어 소비자와 감성적으로 연결되면서 형성된다.

그 동안 관광분야에서는 기능적 특징과 편익을 중심으로 많은 연구가 이루어 졌으나 최근 정서적 반응에 대한 인식이 증대되면서(김계석, 2004), 축제관련 연구에서도 관광객의 경험, 감정반응 그리고 만족과의 연관성에 관한 연구가 이루어지고 있으나 관광객의 감정모델로서 PAD(Pleasure-Arousal-Dominance) 감정을 통해 축제 방문객의 감정반응을 다룬 연구가 대부분으로 방문객과 축제브랜드와의 감성과 관계를 함께 고려한 연구는 매우 제한적이다. 따라서 최근 감성소비환경에 따른 축제 방문객의 감성과 관계형성에 충분히 중점을 둔 연구가 고려되어져야 할 것으로 판단된다.

아울러 감성은 대면적 소통의 상황을 통해서 뿐만 아니라 소비체험을 통해서도 커뮤니케이션이 이루어진다. 기업과 소비자가 느끼는 경험과 경험의 강도가 높아질수록 소비자와 브랜드는 점점 더 가까워지고 소비자와 브랜드간의 돈독한 관계는 브랜드에 대한 소비자의 체험을 기반으로 형성된다(유재하, 2004)는 기존 선행연구들의 결과를 토대로 방문객과 축제 브랜드간의 감성적 관계형성을 이끌 수 있는 선행요인을 밝혀내고자 한다. 축제 방문객과 축제 브랜드간의 감성적 연결은 긍정적인 축제를 경험할 것이다. 따라서 이들 선행요인이 방문객과 축제브랜드의 감성적 관계 형성에 미치는 상대적 영향을 검증하여 축제 방문객들의 감정반응을 이끌 수 있는 선행요인들의 강화를 통해 축제의 재방문과 더불어 향후 축제 방문자들을 유도할 수 있는 시사점을 제공하고자 한다. 또한 지역축제의 활용과 그 중요성이 대두되고 있는 현 시점에서 축제의 효과를 측정한다는 것은 매우 중요한 부분일 것이다. 이에 강력한 브랜드 형성과 강화에 중요한 요소로 이해되고 있는 감성적 관계를 중심으로 축제의 효과에 접근을 수행하고자 본 장에서는 Roberts(2004, 2006)의 러브마크 이론에 근거하여 방문객과 축제 브랜드의 감성적 관계의 측정요소로 러브마크 측정항목을 가지고 분석을 수행하였다.

2. 전략적 체험모듈과 러브마크 감성이론

1) 전략적 체험모듈(Strategic Experiential Modules: SEMs)

축제에서의 체험은 축제에 참여하여 축제현장에서 실제로 보도 듣고 겪은 일 또는 그 과정에서 얻은 지식이나 기능을 의미한다(황윤용 · 최수아, 2004). 축제에서 체험이 중요한 이유는 축제나 이벤트는 일상적인 생활에서 경험할 수 없는 여가적 혹은 사회문화적 체험의 기회를 제공하기 때문이다(Getz, 1991). 체험은 관광객이 축제에 참여하는 동안 즐거움이나 재미 등을 겪게 되면 자기 경험에 대해 만족하게 되고 그것은 다시 참여하고자 하는 태도를 야기하기도 한다(고동우, 2000). 이에 축제는 기존의 관광 형태에 비해 체험적인 측면이 강조되고 있으며, 이에 축제의 체험에 대한 연구들이(남윤희, 2004; 손선미, 2007; 이범재, 2009; 이효선, 2005; 이훈, 2006; 임명재, 2007) 활발히 수행되었다.

최근 체험마케팅 측면에서 축제에 관한 연구가 수행되고 있는데, 체험마케팅에서는 소비자의 체험을 효율화 및 극대화하는 방안으로서 오감을 소구하고, 느끼고, 생각하고, 행동하고, 관계를 맺게 하는 일들이 마케팅에서 아주 중요한 핵심으로 강조되고 있다(고경순, 2004; Schmitt, 1999). Schmitt(1999)는 기존의 경영 논리인 F&B(feature & benefit)적인 접근의 한계를 지적하였다. 즉, 기존의 특징과 편익 추구형 고객은 전체 고객의 일부분이며, 소비자는 체험적인 욕구를 가진, 살아있는 인간이라는 부분을 강조하며, 체험이 대게 자동적으로 만들어지는 것이 아니라 반응을 유도하는 것이다.

체험 마케팅의 궁긍적인 목표는 고객들을 위해 총체적인 체험을 창조하는 것이라고 하였다. 소비자의 총체적 체험은 감각, 감성, 인지, 행동, 관계로 구성되는 전략적체험모듈(strategic experiential modules: SEMs)를 토대로 형성된다. 총체적 체험에서는 기존에 소비자를 이성적인 관점에서만 생각해오던 부분에 감성적인부분을 포함하여 기존의 접근보다 다양한 접근이 이루어질 수 있다는 장점을 갖고 있다(임명재, 2007).

이에 최근 소비 시장이 감성 소비 환경으로 변화된다는 점을 볼 때, 축제의 체험형태도 이성적 뿐만 아니라 감성적인 접근이 필요하다고 판단되어 Schmitt(1999)가 제시한 감각, 감성, 인지, 행동, 관계로 구성된 전략적체험모듈(SEMs)을 축제의 체험요소로 측정하고자 한다.

2) 감성적 관계의 통합적 시각-러브마크(Lovemarks)

소비자와 브랜드의 감성적 관계를 설명하는 것 중의 하나는 사랑이다. 소비자들은 브랜드 소유를 통해 그들의 삶에 의미를 더하며 자신을 표현함으로써 브랜드를 사랑한다.

Buchholz & Wordemann(2001)는 수많은 브랜드들이 감성적 요인으로 이익을 취하려다 좌절을 겪고 마는데 그 이유는 그들이 너무 미미한 감정, 즉 호감을 불러일으키는 데 그쳤기 때문이라고 본다. 그들은 호감은 결코 독점적인 감정이 아니며 여러 브랜드에 대해 동시에 가질 수 있는 감성이기 때문에 하나의 브랜드에 대해 강렬하고도 독점적인 감성이 필요하며, 가장 강력하고도 독점적인 감성을 통한 정서적 결속, 이것이 바로 브랜드 사랑이라고 주장한다(최원주, 2008).이는 Roberts(2004)가 제안한 러브마크를 통해 구체적으로 살펴볼 수 있는데, Roberts(2004)는 소비자와 브랜드의 감성적 관계의 중요성과 함께 브랜드 사랑을 러브마크 이론으로 정립하고 있다.

러브마크란 Roberts(2004)가 직접 창안한 개념으로 단순히 한번 쓰고 잊어버리는 일용품이나 한순간 폭발적인 인기를 얻는 유행과는 달리 시간이 흘러도 사랑과 존경을 받는 브랜드로 제품과 소비자가 소통하는 브랜드로 정의 하고 있다. 즉, 소비자들과 감성적으로 연결된 브랜드를 뜻한다.

러브마크는 이성적 논의나 혜택 같은 것을 뛰어 넘어 소비자와 감성적으로 연결되면서 만들어지므로, 단순히 브랜드를 의미하는 단어라기보다는 브랜드에 대한 소비자의 친밀하고 감성적인 반응관계를 나타내는 하나의 연결고리로 사용된다. 브랜드는 상품이나 서비스를 식별시키고, 경쟁자들과 차별화하는 역할을 수행하는 것이라면(Aaker, 1991), 러브마크는 식별과 차별기능을 넘어서 체험과 감성의 제공물로서의 브랜드를 추구한다(Roberts, 2004).

또한 기존 특징과 편익을 중심으로 수행된 브랜드 연구의 한계에 비추어 소비자의 감성적 영역을 중심으로 감성관련 연구들이 수행되었는데, 러브마크는 이성적 영역과 감성적 영역을 통합적인 시각으로 보고자 기존 브랜드 연구 및 감성관련 연구에서 연구 영역을 확대하고자 하였다.

Roberts(2006)는 러브마크를 사랑과 존경의 개념으로 구분하였다. 사랑의 주요차원으로 신비감, 감각, 친밀감을 구성하였고, 존경의 주요차원으로는 신뢰, 평판, 성과로 구성하여 기존 브랜드 개념과 차별화를 시도하였다. 최근 감성경제시대에서 소비자와 브랜드의 감성적 관계를 중심으로 이루어지는 브랜드 전략에 매우 의미 있는 이론으로 평가되고 있다. 따라서 본 연구에서는 소비자와 브랜드간의 감성적 관계를 브랜드 사랑과 브랜드 존경차원으로 설명하고 있는 Roberts(2004)의 러브마크 측정요소인 신비감, 오감, 친밀감, 성과, 신뢰, 평판으로 중심으로 축제 방문객과 축제 브랜드간의 감성적 관계를 측정하고자 한다.

3. 체험요인-러브마크의 관계 분석

1) 모형과 가설

가. 연구모형설계

축제에 참여하면서 체험하게 되는 요인(SEMs)들은 관광객과 축제 브랜드 간의 감성적 관계를 형성하고, 형성된 관광객과 축제브랜드 간의 감성적 관계 형성이 사후 관광객의 행동의도에 일련의 과정을 통해 영향을 미치는지 검증하고자 한다. 이를 위해 축제 체험에 대한 선행연구를 바탕으로 주요 변수를 도출하고, Roberts(2004, 2006)의 러브마크(Lovemarks) 이론에 근거하여 관광객과 축제 브랜드간의 감성적 관계를 측정할 수 있는 주요 변수를 도출하여 각 구성개념의 영향관계를 선행연구를 토대로 〈그림 1〉과 같이 연구모형을 설정하고, 이를 전제로 연구가설을 설정하였다.

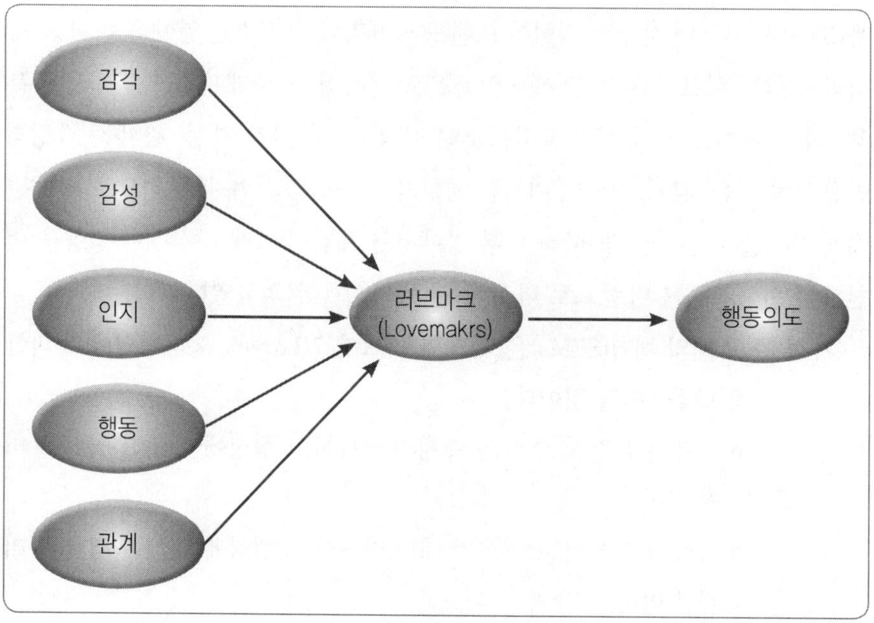

그림 11-1 러브마크와 행동의도와의 연결 모형

나. 영향관계 가설

전체적인 구성개념의 영향관계는 다음의 선행연구를 바탕으로 설정되었다. 먼저 관광분야에서는 관광객과 축제 브랜드간의 감성적 관계에 관한 연구가 미흡한 실정으로 기존 선행연구와 함께 브랜드 감정, 브랜드 사랑, 브랜드 감성 및 관계 관련이론을 살펴보았다.

① 축제의 체험(SEMs)과 관광객-축제 브랜드간의 감성적 관계(Lovemarks)

Schmitt(1999)는 소비상황에서 발생할 수 있는 체험요소를 전략적체험모듈(SEMs)을 중심으로 설명하고 있는데, 전략적체험모듈이 제시된 이후 전략적체험모듈의 감각, 감성, 인지, 행동, 관계와 같은 5가지 요소로 구성되며, 각 요소의 체험을 통해 소비자는 특정 태도를 형성하는 것으로 연구되어 왔다(양년화, 2005; 박성연·배현경, 2006; 박성연·황정은, 2006). 양년화(2005)의 연구에서는 전략적체험모듈이 브랜드 감정에 긍정적인 영향을 미치고, 소비자의 체험은 브랜드 감정을 매개로 브랜드 충성도를 형성한다는 결과를 도출하였다. 이장우(2006)는 고객의 감성과 경험이 브랜드 일체감에 긍정적인 영향을 미치고, 감성과 경험은 서로 정(+)의 관계에 있음을 검정하였다. 축제관련 연구에서 황윤용·최수아(2008)는 축제의 체험요소인 감각, 감성, 인지, 행동, 관계는 감정적 반응인 즐거움, 환기, 지배에 미치는 영향을 연구하였으며, 부분적으로 영향관계에 있음을 확인하였다. 따라서 본 장에서는 체험이 브랜드 감정에 영향을 미친다는 선행연구를 바탕으로 다음과 같은 가설을 설정하였다.

〈가설 1〉 축제의 체험(SEMs)은 축제의 러브마크(Lovemarks) 형성에 유의한 영향을 미칠 것이다.

- 축제의 감각적 요소는 축제의 러브마크 형성에 유의한 영향을 미칠 것이다
- 축제의 감성적 요소는 축제의 러브마크 형성에 유의한 영향을 미칠 것이다.
- 축제의 인지적 요소는 축제의 러브마크 형성에 유의한 영향을 미

칠 것이다

- 축제의 행동적 요소는 축제의 러브마크 형성에 유의한 영향을 미칠 것이다.
- 축제의 감성적 요소는 축제의 러브마크 형성에 유의한 영향을 미칠 것이다.

② 관광객-축제 브랜드간의 감성적 관계(Lovemarks)와 행동의도

소비자와 브랜드간의 강력한 관계를 구축하는 러브마크는 기존고객의 유지 및 성장, 긍정적인 구전효과, 추천 등의 효과를 기대할 수 있을 것이다. 성현선·임재국(2008)은 지역축제 서비스품질을 통한 관광객의 긍정적인 감정형성은 관광객의 만족도와 행동의도에 영향을 미친다는 연구결과를 제시하였으며, 이준재(2009)는 호텔 웨딩·컨벤션 물리적 서비스 환경이 고객의 감정반응을 통한 행동의도에 관한 영향관계를 검증하고자 하였으며, 물리적 환경을 통한 고객이 감정반응인 감정과 환기는 행동의도에 유의한 영향을 미친다는 연구결과를 제시하였다. 따라서 본 연구에서는 관광객의 감정이 행동의도에 영향을 미친다는 선행연구를 바탕으로 다음과 같은 가설을 설정하였다.

〈가설 2〉 축제의 러브마크(Lovemarks) 형성은 사후 방문객의 행동의도에 유의한 영향을 미칠 것이다.

2) 영향관계 측정

가. 자료의 수집과 설문의 구성

① 조사방법

3차에 걸친 전문가조사와 사전조사, 그리고 현장 탐방조사를 실시하였다. 2009년 8월 24일에서 8월 30일까지 방문객과 축제 브랜드간의 감성적 관계를 측정할 수 있는 러브마크 설문항목에 대한 의견을 수렴하고자 축제관련 전문

가들의 방문인터뷰를 실시하였다. 2009년 9월 10일부터 15일까지 총 70부의 설문지를 배포하여 사전조사를 실시하였으며, 측정문항의 신뢰성과 타당성을 확보한 후 본 조사를 진행하였다. 본 조사인 탐방조사는 금산인삼축제와 이천쌀 문화축제 개최기간인 2009년 9월 26일부터 10월 25일까지 금산 및 이천에서 대인면접법을 통하여 설문조사를 실시하였다. 총 420부(각 축제별 210부)의 설문지를 배포 · 회수하였고, 측정변수의 정규성 및 이상치를 확인하여 최종적으로 394부를 본 연구의 실증분석에 사용하였다.

② 설문의 구성

설문지는 〈표 10-2〉와 같이 축제의 체험, 러브마크, 행동의도와 응답자의 일반

표 11-1 설문의 구성

<table>
<tr><th>구분</th><th>측정변수</th><th>문항수</th><th>선행연구자</th><th>측정방법</th></tr>
<tr><td>축제 체험
(SEMs)</td><td>감각
감성
인지
행동
관계</td><td>6
5
5
4
5</td><td>박성연 · 배현경(2006),
임명재(2007),
황윤용 · 최수아(2008)
Bitner(1992),
Schmitt(1999)</td><td rowspan="3">리커트
5점
척도</td></tr>
<tr><td>러브마크
(Lovemarks)</td><td>신비감
오감
친밀감
성과
신뢰
평판</td><td>6
4
4
5
4
3</td><td>한은경 · 유재하(2003)
이태희(2010),
Roberts(2004, 2006)</td></tr>
<tr><td>행동의도</td><td>재방문
구전</td><td>2
2</td><td>이용기 · 이덕우 ·
이충기(2003),
이정란 · 권영린 ·
고재용(2009)</td></tr>
<tr><td>인구통계적
특성</td><td>성별, 연령, 결혼여부, 직업, 학력, 월소득, 거주지</td><td>7</td><td colspan="2" rowspan="2">명목척도</td></tr>
<tr><td>관광행태적
특성</td><td>방문횟수, 관람기간</td><td>2</td></tr>
</table>

적인 특성으로 구성되었다. 설문지의 측정변수 요인항목은 선행연구를 토대로 축제 체험 25문항, 러브마크 26문항, 행동의도 4문항, 인구통계적 및 관광행태적 특성 9문항으로 구성하였다.

나. 분석방법

설문조사를 통해 수집된 자료는 SPSS Win 15.0과 AMOS 7.0 프로그램을 사용하여 통계처리 및 가설을 검증하였다. 표본의 전반적인 특성과 분포를 파악하기 위해 기술통계분석을 실시하였으며, 축제 체험, 러브마크, 행동의도에 대한 신뢰도 및 타당성을 검증하기 위하여 확인적 요인분석과 신뢰도분석 분석을 실시하였다. 그리고 축제 체험, 러브마크, 행동의도에 간의 관계와 방향성을 파악하기 위해 정준상관분석 실시하였고, 마지막으로 연구모형에 따라 설정된 연구가설을 검정하기 위하여 구조모형방정식을 실시하였다.

4. 러브마크 영향관계 분석 결과

1) 표본의 특성

표본의 일반적 특성은 〈표 10-3〉와 같다. 먼저 인구통계적 특성을 보면, 성별은 남성이 171명(43.4%), 여성이 223명(56.6%)으로 여성의 응답자가 많으며, 연령은 30대 기혼이 많은 것으로 나타났다. 직업은 전문직/사무직이 126명(32.0%)의 비율이 높은 것으로 나타났다. 표본의 관광행태적 특성으로 응답자의 방문횟수를 살펴보면, 처음방문이 189명(48.0%)으로 가장 높게 나타났으며, 관람기간은 당일방문이 273명(69.3%)로 가장 높게 나타났다. 자세한 내용은 〈표 11-2〉와 같다.

표 11-2 표본의 일반적 특성

구분		빈도	비율	구분		빈도	비율
성별	남 성	171	43.4	결혼 여부	기혼	230	58.4
	여 성	223	56.6		미혼	164	41.6
연 령	10대	49	12.4	직 업	전문직/사무직	126	32.0
	20대	85	21.6		서비스직	39	9.9
	30대	153	38.8		생산/기술직	30	7.6
	40대	80	20.3		자영업	25	6.3
	50대 이상	27	6.9		공무원/교직원	16	4.1
학 력	고졸이하	109	27.7		학생	77	19.5
	전문대	87	22.1		주부	69	17.5
	대학교	148	37.6		기타	12	3.0
	대학원	50	12.7	월소득	100만원 미만	113	28.7
거주지	서울	46	11.7		100만원대	84	21.3
	인천/경기도	191	48.5		200만원대	80	20.3
	강원도	23	5.8		300만원대	61	15.5
	대전/충청도	75	19.0		400만원대	47	11.9
	광주/전라도	16	4.1		500만원 이상	9	2.3
	부산/경상도	40	10.2	방문 횟수	처음방문	189	48.0
	기타	3	0.8		2회	63	16.0
관람 기간	당일	273	69.3		3회	83	21.1
	2일	88	22.3		4회	25	6.3
	3일	14	3.6		5회	16	4.1
	4일	13	3.3		6회 이상	18	4.6
	5일 이상	6	1.5	합계		394	100

2) 타당성 및 신뢰성 검증

설문 구성요인에 대한 개념적 타당성을 확보하기 위해 3가지 구성개념에 대한 확인적 요인분석(confirmatory factor analysis: CFA)를 실시하였다. 축제 체험의 구성개념에 대한 확인적 요인분석 과정에서 우선 신뢰도를 저해하는 항목들(축제에 참여하면서 흥분된 기분을 느꼈다; 이 축제에 대해서 더 잘 알게 되었다)과 요인적재량이 .4이하인 단일차원성을 저해하는 항목들(축제를 표현

표 11-3 축제 체험의 구성개념에 대한 확인적 요인분석

구성개념	측정문항	표준화계수	t-값	신뢰계수	CR[a]	AVE[b]
감각	축제를 표현하는 색체의 아름다움	삭제		.799	.835	.504
	축제시설의 외형과 인테리어	.663	12.094***			
	관광지와 어울리는 축제분위기	.587	10.701***			
	손으로 체험할 수 있는 대상	.595	10.730***			
	미각을 자극	.615	11.115***			
	후각을 자극	.721	-c			
감성	축제 참여로 감동을 느낌	삭제		.848	.887	.727
	축제 참여로 즐거움을 느낌	.869	13.077***			
	축제 참여로 신나는 기분	.845	12.825***			
	축제 참여로 흥분된 기분	삭제				
	축제 참여로 기쁨을 느낌	.610	-c			
인지	이 축제는 나에게 흥미를 유발	.929	12.094***	.843	.884	.666
	이 축제는 나의 호기심을 자극	.857	11.826***			
	이 축제는 놀라운 것이 많음	.618	12.543***			
	축제를 통해 새로운 사실을 깨달음	.558	-c			
	축제참여로 이 축제를 더 잘 알게됨	삭제				
행동	축제참여로 일상생활의 변화	.882	14.606***	.841	.879	.650
	축제에서 얻은 경험을 나의 생활에 적용	.877	14.420***			
	축제참여로 새로운 것을 깨달음	.651	11.597***			
	이 축제에 대해서 더 잘 알게됨	.649	-c			
관계	다른 관광객이 친근하게 느껴짐	.669	14.373***	.885	.893	.628
	다른 관광객에게 동질감이 느껴짐	.759	16.805***			
	다른 관광객들과 관계가 형성	.752	16.783***			
	동반인과 친분이 더 쌓임	.865	19.853***			
	지역주민들과의 동화	.829	-c			
Chi-square=636.678, df=162, p=.000, GFI=.868, NFI=.882, IFI=.909, CFI=.908, RMR=.066						

***p〈0.001 수준에서 유의함
a CR: Construct Reliability(개념신뢰도)
b AVE: Average Variance Extracted(평균분산추출값)
c 분석 시 1로 고정된 값임

하는 색채는 매우 아름답다; 직접 손으로 체험할 수 있는 대상이 있다; 축제에 참여하면서 가슴 뭉클한 감동을 느꼈다; 축제에 참여하면서 흥분된 기분을 느꼈다)은 분석에서 제외되었다.

항목 제거 후 사용된 축제 체험의 측정변수의 경우 모형 적합도 지수를 〈표 11-3〉에서 살펴보면, Chi-square값이 636.678으로 다소 높게 분석되었으나, 그 외 모형 적합도를 판단하는 기준인 다른 적합도 지수를 살펴보면 p=.000, GFI=.868, NFI=.882, IFI=.909, CFI=.908으로 각각 나타나 수용할만한 적합도를 보여 구조모형을 분석하는데 무리가 없는 것으로 나타났다.

모든 t-값(비표준화 계수/표준오차)이 1.965이상으로 유의적인 것으로 나타나고 있다. 개념신뢰도(construct reliability: CR)와 평균분산추출값(average variance extracted: AVE)도 각각 0.7와 0.5이상일 때 신뢰성 및 수렴타당성을 확보한다고 볼 수 있는데, 분석결과에서는 모두 임계치 이상으로서 구성개념의 수렴타당성과 내적일관성이 확보되었다고 할 수 있다.

다음으로 러브마크의 경우 모형의 간명성을 위해 2차 확인적 요인분석(second-order confirmatory factor analysis)를 사용하였다. 본 측정모형의 확인적 요인분석 과정에서 〈표 11-4〉와 같이 신비감의 상징적인 캐릭터에 관한 항목과 오감의 소리와 관련된 영감과 감성에 관한 항목은 항목은 .4 이하의 R-Square 값을 보여 측정모형의 정확성을 높이기 위해 삭제하였다.

항목 제거 후 본 연구에서 사용된 축제 체험의 측정변수의 경우 모형 적합도 지수를 살펴보면, Chi-square=933.066 df=244, p=.000, GFI=.839, NFI=.878, IFI=.907, CFI=.907, RMR=.041로 나타났으며, 행동의도는 Chi-square=40.339, df=2, p=.000, GFI=.950, NFI=.959, IFI=.961, CFI=.961, RMR=.030으로 수용할만한 적합도를 보였다. 또한 t-값(비표준화 계수/표준오차)이 1.965이상으로 유의적인 것으로 나타나고 있다. 개념신뢰도(construct reliability: CR)와 평균분산추출값(average variance extracted: AVE)도 분석결과에서는 모두 임계치 이상으로 나타나 구성개념의 수렴타당성과 내적일관성이 확보되었다고 할 수 있다.

표 11-4 러브마크 및 행동의도 구성개념에 대한 확인적 요인분석

구성개념	측정문항	표준화계수	t-값	신뢰계수	CR[a]	AVE[b]
신비감	축제의 스토리텔링	.881	13.333***	.881	.908	.664
	과거, 현재, 미래를 어우르는 테마	.709	13.211***			
	감동을 주는 모티브	.722	13.327***			
	상징적인 캐릭터(아이콘)	삭제				
	축제 내용의 신기함	.748	13.801***			
	다른 축제가 가지지 못한 특별함	.728	-c			
오감	시각적인 아름다움	.681	13.134***	.762	.866	.686
	소리와 관련된 영감과 감성	삭제				
	손으로 느낄 수 있는 다양한 매력	.831	21.705***			
	차별적임 경험으로 오감을 자극	.936	-c			
친밀감	이 축제는 친밀하게 느껴짐	.730	15.176***	.879	.907	.661
	이 축제는 매우 친숙함	.734	15.552***			
	이 축제는 내게 행복을 줌	.807	17.396***			
	이 축제에 강하게 이끌림	.845	18.219***			
	이 축제가 없으면 무척 아쉬움	.775	-c			
성과	흡입력과 매력을 체험시킴	.763	15.750***	.885	.895	.631
	일관된 이미지가 구축	.762	15.659***			
	나의 가치에 부합하는 서비스	.739	15.340***			
	축제에 큰 비용의 지불의사	.682	13.814***			
	기대했던 이상의 무언가를 제공	.770	-c			
신뢰	믿음이 생김	.898	14.145***	.858	.872	.635
	안전하게 축제관람	.776	12.781***			
	항상 고객편에서 해결	.616	13.895***			
	관광객의 편의가 최우선	.635	-c			
평판	이 축제는 명성이 높음	.867	23.423***	.910	.936	.830
	이 축제는 놓게 평가됨	.879	24.001***			
	이 축제는 우수한 축제로 알려짐	.882	-c			
Chi-square=933.066 df=244, p=.000, GFI=.839, NFI=.878, IFI=.907, CFI=.907, RMR=.041						
행동의도	다음에도 이 축제에 방문	.707	16.362***	.891	.923	.751
	다른축제보다 이 축제에 우선방문	.774	18.898***			
	다른 사람에게 긍정적으로 구전	.918	24.614***			
	다른 사람에게 적극적으로 추천	.888	-c			
Chi-square=40.339, df=2, p=.000, GFI=.950, NFI=.959, IFI=.961, CFI=.961, RMR=.030						

***p<0.001 수준에서 유의함

a CR: Construct Reliability(개념신뢰도)

b AVE: Average Variance Extracted(평균분산추출값)

c 분석 시 1로 고정된 값임

표 11-5
구성개념 간 상관관계 행렬

구성개념	1	2	3	4	5	6	7
1. 감 각	1						
2, 감 성	.640**	1					
3. 인 지	.612**	.640	1				
4. 행 동	.559**	.485**	.696**	1			
5. 관 계	.499**	.404**	.586**	.703**	1		
6. 러브마크	.656**	.624**	.770**	.751**	.727**	1	
7. 행동의도	.543**	.543**	.551**	.634**	.558**	.761**	1

**p〈0.01 수준에서 유의함

개별적 확인적 요인분석 결과를 바탕으로 구성개념을 단일차원화 한 후, 전체 확인적 요인분석을 실시하여 구성개념 간 상관관계 분석을 실시하였다. 전체 확인적 요인분석에 대한 적합도 지수를 보면, Chi-square=351.669, d.f=82, p=.000, GFI=.888, AGFI= .837, CFI=.943, RMR=.023, NFI=.928, TLI=.927등으로 나타나 전반적으로 좋은 적합도 지수를 나타내었다.

모든 연구단위들 간의 상관관계는 통계적으로 유의한 수준에서 모두 정(+)의 방향으로 나타났으며, 각 요인 간의 판별타당성을 확인하기 위해서 상관행렬과 평균분산추출값(AVE)와의 관련성을 확인하였다. 판별타당도를 검토하는 방법으로 두 구성개념 간 각각의 평균분산추출값과 두 구성개념 간 상관관계 제곱값(ø2)을 비교하여 구성개념의 평균분산추출값이 상관관계 제곱보다 클 경우 판별타당도가 확보되었다고 할 수 있다.

〈표 11-5〉에 나타난 바와 같이 각 구성개념간 평균분산추출값이 구성개념간 상관자승치보다 큰 것을 확인할 수 있었다. 또한 95% 신뢰구간에서 요인간의 상관관계에 두 배의 표준오차를 더하거나 뺌으로서 검증하게 되는데, 이때 1을 포함하고 있지 않으면 판별 타당성은 확보되었다고 할 수 있다(Andrson & Gerbing, 1988). 구성개념 간 상관관계는 유의한 수준에서 모두 정(+)의 방향으로 나타났으며, 표준오차 추정구간 내 어떠한 상관계수도 1을 포함하지 않고 있는 것으로 나타났기 때문에 판별타당성을 확보하였다고 할 수 있다.

3) 모형의 적합성과 가설검증

전체연구모형 검증의 경우 다수의 독립, 종속 변수들 간의 인과관계를 알아보기 위한 모델이므로 경로들을 검증하기 위하여 구조방정식모델(structural equation modeling, SEM)이 실시되었다. 모델과 가설을 검정하는데 사용된 유효한 표본의 수효는 총 394개이며, 계수추정을 위한 최대우도법(Maxmum Likeihood Method)를 사용하였다.

그 결과 전체 연구모델의 적합도 지수는 χ^2값이 1286.765(df=105, $p<0.001$)으로 기준치를 벗어나고 있지만, 표본 수의 크기가 커질수록 χ^2값의 유의확률은 민감하기 때문에 그 대안으로 활용되는 Q값을 살펴보았는데, 3.564로 수용할만한 모형 적합도 지수를 보여주었다. 그 외의 적합도 지수는 GFI=.816, AGFI=.763, CFI=.897, RMR=.058, NFI=.948, TLI=.863, IFI=.898으로 적합도 지수는 구성개념간의 인과관계를 설명하는데 무리가 없을 것으로 판단된다.

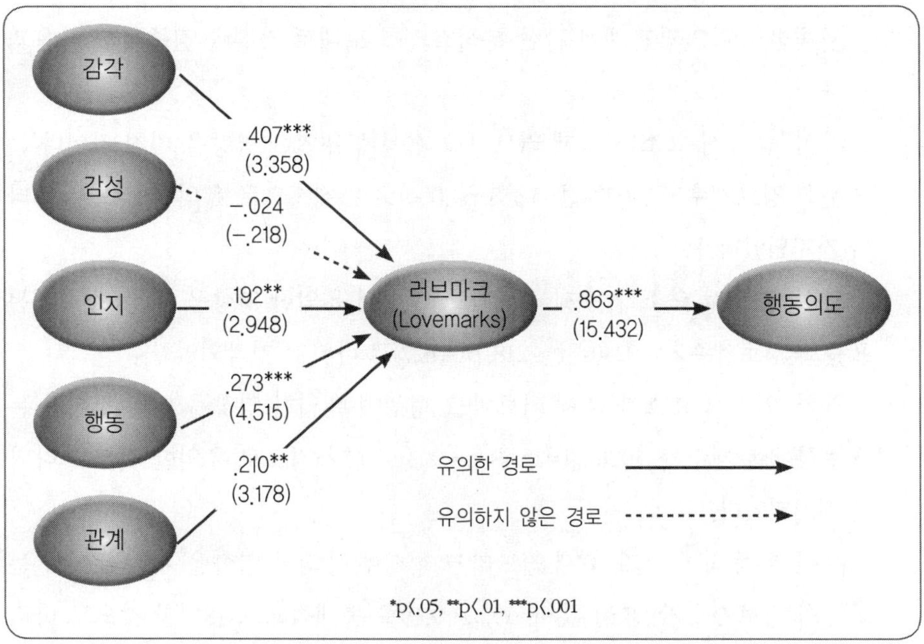

그림 11-2 연구모형

축제 체험, 러브마크, 행동의도 등 구성개념 간의 관계에 대한 가설을 검증하기 위해 분석한 결과는 〈표 11-6〉과 같으며, 각각의 가설경로에 대하여 최대우도법에 의한 경로계수추정치와 t(t값=비표준화계수/표준오차)값을 보여주고 있다($t \geq 1.965$ 에서 유의적임). 가설검증 결과 축제의 체험을 통해 축제의 러브마크를 형성하고, 이는 방문객의 사후 행동의도를 유발할 수 있다는 결과를 도출하였다.

표 11-6 연구가설의 검증결과

가설	경로			표준화계수	표준오차	t-값	가설결과
H_1	감각	→	러브마크	.407	.124	3.358	채택
H_2	감성	→	러브마크	-.024	.090	-.218	기각
H_3	인지	→	러브마크	.192	.073	2.948	채택
H_4	행동	→	러브마크	.273	.057	4.515	채택
H_5	관계	→	러브마크	.210	.046	3.178	채택
H_6	러브마크	→	행동의도	.863	.064	15.432	채택

구체적으로 인과관계에 관한 분석결과를 토대로 가설을 검증하면 다음과 같다.

가설 '감각적 요소가 축제 러브마크 형성에 유의한 영향을 미칠 것이다'는 표준화 경로계수가 .407(t-값=3.358, p=.000)로 통계적으로 유의한 것으로 나타나 지지되었다.

가설 '감성적 요소가 축제 러브마크 형성에 유의한 영향을 미칠 것이다'는 표준화 경로계수가 -.024(t-값=-.218, p<=.827)로 나타나 기각되었다.

가설 '인지적 요소가 축제 러브마크 형성에 유의한 영향을 미칠 것이다'는 표준화 경로계수가 .192(t-값=2.948, p=.003)로 통계적으로 유의한 것으로 나타나 지지되었다.

가설 '행동적 요소가 축제 러브마크 형성에 유의한 영향을 미칠 것이다'는 표준화 경로계수가 .273(t-값=4.515, p=.000)로 통계적으로 유의한 것으로 나타나 지지되었다.

가설 '관계적 요소가 축제 러브마크 형성에 유의한 영향을 미칠 것이다'는 경로계수가 .210(t-값=3.178, p=.001)로 통계적으로 유의한 것으로 나타나 지지되었다.

가설 2는 '축제 러브마크 형성에 사후 행동의도에 유의한 영향을 미칠 것이다'라는 가설로서 경로계수가 .863(t-값=15.432, p=.000)로 통계적으로 유의한 것으로 나타나 지지되었다.

5. 전략적 체험모듈의 역할

축제의 체험요소(SEMs)가 방문객과 축제 브랜드간의 감성적 관계인 러브마크(Lovemarks)가 어떻게 형성되며, 이후 방문객의 사후 행동의도에 어떻게 영향을 미치는지를 검증하고자 하였다. 그 결과에 대한 요약 및 시사점은 다음과 같다.

첫째, 가설 1은 '축제의 체험(SEMs)은 축제의 러브마크(Lovemarks) 형성에 유의한 영향을 미칠 것이다'라는 가설로서 5가지 체험요소 중 감성적 요소를 제외한 모든 체험요소(감각, 인지, 행동, 관계)가 축제의 러브마크 형성에 유의한 것으로 나타났다. 이는 소비자와 브랜드간의 돈독한 관계는 브랜드에 대한 소비자의 체험을 기반으로 형성된다(유재하, 2004)는 기존 이론을 지지하는 것이다.

감각, 감성, 인지, 행동, 관계 등 5가지 요인으로 구성되는 전략적 체험모듈(SEMs)이 축제의 러브마크 형성에 있어 주요한 요인으로 활용될 수 있음을 확인하였다.

즉 시각, 청각, 촉각, 미각, 후각의 자극을 통해 방문객의 오감에 호소하고, 방문객들의 흥미와 호기심을 자극할 수 있는 축제 프로그램의 기획, 경험재인 축제의 특성을 잘 활용하여 방문객이 신체적인 체험을 할 수 있는 기회제공과 더불어 지역주민들 및 다른 방문객들과의 관계형성 및 동반자들과 친분이 쌓이는 기회를 제공한다면 방문객은 그 축제를 러브마크로 인식할 수 있을 것이다. 한편, 감성적 요소는 축제의 러브마크 형성에 유의하지 않는 결과를 제시하고 있어 이는 체험을 유도하는 축제들이 감성적인 자극을 방문객들에게 전달하였을지라도 러브마크 형성으로는 연결되지 못함을 의미한다. 그러나 축제가 방문객들의 다양한 감성을 자극할 수 있는 차별적인 요소가 부족하거나, 감성을 측정하는 문항이 미흡하게 반영된 결과에 기인할 것일 수도 있으므로 앞으로 추가적 개념의 고찰이 필요한 것으로 판단된다.

둘째, 가설 2는 '축제의 러브마크(Lovemarks) 형성은 사후 방문객의 행동의도에 유의한 영향을 미칠 것이다'라는 가설로서 축제의 러브마크 형성은 방문객의 행동의도에 유의한 것으로 나타났다. 이러한 결과는 소비자와 브랜드간의 감성적 관계를 구축하는 브랜드는 기존 고객의 유지 및 성장, 긍정적 구전 등의 효과를 기대할 수 있다(Robinette et al., 2001)는 기존 이론을 지지하는 것이다.

이는 Caroll과 Ahuvis(2006)의 연구에서 '브랜드 사랑은 재방문 및 구전효과 등의 브랜드 애호도에 유의한 영향을 미친다'는 결과와 일치하는 것으로 축제에서도 동일한 결과를 나타냄을 확인하였다. 방문객이 지각하는 축제의 러브마크 인식은 방문객이 자신의 경험을 타인에게 전달하거나 재방문할 의사가 있음을 보여준다. 체험을 통하여 형성된 러브마크 인식은 결과적으로 향후 재방문 및 긍정적인 구전활동을 시행할 수 있다는 결과를 보여주고 있다.

최근 관광분야에서도 정서적 측면을 중시해 관광객의 감정반응에 관한 연구가 위와 같이 수행되고 있으나 관광객들의 다양한 감정유형을 분석하기에는 한계점이 있으며, 또한 기존 구성변인으로 축제 방문객과 브랜드간의 감성적 관계를 유추해 보기에는 매우 제한적이었다. 이에 본 연구에서는 최근 활발히 진행되는 소비자와 브랜드간의 감성적 관계를 측정할 수 있는 구성요소 즉, 축제의 러브마크를 활용하여 기존 연구에서 축제의 성과로 측정되었던 행동의도에 미치는 그 효과를 살펴보고자 하였다. 감성적인 경험을 체험하는 축제일수록 축제의 러브마크 형성에 긍정적인 영향을 주게 되며, 이를 통해 행동의도가 높아짐을 확인할 수 있었다. 즉, 체험에 의한 러브마크는 행동의도의 중요한 영향요인으로 방문객의 재방문 및 긍정적인 구전효과를 유도하기 위해서는 방문객의 러브마크 형성이 중요하다고 할 수 있겠다. 또한 이러한 연구결과는 기존에 경영학분야에의 소비자와 브랜드간의 관계를 축제브랜드에도 적용될 수 있음을 확인하는데 의의를 두고 있다.

과정상 분석 결과를 통해서 제기 될 수 있는 몇 가지 한계점은 다음과 같다.

첫째, 표본 선정이 전체 러브마크 축제를 대상으로 한 것이 아니라 금삼인삼축제, 이천쌀문화축제의 방문객을 대상으로 하였기 때문에 연구결과를 일반화(generalization)하는데 한계가 있다.

둘째, 설문대상의 측정시기의 한계점이다. 러브마크는 소비자와 브랜드간의 감성적 관계가 형성되어 이 관계가 오래도록 지속되어 충성고객을 만드는 것을 의미하는 것으로 러브마크는 장기간의 시간적인 개념을 내포하고 있으므로 측정에 있어서 시간의 흐름에 따른 장기간의 시간이 필요함에도 불구하고 설문조사의 한계상 종단조사가 아닌 횡단조사를 하였다는 점에서 한계가 있을 수 있다. 이러한 내용을 보완한 향후연구가 지속된다면 축제의 지속적인 성장과 발전에 기여할 수 있을 것으로 고려되어진다.

참 / 고 / 문 / 헌

- 고경순(2004). 『경험마케팅』. 서울: 도서출판 대명.
- 고동우(2002). 2002 한·일 월드컵 스폰서십 활동과 브랜드 충성도의 관계. 단국대학교 박사학위논문.
- 김계석(2004). 관광경험에서 유도된 정서가 관광자 태도와 재구매의도에 미치는 영향에 관한 연구. 상지대학교 박사학위논문.
- 김규영(2009). 감성브랜딩을 위한 디자인 매뉴얼 개발에 관한 연구. 이화여자대학교 석사학위논문.
- 김성규(2006). 브랜드에 대한 정(情) 척도개발 및 구조분석과 브랜드 정(情)-브랜드자산 구성요인간의 관계에 관한 연구. 영남대학교 박사학위논문.
- 남윤희(2005). 체험프로그램이 축제만족에 미치는 영향. 경기대학교 석사학위논문.
- 박성연ㆍ배현경(2006). 매장 내 감각적 체험이 매장태도와 애호도에 미치는 영향: 소비감정과 만족의 매개적 영향을 중심으로. 『마케팅관리연구』, 11(3). 1-13.

- 박성연ㆍ배현경(2006). 매장 내 감각적 체험이 매장태도와 애호도에 미치는 영향: 소비감정과 만족의 매개적 영향을 중심으로. 『마케팅관리연구』, 11(3). 1-13.

- 박인수(2006). 마케팅 환경 변화에 따른 브랜드 아이덴티티 개발 프로세스에 관한 연구: 마케팅 환경 분석에 소비자 감성 분석기법을 도입하여. 상명대학교 예술디자인대학원 석사학위논문.
- 삼성경제연구소(2006). 소비자의 브랜드 사랑. 서울: 삼성경제연구소.
- 성현선·임재국 (2008). 지역축제 서비스품질이 방문객의 감정, 만족 및 행동의도에 미치는 영향. 『호텔경영학연구』, 17권 4호: 247-263.
- 손선미(2007). 연구논문: 체험지향성과 관광축제이벤트의 프로그램, 물리적 요소, 방문의도의 관계. 『이벤트컨벤션연구』, 6권 1호: 1-23.
- 양년화(2005). 제품 유형에 따른 경험 마케팅이 브랜드 로열티에 미치는 영향에 관한 연구: 고관여 이성제품과 감성제품의 비교를 중심으로. 경희대학

교 석사학위논문.

- 유재하(2004). 브랜드 자산의 구성 요소에 관한 연구: 소비자와 브랜드간의 감성-관계를 중심으로. 성균관대학교 대학원 박사학위논문.
- 이범재(2009). 축제 방문객의 체험동기와 프로그램의 체험몰입, 축제성과 간의 영향관계. 세종대학교 박사학위논문.
- 이수부·유영진·하동현(2008). 연구논문: 울산 및 대구지역 레스토랑의 브랜드 퍼스넬리티가 브랜드 인지, 연상, 브랜드 감성-관계 및 브랜드 이미지 및 브랜드 애호도에 미치는 영향. 『한국식생활문화학회』, 23권 2호: 172-183.
- 이장우 (2005). 공연예술 작품에 대한 감성과 경험이 공연 브랜드 일체감과 애호도 및 카테고리 애호도에 미치는 영향에 관한 연구. 성균관대학교 박사학위논문.
- 이정란·권영린·고재용(2009). 지역축제 브랜드에 있어서 지각된 서비스품질이 일체감, 만족과 충성도에 미치는 영향, 호텔관광연구, 제11권 3호, 1-14.
- 이준재(2009). 호텔 웨딩·컨벤션 물리적서비스환경이 고객의 감정반응을 통한 행동의도에 관한 연구. 『대한관광경영학회』, 24권 3호: 261-280.
- 이충기·이용기·이덕우(2003). 지각된 환경단서가 방문객 만족과 충성도에 미치는 영향: 수안보 온천의 경우. 『관광학연구』, 27권 1호: 85-104.
- 이태희(2010). 러브마크이론을 적용한 전북 관광체험 가치의 평가 틀 도출 및 러브마크 가치 상향화 전략. 『한국관광학회 제68차 학술연구 발표논문집』, 845-863.
- 이효선(2005). 개인가치와 관광체험추구성향이 관광체험상품 선정에 미치는 영향: 일본인 Inbound 시장 세분화를 중심으로. 경희대학교 박사학위논몬.
- 이훈(2006). 축제체험의 개념적 구성모형. 『관광학연구』, 30권 1호: 29-42.
- 임명재(2007). 관광이벤트의 체험이 관광목적지 브랜드자산에 미치는 영향. 배재대학교 박사학위논문.
- 최원주(2008). 소비자-브랜드 감성적 관계에 대한 사랑의 삼각이론적 접근. 『한국언론정보학보』, 44권 1호: 8-18.
- 하동현·김시현(2010). 펜션이용객의 서비스품질, 체험품질, 체험만족, 및 애호도 간의 관계에 관한 연구. 『대한관광경영학회』, 25권 1호: 1-21.

- 한은경 · 유재하 (2003) 브랜드 자산평가를 위한 감성 및 관계척도 개발에 관한 연구. 『광고학연구』, 14권 4호: 37-66.
- 황윤용 · 최수아(2008). 축제에서 체험요소가 참여자감정반응과 애호행동에 미치는 영향. 『한국산업경제학회』, 21권 5호: 2113-2131.
- Aaker, David A. (1991). *Managing Brand Equity*. San Francisco: Free Press.
- Bitner, M. J. (1992). Servicecapes the Impact of Physical Surroundings on Customers and Employees. *Journal of Marketing*, 56(April), 57-71.
- Buchholz, A. & Wordemann, W. (2000). Wachstums-Code Fur Siegermarken. 홍명희 역(2001). 다섯 가지 성장코드, 서울: 생각의 나무.
- Getz. D. (1991). *Festivals, Special Events, and Tourism*. New York: Van Nostrand Reinhold.
- Gobe, M. (2001). Emotional Branding. 이상민 역(2002). 감성디자인 감성브랜딩, 서울: 김앤김북스.
- Roberts, K. (2004). Lovemarks: the future beyond brands. 양준희 역(2005). 브랜드의 미래. 러브마크 , 서울 : 서돌.
- Roberts, K. (2006). Lovemarks effect : winning in the consumer revolution. 이상민 역(2007). 러브마크 이펙트, 서울 : 서돌
- Schmitt, B, H. (1999). Experiential Marketing. New York: Simon & Schuster.

Chapter 12

♡ 러브마크 축제가치평가

1. 평가속성의 적용
2. 러브마크 축제 평가의 이론적 배경
3. 유형별 러브마크 축제가치 평가
4. 러브마크 축제 가치평가의 결과
5. 러브마크 축제 평가기준에 대한 모색

러브마크 축제 가치평가

Chapter 12

1. 평가속성의 적용

최근의 관광객들은 관광상품 또는 목적지를 선택하는데 있어, 지역에 대한 인지도 측면이나 독특함 등을 통하여 타 지역과 차별화 되는 관광자원에 높은 선호도를 나타내고 있다. 따라서 각 지자체에서는 지역의 독특한 특성을 잘 표출할 수 있는 관광자원으로서 뿐만 아니라 지역의 경제적 부가가치를 높일 수 있는 방안으로서 지역축제를 개최하고 있다. 그러나 현재에 개최되고 있는 지역축제들에 대한 평가를 살펴볼 때, 대다수 축제들의 방문율과 재방문율이 낮아지고 있어 지역축제 자체가 일회성이라는 비판적인 결과가 나타나고 있다.(김춘식, 1999)

이와 같이 현재 개최되고 있는 지역축제에 대한 문제점과 과제를 해결하기 위한 한 방편으로 지역과 지역축제를 브랜드(Brand)의 시각에서 새롭게 계획하고 평가하는 '지역 및 축제의 브랜드화 전략'이 새로운 대안으로 제시되고 있다. 이는 다시 말해서 지역축제 자체의 목적지화를 통해 한국인바운드 관광의 폭을 전국으로 확산시키기 위해서는 지역축제가 강력한 브랜드 개성을 갖춘 이벤트로 자리매김해야 하는 것을(이태희, 2003) 의미하는 것으로 축제라는 하나의 관광상품을 '브랜드'라는 하나의 총체적인 개념으로 인식하여 계획과 관리를 수행해야 함을 내포하고 있는 것이다.

축제는 유·무형적 요소가 복합된 상품이다. 유형적인 요소에는 축제행사장과 다양한 구경거리, 먹거리, 지역특산품 등이 있을 수 있으며, 무형적인 요소에는 축제와 관련한 역사적 사실 및 설화 등이 있을 수 있고 또한 지역만이 지니고 있는 독특한 정서나 풍습 등이 있을 수 있다. 따라서 이러한 복합적인 상품을 브랜드의 시각에서 살펴볼 때, 무엇보다도 중요한 것은 복합적 요소들을 통합적으로 평가할 수 있는 '평가 기준 속성'이 필요하다.

그동안 브랜드의 개념은 제조업에서 생산되는 제품을 대상으로 하여 그 학문적인 연구가 이어져 왔다. 이러한 제조업의 제품은 유형적이며, 또한 비교평가 할 수 있는 유사 제품이 많고, 또한 정확한 가격이 정해져 있어 재무적 관점과 마케팅 관점에서 제품을 평가할 수 있는 객관적인 평가 속성이 다양한 연구자에 의하여 진행되어 왔다. 그러나 축제와 같이 복합적인 상품을 일반 제조업의 제품과 동일한 관점에서 유사한 평가속성을 이용하여 평가한다는 것은 지금까지 선행되어온 연구결과가 많지 않아 다소 일반화하는데 어려움이 있을 수 있다.

따라서 그 동안 브랜드의 가치를 평가하는데 있어 이용되어 온 다양한 평가 속성 중 축제 상품을 평가하는데 있어 적절한 평가 속성을 밝힐필요가 생긴다. 이를 위하여 브랜드 가치를 평가하는 다양한 선행연구의 고찰을 통하여 축제 상품을 평가하는데 있어 유용하며, 또한 객관적인 평가가 가능하다고 판단되는 평가 속성을 도출하여, 실제 그러한 평가 속성들이 지역축제를 방문하는데 있어 통계적으로 유의한 결과를 미치는지 확인하고자 한다. 또한 이러한 결과를 바탕으로 축제 유형에 따라 평가 속성과 방문에 따른 관계가 각각 어떻게 차이가 나는지를 밝히고자 한다.

이러한 연구를 통하여 지금까지 축제를 평가하는데 있어 실시되어온 다양한 연구 방법과 더불어 향후 축제 상품 및 관광분야 상품들의 복합적인 개념을 평가하는데 기여할 수 있는 새로운 방안을 제시하고자 하였다.

2. 러브마크 축제 평가의 이론적 배경

1) 관광 및 축제상품의 브랜드적 고려

2002년 개최된 한일월드컵 당시 그동안 한국을 대표하던 캐치프레이즈 '고요한 아침의 나라'를 대신하여 한국의 다양한 문화적, 사회적 역동성을 강조한 '다이나믹 코리아(Dynamic Korea)'는 한국에 대한 기존의 이미지를 변화시키는데 크게 기여하였다(이태희, 2004). 이러한 결과는 궁극적으로 국가라는 하나의 '브랜드'를 새로운 이미지로 형상화하는데 성공한 것을 의미하며, 하나의 국가는 전세계인들이 방문할 수 있는 제품이자 소비의 대상이 되는 장소가 되므로 향후 국내의 인바운드 관광시장에 대한 발전 가능성을 높인 것이라 평가할 수 있다.

이렇듯 '국가 브랜드'가 한 국가의 관광시장을 발전적인 방향으로 이끄는데 가장 중요한 요소로서 인식되면서 '국가 브랜드'뿐만이 아니라 특정 지역 및 관광목적지에 대한 '브랜드'적 고려에 대한 연구가 국내에서도 점차 확대되어지고 있다.

국내에서 관광목적지를 하나의 상품으로 인식함으로서 이러한 관광목적지에 브랜드적 개념을 도입하여 평가를 탐험적으로 실시한 연구자인 이태희(2001)는 그의 연구에서 해외관광이 본격적으로 국내 관광객들에게 선택될 수 있는 가능성이 높아진 현 시점에서 더 이상 국내관광목적지와 해외관광목적지가 거리상의 문제가 아닌 각각이 상품으로 인정되고 그에 따라 상품이 지니고 있는 가치에 의해서 선택이 결정된다고 보았다. 따라서 관광객들이 관광목적지를 선택하는데 있어 관광목적지가 지니고 있는 브랜드적 가치가 중요한 역할을 한다고 보고 국내외 30개 관광목적지를 브랜드 측면에서 비교평가하기 위하여 브랜드 가치를 지수로서 표현하는 방법을 이용하여 각 관광목적지에 대한 순위를 나타냄으로서 관광목적지간의 경쟁우위를 밝히는 연구를 하였다.

또한 이태희(2004)는 '관광브랜드'에 대한 보다 명확한 정의를 제시하였는데, 우선 관광브랜드 개념을 크게 '관광상품 브랜드'와 '관광지 브랜드'로 구분하였다. 여기서 관광상품 브랜드란, 일반 관광사업의 영리를 위한 브랜드를 의미하며 미시적인 부분에서의 경쟁력으로 작용하며, 관광지 브랜드는 관광지나 관광자원에 대해서 관광자에게 관광의 가치와 이미지를 전달해 주는 것으로 거시적인 부분에서의 경쟁력으로 작용한다고 보았다.

또한 관광상품 브랜드를 일반적인 상품브랜드의 정의와 같이 경쟁자와 차별되기 위한 기호, 문자, 도형, 색채 등이 결합된 것으로 보았으며, 반면에 관광지 브랜드는 관광지의 관광자원에 대하여 지역주민 혹은 관광객들이 인지하는 이미지나 아이덴티티(Identity)의 총체라고 하였다. 즉, 관광지 브랜드란, 관광의 대상(Object)인 관광매력물에 대하여 지역주민이나 관광객들이 상징화, 기호화, 이미지화하여 인식하기 쉽도록 구조화시킨 '평판' 또는 '이미지'의 개념으로서 실질적으로 소비자인 관광객들이 관광대상으로 인정하는 관광매력물이나 관광자원이 있는 곳이라고 하였다. 이러한 정의를 바탕으로 그는 국내의 '7대 문화관광권'을 브랜드적 시각에서 현황과 경쟁력을 분석하고 향후 보완이 필요한 브랜드의 종류와 관광브랜드로서 이미지 형성을 이루기 위한 잠재요인을 파악하기 위하여 포지셔닝 분석을 이용하였다.

정은경과 양덕희(2003)는 국내외 관광시장 경쟁에서 살아남기 위하여 관광부분에서도 브랜드적 시각의 필요하다고 보았으며, 이러한 브랜드적 시각을 통하여 한국의 관광브랜드를 개발하고 한국적 브랜드 이미지를 확립하는 것이 필요하다고 주장하였다. 박의서(2004)는 세계 관광시장에서 주목을 받기 위해서는 국가를 상징할 수 있는 '국가브랜드' 또는 '관광브랜드'가 필요하다고 보았으며, 이러한 '국가브랜드' 및 '관광브랜드'의 효과적인 구축을 위해서는 새로운 이미지를 전달할 수 있는 심벌과 슬로건 개발이 필요하다고 주장하였다.

박근수(2004)는 지역축제 상품의 무분별한 개최로 인하여 나타나는 여러 문제점을 보완하기 위해서 축제를 브랜드의 시각에서 관리하는 것이 필요하다고 보았으며, 이를 위해 축제상품에 브랜드 개성의 개념을 도입하여 축제유형을 분류함으로서 효율성을 평가하고자 하였다.

2) 브랜드가치 평가 속성

브랜드의 가치란, 브랜드가 지니고 있는 자산(Equity)적 가치를 의미하는데, 브랜드 자산을 Aaker(1991)는 "한 브랜드와 그 브랜드의 이름 및 상징과 관련된 자산 및 부채의 총체로서 이는 기업에서 고객에게 제공하는 제품이나 서비스의 가치를 증가시키거나 감소시키는 역할을 수행한다."고 정의하였다. 또한 Simon과 Sullivan(1990)은 브랜드 자산을 "기능이 비슷한 다른 대체 브랜드를 비교하였을 때 소비자가 특정 브랜드의 구입을 위해 추가적으로 지불하고자 하는 화폐가치"로 정의하였다. 이러한 브랜드 자산 가치에 관한 정의들은 모두 브랜드가 지니고 있는 경제적 가치를 의미하는 것으로 관광브랜드 및 축제 브랜드도 경쟁적 대상(국가, 목적지, 타지역 축제 등)이 있으며, 또한 지역 경제에 직간접적인 부가가치를 유발시킨다는 점에서 '브랜드적 자산 가치'를 지니고 있는 대상으로 볼 수 있다.

브랜드 자산 가치 평가 속성에 대하여 Aaker(1991, 1996)는 마케팅적 관점에서 브랜드 충성도(Brand Loyalty), 브랜드 인지(Brand Awareness), 브랜드 연상/이미지(Brand Associations/Image), 지각된 품질(Perceived Quality)의 4가지로 살펴볼 수 있다고 주장하였으며, 이를 다시 세분화하여 브랜드 만족도(Brand Satisfaction), 조직적 연상(Organizational Associations), 인지된 가치(Perceived Value), 인지된 품질(Perceived Quality), 시장 점유율(Market Share), 가격프리미엄(Price Premium), 브랜드 개성(Brand Personality), 인기도(Popularity), 브랜드 인지(Brand Awareness), 시장가격/유통범위(Market Price/Distribution Coverage)의 'Brand Equity 10'이라는 브랜드 자산 가치 평가 속성을 제시하였다.

Keller(1993)는 브랜드 자산 가치를 평가하는 속성은 크게 브랜드 인지도(Brand Awareness)와 브랜드 이미지(Brand Image)로 구분할 수 있으며, 이러한 두 속성을 통하여 브랜드에 대한 지식이 형성되고 이러한 지식을 바탕으로 하여 브랜드를 구매하는데 차이가 나타난다고 보았다.

Keller(2002)는 소비자들은 브랜드화된 제품과 브랜드화 된 제품 마케팅에 더욱 관심을 나타낸다고 주장하며 기존의 브랜드 인지도(Brand Awareness)와 브랜드 이미지(Brand Image)와 함께 브랜드 충성도(Brand Loyalty), 브랜드 선호도(Brand Preference), 인지된 품질(Perceived Quality)을 브랜드 가치 평가 속성으로추가하였다.

그 외 Srivastava와 Shocker(1991)의 연구에서는 브랜드 충성도(Brand Loyalty), 브랜드 인지(Brand Awareness), 브랜드 연상/이미지(Brand Associations/Image)는 Aaker(1991)와 같은 견해를 보였으나 Aaker의 지각된 품질(Perceived Quality)대신에 지각된 가치(Perceived Value)를 브랜드 자산 가치를 평가하는 주요 속성으로 보았으며, 그 외 유통범위(Distribution Coverage)를 포함하였다. 또한 브랜드의 자산을 평가하는 실무적인 측면에서 살펴보면, 한국능률협회(2002)에서 1999년 이후 매년 실시하고 있는 브랜드 자산 평가 모델인 'K-BPI'에서도 브랜드 충성도(Brand Loyalty), 브랜드 인지(Brand Awareness), 브랜드 연상/이미지(Brand Associations/Image)를 주요 평가 속성으로 이용하고 있으며, 이 세 가지 속성이외 브랜드 선호도(Brand Preference)를 포함하고 있다.

지금까지 국내 관광분야에서 관광브랜드와 관련하여 이러한 브랜드 자산 가치 평가속성을 이용하여 연구는 이태희(2001)에 의해서 탐험적으로 이루어진바 있는데, 저자는 국내외 관광목적지를 브랜드의 시각에서 평가하기 위하여 Aaker의 브랜드 자산 가치 평가 속성을 바탕으로 관광지 인지도(Destination Awareness), 관광지 선호도(Destination Preference), 관광지 방문가치(Destination Value for Visit), 관광지 독특함/개성(Destination Uniqueness/Personality), 관광지 인기도(Destination Popularity), 관광지 가격프리미엄(Destination Price Premium)의 6개 속성을 도출하여 각 관광목적지에 브랜드 지수(指數)를 계산하는 방식을 이용하여 국내외 관광목적지의 경쟁우위를 평가하였다.

3. 유형별 러브마크 축제 가치평가

1) 러브마크 축제 유형 및 대상 선정

브랜드가치 평가 속성이 축제브랜드를 선택하는데 있어 유의한 영향을 미치는가에 대해 살펴보기 위하여 연구의 대상이 되는 국내 지역축제 브랜드를 선정하였다. 지역축제 브랜드는 축제가 지니고 있는 특성에 따라 5가지 유형(전통문화축제, 산업축제, 관광축제, 특수목적축제, 박람회 및 엑스포)으로 분류하였으며, 이는 선정상의 임의성을 최소화하기 위해 문화관광지정축제와 지속적으로 국내에서 개최되고 있는 대형 이벤트 중에서 지역적 안배와 축제 유형 등을 고려하여 최종 17개 축제브랜드를 선정하였다. 축제브랜드 유형에 따른 대상은 〈표 12-1〉과 같다.

표 12-1 축제브랜드 유형 및 대상

유형구분	축제명
전통문화축제	남원춘향제(호남권)
	청도소싸움축제(영남권)
	단양온달문화축제(충청권)
	진도영등축제(호남권)
산업축제	이천도자기축제(수도권)
	금산인삼축제(충청권)
	양양송이축제(강원권)
	대구약령시축제(영남권)
관광축제	제주섬문화축제(제주권)
	보령머드축제(충청권)
	무주반딧불축제(호남권)
	함평나비축제(호남권)
특수목적축제	안동국제탈춤페스티벌(영남권)
	창원F3코리아그랑프리대회(영남권)
	춘천국제마임페스티벌(강원권)
박람회(엑스포)	경주문화엑스포(영남권)
	고양꽃박람회(수도권)

2) 표본의 설정 및 조사방법

모집단은 전국을 대상으로 지역 축제 브랜드에 관심을 가지고 있는 사람이라고 정의할 수 있으며, 그에 따른 표본의 설정은 다수의 축제 브랜드에 대하여 비교 평가를 할 수 있어야 하기 때문에 평소에 축제 브랜드에 대한 관심과 지식이 어느 정도 지니고 있을 것이라고 판단되는 국내 관광계열 대학생들을 전국적으로 확산시킴으로서 가능한 한 표본의 분포를 고르게 분배하였다. 이는 대상이 지역축제인 만큼 그 지역에 거주하는 축제브랜드에 대하여 평가하는데 있어 나타날 수 있을 오차를 가능한 한 줄이고자 하는 것이다.

자기기입식(self-administered)설문으로 실시, 배포된 설문지는 수도권 대학에서 90매, 인천 경기도권 대학에서 112매, 강원권 대학에서 70매, 충청권 대학에서 130매, 대구 경북권 대학에서 60매, 부산 경남권 대학에서 120매, 호남권 대학에서 110매, 제주권 대학에서 60매 등 전국 13개 대학에서 총 752매이며, 수거 된 설문지 중 설문 응답이 불성실하고 그 기록에 문제가 있다고 판단되는 187부를 제외한 565매가 최종적으로 분석에 사용되었다. 자료를 분석과 가설의 검정을 위하여 SPSS 11.0 WINDOWS 통계 패키지가 지원하는 빈도분석과 신뢰도 분석, 다중회귀분석을 이용하였다.

3) 측정변수의 도출

관광브랜드 중 하나인 축제브랜드에 대하여 관광객들이 축제 방문을 고려할 때 축제브랜드를 평가하는 변수로서 기존에 일반 제조업을 대상으로 평가하던 '브랜드 가치 평가 속성'을 이용하는 것이 실질적으로 적용 가능한가를 살펴보았다. 따라서 앞서 살펴본 선행연구자들의 이론을 바탕으로 본 연구의 독립변수가 되는 '브랜드 가치 평가 속성'은 Aaker(1991, 1996)가 제시한 속성을 중심으로 이태희(2001)가 이용한 7가지 속성과 본 연구자가 축제브랜드를 평가하는데 있어 중요한 속성이라고 판단하는 '축제의 규모'를 추가하여 최종적으로 '브랜드 가치 평가 속성 7가지'를 이용하고자 한다. 즉, 축제브랜드를 선택하는데 있어 축제 인지도(Festival Awareness), 축제 선호도(Festival Preference), 축제 방문가치(Festival Value for Visit), 축제 독특함/개성(Festival Uniqueness/Personality), 축제 인기도(Festival Popularity), 가격프리미엄(Price Premium), 축제 규모(Festival scale) 7가지 속성이 종속변수인 축제 방문 고려 정도에 유의미한 영향을 미치는가를 실증적으로 살펴보고자 하는 것이다.

4. 러브마크 축제 가치평가의 결과

1) 응답자의 일반적 특정

설문조사에 참여한 응답자들의 일반적 특성을 살펴보면, 〈표 12-2〉와 같다. 먼저 성별은 전체 응답자 중 여성이 363(64.2%)명으로 남성 202(35.8%)보다 많은 비중을 차지하고 있으며, 거주지역은 경상도가 140(24.8%)명으로 가장 많은 비

표 12-2 응답자의 일반적 특성

변수	구분	빈도수	퍼센트	변수	구분	빈도수	퍼센트
성별	여자	363	64.2	연령	19세 이하	111	19.6
	남자	202	35.8		20-21세	257	45.5
	합계	565	100.0		22-23세	106	18.8
거주지	서울	106	18.8		24-25세	53	9.4
	인천·경기	128	22.7		26세 이상	38	6.7
	강원도	30	5.3		합계	565	100.0
	충청도	69	12.2	가족수	3인 이하	64	11.3
	경상도	140	24.8		4인	305	54.0
	전라도	66	11.7		5인 이상	196	34.7
	제주도	26	4.6		합계	565	100.0
	합계	565	100.0	-			

중을 차지하였으며, 제주도 지역이 26(4.6%)명으로 가장 적은 비중을 차지하였다. 연령에 있어서는 관광계열 전공의 대학생들을 대상으로 하고 있기 때문에 20대 초반이 대다수를 차지하고 있으며, 가족 수는 3인 이하가 64(11.3%)명, 4인 가족이 305(54%)명, 5인 이상 가족이 198(34.7%)명으로 각각 나타났다.

2) 브랜드 가치 평가 속성에 대한 신뢰도 분석

독립변수가 되는 '브랜드 가치 평가 속성'에 대한 신뢰성을 확인한 결과는 〈표 12-3〉과 같다. 이는 17개 지역축제 브랜드 전체에 대한 7가지 속성들의 값을 각각 평균한 값을 이용하여 실시한 결과이다. 7개 속성에 대한 신뢰계수 크론바 α값은 0.864로 나타난 '브랜드 가치 평가 속성'에 대한 신뢰도는 높은 수준으로 나타났다.

표 12-3 브랜드 가치 평가 속성 신뢰도 분석 결과

	Mean	표준편차	N	Alpha if Item Deleted	크론바 a
축제 인지도	2.615	0.955	565	0.875	0.864
축제 규모	3.712	0.964	565	0.872	
축제 선호도	3.414	1.019	565	0.832	
축제 가치	4.068	0.933	565	0.831	
축제 독특함/개성	4.147	0.965	565	0.828	
축제 인기도	4.037	0.854	565	0.831	
축제 가격프리미엄	3.496	1.076	565	0.838	

3) 축제 유형에 따른 회귀분석 결과

조사 대상이 되는 17개 지역축제를 5개의 유형으로 구분하여 각 유형에 속한 축제브랜드들의 점수를 합산한 결과를 바탕으로 유형별 회귀분석을 실시하여 보았다. 이러한 분석을 통하여 축제 유형에 따라 브랜드 가치 평가 속성이 미치는 결과에 어떠한 차이가 있는가를 살펴봄으로써 축제 유형에 따른 평

가 방식의 차이를 확인할 수 있을 것이다.

(1) 전통문화축제 유형에 따른 회귀분석 결과

전통문화축제만을 대상으로 브랜드 가치 평가 속성과 지역축제 방문 사이의 관계를 회귀분석을 통해 살펴본 결과, 〈표 12-4〉와 같이 나타났다. 전체 회귀선형 모형에 대한 설명력을 나타내는 R^2값은 0.033으로 매우 낮은 것으로 나타났으나, F값이 2.730일 때, 유의 확률은 $p < 0.01$로 나타나 회귀식은 유의한 것으로 나타났다.

전통문화축제 유형만을 대상으로 하는데 있어, 종속변수인 지역축제 방문에 유의한 영향을 미치는 브랜드 가치 평가 속성으로는 축제인지도와 축제규모만이 각각 t값이 2.168(0.031), -1.728(0.084)로 나타나 $p < 0.05$와 0.1 수준에서 통계적으로 유의한 결과를 나타내었다.

전체 회귀식은 Y(지역축제 방문) = 3.292 + 0.075*(축제인지도) + (-0.060)*(축제규모)으로 나타낼 수 있는데, 전통문화축제의 경우 축제인지도만이 지역을 방문하는데 있어 정(+)적인 영향을 미치는 속성인 것으로 나타났으며, 축제규모는 부(-)적인 영향을 미치는 속성인 것으로 나타났다.

표 12-4 전통문화축제를 대상으로 한 회귀분석 결과

독립변수	B	Std. Error	R Square	F	t	Sig.
상수	3.292	0.159	0.033	2.730***	20.648	0.000***
인지평균	0.075	0.035			2.168	0.031**
규모평균	-0.060	0.035			-1.728	0.084*
선호평균	0.065	0.042			1.574	0.116
가치평균	-0.043	0.046			-0.939	0.348
독특평균	0.048	0.042			1.134	0.257
인기평균	-0.026	0.050			-0.523	0.601
가격평균	0.040	0.039			1.043	0.298

주) * a 〈 0.1, ** a 〈 0.05, *** a 〈 0.01 수준에서 유의함

(2) 산업축제 유형에 따른 회귀분석 결과

산업축제만을 대상으로 브랜드 가치 평가 속성과 지역축제를 방문사이의 관계를 회귀분석을 통해 살펴본 결과는 〈표12-5〉와 같다. 전체 회귀 선형 모형에 대한 설명력을 나타내는 R^2값은 0.049로 매우 낮은 것으로 나타났으나, F값이 4.072일 때, 유의확률은 $p < 0.01$로 나타나 회귀식은 유의한 것으로 나타났다.

산업축제 유형의 경우에서는 축제인지도와 축제인기도, 축제 가격프리미엄이 각각 t값이 3.228(0.000), -2.040(0.042), 2.121(0.034)로 나타나 $p < 0.01$과 0.05 수준에서 통계적으로 유의한 결과를 나타내었다. 전체 회귀식은 Y(지역축제 방문) = 3.400 + 0.111*(축제인지도) + (-0.098)*(축제인기도) + 0.081*(가격프리미엄)로 나타낼 수 있으며, 산업축제 유형에서는 축제인지도와 가격프리미엄 속성이 정(+)적인 영향을 미치는 속성으로 나타났으며, 축제인기도의 경우는 부(-)적인 영향을 미치는 속성인 것으로 나타났다.

표 12-5 산업축제를 대상으로 한 회귀분석 결과

독립변수	B	Std. Error	R Square	F	t	Sig.
상수	3.400	0.149	0.049	4.072***	22.773	0.000***
인지평균	0.111	0.034			3.228	0.000***
규모평균	-0.038	0.033			-1.145	0.253
선호평균	0.046	0.039			1.181	0.238
가치평균	-0.017	0.044			-0.380	0.704
독특평균	0.012	0.043			0.276	0.783
인기평균	-0.098	0.048			-2.040	0.042**
가격평균	0.081	0.038			2.121	0.034**

주) * $\alpha < 0.1$, ** $\alpha < 0.05$, *** $\alpha < 0.01$ 수준에서 유의함

(3) 관광축제 유형에 따른 회귀분석 결과

관광축제만을 대상으로 한 회귀분석 결과는 〈표 12-6〉과 같다. 전체 회귀 선형 모형에 대한 설명력을 나타내는 R^2값은 0.060으로 매우 낮은 것으로 나타

났으나, F값이 5.091일 때, 유의 확률은 p 〈 0.01로 나타나 회귀식은 유의한 것으로 나타났다. 관광축제 유형의 경우에서는 축제인지도와 축제의 독특함(개성), 축제인기도, 축제 가격프리미엄이 각각 t값이 2.629(0.009), 3.022(0.003), -1.795(0.073), 2.177(0.030)로 나타나 p 〈 0.01과 0.05, 0.1 수준에서 통계적으로 유의한 결과를 나타내었다. 전체 회귀식은 Y(지역축제 방문) = 3.103 + 0.086⋆(축제인지도) + 0.128⋆(축제독특함) + (-0.085)*(축제인기도) + 0.076⋆(가격프리미엄)으로 나타낼 수 있는데, 관광축제의 유형에서는 축제의 독특함(개성)이 가장 중요한 평가 속성임을 의미하는 결과라 할 수 있겠다.

표 12-6 관광축제를 대상으로 한 회귀분석 결과

독립변수	B	Std. Error	R Square	F	t	Sig.
상수	3.103	0.175	0.060	5.091***	17.695	0.000***
인지평균	0.086	0.033			2.629	0.009***
규모평균	-0.043	0.035			-1.236	0.217
선호평균	0.053	0.038			1.403	0.161
가치평균	-0.076	0.048			-1.603	0.109
독특평균	0.128	0.042			3.022	0.003***
인기평균	-0.085	0.048			-1.795	0.073*
가격평균	0.076	0.035			2.177	0.030**

주) * α 〈 0.1, ** α 〈 0.05, *** α 〈 0.01 수준에서 유의함

(4) 특수목적 축제 유형에 따른 회귀분석 결과

특수목적축제만을 대상으로 한 회귀분석 결과는 〈표 12-7〉과 같다. 전체 회귀 선형 모형에 대한 설명력을 나타내는 R^2값은 0.029로 매우 낮은 것으로 나타났으나, F값이 2.367일 때, 유의 확률은p 〈 0.05로 나타나 회귀식은 유의한 것으로 나타났다. 특수목적축제 유형의 경우에서는 축제규모와 축제선호도 속성만이 t값 -1.707(0.088), 2.107(0.036)로 나타나 p 〈 0.05와 0.1 수준에서 통계적으로 유의한 결과를 나타내었다. 전체 회귀식은 Y(지역축제 방문) = 3.360 + (-0.050)⋆(축제규모) + 0.077⋆(축제선호도)로 나타낼 수 있는데, 특수목적축제

유형에서는 축제선호도만이 정(+)적인 영향을 미치는 평가 속성으로 나타났으며, 축제의 규모는 부정적인 영향을 미치는 속성인 것으로 나타났다.

표 12-7 특수목적축제를 대상으로 한 회귀분석 결과

독립변수	B	Std. Error	R Square	F	t	Sig.
상수	3.360	0.137	0.029	2.367**	24.469	0.000***
인지평균	0.008	0.032			0.237	0.813
규모평균	-0.050	0.029			-1.707	0.088*
선호평균	0.077	0.037			2.107	0.036**
가치평균	-0.014	0.042			-0.332	0.740
독특평균	-0.011	0.040			-0.278	0.781
인기평균	0.000	0.044			-0.002	0.998
가격평균	0.055	0.036			1.555	0.120

주) * α 〈 0.1, ** α 〈 0.05, *** α 〈 0.01 수준에서 유의함

(5) 박람회 및 엑스포 유형에 따른 회귀분석 결과

박람회 및 엑스포 유형을 대상으로 한 회귀분석 결과는 〈표 12-8〉과 같다. 전체 회귀 선형 모형에 대한 설명력을 나타내는 R^2값은 0.041로 매우 낮은 것으로 나타났으나, F값이 3.386일 때, 유의 확률이 p 〈 0.01로 나타나 회귀식은 유의한것으로나타났다. 박람회 및 엑스포 유형에서는 축제인지도와 축제의 독특함

표 12-8 박람회 및 엑스포를 대상으로 한 희귀분석 결과

독립변수	B	Std. Error	R Square	F	t	Sig.
상수	3.207	0.167	0.041	3.386***	19.211	0.000***
인지평균	0.090	0.028			3.228	0.001***
규모평균	-0.042	0.029			-1.450	0.148
선호평균	0.028	0.037			0.755	0.450
가치평균	-0.069	0.042			-1.649	0.100
독특평균	0.062	0.036			1.718	0.086*
인기평균	0.014	0.039			0.367	0.714
가격평균	0.025	0.032			0.782	0.435

주) * a 〈 0.1, ** a 〈 0.05, *** a 〈 0.01 수준에서 유의함

(개성)만이 각각 t값이 3.228(0.001), 1.718(0.086)로 나타나 P 〈 0.01과 0.1 수준에서 통계적으로 유의한 결과를 나타내었다. 전체 회귀식은 Y(지역축제 방문) = 3.207 + 0.090*(축제인지도) + 0.062*(축제독특함)로 나타낼 수 있는데, 박람회 및 엑스포 유형의 경우에서는 축제인지도와 축제의 독특함(개성)의 두 속성 모두가 정(+)적인 영향을 미치는 속성으로 나타났다.

4) 전체 지역축제를 대상으로 한 회귀분석 결과

브랜드 가치 평가 속성이 지역축제를 방문하는데 있어 미치는 영향에 관해 살펴보기 위하여 본 연구의 대상인 전체 지역축제에 관하여 회귀분석을 실시한 결과, 〈표 12-9〉와 같이 나타났다. 전체 회귀 선형 모형에 대한 설명력을 나타내는 R^2값은 0.055로 독립변수인 7개의 브랜드 가치 평가 속성과 종속변수인 지역축제 방문간의 관계는 매우 낮은 것으로 나타났다.

전체 회귀식의 결과는 F값이 4.587일 때, 유의 확률이 0.000(p〈0.01)으로 나타나 유의한 결과를 나타내었다. 종속변수인 지역축제 방문에 유의한 영향을 미치는 브랜드 가치 평가 속성으로는 t값이 2.674(0.008), -1.768(0.078), 1.800(0.061)으로 나타난 축제인지도, 축제규모, 축제 가격프리미엄이 p 〈 0.001, 0.1 수준에서

표 12-9 전체 지역축제를 대상으로 한 회귀분석 결과

독립변수	B	Std. Error	R Square	F	t	Sig.
상수	3.183	0.188	0.055	4.587***	16.909	0.000***
인지평균	0.108	0.040			2.674	0.008***
규모평균	-0.069	0.039			-1.768	0.078*
선호평균	0.081	0.049			1.641	0.101
가치평균	-0.075	0.060			-1.238	0.216
독특평균	0.101	0.062			1.631	0.103
인기평균	-0.086	0.067			-1.268	0.205
가격평균	0.084	0.045			1.880	0.061*

주) * a 〈 0.1, ** a 〈 0.05, *** a 〈 0.01 수준에서 유의함

각각 통계적으로 유의한 결과를 나타내었다. 전체 회귀식은 Y(지역축제 방문) = 3.183 + 0.108*(축제인지도) + (-0.079)*(축제규모) + 0.045*(가격프리미엄)로 나타낼 수 있는데, 축제인지도와 축제가 지니는 가격프리미엄 측면은 축제를 방문하는데 있어 정(+)적인 영향을 미치는 반면, 축제규모는 지역축제를 방문하는데 있어 부(-)적인 영향을 미치는 속성인 것으로 나타나 지역축제를 평가하는데 있어 규모는 중요하지 않은 속성이라 판단할 수 있다.

5. 러브마크 축제 평가기준에 대한 모색

다음 나타나는 내용은 지방자체제의 실시 이 후 국내의 많은 지역에서 개최되어지고 있는 축제에서 나타나고 있는 문제점들을 보완하기 위한 방법으로 새로운 평가 기준을 모색하고자 실시한 결과물이다. 새로운 평가 기준으로 일반적으로 제조업 제품을 대상으로 하고 있는 '브랜드 가치 평가 속성'을 축제 브랜드에 적용해 봄으로서 그 가능성을 확인하고자 하였다.

따라서 탐험적 자세에서 기존의 브랜드 관련 연구자들의 '브랜드 가치 평가 속성'들을 살펴보고 여러 연구자들이 제시한 속성들 중 대표성을 고려하여 7가지 속성(인지도, 규모, 선호도, 방문가치, 독특함(개성), 인기도, 가격프리미엄)을 최종적으로 도출하여 이러한 속성이 축제를 방문하는데 있어 유의한 영향을 미치는가에 대하여 실증적으로 연구하였으며, 특히 축제의 유형에 따라서 각 속성이 어떠한 차이를 보이는가에 대하여 조사하였다.

연구결과를 살펴보면, 먼저 '브랜드 가치 평가 속성'을 구성하고 있는 7가지 속성들에 대한 신뢰성 분석결과 매우 높은 수준의 신뢰성을 나타내었다. 그 다음으로 축제 유형에 따라 7가지 속성이 축제를 방문하는데 있어 유의한 영향을 미치는가에 대하여 살펴본 결과, 전통문화축제 유형에서는 '축제에 대한 인지도'만이 정(+)적인 영향(축제의 규모는 부(-)적인 영향을 미침)을 미치는 것으로 나타났으며, 산업축제 유형에서는 '축제에 대한 인지도'와 '축제의 가격프리미엄'만이 정(+)적인 속성(축제의 인기도는 부(-)적인 영향을 미침)인 것으로 나타났다. 관광축제 유형의 경우에는 '축제의 인지도'와 '축제의 독특함(개성)', '축제 가격프리미엄'속성이 정(+)적인 영향을 미치는 속성(축제의 인기도는 부(-)적인 영향을 미침)으로 나타났으며, 특수목적축제 유형에서는 '축제의 선호도'만이 정(+)적인 영향(축제의 규모는 부(-)적인 영향을 미침)을 미치는 것으로 나타났다. 박람회 및 엑스포 유형에서는 '축제의 인지도'와 '축제의 독특함(개성)'이 축제 방문에 긍정적인 영향을 미치는 것으로 나타났으며, 전체 축제를 대상으로 실시한 결과에서는 '축제의 인지도'와 '축제 가격프리미엄'의 두 속성이 정(+)적인 영향을 '축제의 규모'속성이 부(-)적인 영향을 미치는 속성인 것으로 나타났다.

전반적으로 '축제의 인지도'속성이 지역축제를 방문하는데 있어 가장 중요한 속성인 것으로 나타났으며, 축제 유형별로 보면, 관광축제 유형의 경우 '축제의 독특함(개성)'이 가장 큰 영향을 미치는 변수로, 특수목적축제 유형의 경우 '축제의 선호도'가 가장 중요한 속성인 것으로 나타났다.

따라서 관광축제는 타 지역과 구별되는 축제 내용의 구성과 소재의 개발이 시급하며, 특수목적축제의 경우에는 방문객들에게 '독점적 소재', 즉 희귀성과 유일성을 강조함으로서 독보적인 위치를 선점할 수 있도록 관리 및 변화해 나가야 할 것이다. 또한 '축제의 규모'와 '축제의 인기도'는 부(-)적인 영향을 미치는 속성인 것으로 나타나 축제의 규모적 측면과 단순 인기를 위한 내용의 구성보다는 특화된 내용인 프로그램에 대한 다양성을 구성할 필요가 있다고 판단된다.

그 외 '축제 방문가치'의 경우 축제 유형과 전체를 대상으로 한 결과에서 모두 유의하지 않은 것으로 나타났는데, 이러한 결과는 표본 특성으로부터 기인하는 것으로 예측된다. 즉, 표본 집단인 대학생 집단들은 '축제 방문가치'와 같은 교육적 측면의 개념에 대하여 높은 가치를 부여하지 않고 있다고 짐작할 수 있다. 따라서 향후 보다 다양한 응답자 및 대상들을 통하여 보다

심도 있는 표본조사 및 연구의 설계를 바탕으로 체계적인 검증이 이루어져야 할 것이다.

지금까지 관광산업과 관련한 다양한 상품들을 대상으로 하여 브랜드적 시각에서 연구가 진행되어온 것을 불과 몇 년 되지 않았다. 그러나 기존의 브랜드 개념이 점차 확대되어져 최근에는 국가도 브랜드의 대상에서 관리하고 평가하는 만큼 관광산업의 다양한 상품들도 브랜드라는 체계적이고 지속적인 개념을 도입하여 평가 및 관리하는 연구가 필요하다고 판단된다. 지역축제들 평가하는데 있어 필요한 평가 기준을 '브랜드 시각'에서 탐험적으로 살펴보았는데 그 의의를 지닌다고 판단된다. 그러나 브랜드 가치를 평가하는 속성에 대한 신뢰도는 높게 나타났으나, 실제 회귀분석에서는 독립변수인 브랜드 가치 평가속성과 종속변수인 지역축제 방문 사이의 인과적 설명정도를 나타내는 R^2 값과 독립변수와 종속변수 간의 영향정도를 확인할 수 있는 '회귀계수'값이 매우 낮게 나타나 통계적 유의성 결과를 일반화하는데는 부족함이 있다고 판단된다.

이러한 결과는 브랜드 가치 평가 속성에 대한 보다 심도 있는 탐험적, 문헌적 연구와 함께 조사설계에 대한 보다 체계적인 과정이 필요하다는 향후 과제를 낳았다. 또한, 본 연구는 표본이 되는 응답자들이 20대 관광계열 대학생이므로 응답자 간의 다양한 특성 및 그에 따른 시장세분화를 위한 다양한 분석이 이루어지지 못하였다는 한계를 지니고 있다.

따라서 향후 연구에서는 관광산업과 관련한 여러 상품들에 '브랜드 개념'을 도입하는데 있어 보다 깊이 있는 문헌적 고찰이 필요하며, 이러한 이론적 근거를 바탕으로 구체적인 모형의 개발과 다양한 평가 속성을 개발하여 실증적으로 관광산업과 관련한 여러 상품들을 '브랜드적 시각'에서 평가하고 관리할 수 있는 방안을 모색해 나가야 할 것이다.

참 / 고 / 문 / 헌

- 김춘식. 1999. 「지역개발전략으로서 전통문화의 관광상품화」 『한국행정논집』 11(1), pp.209~231.
- 문화관광부. 2004. 『2004 문화관광축제 종합평가보고서』
- 박근수. 2004. 「축제유형별 브랜드개성의 차이를 이용한 대전엑스포과학공원 활성화 방안」 『관광학연구』 28(2). pp.253~270.
- 박의서. 2004. 「심벌과 슬로건을 활용한 관광브랜드 구축 방안」 『관광정책학연구』 10(2). pp.63~83.
- 이태희. 2001. 「한국 관광목적지 브랜드 창출을 위한 브랜드 지수 평가에 관한 연구」 『관광학연구』 25(3). pp.171~192.
- 이태희. 2002. 「관여도 수준에 따른 지방축제 관광객 시장 세분화 방법 비교 연구」 『관광학연구』 26(1). pp.135~148
- 이태희. 2003. 『축제브랜드 경영론』 대왕사, pp.42~56
- 이태희. 2004. 「대응분석을 통한 7대문화관광권의 관광브랜드 포지셔닝 연구」 『호텔경영학연구』 13(1). pp.197~213.
- 정은경 · 양덕희. 2003. 「한국 관광 브랜드 이미지 정착을 위한 마케팅 연구」 『관광정보연구』 제15호. pp.191~217.
- 한국능률협회. 2002 『Brand Power : 한국 산업의 브랜드 파워 2002』

- Marketing Science Institute. 1989. Review, *Marketing Institute*, Fall.
- Aaker, David A. 1991. *Managing Brand Equity*, New York: The Free Press.
- Aaker, David A. 1996. *Building Strong Brands*, New York, The Free Press.
- Keller, Kevin Lane. 1993. "Conceptualizing, Measuring and Managing Customer based Brand Equity", *Journal of Marketing*, 57(1), pp.1~22.
- Keller, Kevin Lane. 2002. Strategic Brand Management : Building, Measuring, and Management Brand Equity. 2nd ed, Prentice-Hall, Inc
- Simon, Carol J. and Mary W. Sullivan. 1990. "The Measurement and Determinations of Brand Equity: A Financial Approach, Working paper".

Graduate School of Business, University of Chicago.

- Srivastava, R. and Allan, D. Shocker. 1991. "Brand Equity: A Perspective on Its Meaning and Measurement". Marketing Science Institute Working Paper Series. Report No. 91~124. Cambridge. MA: Marketing Science Institute." 『관광학연구』 25(3). pp.171~192.

Memo

Chapter 13

♡ 러브마크 축제 성취도 평가

1. 러브마크 축제의 성취도
2. 축제평가의 배경
3. 러브마크 축제 성취도 평가 및 결과
4. 러브마크 축제 평가의 피드백

러브마크 축제성취도 평가

Chapter 13

1. 러브마크 축제의 성취도

지역주민들이 주요 참가주체였던 지역축제가 외부지역의 방문객들을 유인하는 관광상품으로 부각되면서, 지역축제는 점차적으로 그 중요성을 더해가고 있다. 문화관광부도 이 같은 추세에 발맞춰 문화관광축제를 확대하고 앞으로 관광브랜드로서 지역축제를 적극 육성할 계획이라고 밝힌바 있다. 이를 계기로 많은 국내외 관광객을 유치해서 우리의 문화를 세계화하고 지역경제 활성화를 도모하고자 하는 것이다.

현재 국내에는 1300여개의 크고 작은 지역축제가 있음에도 불구하고 각 지방자치단체가 경쟁적으로 향토적 특성을 내세우며 해마다 개최하는 대부분의 지역축제는 행사내용이나 형식면에서 축제행사의 이미지가 특성화되지 못하고 천편일률적인 종합축제 형태에 그치는 문제점도 안고 있다. 이는 지역축제가 공급자 위주로 운영되어 방문객의 만족도 증진을 위한 체계적인 노력이 부족한 결과라고 볼 수 있다. 앞으로는 지역축제의 양적 증가와 더불어 질적인 향상을 위해서는 기존의 축제에 대한 객관적인 평가가 필수적으로 요구된다고 하겠다.

이런 연구 배경 하에 남도음식축제를 사례로 방문객의 축제에 대한 중요도-성취도 분석을 적용하여 조사분석한 결과를 토대로 실제 방문객의 의견이 반영된 소비자 중심의 남도음식축제의 개선과 효율적인 관리를 위한 기초자료를 제공하였다.

2. 축제평가의 배경

1) 음식 대축제의 현황

국내의 문화관광축제가 확대 실시되고 앞으로 관광상품의 효과가 높은 지역축제를 적극 육성할 계획이 존재하지만 대부분의 국내축제는 특정한 계절에 집중(5월과 10월)되어 있으며, 그 일정도 단 몇 일로 한정되어 있으므로 외지 관광객의 여행시기와 일정에 맞추기가 어렵다 (표 13-1참조). 또한 지역축제의 내용이 대부분 일률적이거나 몇 개의 유사한 테마로 국한되어 지역적인 차별성이 거의 없으므로 이미 한번 방문한 관광객에게 재방문을 위한 새로운 흥미를 유발시키지 못하고 있다.

표 13-1 2011년 문화관광축제 지정현황

축제등급	축제명	지원액
대표축제(2개)	강진청자문화제, 남강유등축제	8억
최우수축제 (8개)	금산인삼축제, 김제지평선축제, 양양송이축제, 얼음나라화천산천어축제, 천안흥타령축제, 춘천국제마임축제, 하동야생차문화축제, 함평나비축제	3억
우수축제 (10개)	강경발효젓갈축제, 광주7080충장축제, 남원춘향제, 무주반딧불축제, 문경찻사발축제, 영동난계국악축제, 이천쌀문화축제, 자라섬국제재즈페스티벌, 진도신비의바닷길축제,풍기인삼축제	1.5억
유망축제 (24개)	가고파 국화축제, 경주술과떡잔치, 고령대가야체험축제, 광주김치대축제, 김해분청도자기축제, 담양대나무축제, 대구약령시한방문화축제, 봉화은어축제, 부산자갈치문화관광축제, 수원화성문화제, 순창장류축제, 연천전곡리구석기축제, 영암왕인축제, 울산고래축제, 인천소래포구축제, 제주정월대보름들불축제, 지리산한방약초축제, 태백산눈꽃축제, 통영한산대첩축제, 평창효석문화제, 포항국제별빛축제, 한산모시문화제, 해운대모래축제, 효문화뿌리축제	0.52억

또한 지역축제는 그 지역 주민의 자발적인 참여와 관심 속에서 치러져야 함에도 불구하고 대부분 관 주도형으로 개최됨으로써 형식적인 지역축제로 퇴색되는 경향이 있다.

또한 부족한 예산으로 집행되는 경우가 대부분이다 보니 지역축제는 내용면에서 그 수준이 저급한 경우가 관찰되고 있다. 특히 이용자의 욕구나 행태분석을 통한 기본조사의 미흡으로 상식 수준의 이벤트 행사가 기획되는 것은 지역축제의 수준제고에 큰 걸림돌이 된다고 하겠다. 이미 선진외국에서는 지역축제를 무형의 관광문화자원으로 상품으로 인식되고(Getz, 1990) 있는 데 반해, 우리 나라에서는 아직 지역축제라는 이벤트의 중요성에 대한 인식이 결여되어 있었기 때문이다(이태희, 1995).

표 13-2 남도음식대축제 행사내용

공식행사	전시 행사	놀이 마당	문화 공연	판매/기타
개막식 오찬 폐막식 시상식	전통개발음식전시 궁중음식전 사찰음식전 향토 민속주 전시 차 음식전 전통 상차림 명가집 내림 손맛전 8도 젓갈전 남도유명김치전 외국 음식전 어린이 음식전 영호남 음식전 향토 발효식품전	민속놀이마당 (윷놀이, 제기차기, 화전놀이) 성곽횃불행진 대학생 풍물놀이 강연 장기자랑 전통 혼례식 옹기 만들기 떡 만들기 음식역사패널전 음식자료 전시	세계 축제마당 민속 공연 발레와 무용 전통 풍자극 국악단 공연 KBC열창무대 조리사 음식공연 통음식강의 및 실습 차문화발표회	알뜰장터 고유음식 차,한과,장 젓갈류 유명식당, 호텔, 사찰 향토특산품 민속주막 (민속주판매) 전통식품판매 옹기전시, 판매 등

음식전문가가 음식만드는 법 시연

남도 음식축제 방문객 모습

1994년에 처음 열린 남도음식대축제는 남도 고유의 향토음식과 향토문화를 국내외에 소개함으로써 한국 음식의 우수성을 국내외에 널리 알려 세계 식품화의 기반을 조성하는 것이 목적이었다.

차후 지속적인 음식, 문화이벤트를 전개해 한국을 대표하는 국제적인 향토음식 문화축제로 육성해서 지역 이미지 제고와 경제활성화의 계기 마련이라는 명분으로 만들어진 축제인 것이다. 제5회째인 1998년도의 남도음식축제는 "전통에서 현대까지 남도음식 남도문화"를 주제로 개최되기도 했다(표 13-2, 표 13-3 참조).

표 13-3 역대 남도 음식축제 평가비교

년도	잘된 점	문제점	이용인원	총판매액
제1회 (94년)	-관광상품화 가능성시사 -대대적인 홍보활동주효 -예상을 넘는 관광인파	-음식전시장 협소 -교통소통장애, 주차난 -화장실등 편의 시설 미흡 -행사운영 미숙	65,000명	식당운영판매액2억2800만원 총 매출액 41억 8백만원
제2회 (95년)	-광주비엔날레와 연계해 관광상품화로 발전 -어린이단체관람으로 교육적인 효과	-음식전시장 협소 -행사장 시설 미흡 -전시장내 관람객 질서유지 -음식부패로 인한 악취 -장소 협소로 판매에 불편	220,000명	판매음식실적: 38,574,000원
제3회 (96년)	-로고용 팜플렛등 홍보강화 -외국인 관광객 증가 -전통, 개발음식500종 전시	-전시장 협소, 진열위주 -음식요금에 비해 맛 떨어짐 -연례 답습적 행사로 일관 -볼거리행사,잡상인대책 미흡 -화장실 불결과 부족 -음식맛+친절+위생상태 미흡	300,000명	판매음식실적: 280,323,000원 총매출액: 39억 2,495만원
제4회 (97년)	-문화체육부 선정 '10대 축제' 관광상품화 시도 -남도음식의 우수성알림 -국제적인 음식축제 (외국관광객 1,500명) -부대행사 다양해짐	-전시장 협소,수용능력 초과 -교통편의 불편, 안내판 부족 -화장실 등 편의시설 부족 -음식가격 비쌈, 바가지 요금 -전시음식 맛볼 기회 미흡 -잡상인 난립,	448,300명	입장수입: 36,698,000원

자료: 전라남도 문화관광국 자료

2) 지역축제의 중요도-성취도 분석(Importance-Performance Analysis)

Martilla와 James(1977)가 제안한 중요도-성취도 분석(Importance-Performance Analysis; 이하 IPA라 칭함)은 분석이 간편하고 결과해석이 용이하여 실무적으로 가장 활용도가 높다(Guadagnolo,1985: Havitz, et. al, 1991). IPA는 이용자 만족도를 측정하기 위하여 (a)이용자가 어떤 속성(attribute)을 중요하게 여기는지를 조사한 뒤 (b)이용 전에는 각 속성의 중요도를, (c)이용 후에는 성취도를 이용자 스스로가 평가하게 하여, (d)각 속성의 상대적인 중요도와 성취도를 동시에 비교 분석하는 기법이다(Hammitt, et. al 1996).

이용사례는 국립공원 시설과 서비스에 대한 공원이용자 평가(김세천, 1998; Mills et. al, 1986), 여가 및 레크레이션의 질적 평가와 경영진단 (구태익, 1995; 송영미, 1998)), 도시공원 관리방안 (홍성권, 1995) 등의 연구에서 볼 수 있다.

일반적으로 성취도 축과 중요도 축에 의해 형성되는 4개의 분면에 포함되는 속성들은 다음과 같이 구분하여 해석할 수 있다(그림 13-1).

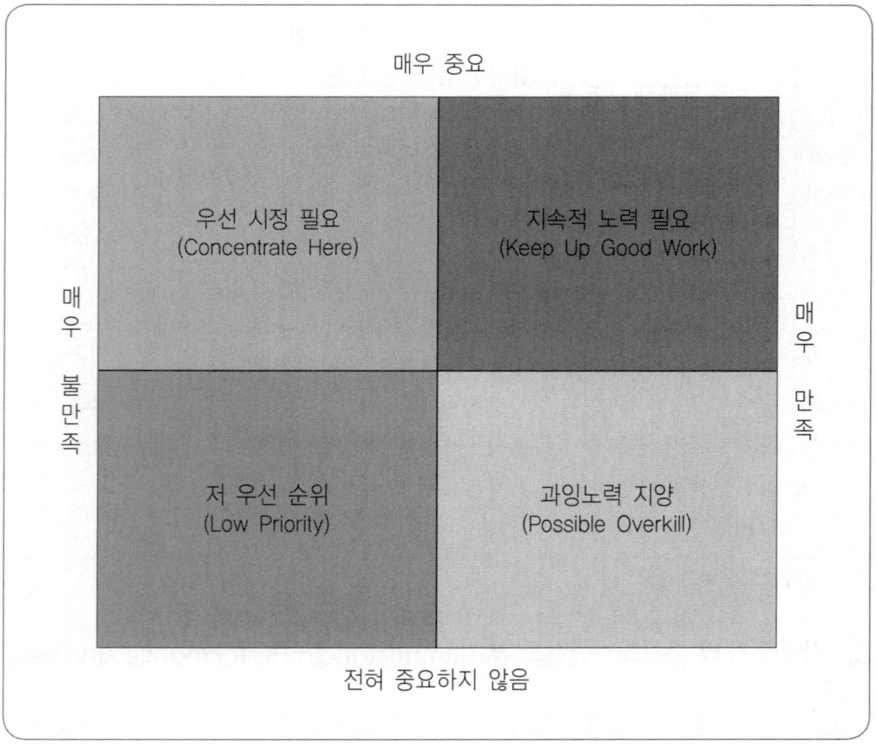

그림 13-1 중요도-성취도 분석(IPA)의 4가지 분면

① 우선 시정 필요(Concentrate Here): 이용자들은 중요하게 생각하고 있지만 실제로는 만족스럽게 반영되어 있지 못한 속성들로서, 가장 먼저 시정되어야 할 것들이다.

② 지속적 노력 필요(Keep Up Good Work): 이용자들도 중요하게 생각하고 있고 실제로도 만족스럽게 반영되어 있는 속성들로서, 현재와 같은 노력이 유지되어야 할 것들이다.

③ 저우선순위(Low Priority): 이용자들도 중요하게 생각하지 않고 있지만 반영되어 있지도 않은 속성들로서, 현재 이상의 노력 투입은 불필요한 것들이다.

④ 과잉노력 지양(Possible Overkill): 이용자들은 중요하게 생각하지 않고 있지만 반영되어 있는 속성들로서, 현재 투입된 노력을 다른 속성에 투입해야 할 것들이다.

3. 러브마크 축제 성취도 평가 및 결과

1) 축제현장 자료조사 및 분석

조사대상지역은 제 5회 남도음식대축제가 개최되는 전라남도 순천시 낙안읍성 민속마을 일대의 행사장을 중심으로 하였다. 조사대상은 남도음식대축제에 참여한 만 18세 이상의 방문객으로 한정했으며, 조사대상자중 편의 추출방법에 의하여 표본으로 추출되어 수거된 설문지 중 381부의 설문지를 최종분석에 사용하였다.

장흥식 음식 차림

설문지의 배부 및 수거는 사회과학조사방법론을 교육받은 5명의 조사원에 의하여 수행되었다. 행사에 참여한 방문객들에게 설문조사에 응해 줄 것을 요청하고 만약 방문객이 승낙을 하면 설문지와 필기도구를 배부한 후 설문응답이 완료될 때까지 기다렸다가 현장에서 바로 수거하는 현지 설문조사 방법을 이용하였다.

행사개막일인 1998년 10월 22일부터 폐막일인 10월 25일까지 나흘간에 걸쳐 자료를 수집하였다. 수집된 자료는 SAS 통계프로그램을 이용하여 분석하였다.

2) 조사내용 및 설문문항 작성

설문 문항은 문헌조사를 기초로 이용 교통수단, 동반인원 구성 및 명수, 체류기간, 숙박장소 및 형태를 비롯하여 응답자의 사회경제적 요인과 방문동기 및 중요도-성취도 문항, 재방문 의사, 방문경험등으로 구성되었다.

진도식 음식 상차림 전시

목포식 상차림 전시

3) 음식대축제 방문객 특성

응답자중 음식축제를 처음 방문한 경우는 59.1%로, 재방문자는 40.9%로 나타났다. 교통수단으로는 응답자의 60.7%가 자가용을 이용하였으며, 동반유형은 가족/친척 또는 친구/동료가 대부분이었다 (82.9 %). 광주전남지역 거주자가 전체의 81.1%를 차지하였으며, 정보습득경로는 TV와 주위사람으로 각각 39.5%와 33%로 나타났다(표 13-5 참조).

표 13-4
응답자의
사회경제적 특성

항 목	범 주	빈도(%)
성별	남	204(54.0)
	여	174(46.0)
연령	18-20세 미만	15(4.0)
	20-29세	157(41.6)
	30-39세	92(24.4)
	40-49세	64(17.0)
	50-59세	32(8.5)
	60세 이상	17(4.5)
학력	국졸 이하	7(1.8)
	중졸	17(4.5)
	고졸	125(33.3)
	대재	92(24.5)
	대졸	120(32.0)
	대학원 이상	14(3.7)
직업	농림수산업	11(2.9)
	자영업	34(9.0)
	생산,기술직(엔지니어,건축,토목 등)	34(9.0)
	판매, 서비스직	28(7.4)
	사무, 행정, 관리직(공무원,일반회사, 금융등)	6(17.5)
	전문직(의료, 언론, 법조, 교육 등)	28(7.4)
	학생	94(24.9)
	무직	17(4.5)
	주부	57(15.1)
	기타	8(2.1)
월평균 가계소득	60만원 이하	28(8.4)
	60만원-100만원	45(13.4)
	100만원-150만원	85(25.4)
	150만원-200만원	94(28.1)
	200만원-300만원	46(13.7)
	300만원이상	37(11.0)

거주지	전남	187(50.0)
	광주	117(31.1)
	부산/경남	29(7.7)
	서울/경기	23(6.1)
	전북	12(3.2)
	충남/충북	4(1.1)
	강원	2(0.5)
	제주	1(0.3)

표 13-5 응답자 방문특성

항 목	범 주	빈도(%)
연 령	20대	157(41.6)
	30대	92(24.4)
	40대	64(17.0)
	50대 이상	49(13.0)
방문횟수	1회(첫방문)	225(59.1)
	2회	74(19.4)
	3회 이상	82(21.5)
동반자 유형	가족/친척	(40.7)
	연인/친구	(42.1)
	단체	(6.6)
체류기간	당일여행	(81.6)
	숙박여행	(18.4)
거주지	광주/전남북	316(84.3)
	경남/부산	29((7.7)
	서울/경기	23(6.1)
	기타	7(1.7)

4) 음식축제를 방문한 동기

축제방문목적은 '전통음식전시를 보기 위하여'가 전 응답자의 72.9%로 나타났으며, '기분전환을 위하여'가 69.5%의 비중을 차지하였다. '민속놀이 등 부대행사 관람(60.3%)'이나 '자연경관 감상을 위하여(55.6%)' 또는 '낙안읍성 관광(53.6%),'와 같은 방문목적도 상당한 비중을 차지하고 있었다.

5) 중요도-성취도 분석

평가항목 각각의 중요도 및 성취도 항목 값은 응답자의 평균치를 사용하였고, 원점은 척도의 중간 값인 3으로 하였다. 전반적인 중요도-성취도 결과는 (표 13-6, 그림 13-2 참조)과 같다.

표 13-6
남도음식대축제의 각 평가항목에 대한 중요도-성취도 분석

구 분	항 목	평 균		중요도-성취도
		중요도(SD)	성취도(SD)	
시설적 인자	1. 화장실 시설	4.45(0.65)	2.79(1.08)	1.66
	2. 주차장 시설	4.35(0.82)	3.26(1.02)	0.09
	3. 오는 도중 도로사정	4.31(0.70)	3.26(1.07)	0.05
	4. 휴게시설의 충분성	4.28(0.68)	2.67(0.99)	1.61
	5. 음식전시관 시설	4.24(0.76)	3.21(0.90)	1.03
관리적 인자	6. 축제장의 청결상태	4.43(0.75)	3.01(0.97)	1.42
	7. 질서유지 효율성	4.29(0.73)	2.90(0.96)	1.39
	8. 입장료가격 적정성	4.16(0.92)	2.39(1.10)	1.77
사회적 인자	9. 상인들의 친절성	4.47(0.66)	3.15(0.84)	1.32
	10. 안내 서비스	4.31(0.73)	2.89(1.03)	1.42
판매 음식 관련 인자	11. 판매음식의 위생성	4.56(0.70)	2.77(0.92)	1.79
	12. 판매음식의 고유성	4.42(0.68)	3.07(0.99)	0.35
	13. 판매음식의 다양성	4.32(0.76)	3.20(1.04)	1.12
	14. 판매음식의 맛	4.32(0.74)	3.14(0.94)	1.18
	15. 판매음식 가격적정성	4.28(0.76)	2.67(0.97)	1.61
프로그램 인자	16. 축제의 특이성	4.44(0.70)	3.13(1.01)	1.31
	17. 볼거리의 다양성	4.43(0.66)	2.87(1.02)	1.56
	18. 프로그램 교육성	4.33(0.74)	3.15(0.98)	1.18
	19. 놀거리의 다양성	4.22(0.80)	2.64(0.94)	1.58
	20. 주변관광지와 연계성	4.14(0.81)	2.99(0.95)	1.15
	21. 음식만들기 체험성	3.92(0.84)	2.59(1.04)	1.32

* 1: 매우 중요치 않다(매우 불량하다), 2:: 중요치 않다(불량하다),
3: 그저 그렇다(그저 그렇다), 4: 중요하다(양호하다)
5: 매우 중요하다(매우 양호하다)

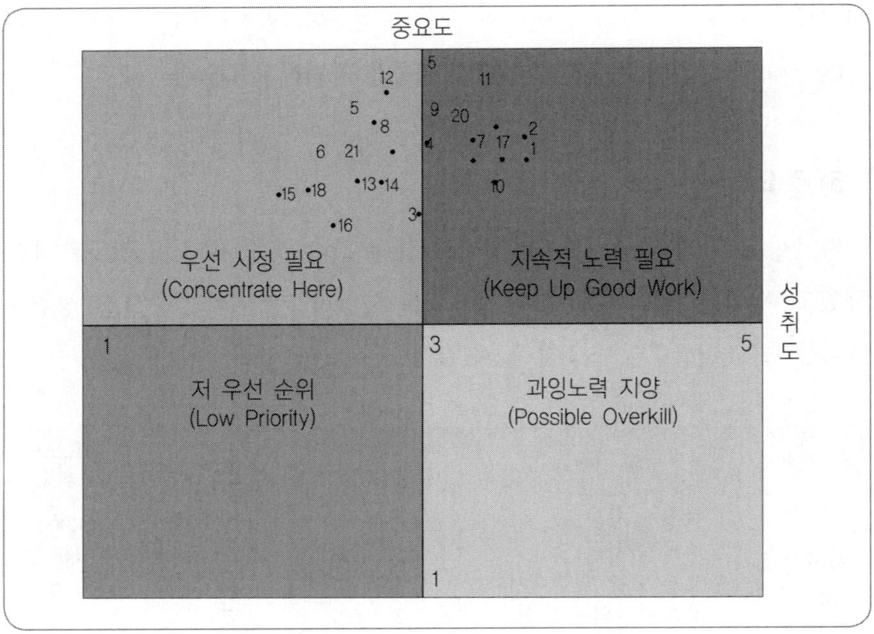

그림 13-2 전반적 중요도-성취도 분석

6) 방문경험 여부에 따른 중요도-성취도 분석

첫 방문 응답자의 경우 '축제장의 청결상태'가 〈우선 시정필요〉 항목으로 포함되었으며 방문경험이 있는 응답자는 이 항목이 〈지속적 노력 필요〉 구역에 속한다는 점만이 차이점으로 나타났다(그림 13-3 참조).

7) 체류기간별 중요도-성취도 분석

당일방문 응답자의 경우 지속적 노력필요 항목(Keep Up Good Work) 으로 주차장시설, 오는 중 도로사정, 음식전시관 시설축제장의 청결상태 순으로 나타났으며, 우선 시정필요 항목(Concentrate Here) 으로는 화장실 시설, 휴게시설 충분성, 질서유지 효율성, 입장료가격 적정성 순으로 나타났다(그림 13-4 참조). 체류기간별 중요도-성취도 분석결과는 당일 응답자와 체류응답자 모두

11개 항목이 〈우선 시정필요〉 구역에 위치하는 것으로 나타났다. 그러나 그 항목 내용에서는 약간 차이가 있는 것으로 분석되었다. 즉, 당일 응답자의 경우는 '볼거리의 다양성'과 '주변 관광지와의 연계성'이 〈우선 시정필요〉 항목으로 나타났지만 체류응답자의 겨우는 '주차장 시설'과 '축제장의 청결상태'가 〈우선 시정필요〉항목으로 포함되었다.

영광식 상차림 전시

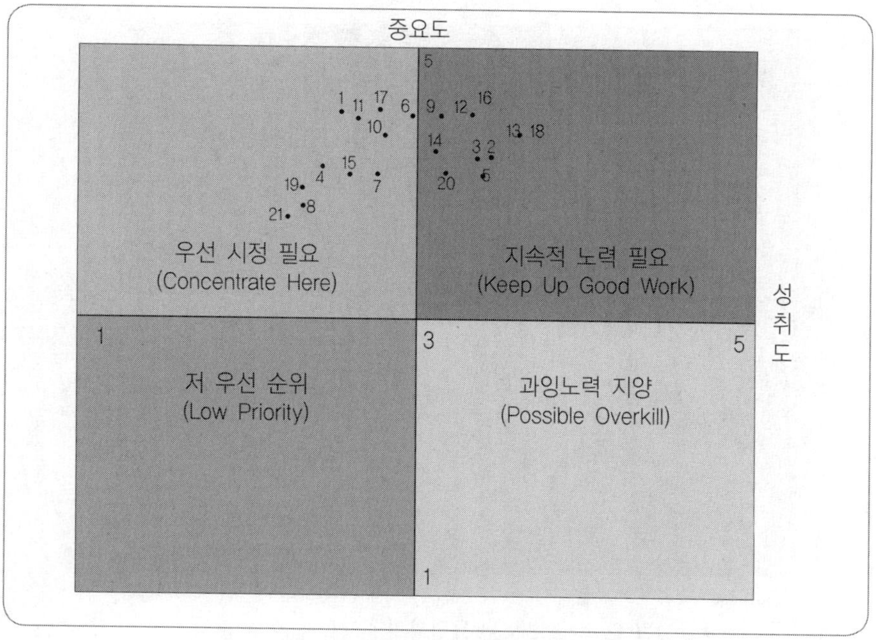

그림 13-3 방문경험여부(처음방문)

이는 당일방문자의 경우 시간적 제약 때문에 다양한 볼거리를 요구하고 주변지역 관광지를 함께 효율적으로 볼 수 있는 것을 반영한 것이라고 해석할 수 있으며, 체류응답자의 경우 환경에 대한 인식도가 높다는 것을 알 수 있다. 그러나 방문결과 당일방문율이 86.1%인 것을 고려한다면 체류응답자의 우선 항목보다 당일 방문 응답자의 우선 시정 필요 항목에 더 역점을 두어야 할 것이다.

순천식 음식 상차림 전시

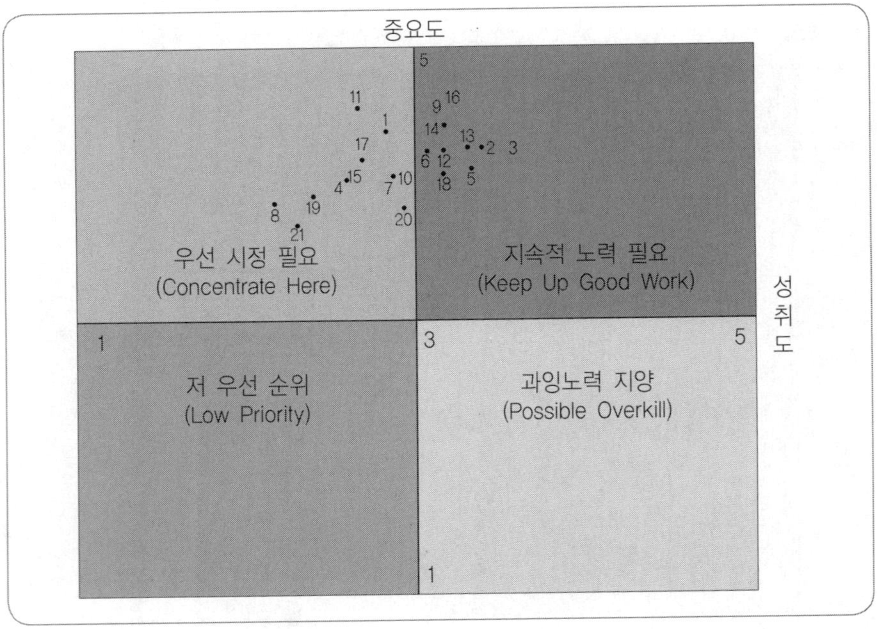

그림 13-4 당일방문 응답자의 중요도-성취도 분석

여수식 음식 상차림

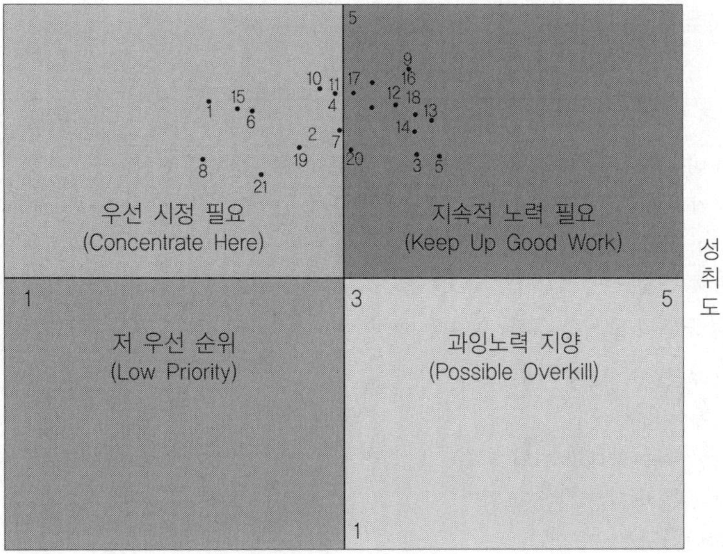

그림 13-5 숙박 응답자의 중요도-성취도 분석

8) 음식축제에 대한 응답자의 개선요망 사항

남도음식대축제에 대한 개선요구 사항으로서 응답자들이 가장 많이 제안한 문제는 행사의 특이성이 없고 내용이 빈약하며, 놀거리 및 다양성이 부족하다는 것으로 전 응답자의 13.9%가 지적하였다. 다음으로는 입장료가 비싸다는 내용과 함께 입장료에 대한 인식자체를 부정하는 방문객도 많았다.

주변자원과의 연계-운주사의 모습

주변자원과의 연계-지리산의 모습

주변자원과의 연계-송광사의 모습

주변 관광자원과의 연계 또한 주최측이 패키지화하여 방문객들에게 안내하거나 정보를 제공하여야 할 것이다.

표 13-7 응답자에 의해 제안된 개선요구 사항

개 선 점	빈도수	퍼센트
행사가 비슷하다(볼거리가 없다, 다양성 부족, 특이성이 없다, 내용 빈약)	29	13.9
입장료가 비싸다	24	11.5
잡상인이 너무 많다(상업적, 상인중심)	20	9.6
불청결(화장실)	19	9.1
시설 불충분(수도시설, 휴게, 주차장, 화장실)	17	8.2
체험성 부족(조리과정, 시식행사)	17	8.2
음식가격이 비싸다	13	6.3
안내시설 부족(안내판 설치 부족)	10	4.8
행사장 무질서(시장 같은 분위기)	8	3.9
너무 소란하다	8	3.9
진행요원 활동성 미흡	6	2.9
전시관이 좁다	5	2.4
역사성, 정통성 미흡	5	2.4
교통불편(주차장 포장 요망)	4	1.9
전시음식 교체요망(신선도, 비위생적, 곰팡이)	4	1.9
낙안읍성의 이미지 훼손 우려	3	1.4
축제보다 음식점에서 보내는 시간이 더 많음	2	1.0
바가지 요금	2	1.0
홍보부족	2	1.0
홍보책자 제공 요망	2	1.0
요리 안내책자 제공	2	1.0
한국적 행사로 외국관광객 유치 요망	2	1.0
놀이공간부족	1	0.5
불친절(상인)	1	0.5
노년층 위주(젊은 층을 위한 흥밋거리 제공요망)	1	0.5
행사날짜, 기간 부적절	1	0.5
합 계	208	100.0

4. 러브마크 축제 평가의 피드백

한정된 자원으로 모든 방문자의 욕구를 충족시킨다는 것이 현실적으로 불가능하므로 방문자 만족의 극대화를 위해서는 가용자원을 고려해 적절한 표적시장과 효율적인 관리목표를 설정해야 한다. 본 연구에서 다루어진 세분시장 중, 재방문객으로서 방문 경험에 있어서 긍정적 반응을 나타낸 응답자 집단은 다음 해의 남도음식축제에도 방문할 가능성이 높다는 점에서 축제 관리자에게는 현실적인 표적시장이 될 수 있다.

재방문객의 46.9%가 내년 음식축제에 다시 오겠다고 밝힌 재방문 긍정적 응답자 집단은 가족이나 친척을 동반한 경우가 많았다. 따라서 가족단위의 방문객이 참여할 수 있는 축제 프로그램의 개발은 필수적이라고 볼 수 있으며, 결과적으로 다양한 연령층이 함께 즐길 수 있는 축제상품의 개발이 요구되는 것을 알 수 있다.

의미 있는 표적시장이 정해지면 이벤트 기획자는 중요도-성취도 결과에 따라 구체적인 행동을 취하게 된다. 재방문 긍정적 집단이 표적시장으로 정해지는 경우 다음과 같이 축제의 기획과 수용태세에 변화와 행동을 취해야 한다.

전체 응답자의 경우 대부분의 평가속성이 '지속적 노력 필요' 속성과 '우선시정 필요' 속성으로 분석되었는데 지속적 노력 필요 속성에는 주차장시설, 오는 도중도로사정, 음식전시관시설, 축제장의 청결상태, 상인들의 친절성, 판매음식의 고유성, 다양성, 판매음식의 맛, 축제의 특이성, 교육성이 포함되었다. 우선 시정 필요 속성에는 화장실 시설, 휴게시설 부족, 판매음식의 가격 적정성, 주변관광지와의 연계성, 안내시설 부족 등이 나타났다.

'우선 시정 필요 속성'은 중요도는 높으나 성취도는 낮은 속성으로 최우선적인 개선이 이루어져야 한다. 재방문 의사가 높은 응답자 집단의 경우 화장실 시설과 휴게시설 충분성, 질서유지 효율성과 입장료가격 적정성, 안내서비스, 판매음식의 위생성, 가격적정성, 볼거리의 다양성, 주변관광지와의 연계성,

음식 만들기 체험성이 우선적으로 시정되어야 할 부문으로 나타났다.

현재의 관리수준을 유지하여 방문자들의 욕구를 지속적으로 만족시켜야 하는 속성은 높은 중요도와 더불어 높은 평가점수를 받은 항목으로 새로운 개선노력보다는 현재의 관리전략을 지속적으로 유지하고 발전시키기 위한 노력이 권장된다. 주차장 시설, 오는 도중 도로사정, 음식전시관 시설, 축제장의 청결상태, 상인들의 친절성, 판매음식의 고유성, 판매음식의 다양성 등과 관련하여 현재 수준을 유지함은 물론 향후 그 수준의 향상을 꾀하는 것이 바람직하다 할 수 있다.

방문자의 사회경제적 특성과 방문특성과 관련, 20대와 30대 방문자와 가족동반 경우가 많은 것을 통해 가족을 동반하는 젊은 층의 선호도를 반영할 수 있는 축제 프로그램 및 시설의 개선이 필요하다 할 수 있다. 또한 축제장 근교인 광주, 전남 거주자와 당일여행이 많이 나타났고 광주전남지역 거주자가 전체 방문객의 대부분을 차지했던 것을 통해 볼 때, 전남뿐만 아니라 부산과 경남, 서울 등 대규모 시장 대상의 축제상품이 될 수 있도록 홍보하여 방문객 유치노력을 펴는 것이 필요하다고 할 수 있다.

참 / 고 / 문 / 헌

- 구태익 (1995) "〈중요도-성취도〉분석에 의한 청소년수련시설 운영실태 조사 연구", 한국조경학회지.
- 권혁율 (1989) "지역전통문화행사의 관광자원화에 관한 연구-강릉단오제와 그 주변문화재를 중심으로" 세종대학교 대학원 석사학위 논문, p.12
- 김세천 (1998) 자연공원 이용형태 및 만족도 평가 , 마이산 도립공원을 중심으로, 한국관광학회지
- 송영미 (1998) "중요도-성취도 분석변수를 이용한 자연휴양림 관리방안에 관한 연구" 건국대학교 대학원 석사학위 논문
- 이태희 (1995) '지역이벤트로서 문제점과 개선방향' , 관광산업발전론 . 일신사
- 안경모 (1994) "향토문화축제의 관광자원화 전략에 관한 연구"-관광지 선택행동을 중심으로, 광운대학교 대학원 박사학위논문
- 이장주 (1997) "지역축제의 이미지 측정척도 개발과 적용에 관한 연구: 진도영등축제를 중심으로", 경기대학교 대학원 박사학위논문
- 이광진 (1994) "한국 전통민속축제의 관광활성화에 관한 연구" , 한양대학교 대학원 박사학위 논문
- 한국관광공사 (1990) , " 한국민속축제의 관광상품화 방안", p.7
- 홍성권 (1995) "중요도-성취도 분석을 이용한 도시공원의 관리방안에 관한 연구:한국조경학회지
- John A. Martilla and John C. James(1977) "Importance Performance Analysis", *Journal of Marketing* 41(1);77-79
- Getz, D., "Special Events Defining the product" *Tourism Management*. 1990, p.52-55
- Frank Guadagnolo (1985) "The Importance Performance Analysis : An Evalution and Marketing Tool", *Journal of Park and Recreation Administration* 3(2);13-22
- Carmeron, C., "Culture tourism and Urban Revitalization", *Tourism Recreation Research*, Vol. 12,1989 p.23-32
- Crompton, John L. (1985) "An Investigation of the Relative Efficacy of Four

Alternative Approaches to Importance-Performance Analysis" ,*Journal of the Academy of Marketing Science*, 69-80.

- Hammitt, William E., Bixler, D. and Noe, Francis P. (1996) "Going beyond importance-performance analysis to analyze the observance-influence of park impacts", *Journal of Park Recreation Administration*, 14(1): 45-62.
- Havitz, Mark E., Twynam, G. David and DeLorenzo, John M. (1991) "Importance-performance analysis as a staff evaluation tool", *Journal of Park and Recreation Administration*, 9(1): 43-54.
- Mills, Allan S., Wegner, Daniel E. and Fenn, Dennis B (1986) "A market oriented analysis of visitors to the Lyndon B. Johnson national and state historical parks", *Cooperative Park Studies Unit Department of Recreation & Parks, Texas A&M University*, Technical Report No 3.

Chapter 14

♡ 러브마크 축제의 매력도 비교

Chapter 14

러브마크 축제의 매력도 비교

1. 러브마크 축제 질적 성장의 필요성

지방자치제도의 실시 이후 각 지자체별로 지역의 정체성 확립과 지역발전이라는 과제를 해결하기 위해 다양한 정책과 사업을 실시하고 있으며(정근석, 1998), 또한 일반 대중의 문화관광 욕구의 확산은 각 지역차원의 관광축제 개발을 이끌고 있다(이훈, 2003). 이에 따라 지역축제에 대한 대중적인 인기가 지속되면서 축제를 포함한 이벤트의 경제적·문화적 중요성과 관심이 점차 증가되고 있다(Janiskee, 1991).

오늘날 축제와 이벤트는 지역을 홍보하는 주요 마케팅 수단으로 활용되고 있으며, 지역사회의 관심 유발뿐만 아니라 지역의 관광매력물과 지역사회의 관계 조장 등 긍정적인 측면에서 특히 많은 관심을 받고 있고(Light, 1996), 그중에서도 특히 문화관광축제를 통한 지역활성화 전략은 우리나라의 지자체들이 선택할 수 있는 우월한 전략 중 하나로 수용되고 있다(권정택, 2000). 문화관광축제에 대한 일반적인 의미는 지역축제를 문화관광의 대상으로 관광산업의 발전과 관광객 유치확대를 통한 지역경제 육성을 목적으로 하는 축제로서(한국관광연구원, 1998), 95년부터 지자체의 추천을 받아 지역의 특성을 반영하는 문화관광축제를 등급별로 매년 지정하여 예산을 지원하고 있고, 2006년에는 예비축제를 포함 총 52개의 문화관광축제가 선정되어 정부의 지원을 받고 있다.

하지만 이러한 양적인 성장에도 불구하고 문화관광축제는 질적인 측면에서의 경쟁력 부족(한국관광연구원, 2001), 지역문화축제의 독창성 결여(변우희,

2003), 비슷한 내용과 프로그램(심상도, 1998; 정강환, 1996)으로 인한 매력과 유인성의 부족 등이 문제점으로 제기되고 있다.

다양한 머드체험 시설들

보령 머드축제를 즐기는 외국인들

이와 같이 문화관광축제가 중요한 관광자원으로서 지역의 관광 진흥과 장소마케팅에 크게 기여하고 있고, 최근 관광학을 비롯한 사회과학에서 축제의 기능과 역할, 축제와 지역발전과의 관계 등에 관한 연구가 활발히 이루어지고 있지만, 다양한 문화관광축제의 특성을 고려하여 축제를 비교하는 연구는 미흡한 실정이다. 주로 하나 또는 두 개의 축제를 사례로 분석하거나(신용석, 1999; 심상도, 1998; 오순환, 1999; 이덕순, 1998), 하나의 축제를 시간적으로 비교하는 연구가 진행되고 있기에(정강환, 1998), 축제별 특성을 고려한 비교 연구를 통해 문화관광축제의 질적인 발전을 도모할 필요성이 보인다.

보령 머드축제

이에 따라 문화관광축제 중 우수축제이자 관람 위주로 구성되어 있는 춘천국제마임축제와 최우수축제이자 체험 위주로 구성되어 있는 보령머드축제를 방문한 관광객의 축제에 대한 매력 평가를 알아보고자 한다. 즉, 서로 다른 특성을 가지고 있는 두 문화관광축제의 매력을 비교하여 관광객들이 평가하는 매력 요소를 바탕으로 문화관광축제의 양·질의 발전을 도모하고자 한다.

2. 러브마크 축제 매력도 분석

1) 문화관광축제 매력

매력은 관광에 영향을 미치는 모든 요인들 중에서 중요한 요소로 사용되고 있다(김재진, 2001). 하지만 매력에 대한 많은 선행연구들을 보면, 학자들마다 다르게 정의하고 있기 때문에 관광매력 역시 자연적인 것에서부터 인공적인 것까지 그 범위가 넓고 다양하다(변서영, 2005). 이러한 매력의 개념은 축제라는 관광자원에도 다양하게 작용되고 있다. 관광객이 기존의 수동적인 관광 형태에서 레저 스포츠, 축제 등 능동적인 입장으로 변모하고 있기 때문에(이선정, 2004), 축제는 방문객을 유인할 수 있는 지역의 고유한 문화적·전통적 관광자원을 근거로 이루어지고 있으며, 다양성, 독특성, 특별성 등을 가장 빠르게 관광객에게 제공할 수 있는 관광매력물이라 할 수 있다(Getz, 1991).

수많은 지역축제 중 문화관광축제란 관광지의 매력을 더하는 각종 축제나 이벤트 등의 행사를 통해 관광객의 마음의 풍요와 관광 이미지를 극대화시키는 것을 말한다(박동진·손광영, 2004). 이에 따라 문화관광부는 95년부터 지자체의 추천을 받은 지역축제를 대상으로 지역적 특성, 주관단체의 운영능력, 관광자원화의 정도를 기준으로 매년 일정 수의 축제를 지정하여 정부 예산을 지원해주고 있고(차동욱, 2004), 2006년에는 예비축제 25개를 제외한 최우수축제 5개, 우수축제 9개, 유망축제 13개 등 27개의 문화관광축제가 정부지원을 받아 진행되었고, 본 연구의 대상지인 춘천국제마임축제와 보령머드축제는 우수축제와 최우수축제로 지정되어 문화관광부의 예산을 지원 받으며 축제를 진행하였다.

문화관광축제의 매력을 적용한 선행연구를 살펴보면, 먼저 권문호·이제억(2005)은 경주 한국의 술과 떡 잔치를 찾은 관광객들을 대상으로 문화관광축제의 매력요인이 관광객의 만족과 재방문에 영향을 끼치는지에 대해 연구를 하였는데, 연구결과에서 본 축제가 세계적인 축제로서 차별화되려면, 지역주민의 참여와 프로그램의 다양화, 쾌적한 행사공간 등을 위한 기획 및 효율적인 운영관리가 필요하다고 지적하였다.

정하윤(2002)은 18개 항목으로 구성된 축제 매력 요인을 가지고 경주 한국의 술과 떡잔치를 찾은 관광객들을 조사하여 관광객의 만족 및 재방문에 매력속성이 어떻게 영향을 미치는지를 알아보는 연구를 하였다. 연구 결과, 기본속성 6개 항목과 위락속성 5개 항목이 만족 및 재방문에 영향을 미치는 요인으로 나타났다.

한편 윤재효(2004)는 문화관광축제를 방문한 경험이 있는 관광객을 대상으로 19개 항목의 매력요소에 대한 방문객의 만족을 연구한 결과, 접근성, 다양한 체험 공연 및 전시프로그램, 기념품 및 먹거리의 질적 향상, 캐릭터 상품 개발, 전문 인력 확보 및 지역주민의 참여 등이 중요한 매력요소임을 밝히면서 이러한 매력요소는 관광객 만족에 영향을 끼치는 것이라고 하였다. 1998년 문화관광축제 사업이 시행된 이후 문화관광축제를 대상으로 많은 선행연구들이 진행되고 있지만, 축제 매력을 활용한 문화관광축제에 대한 연구는 비교적 적게 이루어지고 있었다.

2) IPA

IPA는 상품이나 서비스가 지니고 있는 중요속성들에 대하여 중요도 성취도를 소비자가 어떻게 평가하고 있는지를 분석하는 기법으로, 30년 전 경영분야에서 Martilla & James(1977)가 적용한 이래로(장병수 · 변우희, 2004), 관광분야에서는 관광지, 호텔 및 외식, 항공사, 컨벤션 및 전시회, 축제 등 다양하게 적용되고 있다.

이 방법은 중요도(I)를 수직축(Y축), 성취도(P)를 수평축(X축)의 격자를 2차원 도면상에 표시하고, 그 위치에 따라 의미를 부여하며, 접점을 기준으로 분리된 4분면에 영역을 표시하게 된다. 접점의 기준은 크게 4가지의 방법(평균값, 표준편차, 중앙값, 임의적인 방법)으로 나눌 수 있는데, 그 중에서 선행 연구자들은 주로 중요도와 성취도의 평균값을 가지고 접점을 잡았다(Oh, 2001).

이러한 4분면을 통해 모든 분야의 관리자들은 우선적으로 개선이 필요한 사항을 IP Matrix를 통해 쉽게 발견할 수 있는데, 「집중(concentrate here)」 면에 속한 항목들이 개선의 우선순위가 된다는 것을 알 수 있다(변우희 · 노정철, 2002).

축제를 대상으로 IPA를 사용한 선행연구를 살펴보면, 먼저 Kim et al.(2002)은 표적집단면접법(Focus Group Interview)과 선행연구를 바탕으로 선별된 53

개 항목을 토대로 2001년 이천국제도자기축제의 IP 분석을 실시하였다. 분석결과 청결성, 편의시설의 관리, 독특한 지역 기념품, 종사원 및 봉사자의 교육 및 훈련 등의 항목이 주요 개선사항으로 나타났다. 임현정(2005)은 2004년 남원국제허브엑스포를 방문한 관람객을 대상으로 23개의 축제 평가요소를 적용하여 IP 분석을 실시하였다.

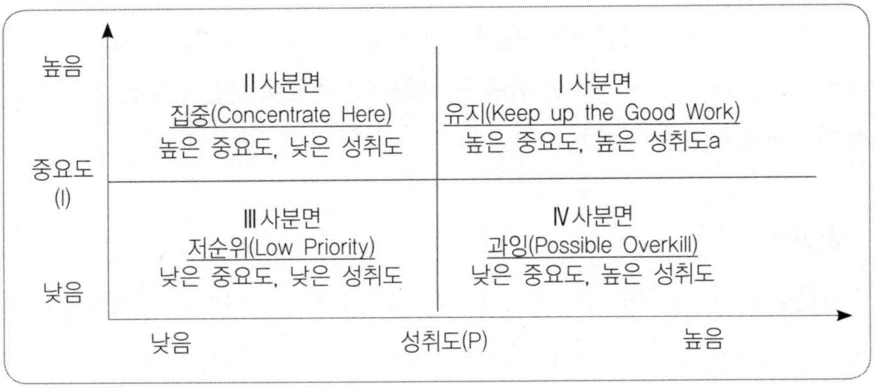

그림 14-1 IP Matrix

자료: Oh, H.(2001), Revisiting importance-performance analysis, Tourism management, 22(6), pp. 618 재구성

축제평가요소들은 5개의 요인으로 설명되었고, 이를 만족 집단과 불만족 집단으로 나누어 수정된 IP 분석을 실시하여, 두 집단에서 나타난 차이를 바탕으로 페스티벌의 전반적인 질 향상을 위한 마케팅 전략을 제시하였다. 이용기·정남호·이충기(2006)는 축제이벤트의 활성화 방안을 제시하기 위해 수안보 온천제를 사례로 IP 분석을 적용하였다. 32개 축제 평가항목을 토대로 7개 요인으로 도출해 만족도를 조사한 결과, 행사 프로그램과 접근성이 전반적인 방문객 만족에 영향을 주는 것으로 나타났다. 하지만 축제를 대상으로 IP 분석을 시도한 선행연구는 다른 관광분야에 비해 적게 이루어지고 있기 때문에 매년 개최되는 축제의 유지 및 개선 포인트를 발견하기에 손쉬운 IPA를 적용하는 것은 축제 차원에서도 의미가 있을 것으로 보인다.

3. 러브마크 축제 매력요인의 중요도 · 성취도 분석

춘천국제마임축제와 보령머드축제를 찾은 방문객의 축제에 대한 매력 평가를 통해 문화관광축제의 발전을 모색하고자 하였다. [그림 14-2] 는 연구 절차로서, 1단계에서는 춘천국제마임축제와 보령머드축제 응답자의 인구통계적·일반적 특성을 비교해 보고, 2단계에서는 축제별 매력 항목의 신뢰도 및 타당도를 확인한 후, 3단계에서는 춘천국제마임축제 응답자의 마임축제에 대한 매력 평가를 IP 분석을 통해 실시하고, 4단계에서는 보령머드축제 응답자의 머드축제에 대한 매력 평가를 IP 분석을 통해 실시하고, 마지막으로 5단계에서는 춘천국제마임축제와 보령머드축제에서 도출된 매력 평가 결과를 상호 비교하였다.

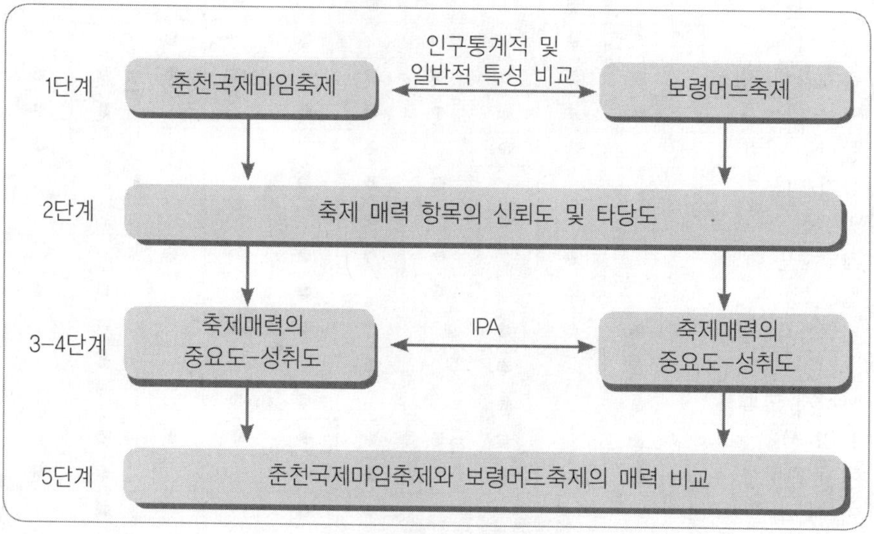

그림 14-2 연구절차

1) 표본설계

설문조사는 문화관광부 지원 문화관광축제 중 최우수축제인 보령머드축제와 우수축제인 춘천국제마임축제기간동안 실시되었다. 설문방법은 자기기입식 설문지로 응답자에게 제시되었으며, 각 측정항목에 대하여 어느 정도 동의하는지를 리커트 5점 척도로 표시하도록 하였다. 표본추출은 축제 방문객들의 성별 및 연령별 구성을 대략 고려하여 설문 대상자를 선정하였다. 또한 설문의 응답률을 높이고 성의 있는 답변을 유도하기 위하여 응답자들에게는 소정의 기념품을 제공하였다. 이러한 과정을 통해 600명의 설문응답자 중 총 581매(회수율: 96.8%)의 유의한 설문지를 확보할 수 있었다.

2) 변수의 조작적 정의

표 14-1 선행연구를 통한 축제 매력 항목

변 수	①	②	③	④	⑤	⑥	⑦	⑧	⑨	⑩
자연경관		●						●		
교 통 편	●		●				●	●	●	●
쇼 핑		●			●		●			●
숙 박		●				●		●		
축제안내/정보	●	●	●	●	●	●	●	●	●	●
먹 거 리	●	●	●	●	●	●			●	●
종사원 서비스		●	●		●					●
물가/비용				●	●	●				
안 전			●		●					
지역주민 태도		●		●	●	●		●		
접 근 성		●		●		●			●	●
기념품/토산품	●	●	●			●	●		●	
휴식공간	●		●		●				●	
특이성/독특함	●		●			●	●			
교 육 성	●		●	●	●	●	●	●	●	
청결/쾌적성	●	●	●		●				●	●
지역특색					●	●			●	
체 험 성		●	●	●	●	●	●	●	●	●
타인과의 교류		●				●				
재미/신명성	●		●	●	●	●	●		●	●
프로그램의 다양성				●	●	●			●	
몰 입 성				●	●	●				

자료: 선행연구를 바탕으로 논자 재구성

주: ① 권문호·이제익(2005), ③ 이선정(2004), ⑤ 권정택(2000), ⑦ 정하윤(2002), ⑨ 윤재효(2004), ② 김성혁·고호석·김수하(2000), ④ 김가영(2002), ⑥ 노영숙(2000), ⑧ 정선미(2004), ⑩ 장양례(2005)

축제 매력을 파악하기 위하여 기존의 축제 매력 연구에서 중요하다고 판단되는 변수들을 대상으로 22개 항목을 도출하였다. 각 항목의 중요도는 1점='전혀 중요하지 않다', 3점='보통', 5점='매우 중요하다', 성취도 항목은 1점='전혀 만족하지 않다', 3점='보통', 5점='매우 만족하다'로 5점 리커트 척도를 적용하여 측정하였다. 한편, 인구통계적·일반적 특성은 성별, 연령, 거주지, 결혼여부, 방문형태, 총경비 등 6개 항목으로 구성하였고, 명목척도를 적용하여 측정하였다.

3) 분석방법

축제 별 응답자의 인구통계적 및 일반적 특성을 알아보기 위해 빈도분석을 실시하였고, 축제 매력 항목의 신뢰도 및 타당도를 검증하기 위하여 Cronbach's 알파계수와 탐색적 요인분석을 실시하였다. 그리고 축제 매력의 각 속성에 대한 중요도(I)와 성취도(P)의 차이가 의미 있는 차이인지 통계적으로 검증하기 위해 대응표본 t-검증을 실시하고, 마지막으로 중요도-성취도 분석(IPA)을 적용하여 사전 중요도와 사후 성취도를 알아보았다.

4. 러브마크 축제 IPA 분석

1) 단계 1: 축제 별 표본의 인구통계적·일반적 특성 비교

분석결과, 두 축제의 성별은 비교적 동등하게 조사되었고, 연령은 20-30대의 젊은 연령층으로 이루어졌다. 거주지는 축제 개최지역을 제외하고, 서울과 경기도에서 찾아온 방문객이 30% 이상을 차지하고 있었다. 하지만 춘천국제마임축제는 주로 당일형의 저소비형 응답자가 많았지만, 보령머드축제는 주로 체류형의 고소비형 응답자가 많았다.

표 14-2 표본의 인구통계적·일반적 특성

구분		춘천국제마임축제(n=287)		보령머드축제 (n=294)	
		응답자(명)	비율(%)	응답자(명)	비율(%)
성별	남성	131	45.6	174	59.2
	여성	156	54.4	120	42.8
연령	10대	27	9.4	6	2.0
	20대	124	43.2	180	61.2
	30대	74	25.8	42	14.3
	40대	30	10.4	42	14.3
	50대 이상	32	11.2	24	8.2
거주지	서울	58	20.2	80	27.2
	경기도	49	17.1	56	19.0
	강원도	167	58.2	8	2.7
	충청도	2	0.7	78	26.5
	기타	11	3.8	72	24.5
결혼여부	미혼	141	49.1	190	64.6
	기혼	146	50.9	104	35.4
방문형태	당일	199	69.3	56	19.0
	체류	88	30.7	238	81.0
총경비	5만원 미만	169	58.9	54	18.4
	5~10만원 미만	35	12.2	32	10.9
	10만원 이상	83	28.9	208	70.7

2) 단계 2: 축제 매력 항목의 신뢰도 및 타당도

우선 축제 매력 22개 항목을 바탕으로 직각회전방식과 주성분 방법에 의해 요인분석을 실시하였다. 분석결과 〈표 14-3〉에서 보는 바와 같이 춘천국제마임축제는 5개의 요인으로 각각 '축제목표자원', '축제장 관련 자원', '인적자원', '교통관련자원', '기타지역자원' 요인으로 명명하였고, 전체 분산의 69.421%를 설명하였으며, 각 요인의 신뢰도 모두 0.6 이상으로 나타났다. 한편, 보령머드축제도 5개의 요인으로 각각 '축제목표자원', '축제장 관련 자원', '교통 및 인적자원', '기타지역자원', '금전소비형자원' 요인으로 명명하였고, 전체 분산의 65.602%를 설명하였으며, 각 요인의 신뢰도 모두 0.6 이상으로 나타났다.

춘천국제마임축제 (분산설명력=69.421%)		
측정항목	요인 적재값	고유값 (신뢰도)
요인 1: 축제목표자원		7.975 (.847)
교육성	.800	
타인과의 조우	.685	
특이성/독특함	.680	
재미/신명성	.631	
체험성	.609	
몰입성	.499	
프로그램의 다양성	.497	
요인 2: 축제장 관련 자원		1.603 (.857)
청결/쾌적성	.715	
물가/비용	.699	
안전	.589	
쇼핑	.575	
숙박	.563	
휴식공간	.560	
기념품/토산품	.496	
먹거리	.484	
축제안내/정보	.438	
요인 3: 인적자원		1.270 (.613)
지역주민 태도	.748	
종사원 서비스	.713	
요인 4: 교통관련자원		1.204 (.639)
교통편	.803	
접근성	.608	
요인 5: 기타지역자원		1.021 (.728)
자연경관	.806	
지역특색	.537	

보령머드축제 (분산설명력=65.602%)		
측정항목	요인 적재값	고유값 (신뢰도)
요인 1: 축제목표자원		7.675 (.845)
타인과의 조우	.813	
재미/신명성	.765	
교육성	.740	
몰입성	.589	
체험성	.518	
특이성/독특함	.444	
요인 2: 축제장 관련 자원		2.294 (.792)
청결/쾌적성	.689	
숙박	.645	
물가/비용	.582	
프로그램의 다양성	.512	
휴식공간	.484	
축제안내/정보	.475	
요인 3: 교통 및 인적자원		1.964 (.761)
교통편	.762	
접근성	.644	
지역주민 태도	.532	
종사원 서비스	.426	
요인 4: 기타지역자원		1.423 (.608)
지역특색	.673	
안전	.493	
자연경관	.478	
요인 5: 금전소비형자원		1.075 (.650)
기념품/토산품	.817	
먹거리	.597	
쇼핑	.408	

표 14-3 축제별 매력의 중요도-성취도 항목의 신뢰도 분석 결과

3) 단계 3: 춘천국제마임축제의 매력 IPA

중요도-성취도 분석(IPA)을 사용하여 춘천국제마임축제 매력의 중요도 평균값과 성취도 평균값을 산출하여 그 차이의 값을 통하여 속성들을 분석하였고, 축제 매력의 중요도-성취도 차이검증 결과는 〈표 14-4〉와 같다.

표 14-4
춘천국제마임축제 매력의 중요도-성취도 차이 결과

No.	변수명	중요도(y축)	성취도(x축)	평균차이	t값	p값
1.	자연경관	3.06	2.81	0.24	3.241	0.001*
2.	교통편	4.10	3.20	0.90	12.567	0.000**
3.	쇼핑	4.06	3.13	0.93	13.890	0.000**
4.	숙박	4.16	3.29	0.88	13.136	0.000**
5.	축제안내/정보	3.90	3.55	0.35	5.342	0.000**
6.	먹거리	4.42	3.20	1.22	16.377	0.000**
7.	종사원 서비스	3.84	3.31	0.53	8.389	0.000**
8.	물가/비용	3.79	3.13	0.67	9.441	0.000**
9.	안전	4.30	3.49	0.80	12.829	0.000**
10.	지역주민 태도	4.26	3.65	0.61	9.108	0.000**
11.	접근성	3.75	3.83	-0.08	-1.112	0.267
12.	기념품/토산품	4.09	3.66	0.44	6.875	0.000**
13.	휴식공간	3.94	3.44	0.50	7.916	0.000**
14.	특이성/독특함	4.22	3.86	0.36	5.434	0.000**
15.	교육성	3.94	3.73	0.21	3.930	0.000**
16.	청결/쾌적성	4.22	3.57	0.65	9.961	0.000**
17.	지역특색	3.66	3.12	0.53	7.405	0.000**
18.	체험성	4.11	3.61	0.49	8.568	0.000**
19.	타인과의 조우	4.09	3.71	0.38	5.580	0.000**
20.	재미/신명성	3.93	3.57	0.36	5.576	0.000**
21.	프로그램 다양성	3.14	2.89	0.25	3.411	0.001*
22.	몰입성	4.14	3.61	0.53	7.669	0.000**
평 균		3.96	3.43	0.53		

주: *p〈0.01, **p〈0.001

축제 매력의 중요도-성취도 차이검증 결과 중요도에 비해 성취도가 떨어지는 것을 알 수 있었다. 그러나 보다 구체적으로 어떤 항목에서 유의한 차이가 있는지를 통계적으로 알아보기 위해 대응표본 t-검증을 실시한 결과, '접근성' 항목을 제외한 모든 변수에서 유의한 차이를 보이고 있었다. [그림 14-3] 과 같이 춘천국제마임축제 매력 IP 결과, I 사분면에 해당하는 '안전', '지역주민 태도', '기념품/토산품', '특이성/독특함', '청결/쾌적성', '체험성', '타인과의 조우', '몰입성' 항목에 대한 지속적인 유지가 필요하고, II 사분면에 해당하는 '교통편', '쇼핑', '숙박', '먹거리' 항목에 대한 개선이 필요함을 알 수 있었다.

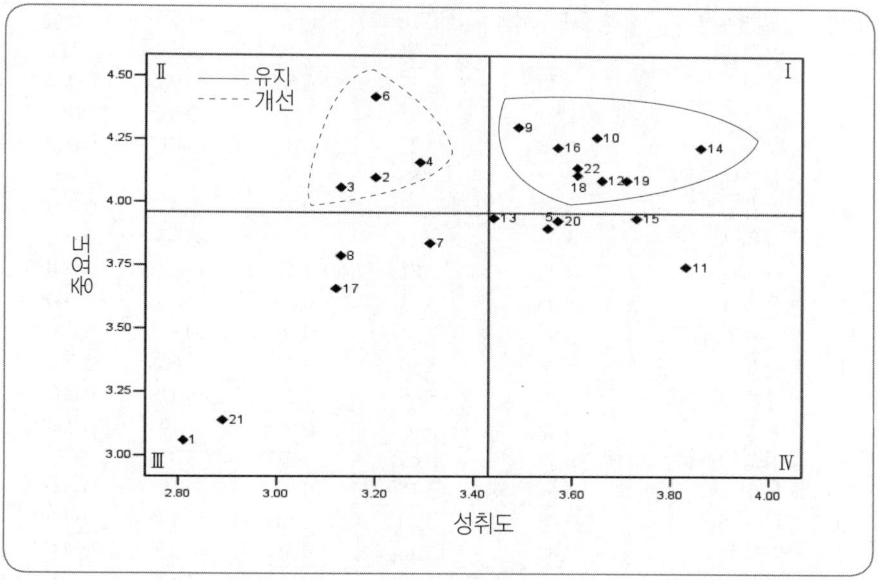

그림 14-3 춘천국제마임축제의 매력 IP Matrix

4) 단계 4: 보령머드축제의 매력 IPA

보령머드축제 매력에 대한 중요도의 평균값과 성취도의 평균값을 산출하여 그 차이의 값을 통하여 속성들의 차이검증 결과, 보령머드축제 매력의 중요도-성취도 차이검증 결과도 중요도에 비해 성취도가 떨어지는 것을 알 수 있었다. 그러나 보다 구체적으로 어떤 항목에서 유의한 차이가 있는지를 통계적으로 알아보기 위해 대응표본 t-검증을 실시한 결과, '자연경관', '쇼핑' 항목을 제외한 모든 변수에서 유의한 차이를 보이고 있었다. [그림 14-4] 와 같이 보령머드축제 매력 IP 결과, Ⅰ사분면에 해당하는 '축제안내/정보', '종사원 서비스', '안전', '특이성/독특함', '체험성', '재미/신명성', '프로그램 다양성' 항목에 대한 지속적인 유지가 필요하고, Ⅱ사분면에 해당하는 '숙박', '먹거리', '물가/비용', '지역주민 태도', '휴식공간', '청결/쾌적성' 항목에 대한 개선이 필요함을 알 수 있었다.

표 14-5 보령머드축제 매력의 중요도-성취도 차이 결과

No.	변수명	중요도(y축)	성취도(x축)	평균차이	t값	p값
1.	자연경관	3.63	3.53	0.10	1.555	0.121
2.	교통편	3.86	3.37	0.50	6.905	0.000**
3.	쇼핑	2.93	2.97	-0.05	-0.698	0.486
4.	숙박	4.08	3.27	0.82	10.017	0.000**
5.	축제안내/정보	4.13	3.56	0.57	7.889	0.000**
6.	먹거리	3.95	3.18	0.76	9.307	0.000**
7.	종사원 서비스	4.03	3.41	0.62	8.980	0.000**
8.	물가/비용	4.22	2.81	1.41	16.775	0.000**
9.	안전	4.35	3.46	0.89	12.878	0.000**
10.	지역주민 태도	3.99	3.31	0.68	10.353	0.000**
11.	접근성	3.88	3.33	0.55	8.468	0.000**
12.	기념품/토산품	3.31	3.05	0.27	3.478	0.001*
13.	휴식공간	4.02	3.03	0.99	12.795	0.000**
14.	특이성/독특함	3.95	3.69	0.27	3.926	0.000**
15.	교육성	3.54	3.15	0.39	5.595	0.000**
16.	청결/쾌적성	4.03	3.20	0.83	11.194	0.000**
17.	지역특색	3.80	3.46	0.33	4.636	0.000**
18.	체험성	3.98	3.69	0.29	3.609	0.000**
19.	타인과의 조우	3.63	3.31	0.32	4.283	0.000**
20.	재미/신명성	4.05	3.61	0.44	7.140	0.000**
21.	프로그램 다양성	3.95	3.44	0.51	6.508	0.000**
22.	몰입성	3.83	3.40	0.43	6.629	0.000**
	평 균	3.87	3.33	0.54		

주: *p<0.01, **p<0.001

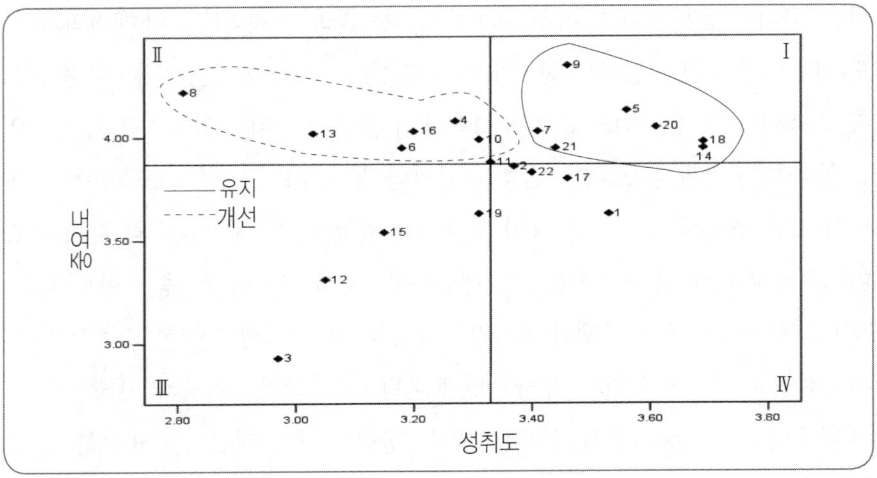

그림 14-4 춘천국제마임축제의 매력 IP Matrix

5) 단계 5: 춘천국제마임축제와 보령머드축제의 매력 비교

춘천국제마임축제와 보령머드축제 매력의 중요도-성취도 분석 결과, 축제 개최 특성과 장소가 다르기 때문에 매력을 평가하는 부분이 조금씩 다르게 나타나고 있었다.

춘천국제마임축제와 보령머드축제 매력 중 '안전', '특이성/독특함', '체험성' 항목은 동일하게 Ⅰ사분면(유지)에 위치하여, 앞으로 지속적인 관리 및 유지가 필요함을 응답자들이 평가하였다. 하지만 춘천국제마임축제는 '지역주민 태도', '기념품/토산품', '청결/쾌적성', '타인과의 조우', '몰입성' 항목이 보령머드축제는 '축제안내/정보', '종사원 서비스', '재미/신명성', '프로그램 다양성' 항목이 Ⅰ사분면에 위치하여 상이한 평가를 나타내고 있었다.

한편, 두 축제에서 '숙박', '먹거리' 항목은 Ⅱ사분면(집중)에 위치하여 앞으로 축제의 질적인 발전을 위해서는 주목하고 개선해야 할 사항으로 응답자들이 평가하였지만, 춘천국제마임축제에서는 '교통편', '쇼핑' 항목, 보령머드축제에는 '물가/비용', '지역주민 태도', '휴식공간', '청결/쾌적성' 항목이 Ⅱ사분면에 위치하여 조금은 평가에 차이가 있었다.

표 14-6 두 축제의 매력 IP 분포

구 간	춘천국제마임축제	보령머드축제
Ⅰ사분면 (유지)	안전, 지역주민 태도, 기념품/토산품, 특이성/독특함, 청결/쾌적성, 체험성, 타인과의 조우, 몰입성	축제안내/정보, 종사원 서비스, 안전, 특이성/독특함, 체험성, 재미/신명성, 프로그램 다양성
Ⅱ사분면 (집중)	교통편, 쇼핑, 숙박, 먹거리	숙박, 먹거리, 물가/비용, 지역주민 태도, 휴식공간, 청결/쾌적성
Ⅲ사분면 (저순위)	자연경관, 종사원 서비스, 물가/비용, 지역특색, 프로그램 다양성	쇼핑, 기념품/토산품, 교육성, 타인과의 조우
Ⅳ사분면 (과잉)	축제안내/정보, 접근성, 휴식공간, 교육성, 재미/신명성	자연경관, 교통편, 지역특색, 몰입성

5. 러브마크 축제의 성취도 분석의 의미

문화관광축제 중 우수축제이자 관람 위주의 축제인 춘천국제마임축제와 최우수축제이자 체험 위주의 축제인 보령머드축제의 매력을 서로 다른 형태의 두 축제의 응답자를 바탕으로 축제에 대한 매력을 어떻게 평가하고 있는지를 조사하여 비교하였고, 다음의 시사점을 도출하였다.

첫째, 축제 별 표본의 인구통계적·일반적 특성 비교 결과, 20-30대의 젊은 연령층이 주로 방문하였고, 축제 개최지의 지역주민 방문객을 제외하고 서울과 경기도에서 많은 방문객이 찾아오고 있었다. 하지만 춘천국제마임축제는 당일형 관광형태의 저소비경향의 응답자, 보령머드축제는 체류형 관광형태의 고소비경향의 응답자가 많아 대조를 이루었다.

이는 춘천국제마임축제는 춘천이라는 위치가 수도권과 근접해있고, 강원도의 영서지방에 위치하고 있어 당일 관광객이 많이 찾아온 반면, 보령머드축제는 체험을 위주로 하는 축제이기 때문에 숙박을 통해 장기간 축제를 즐기는 관광객의 비중이 많음을 알 수 있었다. 이는 축제에서의 소비에도 춘천이 저소비 관광객이 주로 이용을 하고 있기 때문에 체류와 고소비를 추구하기 위해서는 다양한 아이템 및 볼거리, 체험거리에 대한 지속적인 개선이 필요함을 의미한다.

둘째, 축제매력에 대한 선행연구를 바탕으로 설정된 중요도-성취도의 각각 22개 항목에 대한 신뢰도 분석결과, 신뢰도를 저해하는 항목이 없는 것으로 나타나 질문문항들에 대해 같은 견해를 가지고 있는 사람들이 비교적 같은 응답을 했음을 알 수 있었다.

한편, 축제매력 항목에 대한 요인분석 결과, 춘천국제마임축제는 5개의 요인(축제목표자원, 축제장 관련 자원, 인적자원, 교통관련자원, 기타지역자원), 보령머드축제도 5개의 요인(축제목표자원, 축제장 관련 자원, 교통 및 인적자원, 기타지역자원, 금전소비형자원)으로 구분되었고, 총분산 설명력도 춘천국제마임축제는 69.421%, 보령머드축제는 65.602%로 비교적 요인분석이 양호하게 이루어졌다.

셋째, 지속적인 유지가 필요한 Ⅰ사분면에 위치한 항목들의 축제별 차이를 보면, 춘천국제마임축제의 경우 '지역주민 태도', '기념품/토산품', '청결/쾌적성', '타인과의 조우', '몰입성' 항목, 보령머드축제의 경우 '축제안내/정보', '종사원 서비스', '재미/신명성', '프로그램의 다양성' 항목이 위치하고 있었고, 개선이 필요한 Ⅱ사분면에 위치한 항목들의 축제 별 차이를 보면, 춘천국제마임축제의 경우 '교통편', '쇼핑' 항목, 보령머드축제의 경우 '물가/비용', '지역주민 태도', '휴식공간', '청결/쾌적성' 항목이 위치하고 있었다.

마임축제는 공연을 관람하는 축제이기 때문에 '타인과의 조우', '몰입성' 등의 항목을 사람들이 중요시 평가하였고, 반면 특별한 아이템의 쇼핑 물품이 상대적으로 빈약하기 때문에 개선이 필요함을 지적하였다. 머드축제의 경우 체험을 바탕으로 축제가 구성되어 있기 때문에 '재미/신명성', '프로그램의 다양성' 등의 항목을 사람들이 중요시 평가하였고, 반면 축제 개최장소가 대천해수욕장 관광지라는 점과 축제 개최 시기가 여름철 성수기에 개최된다는 점에서 '물가/비용' 항목에 대한 사람들의 불만족이 높음을 알 수 있어, 축제 참가 매력에 개선을 위해서는 물가에 대한 상인 및 축제 관할 부서의 관리가 필요함을 알 수 있었다.

넷째, 춘천국제마임축제와 보령머드축제 매력의 중요도-성취도 분석 결과의 공통점을 도출하였는데, Ⅰ사분면(유지)에 위치한 '안전', '특이성/독특함', '체험성' 항목에 대한 지속적인 유지가 필요함을 지적하였고, Ⅱ사분면(집중)에 위치한 '숙박', '먹거리' 항목의 개선이 필요함을 공통적으로 관광객들이 평가하였다. 마임과 머드를 소재로 축제가 개최되고 있는 점은 분명 특이성과 독특성이 방문객에게는 매력 요소로 작용하고 있음을 의미하고 있다.

또한, 관람 위주라 체험성이 부족한 마임축제도 곳곳에서 관객과 공연자의 상호교류를 통해 마임을 조금이나마 체험할 수 있고, 머드축제는 머드를 재료로 활용하여 곳곳에서 프로그램들이 운영하고 있는 점은 축제에서 체험이라는 요소가 차지하는 비중이 크다는 것을 알 수 있다. 하지만 문화관광축제가 더 발전을 하기 위해서는 지역특색의 다양한 먹거리와 체류 관광객을 유인하는 숙박시설의 개선이 필요할 것이다.

그러나 이러한 시사점에도 불구하고 몇 가지 한계점을 가지고 있다. 첫째, 공연위주의 마임축제와 체험위주의 머드축제의 비교만으로는 문화관광축제의 모든 특성을 파악하지 못하기 때문에, 등급별이나 형태별로 다양한 문화관광축제에 대한 사전 조사를 통한 비교 연구를 지속적으로 시행해야한다. 둘째, 중요도-성취도 분석(IPA)이 쉽고 빠르게 의미 있는 결과를 제공하는 장점을 가지고 있지만, 중요도와 성취도의 2차원만을 가지고는 다각적이고 정밀한 결과를 얻기에는 한계가 있다.

그리고 매트릭스의 중심점을 설정하는 방법이 여러 가지가 있기에 어떠한 방법을 사용하느냐에 따라 평가 항목이 속한 결과가 크게 달라 질 수 있기 때문에 이 점에 각별히 주의를 기울여야 할 것이다. 셋째, 매력이라는 항목으로 축제 방문객들의 다양한 심리적 측정에는 한계가 있기 때문에 동기, 가치 등 다양한 심리적 변수를 활용하여 축제 방문객의 생각을 반영해야 할 것이다.

참 / 고 / 문 / 헌

- 권문호 · 이제억(2005). 문화관광축제의 관광매력속성이 관광객 만족 및 재방문 의도에 미치는 영향: 경주 한국의 술과 떡 잔치 2004를 중심으로. 『관광경영학연구』, 9(2): 1-23.
- 권정택(2000). 관광이벤트의 방문동기와 사후 이미지가 만족과 재방문 의도에 미치는 영향. 대구대학교 석사학위논문.
- 김가영(2002). 관광동기와 축제 매력속성이 관광자 만족에 미치는 영향. 신라대학교 석사학위논문.
- 김성혁 · 고호석 · 김수하(2000). 지역축제 관광객의 시장세분화와 선택속성에 관한 실증적 연구: 10대 지역축제를 중심으로. 『관광학연구』, 24(1): 259-280.
- 김재진(2001). 문화관광지에 대한 이해도가 지각 매력도에 미치는 영향. 경기대학교 석사학위논문.
- 노영숙(2000). 지역축제에 대한 기대수준 및 만족도 차이에 관한 연구: 안동국제탈춤페스티발을 중심으로. 경희대학교 석사학위논문.
- 박동진 · 손광영(2004). 관광동기, 이미지, 기대, 만족 및 충성도간의 구조적 관계. 『관광학연구』, 28(3): 65-83.
- 변서영(2005). 해양수족관의 매력성이 만족 및 재방문 의도에 미치는 영향. 부경대학교 석사학위논문.
- 변우희(2003). 문화관광축제의 효율적 예산 통제를 위한 평가모형. 『관광 · 레저연구』, 14(3): 305-324.
- 변우희 · 노정철(2002). 백제문화권 관광발전을 위한 가치평가와 대응전략: IPA적용. 『관광 · 레저연구』, 14(2): 25-46.
- 신용석(1999). 관광상품화에 의한 지역문화유산의 성격변화: 안동하회별신굿탈놀이를 사례로. 서울대학교 석사학위논문.
- 심상도(1998). 축제와 지역관광의 활성화 방안에 관한 연구. 『관광학연구』, 22(2): 50-56.
- 오순환(1999). 지역축제의 실제와 경제적 효과: 이천도자기축제를 중심으

로. 『관광학연구』, 22(3): 202-221.
- 윤재효(2004). 문화관광축제 방문속성이 관광객만족에 미치는 영향에 관한 연구. 안양대학교 석사학위논문.
- 이덕순(1998). 남해안 생선요리축제 방문객 시장분석. 『관광학연구』, 22(2): 71-78.
- 이선정(2004). 대구약령시축제의 매력속성이 방문자만족과 재방문 및 추천의도에 미치는 영향. 계명대학교 석사학위논문.
- 이용기 · 정남호 · 이충기(2006). IP 분석을 통한 수안보 온천제의 활성화 방안에 관한 실증연구. 『호텔경영학연구』, 15(1): 291-308.
- 이훈(2003). 축제 평가방법에 대한 비판. 『관광연구논총』, 15: 89-112.
- 임현정(2005). Modified Importance-Performance Analysis(IPA): An Application to Festival Study. 『관광 · 레저연구』, 17(2): 117-136.
- 장병수 · 변우희(2004). 관광상품 지각에 의한 관광목적지 평가: 일본 · 중국 시장을 중심으로. 『관광학연구』, 28(1): 83-107.
- 장양례(2005). 축제 평가속성이 방문객 만족과 충성도에 미치는 영향연구. 『문화관광연구』, 7(2): 163-180.
- 정강환(1996). 지역 활성화를 위한 이벤트와 지역축제 진흥방안: 지역축제 이벤트의 관광자원화를 중심으로. 『지방행정연구』, 11(3): 59-82.
- ______(1998). 문화관광축제로서의 금산인삼제 행사평가: 최근 3년간의 비교분석. 『관광학연구』, 22(2): 57-63.
- 정근석(1998). 축제 민주주의 지역활성화. 서울: 새길출판사.
- 정선미(2004). 관광속성이 체험관광객 만족에 미치는 영향: 해미읍성 역사체험축제를 중심으로. 세종대학교 석사학위논문.
- 정하윤(2002). 관광이벤트의 매력속성이 관광객 만족 및 재방문에 미치는 영향: 경주 한국의 술과 떡잔치 2002를 중심으로. 동아대학교 석사학위논문.
- 차동욱(2004). 지역축제 만족도에 의한 방문자의 재방문 및 구전홍보 결정요인에 관한 연구; 전주국제영화제를 중심으로. 『관광 · 레저연구』, 16(1): 55-69.
- 한국관광연구원(1998). 문화관광축제의 영향 및 운영효율화 방안.
- ____________(2001). 문화관광축제 육성방안.

- Getz, D.(1991). *Festivals, Special Events and Tourism*. New York: VNR.
- Janiskee, R. L.(1991). Rural Festivals in South Carolina. *Journal of Cultural Geography*, 11(2): 31-43.
- Kim, J., Park, Y. & Mun, K.(2002). Application of Importance-Performance Analysis to Evaluate Facilities and Services: The Case of the Icheon Ceramics Festival, South Korea. *International Journal of Tourism Sciences*, 2(1): 145-157.
- Light, D.(1996). Characteristics of the audience for events at a heritage site. *Tourism Management*, 17(3): 183-190.
- Martilla, J. A. & James, J. C.(1977). Importance-Performance Analysis. *Journal of Marketing*, 41(1): 77-79.
- Oh, H.(2001). Revisiting importance-performance analysis. *Tourism management*, 22(6): 617-627.

Memo

Chapter 15

♡ 러브마크 축제 브랜드 파워 강화

레브마크 축제 브랜드 파워 강화

Chapter 15

1. 세분시장별 차이 비교

지역축제의 개최를 통해 해당 축제를 그 지역의 브랜드로 자리잡아 축제를 통한 지역 이미지와 인지도를 제고시키고, 지역 관광상품의 개발을 활성화하기 위해서는 축제를 하나의 상품으로 보고 기획하는 접근방법이 필요하다. 상품기획에 있어서 수요시장의 욕구를 이해하는 것은 필수적이다. 축제 방문객의 욕구를 파악하기 위해서는 표적시장을 세분화하고, 세분시장별 효과적인 촉진프로그램을 개발해야 한다(이태희·이충기, 2000a). 이를 위해서 세분된 시장별 축제 방문특성을 분석해야 하며, 이를 통하여 효과적인 축제프로그램을 개발함은 물론 축제 활성화 전략을 제시해야 한다(박진영·이태희·김용근, 2000).

국내에서 열리는 지방축제의 수가 급증함은 물론 축제의 관광상품화 추세가 가속화되면서 전통문화를 경험하려는 시장의 욕구가 늘어나고 있고, 전통축제에 대해 관심이 높아지고 있는 것은 지방축제의 활성화 차원에서는 고무적인 일이다(이태희·이충기, 2000b). 축제 방문객들의 전통문화에 대한 관여정도는 전통축제의 다양화 내용 및 변화속도에 따라 영향을 받게된다. 지방축제의 참가 또한 잠재 방문시장이 전통문화나 전통축제에 대해 보이는 관여도(involvement level)에 의해 영향을 받을 수 있기 때문에 축제 참가자가 전통축제에 대해 갖는 관여도는 축제 마케팅전략에 있어서 중요한 사안이라 하지 않을 수 없다. 본 장에서는 지방축제를 방문하는 시장을 전통문화와 전통축제에 대한 관여도에 근거하여 세분화하고 세분 집단의 특성을 비교하였다.

2. 러브마크 축제 시장 세분화 접근

1) 관여도 측정항목

전통축제에 대해 방문객이 갖는 중요성과 관심정도로서 전통축제 관여도를 측정하기 위해 전통축제 관여수준을 측정하는 10가지 문항을 실증분석에 적용하였다. 설문응답 척도는 리커트(Likert) 7점 등간척도(①전혀 그렇지 않다 ~ ⑦매우 그렇다)를 사용하였다. 중요도와 관심정도를 나타내는 개인 관여항목의 내용들은 〈표 15-1〉와 같다.

2) 자료수집 방법

모집단은 '한국의 술과 떡 잔치' 행사장을 방문한 내국인관광객을 대상으로 선정하였으며, 조사범위는 행사장내로 선정하였다. 설문조사는 행사가 열리는 현장에서 10일 동안 주중과 주말로 나누어 실시되었다. 조사자는 동국대학교 관광대학 조사방법론을 수강하는 학생들로 조사목적, 조사방법, 조사내용 등을 충분히 교육시킨 후 현장에 투입되었다. 설문방법은 자기기입식(self-administered) 설문지로 응답자에게 제시되었으며, 각 측정항목에 대하여 어느 정도 동의하는지를 리커트 7점 척도로 체크하도록 하였다. 그러나 설문지를 직접 기입하기가 곤란한 응답자의 경우에는 조사자가 직접 기입하는 방식을 택하였다. 또한 설문의 응답률을 높이고 성의 있는 답변을 유도하기 위하여 응답자들에게 행사로고가 새겨진 머그컵을 인센티브로 제공하였다. 설문조사 결과 유효표본 수는 514매로 나타났다.

표 15-1
전통축제 관여도 측정항목

측정항목	측정항목 내용
D1	평소 전통축제에 관한 신문기사를 자세히 읽는다
D2	전통축제에 관한 자료를 모아놓거나 기록해둔다
D3	주변에서 어떤 전통축제가 열리고 있는지 안다
D4	전통축제에 대해 바람직한 의견을 제안할 수 있다
D5	전국적으로 전통축제는 많을수록 좋다
D6	다른 전통축제에도 방문할 의사가 높다
D7	누구보다도 전통축제에 관심이 높다
D8	다른 사람에게 전통축제 방문을 권유하는 편이다
D9	방문할 축제를 선택하는 기준이 분명하다
D10	전통축제의 유래에 대해 알고싶어 한다

3. 러브마크 축제 관여도를 통한 세분화

1) 시장의 일반적 속성

〈표 15-2〉은 축제방문객의 일반적 속성에 관한 빈도분석을 나타내 준다. 우선 성별 분포를 살펴보면, 남성이 전체의 56.4%로 여성(43.6%)에 비하여 다소 높은 것으로 나타났다. 연령별 구성비를 살펴보면, 20대(20~29세)와 30대(30~39세)가 전체의 각각 46.4%와 29.7%로 가장 많은 것으로 나타났으며, 다음으로는 50대(40~49세) 14.5%, 50세 이상 5.9%, 20세 미만 3.5%의 순으로 나타났다. 따라서 이번 축제에는 20대와 30대와 같은 비교적 젊은 층들이 많이 참가한 것으로 나타났다.

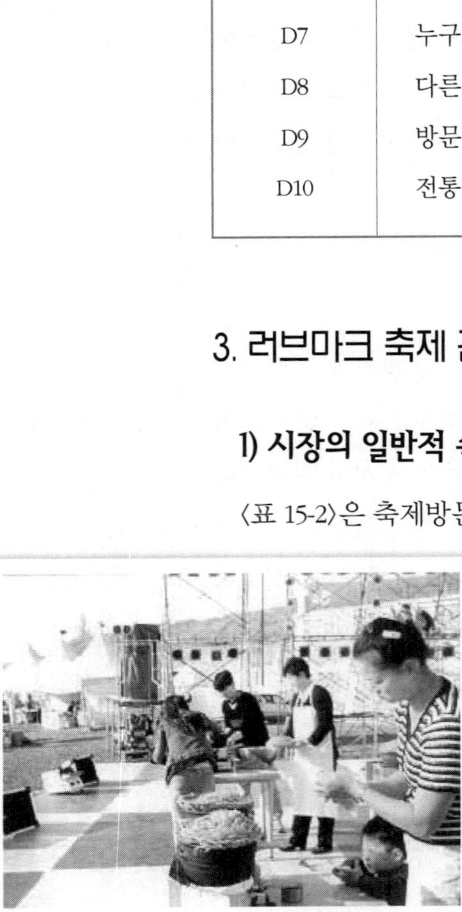
축제 참가자들의 참여형 프로그램 체험

변수명	항목	구성비(%)
성별	남자	56.4
	여자	43.6
연령	20세미만	3.5
	20-29세	46.4
	30-39세	29.7
	40-49세	14.5
	50세이상	5.9
교육수준	중졸이하	2.9
	고 졸	26.0
	2년제 대학	18.2
	대학교	48.0
	대학원이상	4.9
결혼상태	미혼	49.4
	기혼	50.4
	기타	0.2
월평균소득	100만원미만	40.5
	100-199만원	36.6
	200-299만원	17.1
	300만원이상	5.8

표 15-2
응답자들의 일반적 속성

또한 교육수준을 살펴보면, 대학교 졸업자(재학생 포함)가 전체의 48.0%로 가장 많으며, 다음으로는 고졸(26.0%), 2년제졸(18.2%), 대학원 이상(4.9%), 중졸이하(2.9%)의 순으로 나타났다. 따라서 축제참가자들의 학력수준이 비교적 높은 것으로 나타났다. 마지막으로, 소득수준을 살펴보면, 100만원 미만이 전체의 40.5%로 가장 많으며, 다음으로는 100만원대(100~199만원)가 36.6%, 200만원대(200~299만원)가 17.1%, 300만원 이상이 5.8%의 순으로 나타났다.

2) 관여도 항목의 신뢰도

전통문화 및 전통축제에 대한 관여도를 측정하기 위하여 구성된 10가지 문항의 신뢰도를 측정하기 위해 이들 문항에 대한 항목별 및 전체 크론바흐 알파값을 구한 결과, 10개 항목 전체 신뢰도는 0.87로 나타났다.

표 15-3 관여도 항목 알파값

측정항목	평균값	표준편차	표본수 (N)	항목제거시 알파값	10개항목 알파값
D1	4.11	1.80	482.0	.85	.87
D2	3.02	1.82	482.0	.86	
D3	3.71	1.84	482.0	.86	
D4	3.94	1.72	482.0	.86	
D5	5.53	1.65	482.0	.87	
D6	5.35	1.61	482.0	.85	
D7	4.67	1.68	482.0	.85	
D8	4.73	1.70	482.0	.85	
D9	4.41	1.69	482.0	.85	
D10	4.97	1.73	482.0	.85	

10개 항목 전체의 신뢰계수 외에 전반 5개 항목과 후반 5개 항목에 대한 응답의 상관관계를 분석하여 문항 전체의 신뢰계수를 구하는 반분법 신뢰계수를 측정해 보았다. 측정결과, 스피어만-브라운의 경우 0.81, 구트만의 경우 0.80으로 그 상관계수가 높게 나타나 반분법에 의한 신뢰계수 또한 만족스러운 수준임을 나타냈다.

표 15-4 반분법에 의한 관여도 항목의 신뢰계수 측정

구분	알파값	합산평균	Spearman-Brown	Guttman
전반 5개 항목	.72	20.31	.81	.80
후반 5개 항목	.85	24.14		

3) 관여집단의 세분화

관여도 측정항목의 신뢰도가 확인된 후에는 관여도에 따라 저관여, 중관여, 고관여의 집단으로 응답자를 구분하는 단계가 적용되었다. 이를 위해 자이코프스키(1985a)의 관여도 분류방법에 따라 관여수준 측정항목의 총점에 대

한 빈도분석을 실시하여, 관여도 점수 분포상 하위 25%를 저관여, 중간 50%를 중관여, 상위 25%를 고관여 집단으로 분류하였다. 그 결과 저관여 집단이 119명, 중관여 집단이 230명, 고관여 집단이 133명으로 분리되었다.

전통 주 시음회 참여하고 있는 방문객

4) 관여집단별 차이비교

가. 관여수준과 축제 재방문의사

축제 재방문 의사와 관련하여 고관여 집단 중 66.2%, 중관여 집단 중 60.9%, 저관여 집단 중 55.1%가 이 축제를 다시 방문하겠다고 응답하였다. 따라서 관여수준이 높을수록 축제 재방문의사를 갖는 구성원이 많다는 것을 알 수 있으며, 관여수준에 따른 재방문 의사의 차이는 1% 수준에서 통계적으로 유의한 것으로 나타났다(〈표 15-5〉참조).

표 15-5
관여수준 집단별 재방문의사

집단구분	재방문 의사(명)			합계	통계
	예	아니오	모르겠다		
고관여	88	19	26	133	Chi-Square=28. 49, df=6, p=.000
저관여	43	27	49	119	
중관여	140	33	57	230	
합계	290	85	138	513	

나. 관여수준과 축제방문 권유의사

다른 사람에게 이 축제를 방문 할 것을 권유할 것인지와 같은 축제방문 권유의사에 대한 응답을 관여수준별로 살펴보면, 고관여집단 중 70.7%, 중관여

집단 중 61.4%, 저관여집단 중 48.7%가 권유의사가 있는 것으로 나타났다. 따라서 관여수준이 높을수록 관여수준 집단별로 축제방문 권유의사를 갖는 구성원의 비율이 높게 나타나는 것을 알 수 있으며, 관여수준에 따른 축제방문 권유의사의 차이는 1% 수준에서 통계적으로 유의한 것으로 나타났다(〈표 15-6〉 참조).

표 15-6 관여집단별 축제방문 권유의사

집단구분	권유의사(명)		합계	통계
	예	아니오		
고관여	94	39	133	Chi-Square=30.17, df=9, p=.000
저관여	58	61	119	
중관여	140	88	228	
합계	292	188	480	

다. 관여수준과 동반자 유형

관여수준별로 동반자 유형에 차이가 있는지를 알아본 결과, 가족을 동반한 경우가 고관여집단 중 42.4%, 중관여집단 중 39.1%, 저관여집단 중 25.2%로 나타났다. 따라서 관여수준이 높을수록 가족을 동반하는 비율이 높다는 것을 알 수 있다. 동반자가 친구/친척인 경우는 고관여집단 중 34.8%, 중관여집단 중 52.1%, 저관여집단 중 62.2%로 관여수준이 낮을수록 친구/친척의 동반유형 비율이 높게 나타나는 것을 알 수 있다. 관여수준에 따른 동반자 유형의 차이는 1% 수준에서 통계적으로 유의한 것으로 나타났다(〈표 15-7〉 참조).

표 15-7 관여수준 집단별 동반자 유형

집단구분	동반자 유형(명)					합계	통계
	가족	친구/친척	혼자	단체	기타		
고관여	56	46	10	13	7	132	Chi-Square=32.89, df=12, p=.001
저관여	30	74	5	5	5	119	
중관여	90	120	7	9	4	230	
합계	176	240	22	27	16	481	

라. 관여수준과 타축제 참가경험

다른 축제에 참가해 본 경험이 있는 비율은 고관여집단의 경우 85.0%, 중관여집단의 경우 61.0%, 저관여집단의 경우 52.9%로 관여수준이 높을수록 타 축제에도 방문해 본 경험이 높은 것을 알 수 있으며, 관여수준에 따른 타축제 참가경험의 차이는 1% 수준에서 통계적으로 유의한 것으로 나타났다(〈표 15-8〉 참조).

마. 관여수준과 소득수준

전체 고관여집단 구성원 중 200만원 이상 되는 비율은 33.6%, 중관여집단의 경우는 22.4%, 저관여 집단의 경우는 15.2%로 나타났다. 또한 100만원 미만의 구성원이 갖는 비율은 고관여집단의 경우 27.0%, 중관여집단의 경우 41.6%, 저관여집단의 경우 52.7%로 나타났다. 따라서 전통축제에 대한 관여도가 높은 집단일수록 소득수준이 높다는 것을 알 수 있으며, 관여수준에 따른 소득수준의 차이는 5% 수준에서 통계적으로 유의한 것으로 나타났다(〈표 15-9〉 참조).

표 15-8 관여수준 집단별 타축제 참가 경험

집단구분	타축제 참가경험(명)		합계	통계
	예	아니오		
고관여	113	20	133	Chi-Square=40.26, df=6, p=.000
저관여	63	56	119	
중관여	139	89	228	
합계	315	165	480	

표 15-9 관여수준과 소득수준

집단구분	소득수준(명)				합계	통계
	100만원 미만	100~199 만원	200~299 만원	300만원 이상		
고관여	33	48	31	10	122	Chi-Square=24.46, df=12, p=.018
저관여	59	36	10	7	112	
중관여	91	80	39	10	219	
합계	171	164	80	27	483	

바. 관여수준과 연령

20대가 각 집단에서 차지하는 비율을 살펴보면, 고관여집단의 경우 36.8%,

중관여집단의 경우 46.9%, 저관여집단의 경우 55.5%로 나타났다. 30대의 경우는 고관여집단이 33.1%, 중관여집단이 33.3%, 저관여 집단이 18.5%로 나타났다. 40대의 경우는 고관여집단이 17.3%, 중관여집단이 14.0%, 저관여집단이 12.6%로 나타났다. 50대의 경우도 고관여집단일수록 비율이 높아짐을 알 수 있다. 따라서 전통축제에 대한 관심이 높은 집단일수록 그렇지 않은 집단에 비해 나이가 많은 구성원의 비율이 높다는 것을 보여준다고 하겠다. 이는 결국 전통문화에 대한 관심과 흥미는 연령이 높은 집단에서 높다는 것을 시사하는 결과라 하겠다. 관여수준에 따른 연령간의 차이는 1% 수준에서 통계적으로 유의한 것으로 나타났다(〈표 15-10〉 참조).

축제에 참가한 노년층 방문객의 모습

표 15-10 관여집단과 연령

집단구분	연령(명)					합계	통계
	20세 미만	20-29세	30-39세	40-49세	50세 이상		
고관여	3	49	44	23	14	133	Chi-Square=30.62, df=12, p=.002
저관여	10	66	22	15	6	119	
중관여	5	107	76	32	8	228	
합계	18	222	142	70	28	520	

5) 축제방문 주목적여부에 따른 관여도 비교

가. 축제방문 주목적여부에 따른 관여도

축제참가가 주요 방문 목적인가에 대한 관여집단별 응답비율을 살펴보면, 고관여집단의 경우 73.7%, 중관여집단은 63.9%, 저관여집단은 55.1%로 나타났다. 따라서 관여수준이 높을수록 축제방문 그 자체가 주 목적임을 알 수 있으며, 관여수준에 따른 축제 방문목적간의 차이는 5% 수준에서 통계적으로 유의한 것으로 나타났다(〈표 15-11〉 참조).

집단구분	축제가 방문 목적인가?		합계	통계
	예(명)	아니오(명)		
고관여	98	35	133	chi-square=10.09, d.f.=3, p=0.018
저관여	65	53	118	
중관여	147	83	230	
합계	310	171	481	

표 15-11
축제방문 주목적 여부에 따른 관여집단별 응답

나. 축제방문 주목적여부에 따른 관여도 비교

전통축제에 대한 관여도를 측정하는 10개 항목에 대해 축제 참가가 경주방문의 주 목적인 집단과 그렇지 않은 집단과의 차이를 t-test를 통하여 확인한 결과는 〈표 15-12〉과 같다. 10개 관여도 항목 중 '전통축제에 대한 신문기사를 자세히 읽는다', '전통축제에 대한 자료를 모아놓거나 기록해 둔다', '전통축제에 대한 바람직한 의견을 제안할 수 있다', '다른 전통축제에도 방문할 의사가 높다', '누구보다도 전통축제에 관심이 높다', '다른 사람에게 전통축제 방문을 권유하는 편이다', '전통 축제의 유래에 대해 알고 싶다' 등 7개 항목에서 5% 수준에서 집단간에 유의한 차이를 나타냈다.

축제 참가가 경주 방문의 주 목적인 집단이 그렇지 않은 집단에 비해 전통축제에 대한 관여항목의 평균값이 높게 나타났는데, 이는 축제 참가가 경주 방문의 주 목적인 집단이 그렇지 않은 집단보다 전통 축제에 대한 관심과 정보수준이 높다는 것을 시사하는 결과라 할 수 있다. 특히 '다른 전통축제에도 방문할 의사가 높다' 란 항목에 대해서는 7점 척도 중 5점을 넘는 응답을 두 집단 모두 나타내어 전통 축제에 대한 방문의사가 전체적으로 높음을 알 수 있다.

표 15-12 축제방문 주목적여부에 따른 관여도 비교

관여도 항 목	축제방문 주목적여부	구성원수 (명)	평균	표준편차	t-값	d.f.	유의계수 (p값)
D1	1:	332	4.23	1.82	2.182	510	.030
	2:	180	3.86	1.78			
D2	1	330	3.18	1.85	2.731	508	.007
	2	180	2.72	1.74			
D3	1	330	3.96	1.80	4.633	505	.000
	2	177	3.18	1.79			
D4	1	325	4.04	1.75	1.850	503	.065
	2	180	3.74	1.71			
D5	1	327	5.60	1.68	1.101	502	.271
	2	177	5.43	1.60			
D6	1	329	5.48	1.57	2.413	505	.016
	2	178	5.12	1.70			
D7	1	328	4.80	1.65	2.315	506	.021
	2	180	4.44	1.72			
D8	1	332	4.85	1.70	2.352	509	.019
	2	179	4.48	1.68			
D9	1	330	4.48	1.62	1.620	507	.106
	2	179	4.23	1.79			
D10	1	331	5.14	1.66	2.805	509	.005
	2	180	4.69	1.83			

4. 러브마크 축제 시장 세분화의 시사점

전통문화나 전통축제에 대한 관여도를 통해 지방축제 방문객 시장을 세분화하는 경우 세분된 집단간에 유의한 차이가 나타남을 확인할 수 있었다. 축제 재방문 의사나 다른 사람에게 떡축제의 참가를 권유할 의사도 고관여 집단이 중관여 집단이나 저관여 집단에 비해 더 높은 것으로 나타났다. 또한 전통축제에 대한 관심이 높은 집단일수록 그렇지 않은 집단에 비해 나이가 많은 구성원의 비율이 높은 것으로 나타났다. 이는 결국 전통문화에 대한 관심과 흥미 경향은 연령이 높은 집단에서 높다는 것을 시사하는 결과라 하겠다.

전통축제에 대한 관여도가 높은 집단일수록 소득이 높고 타 축제에 방문해 본 경험이 많으며, 가족을 동반하는 비율이 높은 것으로 나타났다. 반면에 관여수준이 낮을수록 친구/친척의 동반 유형 비율이 높은 것으로 나타났다.

관여수준이 높을수록 축제방문 그 자체가 축제 개최지를 방문한 주 목적임을 알 수 있었다. 축제 참가가 주 목적인 집단이 그렇지 않은 집단에 비해 전통축제에 대한 관여항목의 평균값이 높게 나타났는데, 이는 축제 참가가 주 목적인 집단이 그렇지 않은 집단보다 전통 축제에 대한 관심과 정보수준이 높다는 것을 시사하는 결과라 할 수 있다.

이렇듯 관여도에 따른 축제시장 세분화 연구는 축제 방문객의 만족도를 증진시킬 수 있는 축제관리 및 마케팅(이충기 · 이태희, 2000b) 기초 자료로 활용될 수 있을 것이다.

참 / 고 / 문 / 헌

- 안운석(1994)「소비자 관여에 관한 연구」, 경기대학교 대학원 박사학위논문.
- 이장주(1999). "세분시장별 축제 이미지의 차이에 관한 연구,"『관광학연구』23권 1호: 228-245.
- 이충기 · 이태희(2000a). "경주세계문화엑스포에 대한 축제참가 동기 분석,"『관광학연구』23권 2호: 84-98.
- 이충기 · 이태희(2000b). "전통축제 방문시장 세분화의 기준으로서 관여수준,"『관광학연구』24권 1호: 323-330.
- 박진영 · 이태희 · 김용근(2000). "지역축제의 중요도-성취도 분석에 관한 연구,"『한국공원휴양학회지』2권 1호: 61-69.
- Backman, K. F., S. J. Backman, Muzaffer Uysal, & K. M. Sunshine(1995). Event tourism: an examination of motivations and activities. *Festival Management and Event Tourism*, 3(1): 15-24.
- Bowen, Lawrence & Seven H. Chaffee(1974). "Product Involvement and Pertinent Advertising Appeals", *Journalism Quarterly*, Vol. 51(Winter): 613-621.
- Bloch, Peter H.(1981) "An Exploration into the Scaling of Consumers Involvement with a Product Class", *Advances in Consumer Research*, Vol. 8: 61-65
- Celsi, R.L. and Olson, J.,C.(1988) "The Role of Involvement in Attention and Comprehension Processes", *Journal of Consumer Research*, Vol. 15: 212.
- Crompton, John L. & Stacey L. McKay(1997). Motives of visitors attending festival events. *Annals of Tourism Research*, 24(2): 425-439.
- Day, George S.(1970) *Buyer Attitude and Brand Choice*, Free Press.
- Engel, James F. and Blackwell, Roger D.(1982) *Consumer Behavior*, 4ht ed. Hinsdale III : Dryden Press: 21-40
- Formica, Sandro & Muzaffer Uysal(1996). A market segmentation of festival visitors: Umbria Jazz Festival in Italy. *Festival Management and Event Tourism*, 3(4): 175-182.

- Formica, Sandro & Muzaffer Uysal(1998). Market segmentation of an international cultural-historical event in Italy. *Journal of Travel Research*, 36(4): 16-24.
- Houston, Michael J. and Rothschild, Michael L.(1978) "Conceptual and Methodological Perspectives in Involvement", Chicago : AMA, 1978 : 184-185
- Mitchell, Andrew A.(1979) "Involvement : A Potentially Important Mediator of Consumer Behaviot", *Advances in Consumer Research*,, Vol. 6,: 191-196
- Mohr, Karen, K. F. Backman, L. W. Gahan, & S. J. Backman(1993). An investigation of festival motivations and event satisfaction by visitor type. *Festival Management and Event Tourism*, 1(3): 89-97.
- Peter, J. Paul. and Jerry. C. Olson,(1990) *Consumer Behavior: Marketing Strategy Perspective*, Richard D. Irwin, Inc., : 87-90
- Schneider, I. E. & S. J. Backman(1996). Cross-Cultural Equivalence of Festival Motivations: A Study in Jordan. *Festival Management and Event Tourism*, 4(3/4): 139-144.
- Scott, David (1996). A Comparison of Visitors' Motivations to Attend Three Urban Festivals. *Festival Management and Event Tourism,* 3(3): 121-128.
- Uysal, Muzaffer, Lawrence Gahan, & Bonnie Martin(1993). An Examination of Event Motivations: A Case Study. *Festival Management and Event Tourism*, 1(1): 5-10.
- Zaichkowsky, J. L.(1985a) "Measuring the Involvement Construct", *Journal of Consumer Research*,, Vol. 12(December): 341-352
- Zaichkowsky, J. L.(1985b) "Conceptualizing Involvement", Discussion Paper, Faculty of Business Administration, Simon Fraser University.

Memo

Chapter 16

♡ 러브마크 축제 매력도와 행동의도

1. 러브마크 축제와 행동의도
2. 러브마크 축제 매력요인과 행동의도
3. 행동의도 연구의 Frame
4. 러브마크 축제 매력요인 실증분석
5. 러브마크 축제 매력에의 영향관계

러브마크 축제 매력도와 행동의도

Chapter 16

1. 러브마크 축제와 행동의도

정부는 95년부터 지자체의 추천을 받아 지역의 특성을 반영하는 문화관광축제를 등급별로 매년 지정하여 예산을 지원하고 있고(차동욱, 2004), 2006년에는 예비축제를 포함하여 52개의 문화관광축제가 선정되었다.

정부차원에서의 관광지 및 축제에 대한 국고 지원을 통해 관광 활성화를 도모하고 있는 상황이지만, 관광지의 개발 실적은 매우 미흡하고, 관광프로그램 및 관광상품의 부족으로 인해 다양한 관광객의 욕구를 수용하지 못하고 있고(윤양수, 2003), 축제의 양적 성장에도 불구하고 영국의 에딘버러, 일본 삿뽀로의 눈축제처럼 축제의 지명도를 통해 훌륭한 관광명소로 지역의 인지도를 이끌어낼 수 있을만큼의 세계적인 축제로 현재화시키지 못하고 있다(한국관광연구원, 2001).

이처럼 관광지의 문제점으로 지적되는 프로그램의 부재와 문화관광축제의 문제점으로 지적되는 관광명소로의 연출 부재는 상호연관성이 있음에도 불구하고, 축제 개최지로의 관광지에 대한 매력의 비교연구는 전혀 이루어지지 않고 있고, 축제 매력과 관광지 매력에 대한 관광객의 만족 및 행동의도에 대한 평가 또한 이루어지고 있지 않다. 즉, 종전의 보는 관광에서 참여 관광이 될 수 있도록 관광지의 매력에 이점을 제공하는 각종 축제나 이벤트를 마련함으로써 관광객에게는 만족을 그리고 궁극적으로는 유인력있는 감성적 러브마크의 관광이미지를 창출하는 것이 필요하다.

이에 따라 축제가 개최되는 관광지를 대상으로 해당 축제와 관광지에 대한 매력의 영향관계를 파악하여, 어떠한 축제 매력 요인이 관광지 매력 요인에 영향을 미치는지 분석하고, 축제 매력 요인과 관광지 매력 요인에 대한 관광객의 만족 및 행동의도를 파악하여, 축제 매력과 관광지 매력의 연관성을 알아보고자 한다. 이러한 관점에서 문화관광축제로 선정된 지역축제 중 춘천국제마임축제의 개최장소인 위도 관광지(도깨비난장)를 찾은 관광객들이 그 축제와 관광지를 방문하면서 느낀 매력 요인을 바탕으로 다음과 같은 세부 연구목표를 설정하였다.

첫째, 축제와 관광지 매력에 대한 관광객의 평가를 세분화한다.

둘째, 축제 매력 요인이 관광지 매력 요인에 미치는 영향을 파악한다.

셋째, 축제 매력 요인과 관광지 매력 요인에 대한 방문객의 만족 및 행동의도를 파악한다.

이상과 같은 연구목적의 달성을 통해 축제와 관광지 매력 평가에 대한 세분화를 조사하여 도출된 축제 매력과 관광지 매력의 영향관계, 만족 및 행동의도와의 영향관계를 통해 춘천국제마임축제뿐만 아니라, 위도 관광지의 발전에 대한 시사점을 제시하고자 한다.

2. 러브마크 축제 매력요인과 행동의도

1) 축제 매력

시대의 흐름에 따라 관광객의 관광패턴은 변화되고 있다. 즉 기존의 유명 경승지 또는 사찰을 관람하는 수동적인 입장에서 레저스포츠, 축제 등 행사에 직접적으로 참여하는 능동적인 입장으로 변모하고 있음을 의미한다(이선정,

2004). Getz(1991)에 의하면 지역축제 또는 이벤트는 관광객을 유인할 수 있는 매력물로서 지역의 고유한 문화적 및 전통적 관광자원을 바탕으로 이루어지고 있으며, 다양성, 특별성을 가장 빠르게 방문객에게 전파할 수 있는 것이라고 하였다. 그만큼 축제는 화려하면서 생동감을 제공하고, 역동적이며, 체험형 관광형태를 갖추고 있다. 일상생활에서 겪지 못했던 감정에 대한 자극을 통해 새로운 활력을 제공하기 때문에 축제의 재미와 즐검움의 요소는 관광객을 유인하는 역할을 한다(한국관광공사, 1995).

노영숙(2000)은 안동국제탈춤페스티벌을 찾은 방문객을 대상으로 방문객의 기대수준과 만족을 축제의 매력속성을 중심으로 연구한 결과, 축제의 성공을 위해서는 축제의 특이성, 문화적·역사적 특성과 교육적 특성 등 프로그램의 개발이 중요하다고 지적하였다.

정하윤(2002)은 경주 한국의 술과 떡 잔치를 찾은 방문객을 대상으로 만족 및 재방문에 매력속성이 어떠한 영향을 미치는지를 알아본 연구에서, 기본속성과 위락속성이 만족 및 재방문에 영향을 미치는 요인이라고 밝혔다.

권문호·이제억(2005)도 경주 한국의 술과 떡 잔치를 찾은 사람들을 대상으로 축제의 매력요인이 만족과 재방문에 영향을 주는지 조사하였는데, 18개 매력요소 중 차별화된 세계적인 축제로 발돋움하기 위해서는 지역주민의 참여, 프로그램의 다양성, 쾌적한 행사공간 등에 대한 기획 및 효율적 운영·관리가 필요하다고 지적하였다.

2) 관광지 매력

관광에 영향을 미치는 모든 요인들 중에서 매력은 중요한 요소 중의 하나로서(김재진, 2001), 이를 관광지 차원에서의 매력으로 보면 관광객들의 욕구를 충족시켜 만족을 주기 위한 관광지의 능력에 대하여 관광객들이 느끼는 감정, 믿음, 의견 등이라고 정의내릴 수 있다(Hu & Ritchie, 1993).

이러한 관광지 매력은 관광지 선택행동으로 이어지는데, 여기서 관광지 선택은 두 가지 측면에서 이루어지는데, 이를 푸시 팩터와 풀 팩터라고 한다. 푸시 팩터는 관광객의 마음에 관광동기나 성격, 학습 등의 요인들이 작용하여 특정 관광지를 방문하는 것을 말하며, 풀 팩터는 특정 관광지가 가지고 있는 어떠한 특성이 관광객을 유인하고 있는가에 관한 것을 말한다(박수완, 1997). 본 연구에서는 관광지의 매력요인을 풀 팩터의 개념으로 적용하였다.

유금종(2002)은 금융기관 직원들의 경영성과를 높이기 위해 실시되는 인센티브 여행에 있어서 선호하는 관광지의 매력성을 14개의 변수로 도출하여 조사한 결과, 자연이 인센티브 여행 선택에 있어서 가장 중요한 매력 요인으로 나타났다.

오상훈 · 고계성(2005)은 25개의 관광목적지 속성 변수들을 이용하여 섬 관광지인 제주도의 매력성을 조사한 결과, 쇼핑, 먹거리, 관광정보, 축제, 야간관광 등에 대한 항목이 개선할 부분이라고 지적하면서, 이러한 매력 요인을 보강할 필요가 있음을 밝혔다.

오병호(2005)는 신혼여행객들이 관광지를 선택하는 요인을 15개로 도출하여 살펴본 결과, 관광지 매력요인에 따라 관광 후 만족 및 행동의도에 차이가 있음을 밝히면서, 관광산업에 있어서 폭 넓은 관광지와 관광상품을 결정할 수 있는 지식이 필요하다고 지적하였다.

3) 만족 및 행동의도

관광 분야에서는 만족을 관광체험의 후속단계를 대표하는 심리적 구성개념으로 사용하고 있으며(고동우, 1998), 축제에서는 해당 축제를 방문한 사람들이 사전에 축제에 대한 정보를 인식하고 축제를 경험하는 동안 스스로의 체험에 대하여 개인이 내리는 심리적 · 감정적의 일반적인 평가라고 한다(이정록 · 안종현, 2004). 만족에 대한 측정은 주로 다항목척도가 아닌 단일항목으로 전반적인 만족도를 측정하는 경향이 있으며(Fornell et al., 1996; Bloemer & Ruyter,

1998; Bolton & Lemon, 1999; Bigne et al., 2001), 후속적인 변수로 제시되는 재방문의사와 추천의사와의 관계가 관광객이 만족을 느낀다고 하여도 재방문의사나 추천의사가 낮을 수 있다는 Geva & Goldman(1991)의 선행연구에서처럼, 논란의 소지가 많으나 많은 선행연구들의 결과를 미루어보아 적어도 특별한 경우를 제외하고는 불만족한 관광객이 재방문을 적극적으로 하지 않는 것으로 나타나, 방문 후의 만족이 항상 재방문에 직접적인 영향을 미치지는 않더라도, 다양한 형태로 재방문에 영향을 준다(김태희, 2003).

3. 행동의도 연구의 Frame

본 연구에서는 다음과 같은 연구 과제를 설정하여, 축제와 관광지의 매력의 영향관계를 분석하고, 축제와 관광지의 방문객의 만족 및 행동의도를 조사하여, 축제 개최지로서의 관광지 활용에 대한 방안을 모색하고자 하였다.

연구과제 1: 축제개최 관광지를 찾은 관광객들이 중요하게 생각하는 관광지와 축제의 매력 요소는 어떤 것이 있는가?

연구과제 2: 축제 매력 요인이 관광지 매력 요인에 영향을 미치는가?

연구과제 3: 축제와 관광지에서 제시되고 있는 다양한 매력 요인에 대하여 관광객들이 어느 정도 만족하고 있는가?

[그림 16-1] 은 본 연구의 연구 절차로서, 1단계에서는 축제와 관광지 매력 요인을 도출한 후, 2단계에서는 매력에 대한 24개 구성요소를 몇 개의 카테고리로 분류한 후 축제 매력 요인이 관광지 매력 요인에 영향을 미치는지를 알아보고, 마지막으로 3단계에서는 축제와 관광지 매력 요인들에 따른 전반적 만족도와 행동의도의 영향관계를 알아보았다.

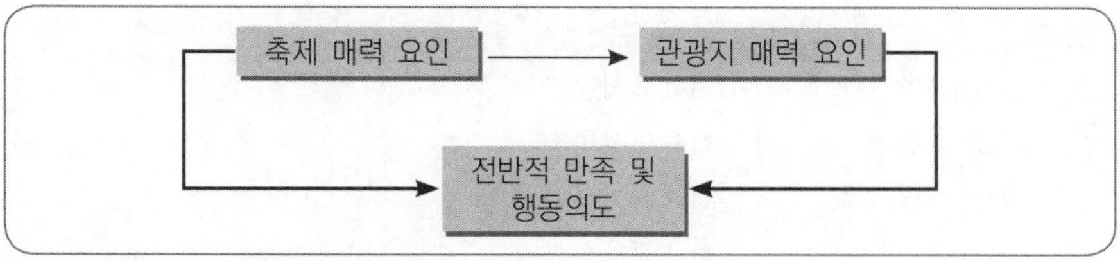

그림 16-1 연구절차

1) 표본설계

설문조사는 춘천국제마임축제가 개최되는 장소 중 관광진흥법상 관광지인 춘천의 위도관광지를 찾은 관광객을 대상으로 축제시기에 맞춰 2006년 6월 4일에 실시되었다. 설문방법은 자기기입식(self-administered) 설문지로 응답자에게 제시되었으며, 각 측정항목에 대하여 어느 정도 동의하는지를 리커트(Likert scale) 5점 척도로 표시하도록 하였다. 표본추출은 축제개 개최된 관광지를 찾은 관광객의 성별 및 연령별 구성을 대략 고려하여 균등하게 설문 대상자를 선정하였다. 또한 설문의 응답률을 높이고 성의 있는 답변을 유도하기 위하여 응답자들에게는 소정의 기념품을 제공하였다. 이러한 결과 총 287매(회수율: 89.7%)의 유의한 설문지를 확보할 수 있었다.

2) 변수의 조작적 정의

관광지와 축제 매력요인을 파악하기 위하여 기존의 관광지와 축제 매력 연구에서 중요하다고 판단되는 요인들을 대상으로 관광지 매력 요인은 22개 항목을 설정하였다. 축제 매력평가와의 비교를 위해 축제 매력 항목에서는 도출되었으나, 관광지 매력 항목에서는 도출되지 않은 2개(사람과의 만남/교류, 몰입성) 항목을 포함하여 최종 24개 항목을 설정하였다. 축제 매력요인은 22개 항목을 설정하였다. 관광지 매력평가와의 비교를 위해 관광지 매력 항목에서는 도출되었으나, 축제 매력 항목에서는 도출되지 않은 2개(명성이나 이미지, 야간활동) 항목을 포함하여 축제와 관광지 매력 각각 24개 항목을 도출하였다.

표 16-1 변수의 조작적 정의

<table>
<tr><th>구 분</th><th colspan="2">측 정 내 용</th><th>근 거</th></tr>
<tr><td>축제 매력</td><td>(1) 자연경관
(2) 교통편
(3) 쇼핑
(4) 숙박
(5) 축제안내/정보
(6) 먹거리
(7) 종사원 서비스
(8) 물가/비용
(9) 안전
(10) 지역주민 태도
(11) 접근성
(12) 기념품/토산품</td><td>(13) 휴식공간
(14) 명성/이미지
(15) 특이성/톡특함
(16) 교육성
(17) 청결/쾌적성
(18) 지역특색
(19) 야간활동
(20) 체험성
(21) 타인과의 조우
(22) 재미/신명성
(23) 프로그램의 다양성
(24) 몰입성</td><td>권정택(2000), 노영숙(2000), 김성혁 · 고호석 · 김수하(2000), 김가영(2002), 정하윤(2002), 이선정(2004), 정선미(2004), 윤재효(2004), 장양례(2005), 권문호 · 이제억(2005)</td></tr>
<tr><td>관광지 매력</td><td>(1) 자연경관
(2) 교통편
(3) 쇼핑
(4) 숙박
(5) 관광안내/정보
(6) 먹거리
(7) 종사원 서비스
(8) 물가/비용
(9) 안전
(10) 지역주민 태도
(11) 접근성
(12) 기념품/토산품</td><td>(13) 휴식공간
(14) 명성/이미지
(15) 특이성/톡특함
(16) 교육성
(17) 청결/쾌적성
(18) 지역특색
(19) 야간활동
(20) 체험성
(21) 타인과의 조우
(22) 재미/신명성
(23) 프로그램의 다양성
(24) 몰입성</td><td>Enright & Newton(2004), 조장현 · 권종현(2004), 오상훈 · 고계성(2005), 김동훈(2004), 유금종(2002), 정성채(2003), 안윤지(2003), 조혜경(2002), 이재곤(2005), 변서영(2005), 김철우(2004), 오병호(2005), 임주연(2002), 정길영(2004)</td></tr>
<tr><td>축제 만족도</td><td colspan="2">(1) 전반적 만족도
(2) 재방문의사
(3) 추천의사</td><td rowspan="2">임주연(2002), 김희진(2002), 이연화(2003), 박미정(2004), 이은미(2004), 장경수(2005)</td></tr>
<tr><td>관광지 만족도</td><td colspan="2">(1) 전반적 만족도
(2) 재방문의사
(3) 추천의사</td></tr>
</table>

각 항목의 중요도는 1점이 '전혀 중요하지 않다', 5점이 '매우 중요하다'로 측정되었으며, 성취도의 경우에도 1점이 '전혀 만족하지 않다', 5점이 '매우 만족하다'로 측정되었다.

만족도 문항은 전반적 만족도, 재방문의사, 추천의사로 구성하였으며, 1점이 '전혀 그렇지 않다', 5점이 '매우 그렇다'로 측정되었다. 이러한 과정을 통해 도출된 내용은 〈표 16-1〉과 같다.

3) 분석방법

본 연구에서 사용된 관광지와 축제 매력 항목의 신뢰도 및 타당성을 검증하기 위하여, Cronbach's 알파계수와 요인분석을 실시하였다. 축제 매력요인이 관광지 매력요인의 영향관계와 어떠한 축제 매력 항목과 관광지 매력 항목이 관광객의 전반적인 만족도 및 행동의도(재방문의사, 추천의사)에 영향을 미치는지 알아보기 위해 다중회귀분석을 실시하였다.

4. 러브마크 축제 매력 요인 실증분석

1) 표본의 일반적 특성

본 연구에서 응답자의 일반적 특성이 〈표 16-2〉에 나타나 있다. 방문객 유효 응답자 287명 가운데 남성은 131명(45.6%), 여성은 156명(54.4%)을 각각 차지하였다. 연령은 20대가 124명(43.2명)으로 가장 많았으며, 교육수준은 주로 대학교 재학 또는 졸업자들이 180명(62.7%)로 나타났다. 월평균 소득은 100만원 미만이 67명(23.3%)로 주로 학생층이 해당되었으며, 201-300만원 미만이 76명(26.5%)로 학생층을 제외한 나머지 방문객들이 이에 해당되었다. 거주지는 강원도 167명(58.2%), 서울 58명(20.2%), 경기도 49명(17.1%) 순으로 나타났으며, 강원도와 인접한 지역의 방문으로 인해 숙박 또한 당일 여행이 199명(69.3%)을 차지하고 있었다. 라이프 사이클은 미혼(141명)과 기혼(146명)이 고르게 조사되었으며, 축제를 처음 방문한 사람(49.5%)과 재방문한 사람(50.5%), 관광지를 처음 방문한 사람(47.7%)과 재방문한 사람(52.3%)의 비율이 고르게 나타났으며, 방문객들의 춘천국제마임축제를 참석하는데 평균적으로 12만원 정도의 돈을 지출한 것으로 나타났다.

표 16-2 응답자의 일반적 특성

구 분		응답수(명)	비율(%)	구 분		응답수(명)	비율(%)
성별	남성	131	45.6	거주지	서울	58	20.2
	여성	156	54.4		경기도	49	17.1
연령	20세 미만	27	9.4		강원도	167	58.2
	20-30세 미만	124	43.2		기타	13	4.5
	30-40세 미만	74	25.8	생활주기	미혼	141	49.1
	40-50세 미만	30	10.5		기혼	146	50.9
	50-60세 미만	16	5.6	축제 방문횟수	1회	142	49.5
	60세 이상	16	5.6		2회 이상	145	50.5
교육수준	중졸(재)	2	0.7	관광지 방문횟수	1회	137	47.7
	고졸(재)	58	20.2		2회 이상	150	52.3
	전문대 졸(재)	31	10.8	숙박	당일	199	69.3
	대학교 재(졸)	180	62.7		1박 2일	47	16.4
	대학원 이상	16	5.6		2박 이상	41	14.3
소득(월)	100만원 미만	67	23.3	직업	전문/기술직	33	11.5
	101-200만원	52	18.1		행정/사무/관리직	47	16.4
	201-300만원	76	26.5		학생	96	33.4
	301-400만원	41	14.3		주부	47	16.4
	401만원 이상	51	17.8		기타	64	22.3
총경비(원)				12,2571.43			

2) 단계 1: 관광지와 축제의 매력 항목에 대한 요인분석

요인분석을 실시하기 전에 자료가 요인분석에 타당한지를 알아보기 위해 KMO(Kaiser-Meyer-Olkin)측도와 Bartlett의 구형성 검증을 이용하였는데, 본 연구에서는 KMO=0.920, Bartlett의 구형성 검정치는 유의확률이 0.000으로 축제

표 16-3
축제 매력요인에 대한 요인분석

측정항목	요인 적재값	공통성	평균*	고유값	누적 설명력(%)	신뢰 계수
요인1: 행사장 내 관련자원						
청결/쾌적성	0.792	0.677	3.73	8.888	37.035	0.837
명성/이미지	0.671	0.594	3.71			
휴식공간	0.669	0.677	3.86			
야간활동	0.622	0.541	3.57			
프로그램의 다양성	0.589	0.640	3.61			
축제안내/정보	0.482	0.436	3.61			
요인2: 축제목표 및 인적자원						
교육성	0.713	0.634	3.57	1.637	43.858	0.841
지역주민 태도	0.702	0.530	3.13			
종사원 서비스	0.601	0.607	3.49			
타인과의 조우	0.585	0.551	3.44			
특이성/독특함	0.520	0.486	3.13			
재미/신명성	0.518	0.532	3.29			
체험성	0.435	0.524	3.20			
몰입성	0.434	0.452	3.55			
요인3: 기타지역특징						
물가/비용	0.752	0.651	3.65	1.319	49.354	0.772
안전	0.703	0.568	3.31			
자연경관	0.596	0.667	3.87			
지역특색	0.505	0.590	3.66			
요인4: 금전소비형 자원						
쇼핑	0.769	0.725	2.81	1.279	54.684	0.721
먹거리/음식	0.624	0.634	3.12			
기념품/토산품	0.532	0.610	2.89			
숙박	0.411	0.577	3.38			
요인5: 교통관련자원						
교통편	0.781	0.656	3.20	1.041	59.024	0.639
접근성	0.641	0.607	3.83			

주) *리커트 5점 척도(1=전혀 만족하지 않다, 3=보통, 5=매우 만족한다)
주) KMO=0.920, Bartlett의 구형성 검정(근사 카이제곱=2933.703, 자유도=276, p값=0.000)

매력을 알아보기 위해 수집된 자료는 통계적으로 유의한 상관관계를 가지고 있기에 요인분석 적용에 적합하다고 할 수 있다. 그 다음으로 축제 매력요인의 신뢰성을 검증하기 위해서 신뢰도를 검증하는 크론바하 알파계수(Cronbach's α)를 살펴보았는데, 5개의 매력요인에서 모두 0.60보다 높게 나타나, 신뢰도가 모두 양호한 것으로 나타났다. 분석결과 〈표 16-3〉에서 보는 바와 같이 춘천국제마임축제의 매력요인이 5개로 도출되었다. 각 요인은 '행사장 내 관련자원', '축제목표 및 인적자원', '기타지역특징', '금전소비형 자원', '교통관련자원' 요인으로 각각 명명되었다. 이들 5개 요인이 전체 분산의 59.024%를 설명하였다.

표 16-4
관광지 매력요인에 대한 요인분석

측정항목	요인 적재값	공통성	평균*	고유값	누적 설명력(%)	신뢰계수
요인1: 경험 및 인적자원						
교육성	0.728	0.621	3.20	10.192	42.468	0.880
타인과의 조우	0.689	0.536	3.37			
특이성/독특함	0.686	0.549	2.99			
재미/신명성	0.638	0.551	3.44			
체험성	0.597	0.551	3.23			
몰입성	0.554	0.565	3.51			
지역주민 태도	0.512	0.569	3.53			
종사원 서비스	0.503	0.593	3.44			
요인2: 관광지 내 관련자원						
청결/쾌적성	0.786	0.689	3.46	1.858	50.208	0.895
관광안내/정보	0.739	0.677	3.66			
명성/이미지	0.712	0.619	3.53			
야간활동	0.686	0.566	3.34			
프로그램의 다양성	0.673	0.612	3.63			
지역특색	0.635	0.652	3.51			
휴식공간	0.622	0.553	3.31			
안전	0.455	0.523	3.53			
자연경관	0.452	0.461	3.18			
요인3: 금전소비형 자원						
숙박	0.689	0.629	3.51	1.189	55.160	0.789
기념품/토산품	0.644	0.554	3.84			
물가/비용	0.642	0.598	3.54			
쇼핑	0.574	0.598	3.61			
먹거리	0.460	0.596	3.37			
요인4: 교통관련자원						
접근성	0.855	0.784	2.94	1.023	59.424	0.621
교통편	0.559	0.617	3.21			

주) *리커트 5점 척도(1=전혀 만족하지 않다, 3=보통, 5=매우 만족한다)주)
주) KMO=0.932, Bartlett의 구형성 검정(근사 카이제곱=3596.892, 자유도=276, p값=0.000)

관광지 매력을 위한 요인분석을 위해 위와 동일하게 KMO(Kaiser-Meyer-Olkin)측도와 Bartlett의 구형성 검증을 이용하였는데, 본 연구에서는 KMO=0.932, Bartlett의 구형성 검정치는 유의확률이 0.000으로 관광지 매력을 알아보기 위해 수집된 자료는 통계적으로 유의한 상관관계를 가지고 있기에 요인분석 적용에 적합하다고 할 수 있다. 그 다음으로 관광지 매력요인의 신뢰성을 검증하기 위해서 신뢰도를 검증하는 크론바하 알파계수(Cronbach's α)를 살펴보았는데, 4개의 매력요인에서 모두 0.60보다 높게 나타나, 신뢰도가 모두 양호한 것으로 나타났다. 분석결과 〈표 16-4〉에서 보는 바와 같이 위도 관광지의 매력요인이 4개로 도출되었다. 각 요인은 '경험 및 인적자원', '관광지 내 관련자원', '금전소비형 자원', '교통관련자원' 요인으로 각각 명명되었다. 이들 4개 요인이 전체 분산의 59.424%를 설명하였다.

3) 단계 2: 축제 매력 요인에 따른 관광지 매력 요인의 영향관계

요인분석에서 도출된 축제 매력 5개 요인 중에서 어떤 요인이 관광지 매력요인에 유의한 영향을 미치는지 분석하기 위하여 다중회귀분석을 실시하였다. 분석결과 〈표 16-5〉와 같이 회귀식의 설명력은 경험 및 인적자원이 55.2%, 관광지 내 관련자원이 42.7%, 금전소비형 자원이 45.3%, 교통관련자원이 34.7%로 유의적인 것으로 나타났다. 또한 VIF 값은 모두 5보다 작으므로 독립변수간 다중공선성의 문제는 없는 것으로 나타났다.

회귀분석결과를 살펴보면 경험 및 인적자원과 금전소비형 자원은 행사장 내 관련자원과 축제목표 및 인적자원 요인에 영향을 받고, 관광지 내 관련자원은 행사장 내 관련자원과 기타지역특징 요인에, 그리고 교통관련자원은 금전소비형 자원 요인에 대해서 영향을 받는 것으로 나타났다.

표 16-5
축제 매력 요인이 관광지 매력 요인에 미치는 영향

종속변수	독립변수	표준화계수(beta)	t값	p값	VIF
경험 및 인적자원	행사장 내 관련자원	0.309	4.998	0.000*	2.402
	축제목표 및 인적자원	0.396	6.200	0.000*	2.555
	기타지역특징	-0.067	-1.156	0.249	2.123
	금전소비형 자원	0.236	4.234	0.000*	1.940
	교통관련자원	-0.088	-1.966	0.050	1.265
	R^2= .552, Adjusted R^2= .544, F-비율= 69.181, p값= 0.000				
관광지 내 관련자원	행사장 내 관련자원	0.403	5.762	0.000*	2.402
	축제목표 및 인적자원	-0.001	-0.011	0.991	2.555
	기타지역특징	0.225	3.417	0.000*	2.123
	금전소비형 자원	0.113	1.792	0.074	1.940
	교통관련자원	0.009	0.179	0.858	1.265
	R^2= .427, Adjusted R^2= .416, F-비율= 41.823, p값= 0.000				
금전소비형 자원	행사장 내 관련자원	0.276	4.036	0.000*	2.399
	축제목표 및 인적자원	0.396	5.623	0.000*	2.545
	기타지역특징	0.006	0.100	0.921	2.117
	금전소비형 자원	0.074	1.200	0.231	1.934
	교통관련자원	0.009	0.172	0.864	1.263
	R^2= .453, Adjusted R^2= .443, F-비율= 46.394, p값= 0.000				
교통 관련 자원	행사장 내 관련자원	-0.051	-0.679	0.498	2.402
	축제목표 및 인적자원	-0.048	-0.623	0.533	2.555
	기타지역특징	-0.018	-0.257	0.797	2.123
	금전소비형 자원	0.633	9.419	0.000*	1.940
	교통관련자원	0.071	1.312	0.191	1.265
	R^2= .347, Adjusted R^2= .335, F-비율= 29.852, p값= 0.000				

주) *p〈0.001

4) 단계 3: 축제와 관광지의 매력요인이 전반적인 만족도와 행동의도에 미치는 영향

축제 매력 요인 5개와 관광지 매력 요인 4개에 대해 어떠한 축제와 관광지 매력요인이 전반적 만족도와 행동의도(재방문의사, 추천의사)에 유의한 영향을 미치는지 분석한 결과를 〈표 16-6〉과 〈표 16-7〉에서 제시하였다.

먼저 〈표 16-6〉의 분석결과에서 축제 매력에 따른 전반적 만족 및 행동의도에 대한 회귀식의 설명력은 전반적 만족도가 25.7%, 재방문의사가 27.1%, 추천의사가 33.2%로 유의적인 것으로 나타났고, VIF 값도 모두 5보다 작기 때문에 독립변수간 다중공선성의 문제는 없는 것으로 나타났다. 회귀분석결과에서와 같이 전반적 만족도와 행동의도 모두 행사장 내 관련자원과 기타지역특징 요인에 의해 영향을 받는 것으로 나타났다.

표 16-6 축제 매력이 전반적 만족도 및 행동의도에 미치는 영향

종속변수	독립변수	표준화계수(beta)	t값	p값	VIF
전반적 만족도	행사장 내 관련자원	0.197	2.473	0.014*	2.402
	축제목표 및 인적자원	0.072	0.881	0.379	2.555
	기타지역특징	0.262	3.497	0.000**	2.123
	금전소비형 자원	-0.074	-1.039	0.300	1.940
	교통관련자원	0.136	2.351	0.019*	1.265
	R^2= .257, Adjusted R^2= .244, F-비율= 19.474, p값= 0.000				
재방문 의사	행사장 내 관련자원	0.343	4.347	0.000**	2.402
	축제목표 및 인적자원	0.114	1.400	0.163	2.555
	기타지역특징	0.148	1.991	0.047*	2.123
	금전소비형 자원	-0.023	-0.322	0.748	1.940
	교통관련자원	-0.013	-0.229	0.819	1.265
	R^2= .271, Adjusted R^2= .258, F-비율= 20.869, p값= 0.000				
추천 의사	행사장 내 관련자원	0.337	4.462	0.000**	2.402
	축제목표 및 인적자원	0.046	0.596	0.552	2.555
	기타지역특징	0.205	2.889	0.004*	2.123
	금전소비형 자원	0.071	1.047	0.296	1.940
	교통관련자원	-0.001	-0.016	0.987	1.265
	R^2= .332, Adjusted R^2= .320, F-비율= 27.941, p값= 0.000				

주) *p〈0.05, **p〈0.001

다음으로 〈표 16-7〉의 분석결과에서 관광지 매력에 따른 전반적 만족 및 행동의도에 대한 회귀식의 설명력은 전반적 만족도가 29.8%, 재방문의사가

38.8%, 추천의사가 44.3%로 유의적인 것으로 나타났고, VIF 값도 모두 5보다 작기 때문에 독립변수간 다중공선성의 문제는 없는 것으로 나타났다. 회귀분석결과에서와 같이 전반적 만족도는 금전소비형 자원 요인에만 영향을 받는 것으로 나타났고, 재방문의사는 모든 관광지 매력 요인에 영향을 받고, 추천의사는 관광지 내 관련자원과 금전소비형 자원 요인에 영향을 받는 것으로 나타났다.

표 16-7 관광지 매력이 전반적 만족도 및 행동의도에 미치는 영향

종속변수	독립변수	표준화계수(beta)	t값	p값	VIF
전반적 만족도	경험 및 인적자원	0.030	0.358	0.721	2.910
	관광지 내 관련자원	0.142	1.932	0.054	2.165
	금전소비형 자원	0.437	5.494	0.000**	2.527
	교통관련자원	-0.043	-0.737	0.462	1.392
	R^2= .298, Adjusted R^2= .288, F-비율= 29.811, p값= 0.000				
재방문 의사	경험 및 인적자원	0.169	2.123	0.035*	2.910
	관광지 내 관련자원	0.271	3.940	0.000**	2.165
	금전소비형 자원	0.277	3.738	0.000**	2.527
	교통관련자원	-0.040	-0.721	0.472	1.392
	R^2= .388, Adjusted R^2= .379, F-비율= 44.543, p값= 0.000				
추천 의사	경험 및 인적자원	0.116	1.526	0.128	2.910
	관광지 내 관련자원	0.384	5.860	0.000**	2.165
	금전소비형 자원	0.263	3.713	0.000**	2.527
	교통관련자원	-0.045	-0.848	0.397	1.392
	R^2= .443, Adjusted R^2= .435, F-비율= 55.888, p값= 0.000				

주) *p〈0.05, **p〈0.001

5. 러브마크 축제 매력에의 영향관계

본 연구는 축제가 개최되는 관광지를 대상으로 해당 축제와 관광지에 대한 매력의 영향관계와 축제와 관광지 매력 요인에 대한 관광객의 만족 및 행동의도를 파악하여 축제와 관광지의 매력에 대한 연관성을 알아보고자 실시되었다. 이를 위해 먼저 축제 매력과 관광지 매력을 요인분석을 통해 축제 매력은

'행사장 내 관련자원', '축제목표 및 인적자원', '기타지역특징', '금전소비형 자원', '교통관련자원'의 5개 요인으로, 관광지 매력은 '경험 및 인적자원', '관광지 내 관련자원', '금전소비형 자원', '교통관련자원'의 4개 요인을 도출하였고, 몇 가지 제안 및 시사점을 얻을 수 있었다.

첫째, 관광지 매력 중 '경험 및 인적자원' 요인과 '금전소비형 자원' 요인은 축제 매력의 '행사장 내 관련자원' 요인과 '축제목표 및 인적자원' 요인에 영향을 받고, '관광지 내 관련자원' 요인은 '행사장 내 관련자원' 요인과 '기타지역특징' 요인에, 그리고 '교통관련자원' 요인은 '금전소비형 자원' 요인에 대해서 영향을 받는 것으로 나타났다. 축제의 주요목표인 교육성, 타인과의 조우, 특이성/독특함, 재미/신명성, 체험성, 몰입성이 관광지의 경험적인 목표에도 영향을 주는 것으로 나타났다. 그리고 쇼핑, 먹거리/음식, 기념품/토산품 등 금전적인 소비가 관광지의 경험적 요소에 영향을 미치는 것으로 나타났다. 결과적으로 축제의 매력 요인들이 관광지 매력 요인에 영향을 미치고 있는 것으로 나타나, 축제와 관광지를 운영 및 관리하는 입장에서는 이 부분에 대해 적극적인 고려가 필요할 것이다.

둘째, 축제 매력 중 전반적 만족 및 행동의도에 영향을 미치는 요인은 '행사장 내 관련자원' 요인과 '기타지역특징' 요인으로 나타났다. 축제장 내 구성요소들과 그 지역이 가지고 있는 주변적 특징이 축제를 찾는 사람들에게 만족 및 후속 행동에 영향을 미치는 것으로 나타나, 축제의 질적인 향상뿐만 아니라 지역의 인프라도 동시에 고려해야함을 알 수 있었다.

셋째, 관광지 매력 중 전반적 만족에 영향을 미치는 요인은 '금전소비형 자원' 요인, 재방문의사에 영향을 미치는 요인은 '경험 및 인적자원', '관광지 내 관련자원', '금전소비형 자원', '교통관련자원' 요인이고, 추천의사에 영향을 미치는 요인은 '관광지 내 관련자원', '금전소비형 자원' 요인으로 나타났다. 관광지를 찾는 관광객의 만족 및 행동의도에 직접적으로 영향을 주는 요인은 '금전소비형 자원' 요인으로서, 관광지에서 체류를 하고 만족을 하기 위해서

숙박, 기념품/토산품, 쇼핑, 먹거리 등 금전적인 소비가 필요한 부분이 관광지를 찾는데 중요한 요인으로 작용하는 것으로 나타나, 관광지의 수익성을 극대화하기 위해서는 적절한 물가를 유지하는 것이 중요하다.

춘천국제마임축제가 개최된 장소 중 방문객의 비중이 가장 많이 차지하고 있는 위도 관광지(도깨비난장)를 배경으로 축제와 관광지의 매력 비교와 만족 및 행동의도의 영향관계를 통해 몇 가지 유의적인 내용을 발견하였지만, 다음과 같은 한계점이 있었고, 이에 따라 향후 연구방향을 제시하고자 한다.

첫째, 연구의 표본을 춘천국제마임축제의 개최장소 중 일부인 위도 관광지를 방문한 사람들만을 대상으로 하였기 때문에 타 축제가 개최되는 관광지의 매력에 대해 일반화하기에는 무리가 있다. 향후 연구에서는 춘천국제마임축제처럼 관광지에서 행해지는 축제를 대상을 중심으로 본 연구결과와 비교 및 분석하는 것이 필요하다.

둘째, 축제 매력이 관광지 매력에 영향을 미치는 것으로 나타났지만, 춘천국제마임축제와 위도 관광지의 결과만으로 다른 축제가 개최되는 관광지의 축제 매력과 관광지 매력으로 일반화시키는데 무리가 있다. 향후 연구에서는 축제가 개최되는 관광지의 축제 매력과 관광지 매력의 비교가 필요하다.

마지막으로, 축제와 관광지 매력 요인만으로는 축제와 관광지를 방문한 관광객의 다양한 생각을 대변하기 힘들다. 그렇기 때문에 향후 연구에서는 동기, 가치 등 다양한 변수들을 적용하여 축제와 관광지를 구성하는 다양한 요소에 대한 관광객의 행동 심리를 도출할 필요가 있다.

참 / 고 / 문 / 헌

- 고동우(1998), 선행 관광행동 연구의 비판적 고차: Annals of Tourism Research의 연구논문을 중심으로, 『관광학연구』, 22(1), pp. 207-229.
- 권문호 · 이제억(2005), 문화관광축제의 관광매력속성이 관광객 만족 및 재방문 의도에 미치는 영향: 경주 한국의 술과 떡 잔치 2004를 중심으로, 『관광경영학연구』, 9(2), pp. 1-23.
- 권정택(2000), 관광이벤트의 방문동기와 사후 이미지가 만족과 재방문 의도에 미치는 영향, 대구대학교 석사학위논문.
- 김가영(2002), 관광동기와 축제 매력속성이 관광자 만족에 미치는 영향, 신라대학교 석사학위논문.
- 김동훈(2004), 관광지 속성이 지각된 관광가치, 관광만족 및 재방문의도에 미치는 영향에 관한 연구, 제주대학교 박사학위논문.
- 김성혁 · 고호석 · 김수하(2000), 지역축제 관광객의 시장세분화와 선택속성에 관한 실증적 연구: 10대 지역축제를 중심으로, 『관광학연구』, 24(1), pp. 259-280.
- 김재진(2001), 문화관광지에 대한 이해도가 지각 매력도에 미치는 영향, 경기대학교 석사학위논문.
- 김철우(2004), 스포츠관광의 참가동기, 관광지 속성평가가 재참가 및 전환의도에 미치는 영향, 계명대학교 박사학위논문.
- 김태희(2003), 문화관광축제의 방문자만족에 관한 연구, 경기대학교 석사학위논문.
- 김희진(2002), 문화관광지 방문동기, 경험 및 만족간의 관계 연구, 동아대학교 석사학위논문.
- 노영숙(2000), 지역축제에 대한 기대수준 및 만족도 차이에 관한 연구;: 안동국제탈춤페스티발을 중심으로, 경희대학교 석사학위논문
- 문화관광부(2005), 관광지 리모델링 활성화 전략

- 박미정(2004), 일본인 관광객의 관광동기 및 관여도수준에 따른 만족과 재방문의사 차이에 관한 연구, 경희대학교 석사학위논문.
- 박수완(1997), 관광지매력과 여행상황이 관광지선택에 미치는 영향에 관한 연구, 상지대학교 박사학위논문.
- 변서영(2005), 해양수족관의 매력성이 만족 및 재방문 의도에 미치는 영향, 부경대학교 석사학위논문.
- 안윤지(2003), 문화관광자원의 매력속성과 자원해설이 관광만족에 미치는 영향, 동아대학교 석사학위논문.
- 오병호(2005), 신혼여행객들의 관광지 선택요인의 중요도와 만족도에 관한 연구, 계명대학교 석사학위논문.
- 오상훈 · 고계성(2005), IPA를 이용한 섬 관광지 매력성 평가: 제주섬의 사례, 『관광연구』, 19(3), pp. 45-58.
- 유금종(2002), 인센티브 여행의 선호지역과 매력 속성에 관한 연구: 대전금융기관 직원을 대상으로, 배재대학교 석사학위논문.
- 윤양수(2003), 지역관광개발사업의 발전방향 1; 우리나라의 관광지 개발실태와 개선방향, 『국토』, 263, pp. 5-17.
- 윤재효(2004), 문화관광축제 방문속성이 관광객만족에 미친는 영향에 관한 연구, 안양대학교 석사학위논문.
- 이선정(2004), 대구약령시축제의 매력속성이 방문자만족과 재방문 및 추천의도에 미치는 영향, 계명대학교 석사학위논문.
- 이연화(2003), 축제 참가동기에 따른 만족도 연구: 이천 도자기 축제를 중심으로, 경기대학교 석사학위논문.
- 이은미(2004), 관광목적지 이미지와 관광동기가 관광객만족 및 행동의도에 미치는 영향: 영화 '태극기 휘날리며' 합천 촬영지를 중심으로, 계명대학교 석사학위논문.
- 이재곤(2005), 해양관광 매력요인에 관한 실증적 연구, 『관광정책학연구』, 11(2), pp. 43-61.
- 이정록 · 안종현(2004), 지역축제의 방문자 만족에 관한 연구: 곡성심청축제를 중심으로, 『한국경제지리학회지』, 7(3), pp. 503-518.
- 임주연(2002), 문화관광지 속성에 대한 기대와 성과가 관광자 만족에 미치

는 영향, 한양대학교 석사학위논문.

- 장경수(2005), 축제의 서비스품질이 방문자 만족과 행동의도에 미치는 영향: 대구약령시 축제를 대상으로, 『관광연구』, 19(3), pp. 131-145.
- 장양례(2005), 축제 평가속성이 방문객 만족과 충성도에 미치는 영향연구, 『문화관광연구』, 7(2), pp. 163-180.
- 정길영(2004), 패키지 상품의 관광목적지 선택결정요인에 관한 연구, 광주대학교 석사학위논문.
- 정선미(2004), 관광속성이 체험관광객 만족에 미치는영향: 해미읍성 역사 체험축제를 중심으로, 세종대학교 석사학위논문.
- 정성채(2003), 관광객의 관광매력 선호도의 차이: 연령별 세분화를 중심으로, 『문화관광연구』, 5(1), pp. 261-281.
- 정하윤(2002), 관광이벤트의 매력속성이 관광객 만족 및 재방문에 미치는 영향: 경주 한국의 술과 떡잔치 2002를 중심으로, 동아대학교 석사학위논문.
- 조장현 · 권종현(2004), 유럽관광지 매력속성의 기대수준과 만족수준 평가 및 재방문/추천과의 관계 연구, 『관광연구』, 19(2), pp. 19-34.
- 조혜경(2002), 생태관광지에 대한 관광동기, 속성, 만족, 재방문 의도간의 영향관계, 동아대학교 석사학위논문.
- 차동욱(2004), 지역축제 만족도에 의한 방문자의 재방문 및 구전홍보 결정요인에 관한 연구; 전주국제영화제를 중심으로, 『관광 · 레저연구』, 16(1), pp. 55-69.
- 한국관광공사(1995), 국내문화행사 관광상품화 방안
- 한국관광연구원(2001), 문화관광축제 육성방안
- Bigne, J. E., Sanchez, M. I. & Sanchez, J.(2001), Tourism image, evaluation variables and after purchase behavior: inter-relationship, Tourism Management, 22(6), pp. 607-616.
- Bloemer, J. & Ruyter, K.(1998), On the relationship between store image, store satisfaction and store loyalty, European Journal of Marketing, 32(5/6), pp. 499-513.
- Bolton, R. N. & Lemon, K. N.(1999), A Dynamic model of customer's usage of services: usage as an antecedent and consequence of satisfaction, Journal of

Marketing Research, 36(2), pp. 171-186.

- Enright, M. J. & Newton, J.(2004), Tourism Destination Competitiveness: A Quantative Approach, Tourism Management, 25(6), pp. 777-788.
- Fornell, C., Johnson, D., Anderson, E. W., Cha, J. & Bryant, B. E.(1996), The American customer satisfaction index: nature, purpose and findings, Journal of Marketing, 60(4), pp. 7-18.
- Getz, D.(1991), Special Event and Tourism, New York: BNR.
- Geva, A. & Goldman, A.(1991), Satisfaction Mesurement in Guided Tours, Annals of Tourism Research, 18(2), pp. 177-185.
- Hu, Y. & Ritchie, J. R.(1993), "Measuring Destination Attractiveness: A Contextual Approach", Journal of Travel Research, 32(2): 25-34.

Chapter 17

♡ 러브마크 축제참가동기

1. 세미메가 이벤트의 러브마크화
2. 러브마크 축제 참가동기
3. 러브마크 축제 참가동기의 측정
4. 축제 참가동기의 도출
5. 동반형태 및 체류형태에 따른 세분집단간의 차이
6. 정보출처 및 지출액 특성에 따른 세분집단간의 차이
7. 축제 참가 동기 파악의 시사점

러브마크 축제 참가동기

Chapter 17

1. 세미메가 이벤트의 러브마크화

엑스포 캐릭터

세계 48개국의 문화를 한자리에 모은 경주세계문화엑스포는 문화를 주제로 한 박람회였다는 점과 문화산업시대로의 새로운 패러다임(paradigm)을 제시하며 문화의 지방화시대를 촉진했다는 점에서 그 의미가 크다고 하겠다.

인터넷 그리고 `방문객 설문조사를 통하여 나타난 관람객들의 많은 불평과 불만(강태호, 1998; 서태양, 1998; 이충기, 1998)은 테마는 국제적이었으나, 행사장시설, 행사내용 및 진행, 운영시스템은 국내수준을 벗어나지 못했다는 사실을 단적으로 지적해 준다. 이는 문화엑스포가 전통적인 공급자 주도형 행사로 기획되었고, 결국 마케팅 개념이 제대로 도입되지 못한 축제였다는 점에서 아쉬움을 남긴다.

이런 문제점을 해결하기 위해서는 세분시장별로 문화행사를 차별화 하는 전략이 필요하며, 시장세분화를 통한 방문객의 축제동기를 확인하는 연구가 요구된다. Getz(1991)는 축제나 이벤트의 인기가 상승하고 있지만, 여기에 참가하는 방문객의 동기를 분석한 연구는 그다지 많지 않다고 지적한다.

Crompton & McKay(1997)는 축제나 이벤트 방문객의 동기를 이해하려고 노력하는 이유를 세 가지로 요약하고 있다. 첫째, 축제상품이나 서비스가 방문객들의 욕구를 충족시키지 못하면 그들은 구매하지 않기 때문에 이벤트 프로그램을 효과적으로 개발하고 판매하기 위해서는 동기를 확인하는 작업이 선행되어야 한다. 둘째, 동기를 확인한다는 것은 만족도와 밀접하게 관련되어 있다. 따라서 이벤트매니저는 만족도를 모니터링하기 위하여 방문객의 욕구를 잘 파악해야 한다. 셋째, 동기를 확인해 낸다는 것은 표적시장을 세분화하고, 세분시장별로 효과적인 촉진프로그램을 개발하는 것을 용이하게 해준다.

이러한 측면에서, 세미메가이벤트 참가자들의 주요 축제동기요인들을 확인해 내고, 확인된 요인들을 근거로 세분된 시장별 축제동기와 방문특성을 분석하여 효과적인 이벤트프로그램과 축제 활성화 전략을 제시하였다.

2. 러브마크 축제참가동기

축제나 이벤트가 지속 가능한 관광개발에 기여하고 관광객과 지역주민간의 관계를 증진시키는 하나의 대안관광으로서 인식됨에 따라(Getz, 1991), 국제적으로 축제동기에 관한 연구가 관심을 끌기 시작했다 (〈표 17-1〉 참조).

Uysal, Gahan, & Martin(1993)은 미국 사우스캐롤라이나州의 'Corn Festival'에 참가하는 방문객들의 동기 연구에서 5개의 동기요인(일상탈출, 흥분·스릴, 이벤트신비감, 사교성, 가족친화성)으로 분류하였다. 이 연구 결과 가족친화성 동기는 미혼자보다는 기혼자에게 더욱 강하고, 연령이 많은 사람일수록 이벤트신비감에 강한 동기를 갖고 있는 것으로 나타났다.

Mohr, Backman, Gahan, & Backman(1993)은 사우스캐롤라이나州 그린빌의 'Freedom Weekend Aloft(Air Balloon)' 축제참가자들의 동기를 분석한 결과, 5개의 동기요인(사교성, 가족친화성, 흥분·독특성, 일상탈출, 이벤트신비감)으로 분류하였다. 이 연구에서는 재방문객이 처음방문객에 비하여 축제에 대한 만족도가 높은 것으로 나타났다. 또한 처음방문객과 재방문객간에는 흥분과 신비감의 두 요인에 있어서도 유의한 차이를 나타냈다.

Backman, Backman, Uysal, & Sunshine(1995)은 과거에 축제나 이벤트에 참가했던 미국인들을 대상으로 한 설문조사(『1985 순수여행객시장조사』 자료를

표 17-1
축제동기 관련 사례분석

연구자	동기요인 분류	축제명 및 지역
Uysal, Gahan, & Martin.(1993)	일상탈출, 흥분·스릴, 이벤트신비감, 사교성, 가족친화성	Corn Festival: South Carolina, USA
Mohr et al. (1993)	사교성, 가족친화성, 흥분·독특성, 일상탈출, 이벤트신비감	Balloon Festival: South Carolina, USA
Backman et al.(1995)	흥분, 외향성, 가족친화성, 사교성, 휴식	Pleasure travel market survey: USA
Scott(1996)	자연감상, 이벤트흥분, 사교성, 가족친화성, 호기심, 일상탈출	Bug Fest, etc.: Ohio, USA
Formica & Uysal(1996)	흥분·스릴, 사교성, 유흥성, 이벤트신비감, 가족친화성	Umbria Jazz Festival: Italy
Schneider & Backman(1996)	가족친화성·사교성, 사회여가성, 축제속성, 일상탈출, 이벤트흥분	Jerash Festival: Jordan
Crompton & McKay(1997)	문화탐구, 신비성·회귀성, 안정성, 知人간 사교성, 他人간 사교성, 군집성	Fiesta in San Antonio: Texas, USA
Formica & Uysal(1998)	사교·유흥성, 이벤트매력·흥분성, 단체친목성, 문화·역사성, 가족친화성, 신비성	Spoleto Festival: Italy

이용하여 동기를 분석하였다. 요인분석결과, 5개 동기요인(흥분성, 외향성, 가족친화성, 사교성, 휴식)으로 분류되었다. 그 중 흥분요인은 연령과 결혼유무에 유의한 차이가 있었고, 외향성은 연령과, 가족요인은 결혼유무와, 사교성은 소득과, 휴식은 연령과 각각 유의한 차이를 나타냈다.

Scott(1996)는 오하이오州 클리블랜드의 세 가지 축제(Bug Fest, Holiday Lights Festival, Maple Sugaring Festival)에 참가하는 방문객의 동기를 분석한 결과, 자연감상, 이벤트흥분, 사교성, 가족친화성, 호기심, 일상탈출의 6개 동기요인을 도출하였다. 분석결과 처음방문객과 재방문객간에 6개 요인 중 호기심 동기에 있어서만 통계적으로 유의한 차이를 나타냈다.

Formica & Uysal(1996)은 이태리 'Umbria Jazz Festival'에 참가하는 지역주민과

비지역주민간의 동기를 비교하였다. 요인분석 결과 동기 요인은 흥분·스릴, 사교성, 유흥성, 이벤트신비감, 가족친화성의 5개로 분류되었다. 지역주민과 비지역주민간에는 두 개의 동기요인(사회성, 유흥성)에서만 유의한 차이가 있는 것으로 나타났다. 즉, 지역주민은 사교성에 더 높은 동기를 갖고 있는 반면에, 비지역주민은 유흥성에 더 높은 동기욕구를 나타냈다.

Schneider & Backman(1996)은 북미의 축제참가 동기항목들이 다른 나라의 문화권에서도 적용 가능한지를 요르단의 'Jerash Festival'에 적용 하여 조사하였다. 연구결과 축제참가 동기요인은 가족친화성·사교성, 사회여가성, 축제속성, 일상탈출, 이벤트흥분의 5개로 분류되었다. 요인간의 순서나 중요성에 있어서는 북미연구결과와 다소 차이가 있었지만, 요인구조에 있어서는 거의 유사한 것으로 나타났다. 북미에서 사용되어온 축제 동기항목들이 아랍의 축제에도 적용 가능함을 입증한 것이다.

Crompton & McKay(1997)는 텍사스 샌안토니오의 'Fiesta'에 참가하는 사람들의 동기를 확인해 내는 연구를 수행했다. 그 결과 문화탐구, 신비성·회귀성, 안정성, 知人간 사교성, 他人간 사교성, 군집성의 6개 동기요인으로 분류되었다. 각 동기요인이 5가지 이벤트 프로그램에 따라 차이가 있는지를 분석한 결과, 정도의 차이는 있지만 서로 다른 이벤트 프로그램은 동일한 욕구를 충족시키고 있는 것으로 나타났다. 가령, 문화탐구 동기는 음식이벤트를 제외한 나머지 이벤트 프로그램들에 고루 관련된 것으로 나타났다. 타인간 사교 동기는 5개 이벤트 프로그램 공히 강하게 인식되고 있는 것으로 나타났다.

Formica & Uysal(1998)은 이태리 'Spoleto Festival' 방문객의 동기를 연구하면서 사교·유흥성, 이벤트매력·흥분성, 단체친목성, 문화·역사성, 가족친화성, 신비성 등 6개 동기요인을 추출했다. 방문객을 축제 열광자들과 보통 사람들로 구분해 비교해본 결과, 축제 열광자들은 주로 결혼한 사람으로 나이가 많으며, 소득수준이 높은 것으로 나타났다. 반면에 보통 사람들은 비교적 나이가 어리고 미혼이며, 소득수준이 낮은 것으로 나타났다.

이상의 선행연구결과를 종합해 보면, 다소 차이는 있지만 축제별 동기요인은 전반적으로 유사하게 분리되는 것으로 나타났다. 특히, 동기요인은 보통 5~7개로 나타났다. 명명된 요인명은 사교성, 가족친화성, 신비성, 일상탈출성, 문화탐구성, 흥분·스릴, 이벤트 매력성, 유흥성 등이었다. 일부 동기요인에 대하여 처음방문객과 재방문객간, 지역주민과 비지역주민간에 유의적인 차이가 있는 것으로 나타났다.

3. 러브마크 축제 참가동기의 측정

가. 축제동기 측정 척도개발 및 자료수집 방법

앞서 설명한 축제동기 관련 해외사례를 검토하고 경주세계문화엑스포의 상황을 고려하여 처음에 34개의 동기항목을 개발하였다. 다시 이들 항목들을 해외에 있는 축제동기 관련 두 명의 전문학자에게 의뢰하여, 이들 항목들이 경주세계문화엑스포에 적용 가능한지를 1차적으로 검토하였다. 그후 동국대학교 관광경영학부 학생들을 대상으로 예비조사를 실시하였다.

설문조사는 경주세계문화엑스포가 열리는 현장에서 2개월 동안 주중과 주말로 나누어 실시되었다. 조사자는 조사목적, 조사방법, 조사내용 등을 충분히 교육받은 후 현장에 투입되었다. 또한 동기에 관련된 설문항목은 리커트 5점척도를 사용하여 측정하였다(1='전혀 동의치 않음,' 3='그저 그렇다,' 5='매우 동의함').

경주문화엑스포 방문객 중 96% 이상을 차지하는 내국인에 대한 축제동기를 연구하는데 목적이 있으므로, 내국인을 대상으로 자기기입식 설문지에 의한 설문조사가 수행되었다. 응답자들은 각 동기항목에 대하여 어느 정도 동의하는지를 체크하도록 하였다. 그러나 스스로 설문지를 작성할 수 없는 응답자에 대해서는 조사자가 면접을 통하여 작성하였다. 설문내용에는 동기항목 외에도 방문형태, 동반형태, 정보출처, 인구통계학적 특성 등의 변수들이 포함되었다. 경주문화엑스포 기간동안 설문조사를 실시한 결과 총 558부의 유효 설문지를 회수하였다.

나. 계량적 자료 분석방법

경주세계문화엑스포와 관련된 주요 동기요인을 도출하기 위하여 34개의 동기항목을 요인 분석하였다. 이들 동기항목들과 도출된 요인에 대해서는 크론바알파(Cronbach's alpha)계수를 이용하여 신뢰도를 검증하였다. 요인분석을 위한 표본크기의 적합도를 검증하기 위하여 MSA계수(Kaiser의 표본적합도 계수)를 이용하였다. 또한 아이겐값(eigenvalue)이 1 이상인 경우에 한하여 요인을 선정하였으며, 요인적재량(factor loading)이 0.4 이상인 경우에 한하여 동기항목을 포함시켰다.

요인분석 결과 도출된 동기요인을 기준변수로 군집분석(cluster analysis)을 이용하여 축제참가자들을 세분화하였으며, 캐노니컬분석(canonical discriminant analysis)을 통하여 세분집단간 차이가 있는지를 검증하였다. 또한 세분집단과 주요 인구통계학적 변수 및 여행변수간 차이가 있는지를 검증하기 위하여 카이스퀘어분석, 분산분석, 던칸(Duncan) 테스트를 이용하였다.

4. 축제 참가동기의 도출

가. 요인분석으로 나타나는 참가동기

〈표 17-2〉에서 보는 바와 같이, 다항목 척도의 내적 일관성을 나타내는 크론바알파계수(표에서는 '신뢰계수'로 표시함)는 0.76~0.90으로 비교적 신뢰도가 높은 것으로 나타났다.

또한 전체 MSA 계수값은 0.85로 요인분석을 위한 만족스런 표본크기의 적합도를 나타냈다. 요인에 포함된 동기항목은 34개 항목 중 요인적재량이 0.4 이상인 32개 항목만을 포함시켰다. 결국 32개 동기항목을 요인분석한 결과 5개 요인이 도출되었으며, 이들에 의한 총분산 설명력은 52.8%로 나타났다.

엑스포 공연행사

엑스포 특별 이벤트 행사

엑스포 청소년 체험행사

엑스포 전시체험관

표 17-2
축제동기 측정항목에 대한 요인분석 결과

요인명 및 측정항목	신뢰계수	요인 적재량	고유값	분산설명
요인 1: 문화경험성	0.79		7.69	23.3%
1) 문화에 관한 지식을 얻고 싶어서	0.76	0.72		
2) 지역 고유의 관습과 문화를 경험하고 싶어서	0.76	0.68		
3) 외국문화를 경험하고 싶어서	0.77	0.67		
4) 민속·예술공연을 보고 싶어서	0.77	0.60		
5) 문화행사에 관해 알고 싶어서	0.78	0.60		
6) 예술과 공예품을 보고 즐기기 위하여	0.78	0.58		
7) 새로운 것을 경험하고 싶어서	0.78	0.57		
8) 역사·문화적 장소에서 문화를 즐기고 싶어서	0.78	0.52		
요인 2: 신기체험성	0.84		3.07	9.3
9) 모험심을 추구하고 싶어서	0.82	0.70		
10) 신비감을 추구하고 싶어서	0.82	0.64		
11) 새롭고 상이한 것을 보고 싶어서	0.82	0.63		
12) 독특한 분위기를 즐기고 싶어서	0.83	0.62		
13) 호기심을 추구하고 싶어서	0.83	0.60		
14) 특별한 이벤트를 보고 싶어서	0.83	0.60		
15) 축제분위기를 즐기고 싶어서	0.83	0.53		
16) 문화욕구를 충족시키고 싶어서	0.83	0.45		
17) 전통 민속연극을 즐기고 싶어서	0.84	0.44		
18) 흥미를 느끼고 싶어서	0.83	0.44		
요인 3: 가족친화성	0.90		2.63	8.0
19) 가족이 엑스포를 방문하고 싶기 때문에	0.85	0.90		
20) 가족과의 친목과 화합을 위하여	0.86	0.87		
21) 가족과 더 많은 시간을 보내기 위하여	0.88	0.86		
22) 나의 가족이 외국문화를 배우도록 도와주기 위하여	0.89	0.83		

요인 4: 일상탈출성	0.86		2.25	6.8
23) 판에 박힌 생활에 변화를 주기 위하여	0.79	0.89		
24) 무료함을 달래기 위하여	0.82	0.84		
25) 일상생활의 리듬을 바꿔보려고	0.83	0.82		
26) 일상적 스트레스를 풀기 위하여	0.86	0.78		
요인 5: 사교성	0.76		1.78	5.4
27) 동료들과 함께 문화행사를 보고 싶어서	0.74	0.76		
28) 친한 친구와 함께 문화행사를 보고 싶어서	0.74	0.75		
29) 단체와 함께 문화행사를 보고 싶어서	0.76	0.69		
30) 나와 똑같이 즐기는 사람들을 만날 수 있기 때문에	0.73	0.64		
31) 엑스포를 즐기는 사람들과 함께 할 수 있기 때문에	0.73	0.61		
32) 외국사람들과 만날 수 있기 때문에	0.77	0.43		
총 분산 설명력				52.8

도출된 5개 요인 중 첫 번째 요인은 '문화경험성'으로 8개 동기항목으로 구성되었다. 이 동기요인은 경주세계문화엑스포와 관련된 방문객동기의 문화적 속성을 반영하며, 분산 설명력은 23.3%로 요인들 중 가장 높다. 이는 '문화'라는 핵심주제를 내걸고 문화를 체험할 수 있는 프로그램들이 많이 있었기 때문인 것으로 분석된다.

두 번째 요인은 '신기체험성'(이태희, 1998a)으로 10개 항목으로 구성되었고, 신비감과 호기심 등을 반영하며, 분산 설명력은 9.3%를 나타냈다. 세 번째 요인은 '가족친화성'으로 4개 항목으로 구성되었고, 가족과의 강한 친목이나 친화를 반영하며, 8.0%의 분산 설명력을 나타냈다. 네 번째 요인은 '일상탈출성'으로 4개 항목으로 구성되었고, 일상생활로부터의 무료함이나 스트레스의 해소를 반영하며, 6.8%의 분산 설명력을 나타냈다. 다섯 번째 요인은 '사교성'으로 6개 항목으로 구성되었고, 지인 및 타인간 친교를 반영하며, 5.4%의 분산 설명력을 나타냈다.

나. 군집분석을 통한 방문객 시장구분

5개 동기요인을 기준으로 군집분석을 실시한 결과, 〈표 17-3〉에서 보는 바와 같이 3개의 세분집단으로 분류되었다.

표 17-3 군집분석 결과

군집 / 요인	세분집단		
	다 목 적 경험추구형 (n=263)	일 탈 성 문화추구형 (n=133)	단 순 문화추구형 (n=162)
문화경험성	3.7144[a]	3.4046	3.2892
신기체험성	3.5920	3.3264	2.9108
가족친화성	3.5712	1.7976	2.5670
일상탈출성	3.5107	3.5795	2.0449
사 교 성	3.2120	2.7028	2.5855
Wilks' Lambda(0.18), $p<0.0001$,	Pillai's Trace(1.14), $p<0.0001$		
Hotelling-Lawley Trace(2.71),	Roy's Greatest Root(1.62)$p<0.0001$		

a 리커트 5점 척도의 평균값.

경주의 문화유적을 알리는 엑스포 포스터

첫 번째 군집(cluster)은 문화경험성 동기에 가장 높은 수치를 보이고 있을 뿐만 아니라, 나머지 4개 동기요인에 있어서도 다른 두 집단에 비하여 전반적으로 높은 수치를 나타내고 있으므로 '다목적 경험추구형' 집단으로 명명하였다. 또한 이 집단에 속하는 응답자수는 3개 집단 중에서 가장 많은 것으로 나타났다.

두 번째 군집은 일상탈출성 동기에 가장 높은 수치를 보이고 있으면서 문화경험성과 신기체험성에 보통(척도 3)이상의 수치를 나타내고 있으므로 '일탈성 문화추구형' 집단으로 명명하였다. 그러나 이 집단은 가족친화성 동기에 있어서 세 집단중 가장 낮은 수치를 나타냈다.

세 번째 군집은 문화경험성 동기에만 보통 이상의 수치를 보일 뿐, 나머지 동기요인은 보통 이하의 낮은 수치를 보이므로 '단순 문화추구형' 집단으로 명명하였다.

군집분석 결과는 윌크 람다, 호텔링-로울리, 로이 등 군집분석결과의 유의성 검증기준을 통해 볼 때, 1% 수준에서 모두 유의한 것으로 나타났다(〈표 17-3〉

참조). 또한 캐노니컬 분석결과의 경우도 위의 군집분석이 1% 수준에서 통계적으로 유의한 분리과정임을 나타냈다.

다. 인구통계변수와 세분집단간의 차이분석

인구통계변수에 대해 세분집단간에 차이가 있는지를 카이스퀘어분석 분석을 통하여 검증한 결과, 소득수준과 결혼여부에 있어서 세 집단간에 유의한 차이를 나타냈다(〈표 17-4〉 참조).

표 17-4 인구통계변수와 세분집단간의 차이검증

인구통계특성	다목적 경험추구형	일탈성 문화추구형	단순 문화추구형	x^2	P값
				14.58	0.024
100만원 미만	46.4%	58.6%	49.6%		
100~200만원 미만	41.3	40.5	37.6		
200~300만원 미만	7.7	0.9	9.0		
300만원 이상	4.6	-	3.8		
계	100.0 (n=220)	100.0 (n=111)	100.0 (n=133)		
				26.55	0.000
미혼	54.0	80.3	59.4		
기혼	45.6	19.7	40.0		
기타	0.4	0.0	0.6		
계	100.0 (n=259)	100.0 (n=132)	100.0 (n=160)		

소득수준에 있어서 세 집단은 5% 수준에서 유의한 차이를 나타냈다. 월소득 300만원 이상의 비교적 고소득계층의 경우 다목적 경험추구형과 단순 문화추구형 집단에는 포함되어 있으나, 일탈성 문화추구형 집단에는 포함되어 있지 않았다. 이는 전자의 두 집단은 비교적 소득이 높은 반면, 후자의 집단은 비교적 소득이 낮다는 것을 지적해 준다.한편, 결혼여부에 대해 세 집단은 1% 수준에서 교차빈도수 상의 유의한 차이를 나타냈다. 다목적 경험추구형과 단순 문화추구형 집단은 상대적으로 기혼자가 많이 분포되어 있고, 일탈성 문화추구형 집단은 미혼

경주문화엑스포 현장의 캐릭터 상의 모습

자가 많이 분포되어 있는 것으로 나타났다.

5. 동반형태 및 체류형태에 따른 세분집단간의 차이

가족을 동반한 방문객의 비중은 다목적 경험추구형 집단에서 가장 높은 반면, 일탈성 문화추구형 집단에서는 가장 낮은 것으로 나타났다(〈표 17-5〉 참조). 단체관광객의 비중은 일탈성 문화추구형과 단순 문화추구형 집단에서 가장 높은 반면, 다목적 경험추구형 집단은 상대적으로 낮은 것으로 나타났다.

표 17-5 동반형태 및 체류형태에 따른 세분 집단간 차이검증

동반 및 체류형태 특 성	다 목 적 경험추구형	일 탈 성 문화추구형	단 순 문화추구형	χ^2	P값
				66.77	0.000
가족	37.6%	3.8%	22.8%		
친구/친척	31.6	42.1	26.5		
혼자	3.4	7.5	3.7		
단체	26.2	46.6	45.1		
기타	1.1	-	1.9		
계	100.0	100.0	100.0		
	(n=253)	(n=133)	(n=161)		
				12.28	0.002
당일관광	67.7	79.6	81.5		
숙박관광	32.3	20.4	18.5		
계	100.0	100.0	100.0		
	(n=260)	(n=132)	(n=162)		

일탈성 문화추구형 집단의 경우 개인과 친구/친척의 비중이 상대적으로 높게 나타났다. 동반형태와 세분 집단간의 교차빈도분석에 대한 카이스퀘어 계수는 1% 수준에서 유의하게 나타났다.

체류형태와 관련해서는 전반적으로 당일관광객의 비중이 높았으나, 그 중에서도 단순 문화추구형 집단이 가장 높게 나타났다. 반면에 숙박관광객의 비

중은 다목적 경험추구형 집단에서 높게 나타났다. 체류형태와 세 집단간의 교차빈도분석에 대한 카이스퀘어 계수도 역시 1% 수준에서 유의하게 나타났다.

6. 정보출처 및 지출액 특성에 따른 세분집단간의 차이

세 개의 세분집단 모두 문화엑스포에 관한 정보를 TV와 라디오에서 가장 많이 얻은 것으로 나타났으며, 그 중에서 단순문화추구형과 다목적 경험추구형 집단의 경우가 이 정보원천에 대한 이용빈도에 있어서 가장 높은 것으로 나타났다(〈표 17-6〉 참조).

표 17-6 정보출처 및 지출액과 세분집단간의 차이검증

정보출처 및 지출액 특성	다목적 경험추구형	일탈성 문화추구형	단순 문화추구형	χ^2	P값
				26.73	0.003
여행사	1.9%	1.5%	0.6%		
친구/친척	10.6	9.8	7.5		
TV/라디오	69.6	54.1	71.4		
신문	8.4	8.3	9.3		
책자	6.5	14.3	6.2		
기타	3.0	12.0	5.0		
계	100.0	100.0	100.0		
	(n=263)	(n=133)	(n=161)		
				F값	
총지출액(원)	110,000A	67,000B	48,000B	(4.06)	0.019

* A, B는 Student, Newman, & Kenls test결과로 같은 문자는 α=5% 수준에서 차이가 없음을 나타냄.

반면에 일상탈출 문화추구형 집단의 경우는 다른 집단에 비하여 책자에 대한 의존도가 높은 것으로 나타났다. 정보원천과 세 집단간의 교차빈도분석에 대한 카이스퀘어 계수는 1% 수준에서 유의하게 나타났다.

지출액과 관련된 세 집단간의 차이를 ANOVA분석을 통하여 검증한 결과, 5% 수

준에서 유의한 차이가 있는 것으로 나타났다. 총 지출액을 살펴볼 때, 다목적 경험추구형 집단이 가장 많이 지출한 반면, 단순 문화추구형 집단은 적게 지출하여 대조를 이룬다. 한편, 일탈성 문화추구형 집단은 중간 정도의 지출패턴을 나타냈다.

7. 축제 참가 동기 파악의 시사점

문화관광이 국정 5대 지표에 선정되는 현실을 반영하듯이 정부는 현재문화산업의 육성과 함께 지역축제를 발굴하고 지원하는데 노력을 아끼지 않고 있다. 또한 지역축제의 국제화가 점점 확산되고 있는 추세이다. 따라서 축제방문객의 동기를 분석하는 연구는 이벤트 프로그램을 차별화하고 세분시장별 촉진전략을 수립하여(이태희, 1998b), 내국인은 물론 외국인을 대상으로 한 관광상품의 개발을 활성화한다는 차원에서 필수적인 사안이다.

축제참가 및 방문동기를 파악하고 파악된 동기를 근거로 축제 방문시장을 세분화하여, 향후 경주세계문화엑스포와 유사한 이벤트 개최를 성공적이고도 만족스러운 방향으로 유도하는데 목적을 두고 한 축제 방문동기 분석결과 경주세계문화엑스포 방문객에 대해서 5개 동기요인이 도출되었으며, 이를 기준으로 3개 집단으로 세분화되었다. 특히, '문화'는 경주세계문화엑스포 방문객의 가장 중요한 동기요인으로 나타났다. 또한 군집분석결과 이러한 문화체험은 다목적 경험추구자와 단순 문화추구자에게 가장 중요한 동기이며, 반면에 일상탈출 문화추구자에게는 '일상탈출'이 가장 중요한 동기로 나타났다.

'문화경험성'은 "Fiesta" 축제를 대상으로 한 Crompton & McKay(1997)의 연구결과에서도 중요한 동기요인으로 보고되었다. 그러나 "Corn Festival"를 대상으로 한 Uysal 등(1993)의 연구결과에서는 '일상탈출성'이, "Balloon Festival"을 대상으로 한 Mohr 등(1993)과 "Spoleto Festival"을 대상으로 한 Formica & Uysal(1998)의 연구결과에서는 '사교성'이 가장 중요한 동기요인으로 나타났다. 또한 축제와 전시장 방문객을 대상으로 한 Backman 등(1995)과 "Umbria

Jazz Festival"을 대상으로 한 Formica & Uysal(1996)의 연구결과에서는 '흥분성'이, "Bug Fest, Holiday Lights, 그리고 Maple Sugaring Festival"을 대상으로 한 Scott(1996)의 연구결과에서는 '자연감상'이 가장 중요한 동기요인으로 보고되었다.

세분된 축제시장별 특징을 살펴보면, 다목적 경험추구자는 비교적 고소득자로서 기혼자가 많았으며, 주로 가족동반객이 주종을 이루었다. 또한 다목적 경험추구자는 축제방문객 중 가장 많은 비중을 차지하며, 비교적 숙박관광의 비중이 높고 많은 여행경비를 지출하는 경향이 있는 것으로 나타났다. 반면에 일탈성 문화추구자는 저소득자로서 미혼자가 많으며, 주로 단체관광을 선호하는 것으로 나타났다. 단순 문화추구형은 당일관광객으로서 단체관광을 선호하며, 여행비용을 적게 지출하는 경향이 있는 것으로 나타났다. 이들 세 축제집단은 정보원천으로서 공통적으로 TV와 라디오에 대한 의존도가 매우 높은 것으로 나타났다. 이는 매체 중 방송매체가 가장 효과적인 촉진수단임을 시사해 준다.

축제참가자들 중 많은 사람들은 문화, 신기함, 가족친화, 일상탈출과 같은 다양한 동기들을 경험하고자 하는 다목적 경험추구자들이다. 따라서 축제실무자들은 이러한 세분시장에게 만족도를 증진시킬 수 있는 다양하고 질 높은 문화매력물을 제공해야 할 것이다. 특히, 이들 세분시장은 비교적 소득수준이 높고 가족과 함께 방문하며, 지출규모가 큰 구매력이 있는 집단이다. 따라서 축제실무자들은 이들 집단을 적극적으로 유치함으로써 지역경제에 보다 많은 파급효과를 가져올 수 있을 것이다.

특히, 세분집단의 축제동기는 동반형태, 정보출처, 여행형태, 소득수준, 결혼여부, 지출형태에 따라 차이가 나타나므로, 이들 세분시장별 축제동기를 충족시킬 다양한 이벤트프로그램을 기획하는 것이 바람직하다. 축제실무자들은 "축제도 상품"이란 사실을 명심하고, 향후 개최되는 문화엑스포에서는 보다 차별화된 마케팅전략과 고객지향적 운영시스템을 모색해야 할 것이다.

끝으로, 경주세계문화엑스포가 국제행사인 만큼 향후 개최되는 문화엑스포에서는 내국인방문객의 동기분석뿐만 아니라, 외국인 방문객의 동기도 함께 분석하는 것이 국제수준의 다양한 이벤트 프로그램을 개발하는데 바람직할 것으로 사료된다. 또한 축제참가 동기를 요인으로 구분하는 경우에 60% 이상의 분산설명력을 갖는 요인분석이 가능할 수 있도록 향후연구에는 동기문항 선정에 있어서의 면밀함을 유지하여야 할 것이다.

참 / 고 / 문 / 헌

- 강태호(1998). "경주세계문화엑스포 시설배치 및 이용에 대한 방문객의 이미지 조사 분석," 『'98경주세계문화엑스포에 대한 평가와 향후 개선방안』 정책세미나, 동국대학교 관광산업연구소.
- 경주세계문화엑스포조직위원회(1998). 『'98경주세계문화엑스포 성과』
- 서태양(1998). "98경주세계문화엑스포 방문객의 이미지 평가," 『'98경주세계문화엑스포에 대한 평가와 향후 개선방안』 정책세미나, 동국대학교 관광산업연구소.
- 이충기(1998). "경주세계문화엑스포에 대한 방문객 동기와 만족도 및 지역주민 인지도 평가," 『'98경주세계문화엑스포에 대한 평가와 향후 개선방안』 정책세미나, 동국대학교 관광산업연구소.
- 이태희(1998a). "관광객의 신기성 욕구수준에 따른 관광목적지 선호도 차이에 관한 연구," 『관광학연구』 22권 1호, pp. 9-20.
- ______(1998b). "잠재배낭여행 시장의 심리분석적 시장세분화에 관한 연구," 『관광학연구』 21권 2호, pp. 39-52.
- Backman, K. F., S. J. Backman, Muzaffer Uysal, & K. M. Sunshine(1995). Event tourism: an examination of motivations and activities. *Festival Management and Event Tourism*, 3(1): 15-24.
- Crompton, John L. & Stacey L. McKay(1997). Motives of visitors attending festival events. *Annals of Tourism Research*, 24(2): 425-439.
- Formica, Sandro & Muzaffer Uysal(1996). A market segmentation of festival visitors: Umbria Jazz Festival in Italy. *Festival Management and Event Tourism*, 3(4): 175-182.
- ______(1998). Market segmentation of an international cultural-historical event in Italy. *Journal of Travel Research*, 36(4): 16-24.
- Getz, Donald(1991). *Festivals, special events, and tourism*. NY: Van Nostrand Reinhold.
- Mohr, Karen, K. F. Backman, L. W. Gahan, & S. J. Backman(1993). An

investigation of festival motivations and event satisfaction by visitor type. *Festival Management and Event Tourism*, 1(3): 89-97.

- Schneider, I. E. & S. J. Backman(1996). Cross-cultural equivalence of festival motivations: a study in Jordan. *Festival Management and Event Tourism*, 4(3/4): 139-144.
- Scott, David (1996). A comparison of visitors' motivations to attend three urban festivals. *Festival Management and Event Tourism*, 3(3): 121-128.
- Uysal, Muzaffer, Lawrence Gahan, & Bonnie Martin(1993). An examination of event motivations: a case study. *Festival Management and Event Tourism*, 1(1): 5-10.

Chapter 18

♡ 러브마크 축제만족도

1. 축제 만족도와 매력요인
2. 러브마크 축제 만족도의 이론적 배경
3. 러브마크 축제 만족도의 측정
4. 러브마크 축제 만족도 분석결과
5. 축제 만족도에의 영향요인

러브마크 축제 만족도

Chapter 18

1. 축제 만족도와 매력요인

우리 사회는 최근 생활수준의 향상과 여가에 대한 관심이 높아지고 있다. 이러한 여가에 대한 관심은 관광에 대한 욕구로 이어지고, 관련 레저 산업을 발전시키고 있다(이대희, 1999). 이에 정부차원에서도 지방자치제 실시 이후, 정책 집행이 점차 지방으로 이양되고, 민간부문의 역할강화가 요구되는 등 국내관광의 중요성이 부각되고 있다. 그래서 정부는 다양한 관광활동을 통해 국민의 삶의 질을 향상시키고 지역경제 활성화를 도모하고자 관광지 지정 및 개발을 추진해 오고 있고(문화관광부, 2005), 각 지자체도 지역 특성을 보유한 국제규모의 지역문화축제를 개최하여 지역활성화 효과를 도모하고 있다(박철호, 2004). 이러한 필요와 충분 조건에 의해서 축제는 관광객 유치와 지역 홍보를 가능하게 하는 문화자원이면서 지역주민의 단합과 지역사회의 경제적 수입의 발생, 지역의 이미지 변화 모색 등 다양한 효과를 지니고 있기 때문에 지자체에서 가장 주목하고 있는 문화산업이라 할 수 있다(박철호 · 김관영, 2004).

또한 이러한 지역축제나 이벤트가 행해지는 곳은 관광객들에게 독특하고 특별한 경험을 제공할 수 있는 관광목적지 또는 관광매력물로 인식되고 있기 때문에, 행사가 진행되는 지역의 고유한 상품이나 음식 서비스 등은 가장 중요한 축제 매력물이라 할 수 있고(Getz, 1991), 더욱이 성공적인 축제 또는 이벤트는 지속적인 지역 관광 개발과 인근 관광지와의 연계 가능성을 확보할 수 있어서 경쟁력이 있는 지역관광지로서의 도약과 발전을 도모할 수 있다고 볼 수 있다(정강환·윤유식, 2004).

현재 정부차원에서 관광지 및 축제에 대한 국고를 지원하고 있는 상황이지만, 관광지의 경우 개발 실적은 매우 미흡하고, 관광프로그램 및 관광상품의 부족으로 인해 다양한 관광객의 욕구를 수용하지 못하고 있다(윤양수, 2003). 마찬가지로 축제도 양적 성장을 하고 있지만, 영국의 에딘버러나 일본 삿포로처럼 축제의 지명도를 통해 훌륭한 관광명소로 지역의 인지도를 이끌어낼 수 있을 만큼의 세계적인 축제로 현재화시키지 못하고 있는 문제점을 가지고 있다(한국관광연구원, 2001).

삿포로 눈축제 포스터

문화관광축제가 개최되는 관광진흥법상 관광지를 대상으로 관광객들의 축제와 관광지 방문에 대한 만족도(만족/불만족)에 영향을 미치는 축제 매력과 관광지 매력을 파악할 필요가 생긴다. 고객의 만족/불만족이란 고객이 상품이나 서비스를 구매, 사용, 평가하는 과정에서 경험하는 호의적 또는 비호의적 감정 및 태도를 의미하는 것으로서(김인호, 1993), 지역축제 방문자들이 만족의 수준을 평가할 때 그들이 기대한 만족과 그들이 느끼고 있는 만족도 비교를 통해 만족 또는 불만족을 인지하게 된다.

만족을 느끼는 방문자들은 지역축제를 재방문 및 구전전달매체 역할을 수행하는 속성을 보이게 되고, 반대로 불만족을 느끼는 지역축제 방문자들은 지역축제에 대해 부정적인 태도를 나타내게 된다(정용악·이장주, 2004). 그리고 관광지의 발전 여부도 관광지가 가지고 있는 매력성에 따라 크게 변화할 수 있고, 또한 지속적이고 효율적인 매력성 평가를 통해 관광객의 만족수준을 향상시킬 수 있는 방안을 제시할 수 있다(김홍렬·윤설민, 2006a). 이러한 축제와 관광지 매력, 관광객 만족도(만족/불만족) 간의 영향관계를 파악하기 위하여 다음과 같은 세부 연구목표를 설정하였다.

첫째, 축제와 관광지의 매력에 대한 공통요소를 도출한다.

둘째, 축제 매력 중 어떠한 요소가 방문객의 만족도(만족/불만족)에 영향을 미치는지 파악한다.

셋째, 관광지 매력 중 어떠한 요소가 방문객의 만족도(만족/불만족)에 영향을 미치는지 파악한다.

2. 러브마크 축제 만족도의 이론적 배경

1) 관광객 만족도

만족도는 행동과학에서 인간의 기본적인 필요나 욕구에 의하여 동기나 목표를 달성하는 정도를 나타내는 복합적인 용어로 사용되고 있으며(송경섭, 2001), 현대사회의 능동적인 소비자들이 지향하는 욕구를 파악하여 만족시키려고 노력하는 것이 마케팅적인 측면에서 궁극적인 목표가 된다(홍수희, 2003). 관광학 분야에서는 만족도를 관광체험의 후속단계를 대표하는 심리적 구성개념으로 사용하고 있다(고동우, 1998).

만족도를 측정하는 방법은 크게 직접 측정법과 간접 측정법으로 나눌 수 있는데, 직접 측정법은 하나 또는 그 이상의 문항으로 직접 관광경험에 대한 느낌이나 만족도, 선호도 등을 통해 측정하는 방법이고, 간접 측정법은 상품이나 서비스의 여러 측면 또는 속성에 대해 평가하도록 하고 평가에 대한 응답치를 다양한 방식으로 계산해서 얻은 단일점수를 만족도의 지표로 삼는 방법이다(김완석 · 강용주, 1999). 주로 이론적 연구들은 직접 측정법을 선호하는 반면, 관광정책수립 등 실용적인 연구에서는 간접 측정법을 통한 복합점수를 사용한다(한국생산성본부, 2000). 최근에는 다항목척도가 아닌 단일항목으로 전반적인 만족도를 측정하는 경향이 대두되고 있는데(Fornell et al., 1996; Bloemer & Ruyter, 1998; Bolton & Lemon, 1999; Bigne, Sanchez & Sanchez, 2001; 오정학 · 김유일, 2001), 예를 들어 '전혀 불만족하다'에서 '매우 만족하다'까지 일정한 간격으로 배열된 단일 항목 척도가 만족도를 측정하기 위해 사용될 수 있다.

2) 관광 매력

매력은 관광에 영향을 미치는 모든 요인들 가운데서 중요한 요소 중의 하나로(김재진, 2001), Lew(1987)는 가장 넓은 의미의 매력이란 역사지역, 위락공원, 특별한 경관과 서비스 시설, 대상지의 사회제도를 포함하는 개념이라고 하였고, Gunn(1988)은 매력을 자성적인 것으로서 사람을 즐겁게 끌어당기는 힘이라고 정의하였고, Leiper(1990)는 매력을 유인, 자력 사람의 마음을 끄는 힘, 유인요인으로 설명하였다. 이처럼 매력에 대한 많은 선행연구들을 보면, 학자들마다 다양한 정의를 내리고 있기 때문에 관광매력 역시 자연적인 것에서부터 사회적·문화적인 것과 인공적인 것까지 그 범위가 넓고 다양하다(변서영, 2005).

매력에 대한 다양한 정의를 바탕으로 일반적인 관광 매력 체계를 분류해 보면, 자연적 매력, 문화적 매력, 유형적 매력으로 구분할 수 있는데, 자연적 매력은 기후, 태양 및 해변, 폭포, 계곡, 동굴 등 유·무형의 인문적 소재를 의미하고, 문화적 매력은 건축양식, 예술 및 음악, 언어 등의 사회 및 문화적 속성을 의미하고, 유형적 매력은 숙박시설, 쇼핑시설, 스포츠 시설, 교통 등을 의미한다(정하윤, 2002).

3) 문화관광축제

문화관광축제는 관광지의 매력을 더하는 각종 축제나 이벤트 등의 행사를 통해 관광객의 마음의 풍요와 관광 이미지를 극대화시키는 것으로서(박동진·손광영, 2004), 지역축제는 지역문화를 평가하는 지표로 활용될 수 있으며, 지역경제 활성화를 도모할 수 있기 때문에 문화관광부는 1995년부터 지자체 추천을 받아 매년 일정 수의 축제를 지정하여 예산을 지원하고 있다(차동욱, 2004). 2006년에는 최우수축제 3억원, 우수축제 1억 5천만원, 유망축제 5천만원

이 지원되고 예비축제는 사업비 지원 대신, 축제컨설팅 및 홍보 등 행정적 지원을 제공받고, 1~3년간의 운영결과를 평가하여 그 성과에 따라 문화관광축제로 지정될 수 있게 운영되고 있다(김흥렬 · 윤설민, 2006b).

(단위: 백만원)

표 18-1 문화관광축제 연도별 지원현황

연 도	'95	'96	'97	'98	'99	'00	'01	'02	'03	'04	'05	'06
개 수 (지원액)	2 (250)	8 (251)	11 (340)	18 (672)	21 (720)	25 (1,580)	30 (1,650)	29 (1,650)	31 (1,840)	23 (2,160)	27 (2,500)	52 (3,500)

자료: 문화관광부 내부 자료를 토대로 논자 작성

4) 관광진흥법상 관광지

공공부문의 대표적인 관광지 개발은 관광진흥법에 의한 지정관광지개발이다(윤양수, 2003). 1969년 지정관광지 제도가 부산의 태종대공원을 최초로 도입된 이래로 2005년 12월말을 기준으로 총 225개소의 관광지가 지정 · 개발되고 있는데(문화관광부, 2006), 조성계획이 승인된 곳은 201개소(89.3%)이고 나머지 24개소(10.7%)는 조성계획이 수립되지 않은 관광지이다.

(2005년 12월말 기준)

표 18-2 관광진흥법상의 지정관광지 현황

지 역	부산	인천	경기	강원	충북	충남	전북	전남	경북	경남	제주	총계
개 수 (%)	3 (1.3)	2 (0.9)	14 (6.2)	39 (17.3)	24 (10.7)	25 (11.1)	22 (9.8)	26 (11.6)	29 (12.9)	22 (9.8)	19 (8.4)	225 (100.0)

자료: 문화관광부 내부 자료를 바탕으로 논자 재작성

3. 러브마크 축제 만족도의 측정

1) 측정항목 개발 및 설문지 구성

설문 내용은 〈표 18-3〉과 같이 축제 매력(24개 문항), 관광지 매력(24개 항목), 전반적 만족도(1문항), 인구통계적 변수(9개 항목) 등 총 58개의 항목으로 구성되었다. 먼저 축제와 관광지 매력을 파악하기 위하여 기존의 축제와 관광지 매력 연구에서 중요하다고 판단되는 변수들을 대상으로 항목을 도출하였다. 축제 매력 변수는 22개 항목을 설정한 후, 관광지 매력 항목에서는 도출되었으나 축제 매력 항목에서는 도출되지 않은 2개(명성/이미지, 야간활동) 항목을 포함하여 최종 24개 항목을 설정하였고, 관광지 매력 변수도 22개 항목을 설정한 후, 축제 매력 항목에서는 도출되었으나 관광지 매력 항목에서는 도출되

표 18-3 설문지 구성

<table>
<tr><th>구분
(항목수)</th><th>항 목</th><th>선행연구자</th><th>측정
방법</th></tr>
<tr><td>축제
매력
(24)</td><td rowspan="2">· 자연경관 · 휴식공간
· 교통편 · 명성/이미지
· 쇼핑 · 특이성/독특함
· 숙박 · 교육성
· 관광안내/정보 · 청결/쾌적성
· 먹거리 · 지역특색
· 종사원 서비스 · 야간활동
· 물가/비용 · 체험성
· 안전 · 사람과의만남/교류
· 지역주민 태도 · 재미/신명성
· 접근성 · 프로그램의 다양성
· 기념품/토산품 · 몰입성</td><td>권정택(2000), 김성혁 · 고호석 · 김수하(2000), 노영숙(2000), 김가영(2002), 정하윤(2002), 윤재효(2004), 이선정(2004), 정선미(2004), 권문호 · 이제억(2005), 장양례(2005)</td><td rowspan="3">리커트
5점</td></tr>
<tr><td>관광지
매력
(24)</td><td>유금종(2002), 임주연(2002), 조혜경(2002), 안윤지(2003), 정성채(2003), 김동훈(2004), 김철우(2004), 정길영(2004), 조장현 · 권종현(2004), Enright & Newton(2004), 변서영(2005), 오병호(2005), 오상훈 · 고계성(2005), 이재곤(2005),</td></tr>
<tr><td>만족도
(1)</td><td>전반적 만족도</td><td>Fornell et al.(1996), Bloemer & Ruyter(1998), Bolton & Lemon(1999), Bigne, Sanchez & Sanchez(2001), 오정학 · 김유일(2001)</td></tr>
<tr><td>인구
통계적
(9)</td><td colspan="2">성별, 연령, 거주지, 생활주기, 방문형태, 직업, 축제 방문 경험, 관광지 방문 경험, 총경비</td><td>명목,
비율</td></tr>
</table>

삿포로 눈축제의 대형 눈조각

지 않은 2개(사람과의 만남/교류, 몰입성) 항목을 포함하여 최종적으로 24개 항목을 도출하였다. 각 매력 항목의 평가는 1점이 '전혀 만족하지 않다', 5점이 '매우 만족하다'로 측정되었다.

전반적 만족도는 축제와 관광지 방문에 있어서 만족도를 측정하기 위해 다항목이 아닌 단일항목으로 구성하였고, 5점 리커트 척도를 이용하여 1점이 '매우 불만족하다', 5점이 '매우 만족하다'로 지정하여 점수화하였다. 실증분석에서는 만족과 매력과의 영향관계를 살펴보기 위해 축제와 관광지 방문의 전반적 만족도를 명목척도(1=만족, 2=불만족)로 변환하여 사용하였다.

마지막으로 인구통계적 변수는 성별, 연령, 거주지, 생활주기, 방문형태, 직업, 축제 방문 경험, 관광지 방문 경험, 총경비 등 9개 항목으로 구성하였다. '축제 방문 경험', '관광지 방문 경험', '총경비'는 비율척도로 조사되었기 때문에 이후 분석에서는 명목척도로 변환하여 사용하였다.

2) 자료수집 및 분석방법

축제의 매력과 관광지의 매력을 동시에 파악하기 위해 본 연구의 모집단은 문화관광축제가 개최되는 관광진흥법상 관광지를 방문한 관광객들로 규정하였으며, 확률표본의 편의표본추출법에 의해 춘천국제마임축제가 개최되는 위도 관광지와 보령머드축제가 개최되는 대천해수욕장 관광지에서 2006년 6월 4~5일과 7월 17~18일 동안 대인면접법을 통하여 조사를 하였다. 총 600부(위도 관광지: 300부, 대천해수욕장 관광지: 300부)의 설문지를 균등하게 나누어 설문조사를 실시하였고, 그 중 응답 내용의 정확도가 떨어지거나 불성실한 설문지 19부를 제외하고 최종적으로 581부(회수율 96.8%)의 유효 표본을 확보·

분석에 이용하였다.

축제와 관광지 매력에 대한 신뢰도 및 타당성을 검증하기 위하여, Cronbach's 알파계수와 탐색적 요인분석을 실시하였다. 그리고 축제 방문의 전반적 만족도(만족/불만족)에 영향을 미치는 축제 매력과 관광지 방문의 전반적 만족도(만족/불만족)에 영향을 미치는 관광지 매력과의 영향관계를 파악하기 위해 로지스틱 회귀분석을 사용하였다.

4. 러브마크 축제 만족도 분석결과

1) 응답자의 일반적 특성

춘천국제마임축제를 방문한 관광객들의 특성을 살펴보면, 성별은 여성(54.4%)이 남성(45.6%)에 비해 많이 조사되었으며, 주로 20~30대의 젊은 층으로 구성되어 있다. 거주지는 관광지가 위치하고 있는 강원도(58.2%) 방문객을 제외하고, 서울(20.2%)과 경기도(17.1%) 방문객이 많은 편이었다. 미혼자(49.1%)와 기혼자(50.9%)가 비슷하게 조사되었고, 방문형태는 주로 당일형(69.3%)인 것으로 나타났다. 축제 방문과 관광지 방문에 있어서 첫방문과 재방문%)의 비율이 비슷하게 나타났다.

반면 대천해수욕장 관광지를 방문한 관광객들의 특성을 살펴보면, 남성(59.2%)이 여성(40.8%)에 비해 많이 조사되었으며, 주로 20대(61.2%)로 구성되었다. 거주지는 춘천국제마임축제와 마찬가지로 관광지가 위치하고 있는 충청도(26.5%)를 제외하고 서울(27.2%)과 경기도(19.1%) 방문객이 많은 편이었다. 미혼자(64.6%)가 기혼자(35.4%)에 비해 많이 조사되었으며, 방문형태는 주로 체류형(81.0%)인 것으로 나타났다. 축제 방문에 있어서 첫방문과 재방문의 비율이 어느 정도 비슷하게 조사되었지만, 관광지 방문에서는 재방문(81.0%)이 첫방문(19.0%)에 비해 많았다.

표 18-4 응답자의 인구통계적 특성

춘천국제마임축제 (n=287)				보령머드축제 (n=294)			
구	분	응답자(명)	비율(%)	구	분	응답자(명)	비율(%)
성 별	남 성	131	45.6	성 별	남 성	174	59.2
	여 성	156	54.4		여 성	120	40.8
연 령	10대	27	9.4	연 령	10대	6	2.0
	20대	124	43.2		20대	180	61.2
	30대	74	25.8		30대	42	14.3
	40대	30	10.4		40대	42	14.3
	50대 이상	32	11.2		50대 이상	24	8.2
거주지	서울	58	20.2	거주지	서울	80	27.2
	경기도	49	17.1		경기도	56	19.1
	강원도	167	58.2		충청도	78	26.5
	기타	13	4.5		기타	80	27.2
생활 주기	미 혼	141	49.1	생활 주기	미 혼	190	64.6
	기 혼	146	50.9		기 혼	104	35.4
방문 형태	당 일	199	69.3	방문 형태	당 일	56	19.0
	체 류	88	30.7		체 류	238	81.0
축제 방문	첫방문	142	49.5	축제 방문	첫방문	166	56.5
	재방문	145	50.5		재방문	128	43.5
관광지방문	첫방문	137	47.7	관광지방문	첫방문	56	19.0
	재방문	150	52.3		재방문	238	81.0
총경비(원)		122,571		총경비(원)		329,203	

2) 요인 분석 결과

축제 매력 항목에 대하여 주성분분석을 통한 배리맥스 회전방식의 탐색적 요인분석을 실시하였다. 요인분석을 실시하는 경우에 표본의 수는 적어도 측정항목 수의 5배 이상이 적절하며, 최소 50개 이상이 되어야 하는데(Hair et al., 1998), 이번 연구의 경우 요인분석에 사용된 항목수는 24개이고, 표본수는 581개이므로 표본의 수는 통계분석에 적절하다고 판단된다. 분석결과, 요인적재량이 0.4 이상이고, 교차적재(cross-loading)되지 않은 23개 항목이 최종 요인분석 항목으로 포함되었으며, 고유값(eigenvalue)이 1.0 이상인 5개 요인이 축제 매력 요인으로 추출되었다. 한편, KMO=0.929, x2=4927.897, p값=0.000은 요인분석을 위한 필요조건을 만족하여 변수들은 서로 독립적이지 않고 상관관계를 가지고 있어 주성분분석을 이용하는 것이 가능할 것으로 판단되었다.

〈표 18-5〉와 같이 신뢰계수는 0.666~0.819로 내적일관성에 문제가 없는 것으로 나타났고, 측정항목들의 요인적재값과 공통성이 모두 0.4 이상이고, 요인들의 고유값이 1이상이며, 총 분산설명력은 66.603%로 나타나 요인분석결과가 통계적 신뢰성과 타당성을 확보하고 있음을 나타내준다.

표 18-5 축제 매력의 요인분석 결과

측정항목	요인 적재량	공통성	평균*	고유값	분산설명력 (66.603%)	신뢰 계수
요인 1: 축제목표자원						
특이성/독특함	.793	.694	3.44			
체험성	.720	.583	3.46			
사람과의 교류/만남	.688	.554	3.23	8.114	35.279	.819
재미/신명성	.529	.468	3.70			
교육성	.498	.485	3.36			
몰입성	.491	.584	3.44			
요인 2: 행사장 내 관련자원						
휴식공간	.654	.573	3.41			
청결/쾌적성	.633	.610	3.45			
명성/이미지	.539	.524	3.38	3.935	17.115	.771
프로그램의 다양성	.536	.563	3.56			
축제안내/정보	.512	.499	3.22			
야간활동	.500	.503	3.67			
요인 3: 기타지역자원						
안전	.749	.664	3.37			
지역특색	.563	.652	3.45	1.184	5.147	.783
자연경관	.551	.616	3.53			
물가/비용	.526	.543	3.47			
요인 4: 금전소비형 및 인적자원						
먹거리	.654	.559	3.15			
쇼핑	.629	.656	2.89			
숙박	.587	.592	3.32	1.068	4.642	.713
종사원 서비스	.475	.482	3.45			
지역주민 태도	.433	.417	3.58			
요인 5: 교통관련자원						
교통편	.750	.612	3.29	1.017	4.420	.666
접근성	.596	.586	3.57			

주: *리커트 5점 척도(1= 매우 불만족 한다, 3=보통, 5=매우 만족 한다)

주: KMO=0.929, Bartlett의 구형성 검정(근사 카이제곱=4927.897, 자유도=253, p=0.000)

요인분석 결과, 추출된 축제 매력 요인을 축제목표자원, 행사장 내 관련자원, 기타지역자원, 금전소비형 및 인적자원, 교통관련자원으로 명명하였다. 축제목표자원 요인은 6개 항목으로 구성되었으며, 설명력은 35.279%로 가장 높게 나타났으며, 신뢰계수는 0.819로 나타났다. 행사장 내 관련자원 요인은 6개 항목에 17.115%의 설명력과 0.771의 신뢰계수를 나타냈다. 기타지역자원 요인은 4개 항목에 5.147%의 설명력과 0.783의 신뢰계수를 갖으며, 금전소비형 및 인적자원 요인은 5개 항목에 4.642%의 설명력과 0.713의 신뢰계수를 갖으며, 마지막으로 교통관련자원 요인은 2개 항목에 4.420%의 설명력과 0.666의 신뢰계수를 갖는 것으로 나타났다.

관광지 매력 항목에 대한 요인분석을 실시하기 전에 자료가 요인분석에 타당한지를 알아보기 위해 KMO(Kaiser-Meyer-Olkin)측도와 Bartlett의 구형성 검증을 이용하였는데, KMO=0.935, x2=5363.745, p값=0.000은 요인분석을 위한 필요조건을 만족하여 수집된 자료는 요인분석에 적합하다고 할 수 있다.

〈표 18-6〉에서 보는 바와 같이 신뢰계수는 0.635~0.842로 내적일관성에 문제가 없는 것으로 나타났다. 요인적재량과 공통성이 0.4 이상이면서, 교차적재 되지 않은 22개 항목이 최종 요인분석 항목이 되었고, 총 분산설명력은 70.385%로 나타나 요인분석 결과가 통계적 신뢰성과 타당성을 확보하고 있음을 알 수 있었다.

요인분석에 의해 4개의 요인이 도출되었는데, 금전소비형 및 인적자원, 관광지 내 관련자원, 경험자원, 기타지역자원으로 각각 명명하였다. 금전소비형 및 인적자원 요인은 6개 항목으로 구성되었으며, 설명력은 40.452%로 가장 높게 나타났으며, 신뢰계수는 0.827로 나타났다. 관광지 내 관련자원 요인은 7개 항목으로 구성되었으며, 19.477%의 설명력과 0.842의 신뢰계수를 갖으며, 경험자원 요인은 6개 항목으로 5.697%의 설명력과 0.815의 신뢰계수를 갖는 것으로 나타났다. 마지막으로, 기타지역자원 요인은 3개 항목에 4.759%의 설명력과 0.635의 신뢰계수를 나타냈다.

표 18-6 관광지 매력의 요인분석 결과

측정항목	요인적재량	공통성	평균*	고유값	분산설명력 (70.385%)	신뢰계수
요인 1: 금전소비형 및 인적자원				8.899	40.452	.827
물가/비용	.755	.630	3.14			
쇼핑	.689	.623	3.27			
기념품/토산품	.666	.593	3.41			
먹거리	.633	.633	3.30			
종사원 서비스	.580	.500	3.37			
지역주민 태도	.542	.515	3.44			
요인 2: 관광지 내 관련자원				4.285	19.477	.842
청결/쾌적성	.731	.622	3.31			
명성/이미지	.698	.508	3.26			
접근성	.569	.602	3.35			
프로그램의 다양성	.566	.589	3.47			
관광안내/정보	.549	.477	3.51			
휴식공간	.524	.477	3.31			
교통편	.449	.516	3.48			
요인 3: 경험자원				1.253	5.697	.815
체험성	.713	.629	3.40			
재미/신명성	.704	.603	3.50			
특이성/독특함	.686	.607	3.28			
사람과의 교류/만남	.538	.542	3.36			
야간활동	.529	.576	3.50			
몰입성	.494	.534	3.41			
요인 4: 기타지역자원				1.047	4.759	.635
지역특색	.739	.617	3.14			
안전	.626	.477	3.32			
자연경관	.451	.468	3.31			

주: *리커트 5점 척도(1= 매우 불만족 한다, 3=보통, 5=매우 만족 한다)

주: KMO=0.935, Bartlett의 구형성 검정(근사 카이제곱=5363.745, 자유도=231, p=0.000)

3) 로지스틱 회귀분석 결과

축제 매력 요인이 축제 방문의 전반적 만족도(만족/불만족)에 미치는 영향에 관한 로지스틱 회귀분석의 결과는 〈표 18-7〉과 같다. 분석결과 모형의 적합성을 확인하는 -2LL과 Chi-square(x^2)값은 152.513과 51.158($p<0.05$)로 통계적으로 유의한 것으로 나타나 적합한 모형임을 알 수 있었으며, 예측값과

관측값과의 결과를 예측한 확률인 예측률도 92.2%로 상당히 높은 수준인 것으로 나타났다.

독립변수인 축제 매력을 구성하고 있는 5개 측정 요인의 분석결과를 살펴보면, 행사장 내 관련자원 요인만이 유의한 결과를 나타내었다. 행사장 내 관련자원 요인은 Wald값이 1.236으로 p〈0.05 수준에서 유의한 것으로 나타났다.

표 18-7 축제 매력 요인이 축제 방문 만족도에 미치는 영향

요인명	측정변수	x^2	−2LL	예측률	B	Wald	Sig.	EXP (β)
축제 매력	축제목표자원	51.158*	152.513	92.2	.424	.808	.369	1.527
	행사장 내 관련자원				1.236	5.223	.022*	3.442
	기타지역자원				.588	1.752	.186	1.801
	금전소비형 및 인적자원				.298	.363	.547	1.347
	교통관련자원				.539	2.818	.093	1.714
	상수				-7.647	17.958	.000*	.000

주: *a〈0.05 수준에서 통계적으로 유의함

또한 5개 측정변수 각각이 1단위 변화함에 따라 축제 방문의 전반적 만족도 확률의 변화를 확인할 수 있는 Exp(β)값의 경우 행사장 내 관련자원 요인[Exp(1.236)=3.442]이 가장 높은 증가율을 나타내고 있었다. 즉, 다른 변수의 값을 일정하게 놓고 행사장 내 관련 자원 요인이 1단위 증가하면 관광객이 축제 매력에 만족할 확률은 불만족할 확률보다 3.442배 늘어남을 의미한다.

관광지 매력 요인이 관광지 방문의 전반적 만족도(만족/불만족)에 미치는 영향에 관하여 로지스틱 회귀분석을 실시한 결과는 〈표 18-8〉에 나타나있다.

우선 관측치와 예측치인 확률 사이의 잔차와 예측확률을 이용하여 그 통계적 유의성을 확인할 수 있는 -2LL과 Chi-square(x^2)값은 161.090과 67.859(p〈0.05)로 통계적으로 유의한 것으로 나타나 적합한 모형임을 알 수 있었으며, 예측률도 90.6%로 예측값과 관측값의 결과를 예측한 확률은 상당히 높은 수준인 것으로 나타났다.

독립변수인 관광지 매력을 구성하고 있는 4개 측정 요인의 분석결과를 살펴보면, 관광지 내 관련자원 요인과 경험자원 요인에서 유의한 결과가 나타났다. 관광지 내 관련자원 요인과 경험자원 요인의 Wald값이 각각 11.852과 5.324로 p<0.05 수준에서 통계적으로 유의한 것으로 나타났다.

표 18-8
관광지 매력 요인이 관광지 방문 만족도에 미치는 영향

요인명	측정변수	x^2	-2LL	예측률	B	Wald	Sig.	EXP(β)
관광지 매력	금전소비형및인적자원	67.859*	161.090	90.6	-.230	.245	.621	.794
	관광지 내 관련자원				1.950	11.852	.001*	7.026
	경험자원				1.153	5.324	.021*	3.169
	기타지역자원				-.149	.148	.700	.861
	상수				-6.599	18.447	.000*	.001

주: *a<0.05 수준에서 통계적으로 유의함

또한 4개 측정변수 각각이 1단위 변화함에 따라 관광지 방문의 전반적 만족도 확률의 변화를 확인할 수 있는 Exp(β)값의 경우 관광지 내 관련자원 요인 [Exp(1.950)=7.026]이 가장 높은 증가율을 나타냈고, 다음으로는 경험자원 요인 [Exp(1.153)=3.169] 순으로 나타났다. 즉, 다른 변수의 값을 일정하게 놓고 관광지 내 관련 자원 요인과 경험자원 요인이 1단위 증가하면 관광객이 관광지 매력에 만족할 확률은 불만족할 확률보다 각각 7.026배, 3.169배 늘어남을 의미한다.

5. 축제 만족도에의 영향요인

문화관광지 개최지로 관광진흥법사 관광지를 활용하고 있는 곳을 대상으로 축제와 관광지 방문에 있어서 관광객의 만족도(만족/불만족)에 영향을 미치는 축제 매력과 관광지 매력을 파악하였다. 즉, 축제 매력과 관광지 매력 요인 중 관광객 만족에 영향을 미치는 부분을 바탕으로 축제와 관광지 운영·관리에 시사점을 제공하는 것이 주요 목적으로서 우선 축제와 관광지 매력에 대한 요인분석 결과, 축제 매력은 5개의 요인(축제목표자원, 행사장 내 관련자원, 기타지역자원, 금전소비형 및 인적자원, 교통관련자원), 관광지 매력은 4개의 요인(금전소비형 및 인적자원, 관광지 내 관련자원, 경험자원, 기타지역자원)이 도출되었고, 실증분석을 통해 몇 가지 시사점을 찾을 수 있었다,

첫째, 춘천국제마임축제가 개최된 위도 관광지와 보령머드축제가 개최된 대천해수욕장 관광지의 응답자의 큰 특징을 살펴보면, 공통적으로 축제가 개최되는 관광지가 위치하고 있는 지역 방문객을 제외하고, 서울과 경기도의 방문객의 비율이 많은 것으로 나타났다. 이는 지역민들만 찾는 축제이자 관광지가 아니라 저변이 어느 정도 이루어져 있음을 의미하고 있다.

차이점으로는 위도 관광지의 경우 방문형태가 주로 당일형으로 이루어지고 있어서 관광활동에 대한 소비 형태도 낮은 것으로 나타났지만, 대천해수욕장 관광지의 경우에는 방문형태가 주로 체류형으로서 관광활동에 대한 소비도 비교적 많은 것으로 나타났다. 그리고 대천해수욕장 관광지의 경우 관광지 재방문이 첫방문보다 많은 것으로 나타났는데, 이는 대천해수욕장 관광지가 여름철 피서지로 많이 활용되고 있다는 점으로 해석할 수 있겠다.

둘째, 축제 방문 만족도(만족/불만족)에 영향을 미치는 축제 매력 요인을 분석한 결과, '행사장 내 관련자원' 요인이 유의한 것으로 나타났다. 이는 축제가 개최되는 곳의 환경적인 요소(청결/쾌적성, 휴식공간), 소프트웨어적 요소(프로그램의 다양성, 축제안내/정보, 야간활동)가 축제 방문을 하는 관광객들에게 긍정적인 영향을 미치는 것으로 파악할 수 있었다. 따라서 축제 운영에서 환경적인 부분과 소프트웨어적인 부분에 대한 지속적인 관리 및 개발이 필요할 것이다.

셋째, 관광지 방문 만족도(만족/불만족)에 영향을 미치는 관광지 매력 요인을 분석한 결과, '관광지 내 관련자원' 요인과 '경험자원' 요인이 유의한 것으로 나타났다. 축제 매력과 마찬가지로 관광지 매력에서도 환경적인 요소, 소프트웨어적인 요소가 관광지 방문에 있어서도 긍정적인 영향을 미치는 것으로 나

타났다. 또한 축제라는 아이템을 관광지라는 일정한 장소에서 개최함으로 인해 축제의 대표적인 요소(재미/신명성, 특이성/독특함, 사람과의 교류/만남, 몰입성)가 관광지 매력으로 관광객들에게 받아들여지고 있음을 의미한다. 이러한 부분은 축제를 개최하는 입장에서 관광지가 가지는 장소성의 활용이 축제의 주요 매력요소이자 관광지의 주요 매력요소가 될 수 있음을 인지해서 개최장소의 활용에 대한 고려가 필요할 것이다.

결론적으로 축제가 가지고 있는 매력 요소이자 관광지가 가지고 있는 매력요소 중 환경적인 요소와 소프트웨어적인 부분이 관광객 입장에서는 축제 차원의 만족과 관광지 차원의 만족에 각각 영향을 주는 것으로 나타났다. 또한 축제의 특징인 재미/신명성, 특이성/독특함, 사람과의 교류/만남, 몰입성 등과 같은 부분이 관광지 차원에서도 만족으로 관광객들이 받아들이고 있다는 점은 축제라는 아이템을 일정한 장소성이 가지고 있는 이미지의 부합을 통해 축제 차원의 매력을 관광지 차원의 매력으로 활용하는 방안을 축제를 개최하는 입장 또는 축제나 관광지를 보유해서 활용하고 있는 지자체 입장에서는 충분히 고려해 보아야 할 것이다.

그러나 이러한 시사점에도 불구하고 몇 가지 한계점을 가지고 있다. 첫째, 축제가 개최되는 관광지를 방문하는데 있어서 축제와 관광지 매력만의 요소를 고려하였기 때문에 다양한 관광객 방문에 대한 요소를 고려하지 못하였다. 축제와 관광지 매력 외에 방문 동기, 관여도, 가치 등의 다양한 심리학적 변수들을 이용하여 다양한 요소들을 고려한 관광지 방문객들의 다양한 관광행동들을 파악해보아야 할 것이다. 둘째, 조사가 축제기간 동안에 이루어졌기 때문에 축제기간 이외에 대한 고려를 하지 못하였다. 축제기간과 축제기간 외를 동시에 고려하여 축제의 매력에 대한 기간별 비교, 또는 관광지 매력에 대한 기간별 비교를 통해 관광객 만족도의 기간별 차이를 살펴보아야 할 것이다.

참 / 고 / 문 / 헌

- 고동우(1998), 선행 관광행동 연구의 비판적 고찰: Annals of Tourism Research의 연구논문을 중심으로, 『관광학연구』, 22(1), 207-229.
- 권문호 · 이제억(2005), 문화관광축제의 관광매력속성이 관광객 만족 및 재방문 의도에 미치는 영향: 경주 한국의 술과 떡 잔치 2004를 중심으로, 『관광경영학연구』, pp. 1-23.
- 권정택(2000), 관광이벤트의 방문동기와 사후 이미지가 만족과 재방문 의도에 미치는 영향, 대구대학교 석사학위논문.
- 김가영(2002), 관광동기와 축제 매력속성이 관광자 만족에 미치는 영향, 신라대학교 석사학위논문.
- 김동훈(2004), 관광지 속성이 지각된 관광가치, 관광만족 및 재방문의도에 미치는 영향에 관한 연구, 제주대학교 박사학위논문.
- 김성혁 · 고호석 · 김수하(2000), 지역축제 관광객의 시장세분화와 선택속성에 관한 실증적 연구: 10대 지역축제를 중심으로, 『관광학연구』, 24(1), 259-280.
- 김완석 · 강용주(1998), 복합점수를 이용한는 소비자만족 측정법들의 준거타당도 연구, 『소비자학연구』, 9(4), 63-81.
- 김인호(1993), 관광자의 만족/불만족 및 재방문의 평가합치적 접근, 광운대학교 박사학위논문.
- 김재진(2001), 문화관광지에 대한 이해도가 지각 매력도에 미치는 영향, 경기대학교 석사학위논문.
- 김철우(2004), 스포츠관광의 참가동기, 관광지 속성평가가 재참가 및 전환의도에 미치는 영향, 계명대학교 박사학위논문.
- 김홍렬 · 윤설민(2006a), 관광지 매력 IPA에 따른 관광객의 만족도 및 행동의도에 관한 연구: 춘천 위도관광지를 대상으로, 『관광정책학연구』, 12(1), 99-118.
- 김홍렬 · 윤설민(2006b), 여가활동으로서의 문화관광축제별 방문객 특성에 관한 연구, 『한국여가레크리에이션학회지』, 30(3), 227-235.

- 노영숙(2000), 지역축제에 대한 기대수준 및 만족도 차이에 관한 연구: 안동 국제탈춤페스티발을 중심으로, 경희대학교 석사학위논문.
- 문화관광부(2005), 관광지 리모델링 활성화 전략.
- 문화관광부(2006), 2006 관광동향에 관한 연차보고서.
- 박동진 · 손광영(2004), 관광동기, 이미지, 기대, 만족 및 충성도간의 구조적 관계: 안동지역 방문자를 대상으로, 『관광학연구』, 28(3), 65-83.
- 박철호(2004), 축제의 관광상품화와 지역경제활성화와의 상관성, 『여행학연구』, 20, 93-107.
- 박철호 · 김관영(2004), 문화관광축제 평가 항목에 대한 참가자 만족도 인식에 관한 연구, 『여행학연구』, 20, 71-91.
- 변서영(2005), 해양수족관의 매력성이 만족 및 재방문 의도에 미치는 영향, 부경대학교 석사학위논문.
- 송경섭(2001), 문화관광축제의 이미지가 관광객 만족과 행동의도에 미치는 영향: 2001년 청도 소싸움 축제를 중심으로, 대구대학교 석사학위논문.
- 안윤지(2003), 문화관광자원의 매력속성과 자원해설이 관광만족에 미치는 영향, 동아대학교 석사학위논문.
- 오병호(2005), 신혼여행객들의 관광지 선택요인의 중요도와 만족도에 관한 연구, 계명대학교 석사학위논문.
- 오상훈 · 고계성(2005), IPA를 이용한 섬 관광지 매력성 평가: 제주섬의 사례, 『관광연구』, 19(3), 45-58.
- 오정학 · 김유일(2001), 주제공원이용자의 감정반응에 관한 연구, 『관광학연구』, 24(3), 285-305.
- 유금종(2002), 인센티브 여행의 선호지역과 매력 속성에 관한 연구: 대전금융기관 직원을 대상으로, 배재대학교 석사학위논문.
- 윤양수(2003), 지역관광개발사업의 발전방향 1; 우리나라의 관광지 개발실태와 개선방향, 『국토』, 263, 5-17.
- 윤재효(2004), 문화관광축제 방문속성이 관광객만족에 미치는 영향에 관한 연구, 안양대학교 석사학위논문.
- 이대희(1999), 아시아 각국의 문화 정책 관련 조직의 비교 연구, 『한국 사회와 행정 연구』, 10(1), 113-125.

- 이선정(2004), 대구약령시축제의 매력속성이 방문자만족과 재방문 및 추천의도에 미치는 영향, 계명대학교 석사학위논문.
- 이재곤(2005), 해양관광 매력요인에 관한 실증적 연구, 『관광정책학연구』, 11(2), 43-61.
- 임주연(2002), 문화관광지 속성에 대한 기대와 성과가 관광자 만족에 미치는 영향, 한양대학교 석사학위논문.
- 장양례(2005), 축제 평가속성이 방문객 만족과 충성도에 미치는 영향연구, 『문화관광연구』, 7(2), 163-180.
- 정강환 · 윤유식(2004), 축제 방문객 만족도가 지역 문화관광에 미치는 영향에 관한 연구: 금산인삼축제를 중심으로, 『관광 · 레저연구』, 16(2), pp. 287-303.
- 정길영(2004), 패키지 상품의 관광목적지 선택결정요인에 관한 연구, 광주대학교 석사학위논문.
- 정선미(2004), 관광속성이 체험관광객 만족에 미치는영향: 해미읍성 역사 체험축제를 중심으로, 세종대학교 석사학위논문.
- 정성채(2003), 관광객의 관광매력 선호도의 차이: 연령별 세분화를 중심으로, 『문화관광연구』, 5(1), 261-281.
- 정용악 · 이장주(2004), 지역축제 참여동기에 따른 만족과 재방문에 관한 연구, 『문화관광연구』, 6(1), 97-114.
- 정하윤(2002), 관광이벤트의 매력속성이 관광객 만족 및 재방문에 미치는 영향: 경주 한국의 술과 떡잔치 2002를 중심으로, 동아대학교 석사학위논문.
- 조장현 · 권종현(2004), 유럽관광지 매력속성의 기대수준과 만족수준 평가 및 재방문/추천과의 관계 연구, 『관광연구』, 19(2), 19-34.
- 조혜경(2002), 생태관광지에 대한 관광동기, 속성, 만족, 재방문 의도간의 영향관계, 동아대학교 석사학위논문.
- 차동욱(2004), 지역축제 만족도에 의한 방문자의 재방문 및 구전홍보 결정요인에 관한 연구; 전주국제영화제를 중심으로, 『관광 · 레저연구』, 16(1), 55-69.
- 한국관광연구원(2001), 문화관광축제 육성방안.
- 한국생산성본부(2000), National Customer Satisfaction Index Methodology

Report.

- 홍수희(2003), 문화관광지 서비스품질, 관광객 만족 및 반응의 관계 연구, 동아대학교 박사학위논문.
- Bigne, J. E., Sanchez, M. I. & Sanchez, J.(2001), Tourism image, evaluation variables and after purchase behavior: inter-relationship, *Tourism Management*, 22(6), 607-616.
- Bloemer, J. & Ruyter, K.(1998), On the relationship between store image, store satisfaction and store loyalty, *European Journal of Marketing*, 32(5/6), 499-513.
- Bolton, R. N. & Lemon, K. N.(1999), A Dynamic model of customer's usage of services: usage as an antecedent and consequence of satisfaction, *Journal of Marketing Research*, 36(2), 171-186.
- Enright, M. J. & Newton, J.(2004), Tourism Destination Competitiveness: A Quantative Approach, *Tourism Management*, 25(6), 777-788.
- Fornell, C., Johnson, D., Anderson, E. W., Cha, J. & Bryant, B. E.(1996), The American customer satisfaction index: nature, purpose and findings, *Journal of Marketing*, 60(4), 7-18.
- Getz, D.(1991), Festivals, special Events and Tourism, New York: VNR.
- Gunn, C. A.(1988), Vacationscape: Designing tourist regions (2nd ed.), New York: VNR.
- Hair, J. F., Aderson, R. E., Tatham, R. L. & Black, W. C. (1998). Multivariate data analysis (5th ed.), New Jersey: Prentice Hall.
- Leiper, N.(1990), Tourist attraction systems, *Annals of Tourism Research*, 17(3), 367-384.
- Lew, A. A.(1987), A framework of tourist attraction research, *Annals of Tourism Research*, 14(4), 553-575.

Memo

Chapter 19

♡ 러브마크 축제관여 수준

러브마크 축제 관여 수준

Chapter 19

Ⅰ. 축제브랜드 관여수준 세분화

1. 세분화 방법에 따른 차이

지방축제의 관광상품화 추세가 가속화되면서 전통문화는 물론 전통적인 삶의 방식에 이르기까지 축제의 주제는 다양화하고 있으며 축제 방문객들의 전통문화에 대한 관여정도는 전통축제의 다양화 내용 및 변화속도에 따라 영향을 받게된다(이태희, 이충기, 2000). 지방축제의 참가 또한 잠재 방문 시장이 전통문화나 전통축제에 대해 보이는 관여도(Involvement Level)에 의해 영향을 받을 수 있고 관심이 방문동기로 연결될 수 있기 때문에 지방축제의 지속적인 성장과 발전을 위한 마케팅에 있어서 축제 참가자의 관여도는 중요한 사안이라 할 수 있다.

지방축제를 방문하는 시장을 전통문화와 전통축제에 대한 관여도에 근거하여 세분화하는데 적용되는 방법에 따른 세분화 결과상의 차이 비교를 위해 지방축제에 참가한 방문객들을 대상으로 조사를 수행하였다. 전통 축제에 대한 관여도를 기준으로 시장을 세분화하는 방법에 따라 분석결과에 차이가 나타나는 지를 비교하는 것이 목적인 것이다.

2. 차이비교를 위한 자료수집

1) 세부 문항의 개발

전통 축제에 대한 관여도를 측정하는 10개의 문항이 선행연구(이충기·이태희, 2000b)로부터 도출되어 사용되었다. 전통문화경험 및 전통축제 참가에 대한 관여도를 측정하기 위해서 전통축제 방문에 대한 관심, 전통축제 자체에 대한 관심을 묻는 문항 등 총 10개의 문항이 관여도 측정문항으로 사용되었다.

설문항목은 리커트 7점척도를 사용하여 측정하였다(1='전혀 그렇지 않다,' 4='그저 그렇다,' 7='매우 그렇다'). 그 외에 행사에 대한 만족도, 지출경비, 방문 주목적, 동반자, 정보를 얻은 곳, 이용 교통수단, 체류시간 등에 대한 질문이 설문에 포함되었다.

표 19-1 전통축제 관여도 측정문항

항목번호	측정항목 내용
1	평소 전통축제에 관한 신문기사를 자세히 읽는다
2	전통축제에 관한 자료를 모아놓거나 기록해둔다
3	주변에서 어떤 전통축제가 열리고 있는지 안다
4	전통축제에 대해 바람직한 의견을 제안할 수 있다
5	전국적으로 전통축제는 많을수록 좋다
6	다른 전통축제에도 방문할 의사가 높다
7	누구보다도 전통축제에 관심이 높다
8	다른 사람에게 전통축제 방문을 권유하는 편이다
9	방문할 축제를 선택하는 기준이 분명하다
10	전통축제의 유래에 대해 알고싶어 한다

2) 축제현장에서의 조사

설문조사는 도자기 프레 엑스포 현장 중에서 여주, 이천, 광주 3개의 행사장별로 5일(2000. 10. 4~2000. 10. 8) 동안 주중과 주말로 나누어 실시되었다. 도자기 프레 엑스포는 세계 도자기 엑스포를 성공적으로 개최하기 위해 1년 전에 시험적으로 개최된 축제였다.

여주행사장 입구

축제현장에서 응답자에게 자기기입식(self-administered) 설문지가 제공되었고 자기기입을 할 수 없는 사람들에 대해서는 조사자가 개별면접을 통하여 기입하였다. 설문조사 결과 총 422부의 유효 설문지를 회수하였다.

3. 현장의 데이터가 말해주는 것

1) 방문객의 일반속성

응답자들의 일반속성은 〈표 19-2〉에 나타난 바와 같이 여성이 남성보다 많고 20대가 위주, 대졸 이상의 학력이 대부분인 경우였다. 직업의 경우는 학생의 비율이 높았고, 회사원, 전문직, 주부의 순으로 나타났다. 소득은 200만원 미만이 64.7%로 연령에서도 나타나듯 대부분 젊은 층이라는 것을 알 수 있다.

전시된 도자기를 둘러보는 외국인들
2001년 도자기엑스포에 참가한 외국인 방문객

도자기를 구매하기위해 둘러보는 외국인들
2001년 도자기엑스포에 참가한 외국인 방문객

변수	구분	빈도수	구성비(%)
성 별	남자	186	44.1
	여자	228	54.0
	Missing data	8	1.9
연 령	20세 미만	32	7.6
	20 - 29세	213	50.5
	30 - 39세	95	22.5
	40 - 49세	49	11.6
	50세이상	27	6.4
	Missing data	6	1.4
학 력	국졸이하	1	0.2
	중학교	16	3.8
	고등학교	106	25.1
	전문대	88	20.9
	대학교	187	44.3
	대학원 이상	16	3.8
	Missing data	8	1.9
직 업	회사원	73	17.3
	사업가(자영업)	32	7.6
	공무원	12	2.8
	농수산업 종사자	4	0.9
	전문직	46	10.9
	주부	45	10.7
	기술자	5	1.2
	학생	134	31.8
	관광사업 종사자	7	1.7
	도소매업	9	2.1
	판매 서비스업	16	3.8
	기타	32	7.6
	Missing data	7	1.7
소 득	100만원 미만	137	32.5
	100만원 - 199만원	136	32.2
	200만원 - 299만원	62	14.7
	300만원 이상	23	5.5
	Missing data	64	15.2

표 19-2
응답자들의
일반 속성

2) 조사 문항의 신뢰도

전통문화 및 전통축제에 대한 관여도를 측정하기 위해 구성된 10가지 문항의 신뢰도를 측정하기 위해 이들 문항에 대한 항목별 및 전체 크론바흐 알파값을 구한 결과는 〈표 19-3〉와 같다. 분석결과 8개 문항 모두 알파계수가 0.84을 상회하여 높은 신뢰도 수준을 나타냈으며, 10개 항목 전체 신뢰도는 0.87로 역시 높게 나타났다.

10개 항목 전체의 신뢰계수 외에 전반 5개 항목과 후반 5개 항목에 대한 응답의 상관관계를 분석하여 문항 전체의 신뢰계수를 구하는 반분법 신뢰계수를 측정해 보았다. 측정결과, 스피어만-브라운의 경우 0.82, 구트만의 경우 0.82로 그 상관계수가 높게 나타나 반분법에 의한 신뢰계수 또한 만족스러운 수준임을 나타냈다.

표 19-3 관여도 문항 및 신뢰도 측정

관여도 문항	항목별 알파값	전체 알파값
전통축제에 대한 신문기사를 읽는다	.8516	.87
전통축제에 대한 자료를 모아놓거나 기록해둔다	.8579	
주변에서 어떤 전통축제가 열리고 있는지 안다	.8559	
전통축제에 대한 바람직한 의견을 제시할 수 있다	.8584	
전국적으로 전통축제는 많을수록 좋다	.8784	
다른 전통축제에도 방문할 의사가 높다	.8485	
누구보다도 전통축제에 관심이 높다	.8408	
다른 사람에게 전통축제 방문을 권유하는 편이다	.8422	
방문할 축제를 선택하는 기준이 분명하다	.8553	
전통축제의 유래에 대해서 알고 싶어한다	.8568	

표 19-4 반분법에 의한 관여도 항목의 신뢰계수 측정

구 분	알파값	합산평균	Spearman-Brown	Guttman
전반 5개 항목	.70	18.81	.82	.82
후반 5개 항목	.85	22.04		

3) 관여도 측정 문항의 요인분석

군집분석의 기준변수로 사용하기 위해 10개의 관여도 측정문항을 요인분석 하였다. 요인분석에 사용된 응답자 수의 적정성을 나타내는 KMO 계수는 .88로서 매우 만족스런 수준으로 나타났다. 두 개의 요인으로 구분된 10개의 항목은 축제관심요인과 방문욕구관련 요인의 두 개 요인으로 구분되어 나타났다.

2001년 도자기엑스포에 참가한 내국인 인파

두 개 요인에 의한 분산 설명력은 60%로 나타났다. 크론바흐 알파값은 축제관심요인이 .79, 방문욕구관련 요인이 .82로 비교적 높게 나타났다(〈표 19-5〉 참조). '누구보다도 전통축제에 관심이 높다' 항목이 축제관심 관련 요인이 아닌 방문욕구관련 요인에 포함된 것은 문항 내용 중에 '누구보다도...'라고 하는 상대적인 비교가 들어감으로써 다른 사람보다 더 방문 욕구가 많다는 쪽으로 응답자들에게 이해된 것이 아니가 해석될 수 있다.

표 19-5 관여도 측정문항의 요인분석 결과

	문항	요인1	요인2	알파값	아이겐값	분산 설명력
축제 관심 관련 요인	전통축제에 대한 신문기사를 읽는다		.296	.79	4.67	47%
	전통축제에 대한 자료를 모아놓거나 기록해둔다		.096			
	주변에서어떤전통축제가열리고있는지안다		.180			
	전통축제에 대한 바람직한 의견을 제시할 수 있다		.103			
	방문할 축제를 선택하는 기준이 분명하다		.424			
방문 욕구 관련 요인	전국적으로 전통축제는 많을수록 좋다	-.201		.82	1.31	13%
	다른 전통축제에도 방문할 의사가 높다	.309				
	누구보다도 전통축제에 관심이 높다	.525				
	다른 사람에게 전통축제 방문을 권유하는 편이다	.516				
	전통축제의 유래에 대해서 알고 싶어한다	.335				

KMO 계수 =.88

4) 군집분석에 의한 시장세분화

전통축제에 대한 관심을 묻는 10개 문항의 요인분석결과 도출된 두 개의 요인 값을 기준으로 군집분석을 실시하였다. 군집분석결과, 전체 응답자는 3개의 군집으로 분리되었다. 세 개 집단으로 분리된 군집간의 차이를 보기 위해 10개 관여도 문항이 받은 점수를 합한 변수의 평균을 세 개의 집단으로 구분한 결과 〈표 19-6〉에서 보는 바와 같다.

전통축제에 대해 비교적 높은 관심을 나타낸 고관여 집단과 상대적으로 전통축제에 대한 관심 정도가 낮은 중관여 집단, 저관여 집단으로 구분된 경우 고관여 집단이 중관여 집단과 저관여 집단보다 관여도 점수 평균이 높게 나타난 것을 알 수 있다. 이 세분 집단간의 평균차이는 분산분석결과에서도 1% 수준에서 유의한 것으로 나타났다. 중관여 집단과 저관여 집단의 관여도 점수는 유의한 차이를 보이지 않았는데 이는 두 개의 요인을 기준으로 하는 군집 분석의 경우 고관여 그룹과 비 고관여 그룹과의 분리가 분명한 차이로 이루어진다는 점을 보여주는 경우라 하겠다 .

표 19-6
군집분석에 의한 세분화집단 관여도 평균 차이 분산분석 결과

군집	소속 응답자수	관여도 점수 총합 평균값 비교b	구분	Sum of Squares	df	Mean Square	F	Sig.
고관여 집단	86	53.53(A)	집단 간 (Between Groups)	18.395	2	9.197	6.035	.003
중관여 집단	148	42.20(B)	집단 내 (Within Groups)	548.685	360	1.524		
저관여 집단	132	31.08(B)	Total	567.080	362			

a 리커트 7점척도에 의한 평균치임
b 각 집단의 비 등분산 확인 후 Tukey HSD, Tamhane, Dunnett T3 5% 수준에서 유의 괄호안 같은 알파벳 문자의 평균은 통계적으로 유의한 차이가 없음.

5) 관여도 점수 구분에 의한 집단 세분화

7점 척도의 10개의 관여도 문항에 응답자들이 응답한 점수를 합한 관여도 점수는 제일 큰 경우가 70점에 이른다. 각 응답자들이 기록한 점수의 빈도 분포를 공히 1/3씩 나누는 경우 하위 33.3%, 중위 33.3%, 상위 33.3%로 구분할 수 있다. 관여도 점수의 빈도 분포 상 하위 는 35점까지(118명), 중위는 36점에서 45점까지(131명), 상위는 46점에서 70점까지(114명)로 나타났다(〈표 19-7〉 참조). 이렇게 구분된 세분 시장이 갖는 차이가 유의한 차이를 나타내는지 도자기 프레엑스포에 대한 만족도라는 변수를 가지고 분산분석을 하여본 결과 세 집단이 갖는 만족도에 유의한 차이가 나타나는 것을 알 수 있다.

도자기엑스포에서 볼 수 있는 아름다운 도예작품들

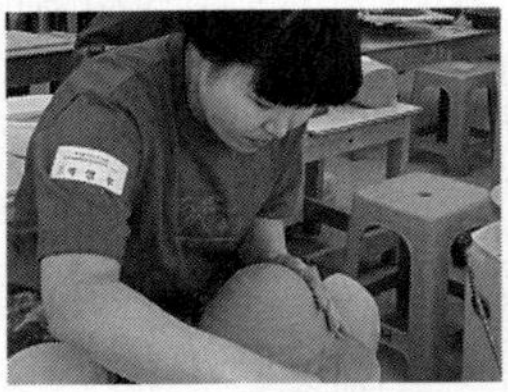

클레이 올림피아드에 참가해 제작에 열중인 내국인

군집분석결과의 유의성을 확인하기 위한 판별분석 결과, 윌크스 람다, 호텔링-로울리, 그리고 로이의 분석에서 모두 α=1% 수준에서 유의성을 보이는 F값을 나타냈다.

표 19-7 관여도점수 구분에 의한 세분화집단 만족도 평균 차이 분산분석 결과

	응답자수	만족도 평균a	구분	Sum of Squares	df	Mean Square	F값	Sig.
저관여집단	118	3.97(A)	집단 간 (Between Groups)	35.612	2	17.806	12.061	.000
중관여집단	131	4.14(A)	집단 내 (Within Groups)	531.468	360	1.476		
고관여집단	114	4.72(B)	Total	567.080	362			
합	363	4.27						

a 각 집단의 등분산 확인 후 Student-Newman-Keuls, Tukey HSD, Waller-Duncan 5% 수준에서 유의
괄호안에 같은 알파벳 문자로 나타난 평균은 통계적으로 유의한 차이가 없음.

4. 단순 구분과 통계적 구분의 차이

전통축제에 대한 관여도라는 변수를 축제 방문객들을 세분화하는 기준으로 사용할 때 단순 점수의 분포를 사용하는 경우와 군집분석에 의한 분류방법 등 두 가지의 방법이 과연 다른 세분화 결과를 가져오는 지 밝혀내는 것을 목적으로 수행되었다.

요인분석과 군집분석과 같은 고급 통계적인 방법을 적용하여 관여도 집단을 세분화하는 경우와 기준변수의 점수분포를 근거로 관여도 집단을 상위, 중위, 하위의 3집단 공히 100분율의 1/3로 나누어 구분하는 경우가 과연 집단을 세분화한 결과상에 큰 차이를 보이는 가에 대해 비교해본 결과 두 방법상의

큰 차이를 보이지 않는 것을 밝혀낼 수 있었다.

2001년 도자기엑스포에 참가한 외국인 방문객

2001년 도자기엑스포에 참가한 일본인 단체방문객, 일본공연

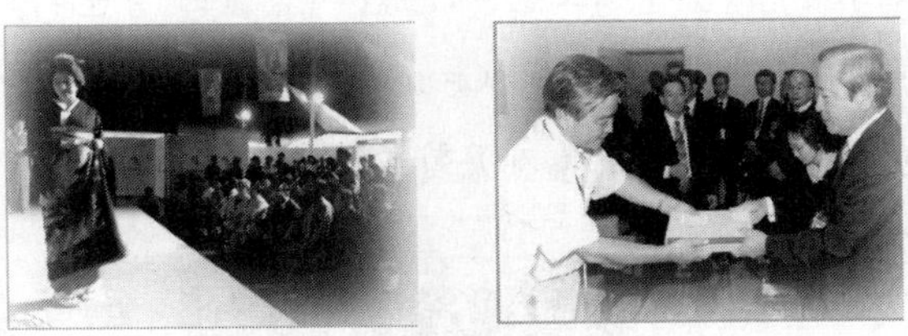

도자기엑스포의 일본문화교류행사와 일본 총무성차관의 방문

집단의 구분이 관여도 점수에 미치는 영향도 분산분석결과 유의하게 나타났다. 다만 군집분석에 의한 세분화집단 만족도 평균 차이 분산분석 결과 각 집단의 분산은 비 등분산이었고 중관여 집단과 저관여 집단의 평균이 유의한 차이를 보이지 않았다. 반면에 관여도점수 구분에 의한 세분화집단 만족도 평균 차이 분산분석 결과를 보면 집단의 분산이 등분산으로서 고관여 집단과 중관여 집단의 평균이 유의한 차이를 보이지 않았다는 차이가 발견될 뿐이었다.

전통 도자기 가마에서
꺼낸 도예작품들

국제도자학술대회에
참가하고있는 외국인 참가자들

현재 국내에는 지방축제의 열기가 고조되고 지방 축제의 수도 많아지고 있다. 이런 경우 전통축제에 대한 관여도는 이미 축제 방문시장을 세분화하는 주요 기준이라는 것이 다수의 연구에 의해 밝혀졌다(이태희, 이충기 2000). 다만 관여도를 세분화의 기준으로 사용하는 경우 어떤 방법을 적용하여 분류하느냐 하는 것에는 단순통계를 적용하는가 고급통계를 적용하는 가의 문제일 뿐 어느 방법이 세분화의 최적 방법인가 하는 것은 결론 내릴 수 없다.

세분화 방법과 무관하게 관여도에 의한 시장세분화에 의해 결과된 세분집단간의 축제참가 행태 상의 비교는 세분된 시장별로 방문객에게 만족을 줄 수 있는 축제 관리와 마케팅의 효과(Crompton & McKay, 1997;이충기·이태희, 2000)를 높일 수 있는 기초 자료를 제공할 수 있을 것이다.

도자기엑스포에서 참가한 WTO
대회 참가자들

참 / 고 / 문 / 헌

- 안운석(1994). 「소비자 관여에 관한 연구」, 경기대학교대학원 박사학위논문
- 이장주(1999). "세분시장별 축제 이미지의 차이에 관한 연구," 『관광학연구』 23권 1호, pp.228-245.
- 이태희·이충기 (2000). "전통축제 관여수준에 따른 세분시장 차이연구 ," 『학술발표 논문집』 한국관광학회 제 48차 학술심포지엄 및 정기 학술발표대회: 34-44.
- 이충기·이태희 (2000a). "경주세계문화엑스포에 대한 축제참가 동기 분석," 『관광학연구』 23권 2호: 84-98.
- 이충기·이태희 (2000b). "전통축제 방문시장 세분화의 기준으로서 관여수준," 『관광학연구』 24권 1호: 323-330.
- 박진영·이태희·김용근 (2000). "지역축제의 중요도-성취도 분석에 관한 연구," 『한국공원휴양학회지』 2권 1호: 61-69.
- Backman, K. F., S. J. Backman, Muzaffer Uysal, & K. M. Sunshine(1995). Event tourism: an examination of motivations and activities. *Festival Management and Event Tourism*, 3(1): 15-24.
- Bloch, Peter H.(1981) "An Exploration into the Scaling of Consumers Involvement with a Product Class", *Advances in Consumer Research*,, Vol. 8,: 61-65
- Bowen Lawrence & Chaffee, Seven H, "Product Involvement and Perinent Advertising Appeals", *Journalism Quarterly*, Vol. 51(Win), 1974 : 613-621
- Celsi, R.L. & Olson, J.,C.(1988) "The Role of Involvement in Attention and Comprehension Processes", *Journal of Consumer Research*, Vol.15: 212
- Crompton, John L. & Stacey L. McKay(1997). Motives of visitors attending festival events. *Annals of Tourism Research*, 24(2): 425-439.
- Day, George S.(1970) *Buyer Attitude and Brand Choice*, Free Press, : 45
- Engel, James F. & Blackwell, Roger D.(1982) *Consumer Behavior,* 4ht ed. Hinsdale III : Dryden Press: 21-40

- Formica, Sandro & Muzaffer Uysal(1996). A market segmentation of festival visitors: Umbria Jazz Festival in Italy. *Festival Management and Event Tourism*, 3(4): 175-182.
- Formica, Sandro & Muzaffer Uysal(1998). Market segmentation of an international cultural-historical event in Italy. *Journal of Travel Research*, 36(4): 16-24.
- Houston, Michael J. & Rothschild, Michael L.(1978) "Conceptual and Methodological Perspectives in Involvement", Chicago : AMA, 1978 : 184-185
- Mitchell, Andrew A.(1979) "Involvement : A Potentially Important Mediator of Consumer Behaviot", *Advances in Consumer Research*,, Vol. 6,: 191-196
- Mohr, Karen, K. F. Backman, L. W. Gahan, & S. J. Backman (1993). An investigation of festival motivations and event satisfaction by visitor type. *Festival Management and Event Tourism*, 1(3): 89-97.
- Peter, J. Paul. & Jerry. C. Olson,(1990) *Consumer Behavior: Marketing Strategy Perspective*, Richard D. Irwin, Inc., : 87-90
- Robertson, Thomas S.(1976) "Low-Commitment Consumer Behavior", *Journal of Advertising Research*,, Vol. 16(Apr), 1976 : 19-24
- Schneider, I. E. & S. J. Backman(1996). Cross-cultural equivalence of festival motivations: a study in Jordan. *Festival Management and Event Tourism*, 4(3/4): 139-144.
- Scott, David (1996). A comparison of visitors' motivations to attend three urban festivals. *Festival Management and Event Tourism*, 3(3): 121-128.
- Uysal, Muzaffer, Lawrence Gahan, & Bonnie Martin(1993). An examination of event motivations: a case study. *Festival Management and Event Tourism*, 1(1): 5-10.
- Zaichkowsky, J. L.(1985) "Measuring the Involvement Construct", *Journal of Consumer Research*,, Vol. 12, 1985. December : 341-352

Ⅱ. 축제 브랜드 관여도의 개념과 측정

1. 세분화의 기준

지방축제의 관광상품화 추세가 가속화되면서 지방축제가 다양해지고 있는 것은 전통문화나 전통축제에 대해 높은 관심을 갖고 있는 시장에게는 고무적인 일이다. 축제 방문객들의 전통문화에 대한 관여정도는 전통축제의 다양화 내용 및 변화속도에 따라 영향을 받게된다. 지방축제의 참가 또한 잠재 방문시장이 전통문화나 전통축제에 대해 보이는 관여도(Involvement Level)에 의해 영향을 받을 수 있기 때문에 지방축제의 지속적인 성장과 발전을 위한 마케팅에 있어서 축제 참가자의 관여도는 중요한 사안이라 할 수 있다.

본 연구는 지방축제를 방문하는 시장을 전통문화와 전통축제에 대한 관여도에 근거하여 세분화하고 세분 집단의 특성을 비교하기 위해 한국 전통 주와 떡 축제 방문객들을 대상으로 조사한 결과를 소개한다.

한국 전통 주와 떡축제 현장의 모습

2. 러브마크 축제 방문동기로서 관여도

1) 관여도(Involvement)의 개념

마케팅분야에 '관여'의 개념이 도입된 이래로 소비자를 고관여 소비자와 저관여 소비자로 구분하여 각 집단별 구매행동의 차이를 조사해왔다. 관여 이론의 주된 관심은 개인이 가지고 있는 관여의 태도에 따라 특정 사물을 판단하고자 할 때의 과정과 태도변화의 관련성 등을 밝히는 것이다.

마케팅적 관점에서는 관여에 대한 중요성이 증가되면서 다수의 연구자에 의해 관여에 대한 다양한 개념정립이 시도되었다(〈표 19-8〉 참조). 종합해 볼 때 관여(involvement)란 '특정 상황에서 유발되어 지각된 자극에 대한 개인적인 중요성 또는 관심'을 말한다.

관여도가 높은 사람은 어떤 문제에 관하여 확고한 의견을 갖고 있어서 자신의 의견과 일치하는 극히 일부의 자극만을 수용(Sherif, 1967)한다. 고관여적 소비자들은 제한된 수의 상품을 평가하는 데 있어서 다수의 평가 기준을 사용하는 반면, 저관여 소비자는 보다 많은 수의 대안을 비교하면서도 소수의 평가기준을 적용한다고 밝힌 연구결과도 있다(Houston & Rothechild, 1978).

2) 관여수준에 따른 소비자분류

소비자의 관여를 수준별로 분류한 연구 중에 인용도가 높은 자이코프스키(Zaichkowsky, 1985)의 연구는 관여 구성요인으로 흥미(interest), 가치(values), 욕구(needs)에 기초한 항목을 통해 분류집단 사이의 차이와 관련성을 분석하였다. 자이코프스키는 고관여 상태와 비교하여 저관여 상태를 '상품에 관한 활동적인 정보추구가 상대적으로 결핍되어 있고 제품속성을 적게 비교하는 특성이 있다'고 하였다. 관여의 수준은 매우 낮은 상태에서 높은 상태로 연속적으로 변화하는 연속체적 성격을 갖는 개념으로(Peter & Olson, 1990) 엥겔과 블랙웰((Engel & Blackwell, 1982)은 관여를 의사결정과 관련시켜서 소비자에게 미치는 제품의 중요성에 따라 고관여 의사결정(high involvement decision-making)과 저관여 의사결정(low involvement decision-making)으로 나뉘어 각각 다른 의사결정과정이 일어난다고 주장하였다.

연 구 자	정 의	구성요소
보웬과 샤페(1974)	제품이 소비자에게 지니는 잠재력 또는 보상의 직접적 산물	제품/소비자
로버트슨(1976)	제품이나 상표에 대한 개인의 신념체계의 강도	제품/상표/개인
휴스톤과 로스 차일드(1978)	상황적 관여 : 개인으로 하여금 특정상황하에서의 자신의 행동에 관심을 갖게 할 수 있는 상황적 능력	개인/상황
	지속적 관여 : 행동이 야기되는 대상과 개인간에 내재하고 있는 관련성의 정도	개인/대상
	반응 관여 : 전반적인 소비자 의사결정과정의 복잡성 혹은 광범성	인지적 과정
미첼(1979)	특정 자극이나 상황에 의해 유발되는 각성과 흥미, 그리고 동인의 양을 나타내는 개인의 내적 상태 변수	개인/상황/대상
데이(1979)	대상에 대한 관심의 일반적 수준 또는 개인의 자아연구에서 대상이 지니는 중심성	개인/대상
블락(1981)	특정 개인의 내면에서 제품에 의해 유발되는 관심과 각성, 그리고 감정을 반영하는 관찰 불가능한 상태	개인/제품
자이코프스키(1985a)	개인의 내재적 욕구, 가치관, 관심 등을 기초로 한 개인과 대상과의 지각된 관련성	개인/대상
셀시(1988)	대상에 대하여 개인적 관련성의 내재적 원천과 과거 경험으로부터 유도되고 기억에 저장된 지식의 비교적 안정되고 지속적인 구조	대상/지식/경험

표 19-8
마케팅적 관점에서의 관여에 관한 정의

* 출처 : 안운석(1994). 「소비자 관여에 관한 연구」

3) 축제 방문동기로서 전통문화에 대한 관심도

지역축제를 방문하는 동기에 대한 다수의 연구가 수행되어 왔으나 전통문화와 전통축제에 대한 관심 자체를 동기에 포함시킨 연구는 발견하기 어렵다. Uysal, Gahan, & Martin(1993)은 미국 사우스캐롤라이나州의 'Corn Festival'에 참가하는 방문객들의 동기연구에서 5개의 동기요인(일상탈출, 흥분/스릴, 이벤트신비감, 사교성, 가족친화성)을 분류하였다. 이 연구 결과 가족친화성 동기는 미혼자보다는 기혼자에게 더욱 강하고, 연령이 많은 사람일수록 이벤트신비감에 강한 동기를 갖고 있는 것으로 나타났다.

Schneider & Backman(1996)은 북미의 축제참가 동기항목들이 다른 나라의 문화권에서도 적용 가능한지를 요르단의 'Jerash Festival'에 적용하여 조사하였다. 연구결과 축제참가 동기요인은 가족친화성/사교성, 사회여가성, 축제속성, 일상탈출, 이벤트흥분의 5개로 분류되었다. 요인간의 순서나 중요성에 있어서는 북미연구결과와 다소 차이가 있지만, 요인구조에 있어서는 거의 유사한 것으로 나타났다.

Crompton & McKay(1997)는 텍사스 샌안토니오의 'Fiesta'에 참가하는 사람들의 동기를 확인해 내는 연구를 수행했다. 그 결과 문화탐구, 신비성/회귀성, 안정성, 지인간 사교성, 타인간 사교성, 군집성의 6개 동기요인으로 분류되었다. 각 동기요인이 5가지 이벤트 프로그램에 따라 차이가 있는지를 분석한 결과, 정도의 차이는 있지만 서로 다른 이벤트 프로그램은 동일한 욕구를 충족시키고 있는 것으로 나타났다. 가령, 문화탐구 동기는 음식이벤트를 제외한 나머지 이벤트 프로그램들에 고루 관련된 것으로 나타났다. 타인간 사교 동기는 5개 이벤트 프로그램 공히 강하게 인식되고 있는 것으로 나타났다. Formica & Uysal(1998)은 이태리 'Spoleto Festival' 방문객의 동기를 연구하면서 사교/유흥성, 이벤트매력/흥분성, 단체친목성, 문화/역사성, 가족친화성, 신비성 등 6개 동기요인을 추출했다.

4) 축제 방문시장 세분화 연구

축제 방문시장의 세분화 연구의 경우도 처음 방문객과 재방문객, 미혼과 기혼그룹 등 단순 인구통계적 변수에 근거한 차이를 규명하는데 그치고 있다. Mohr, Backman, Gahan, & Backman(1993)은 사우스캐롤라이나州 그린빌의 'Freedom Weekend Aloft(Air Balloon)' 축제참가자들 대상의 연구에서 재방문객은 처음방문객에 비하여 축제에 대한 만족도가 높은 것으로 나타났다. 또한 처음방문객과 재방문객 간에는 흥분과 신비감의 두 요인에 있어서도 유의한 차이를 나타냈다. Backman, Backman, Uysal, & Sunshine(1995)은 과거에 축제나 이벤트에 참가했던 미국인들을 대상으로 한 설문조사 자료를 이용하여 축제 방문동기를 분석하였다. Scott(1996)는 오하이오州 클리블랜드의 세 가지 축제(Bug Fest, Holiday Lights Festival, Maple Sugaring Festival)에 참가하는 방문객의 동기를 분석한 결과, 처음 방문객과 재 방문객간에 호기심 동기에 있어서만 통계적으로 유의한 차이를 나타냈다. Formica & Uysal(1996)은 이태리 'Umbria Jazz Festival'에 참가하는 지역주민과 비지역주민간의 동기를 비교하였다. 지역주민은 사교성에 더 높은 동기를 갖고 있는 반면에, 비 지역주민은 유흥성에 더 높은 동기욕구를 나타냈다.

Formica & Uysal(1998)의 연구에서 방문객을 축제 열광자들과 보통 사람들로 구분해 비교해본 결과, 축제 열광자들은 주로 결혼한 사람으로 나이가 많으며, 소득수준이 높은 것으로 나타났다. 반면에 보통 사람들은 비교적 나이가 어리고 미혼이며 소득수준이 낮은 것으로 나타났다.

이장주(1999)의 연구에서는 인구통계변수와 관광 행태변수에 근거한 세분시장별로 축제 이미지에 대한 차이가 나타나는지를 밝혔다.

이상의 선행 연구결과를 종합해 보면, 동기항목은 사교성, 가족친화성, 신비성, 일상탈출성, 문화탐구성, 흥분/스릴, 이벤트 매력성, 유흥성 등이었으나, 전통문화나 전통축제에 대한 관심 그 자체를 축제 방문동기의 주 요인으로 포함시킨 연구는 드물다. 시장세분화의 경우도 일부 동기요인에 대하여 처음방문객과 재방문객간, 지역주민과 비지역주민간에 차이가 있는지를 밝히거나 인구 통계변수 혹은 관광행태변수만으로 세분화하는 수준에 머물고 있다. 이태희·이충기(2000a)의 연구는 축제시장을 방문동기에 의한 요인을 근거로 다목적 경험추구자, 일탈성 문화추구자, 단순 문화추구자 등 심리적인 세분집단으로 나누고 세분된 집단간의 차이를 밝혔다. 이에서 한 발 더 나아가 심리적이고도 행태적인 내용이 복합적으로 내재되어 있는 변수로서 전통문화축제에 대한 관여도라고 하는 기준을 사용하여 축제시장을 세분화하는 데 본 연구의 의의를 찾을 수 있다.

3. 관여도 측정

한국 전통주와 떡축제 공연장의 모습

축제 곳곳의 전통 식품 판매코너 모습

한국의 전통주와 떡축제 방문동기를 측정하는 10개의 문항이 선행연구로부터 도출되어 사용되었다. 또한 전통문화경험 및 전통축제 참가에 대한 관여도를 측정하기 위해서 전통문화에 대한 관심, 전통주에 대한 관심, 전통 떡에 대한 관심, 그리고 전통축제에 대한 관심을 묻는 문항 등 총 8개의 문항이 관여도 측정문항으로 사용되었다.

『한국전통주와 떡축제』는 우리 민족의 지혜와 예술정신을 담은 전통주와 떡을 주제로 한 축제로서 1주일동안 경주세계문화엑스포 개최장소에서 열렸다.

설문조사는 본 축제가 열리는 현장에서 1주일동안 주중과 주말로 나누어 실시되었다. 설문항목은 리커트 7점척도를 사용하여 측정하였다(1='전혀 그렇지 않다,' 4='그저 그렇다,' 7='매우 그렇다'). 축제현장에서 응답자에게 자기기입식(self-administered) 설문지가 제시되었으며, 자기기입을 할 수 없는 응답자에 대해서는 조사자가 개별면접을 통하여 기입하였다. 설문조사 결과 총 361부의 유효 설문지를 회수하였다.

4. 세분시장별 행태 차이

1) 관여도 문항의 신뢰도

전통문화 및 전통축제에 대한 관여도를 측정하기 위해 구성된 8가지 문항의 신뢰도를 측정하기 위해 이들 문항에 대한 항목별 및 전체 크론바흐 알파값을 구한 결과는 〈표 19-9〉와 같다. 분석결과 8개 문항 모두 알파계수가 0.70을 상회하여 만족스런 신뢰도를 나타냈으며, 8개 항목 전체 신뢰도는 0.77로 나타났다.

2) 군집분석에 의한 시장세분화

전통문화에 대한 관심, 전통주에 대한 관심, 전통 떡에 대한 관심을 묻는 문항의 평균값 그리고 전통축제에 대한 관심을 묻는 5개 문항의 평균값을 포함하여 4가지의 요인을 기준으로 군집분석을 실시하였다. 군집분석결과, 전체 응답자는 2개의 군집으로 분리되었다.

표 19-9 관여도 문항 및 신뢰도 측정

관여도 문항	항목별 알파값	전체 알파값
전통문화에 대한 관심	0.73	0.77
전통주에 대한 관심	0.76	
전통떡에 대한 관심	0.74	
전통축제 기사를 자세히 숙독	0.72	
전통축제 자료 정보를 수집 및 기록	0.73	
개최되는 전통축제에 대한 인지	0.75	
전통축제 개최방향에 대한 의견유무	0.75	
전통축제 다변화에 대한 바램	0.75	

〈표 19-10〉에 보는 바와 같이, 전통문화나 전통주 또는 전통 떡과 같이 전통적인 생활양식 그리고 전통축제에 대해 비교적 높은 관심을 나타낸 고관여 집단과 상대적으로 우리 전통에 대한 관심정도가 낮은 저관여 집단으로 구분된 것을 알 수 있다.

표 19-10 분리된 군집별 빈도수 및 기준변수의 평균값

군집	소속 응답자수	군집분류 기준변수 평균값a			
		전통문화	전통 떡	전통 주	전통축제 관여도
고관여 집단	154	5.95	6.04	5.52	4.68
저관여 집단	207	4.20	4.11	3.89	3.38
Wilks' Lambda = 0.33 p=0.0001; Pillai's Trace =0.67 p=0.0001 Hotelling-Lawley Trace = 2.00 p=0.0001; Roy's Greatest Root = 2.00 p=0.0001					

a 리커트 7점척도에 의한 평균치임.

전반적으로 고관여집단이 저관여집단에 비해 네 가지 기준변수에 대한 평균값이 높게 나타나고 있다. 이는 고관여집단이 저관여집단에 비해 전통문화, 전통주 및 떡, 그리고 전통축제에 대한 관심이 높다는 것을 나타내 준다.

군집분석결과의 유의성을 확인하기 위한 판별분석 결과, 윌크스 람다, 호텔링-로울리, 그리고 로이의 분석에서 모두 α=1% 수준에서 유의성을 보이는 F값을 나타냈다.

표 19-11 빈도분석상의 두 집단간의 차이

비교변수		고관여 집단	저관여 집단	카이스퀘어 수치	p값
떡축제에 대한 재방문 의사	있다	102(52.9%)	91(47.2%)	17.13	0.00
떡축제에 대한 재방문 의사	없다	51(31.1%)	113(68.9%)		
타인에게 참가권유의사	있다	102(50.5%0	100(49.5%)	10.89	0.001
타인에게 참가권유의사	없다	52(33.1%)	105(66.9%)		
연령	20세 미만	5(20.8%)	19(79.2%)	12.63	0.013
	20-29세	78(39.2%)	121(60.8%)		
	30-39세	32(45.7%)	38(54.3%)		
	40-49세	25(56.8%)	19(43.2%)		
	50세 이상	14(60.9%)	9(39.1%0		

고관여 집단과 저관여 집단간의 차이를 빈도분석에 기준한 카이스퀘어를 이용하여 검증한 결과 〈표 19-11〉과 같다. 전통주 및 떡축제에 대한 재방문 의사, 다른 사람에게 떡축제의 참가를 권유할 의사는 고관여집단이 저관여집단에 비해 더 높은 것으로 나타났다.

인구통계학적인 변수에서 성별, 월 평균소득, 교육수준에 있어서는 고관여 집단과 저관여 집단간에 유의한 차이를 보이지 않았다. 그러나 연령별 구분을 기준으로 해볼 때, 고관여 집단과 저관여 집단간에 α=5% 수준에서 유의한 차이를 보였으며, 또한 일정한 변화 패턴을 나타냈다. 〈표 19-11〉에서 보는 바와 같이, 39세까지는 저관여 집단이 고관여 집단보다 높은 구성비를 나타내는 반면, 40세 이후부터는 고관여 집단이 저관여 집단보다 높은 구성비를 나타냈다. 이 결과는 연령이 상대적으로 젊은 층보다는 중·장년 층들이 과거의 전통문화에 대해 경험이 있기 때문에 전통문화에 대해 고관여가 될 성향이 높아 고관여 집단에 포함되는 것으로 해석될 수 있다.

3) 세분 시장별 축제 방문 행태 비교

행사장 내외에서의 지출규모, 최근 축제방문 횟수, 도시거주 연수, 떡축제 분위기의 체험정도, 떡축제에서 경험했던 체험거리 등에 있어서 두 집단간 차이를 t-테스트를 통해 확인해보았다(〈표 19-12〉 참조). 이중 떡축제에서의 체험거리의 종류를 제외하고는 모두 통계적으로 유의한 차이를 나타냈다.

행사장 내에서의 지출규모를 비교한 결과, 고관여 집단이 저관여 집단보다 축제 행사장내에서 더 많은 경비를 지출한 것으로 나타났다. 두 집단간의 평균 지출액 차이는 약 9천원으로 t-검증결과 α=1%수준에서 통계적으로 유의하게 나타났다. 행사장 외에서의 지출, 다시 말해서 축제행사장을 벗어나 경주지역에서 지출된 비용 규모 역시 고관여 집단이 저관여 집단보다 높게 나타났다.

최근 3년 동안 전통축제에 참가한 횟수를 알아본 결과, 고관여 집단이 저관여

집단보다 참가횟수가 많은 것으로 나타났다. 전통주와 떡축제의 전통적 분위기의 체험정도에 대해서는 고관여 집단이 저관여 집단에 비하여 다소 높은 것으로 나타났다. 그러나 전통주와 떡축제에 대한 만족도는 고관여 집단이 저관여 집단에 비하여 다소 낮은 것으로 나타났다. 이는 고관여 집단이 저관여 집단에 비하여 관심도가 높기 때문에 상대적으로 기대수준에 못 미쳤기 때문인 것으로 분석된다.

표 19-12 관여 집단간 행사참여 행태 비교

비교항목	고관여 집단 평균	저관여 집단 평균	t 값	유의계수
행사장내의 지출	24,699원 (N=136)	15,764원 (N=174)	2.82	0.003
행사장 외 경주지역 지출	38,600원 (N=115)	23,845원 (N=142)	2.11	0.027
최근 3년 전통축제 참가횟수	2.6회 (N=134)	1.7회 (N=170)	2.28	0.023
도시거주연수	23.3 (N=145)	20.3 (N=197)	2.55	0.011
전통주와 떡축제 전통적 분위기 체험정도	4.66 (N=154)	4.06 (N=207)	4.33	0.000
전통주와 떡축제에 대한 만족도	4.29 (N=154)	4.83 (N=206)	2.81	0.005
전통주와 떡축제에서 참여했던 체험거리	1.68 (N=107)	1.19 (N=137)	1.45	0.149

축제관련 전통품목 판매코너의 모습

5. 러브마크 축제 관여도의 역할

전통문화나 전통축제에 대한 관여도가 지방축제 방문객 시장을 세분화하는 기준으로 적용될 수 있다는 것이 확인되었다. 우리의 전통문화 그 자체, 전통 酒나 전통 떡과 같이 전통적인 생활양식, 그리고 전통축제에 대해 고관여 집단은 비교적 높은 관심을 나타내며 상대적으로 저관여 집단은 우리 전통에 대해 낮은 관심정도를 보인다.

축제 재방문 의사나, 다른 사람에게 떡축제의 참가를 권유할 의사도 고관여 집단이 저관여 집단에 비해 더 높으며, 연령이 상대적으로 젊은 층보다는 중장년 층들이 과거의 전통문화에 대해 경험이 있기 때문에 전통문화에 대해 고관여가 될 성향이 높아 고관여 집단에 포함된다.

행사장 내에서의 지출규모 면에서, 고관여 집단이 저관여 집단보다 축제 행사장내에서 더 많은 경비를 지출하며 축제행사장을 벗어나 지역 내에서의 지출 규모 역시 고관여 집단이 저관여 집단보다 높은 것을 알 수 있다.

전통축제 참가 경험도 고관여 집단이 저관여 집단보다 많게 되어 축제가 제공하는 전통적 분위기의 체험 수준도 고관여 집단이 저관여 집단에 비하여 높을 수밖에 없는 것은 당연한 결과라 하겠다.

이렇듯 관여도에 의한 시장세분화에 의해 결과된 두 집단의 축제참가 행태상의 비교는 방문객에게 만족을 줄 수 있는 축제 관리와 마케팅의 효과(이충기·이태희, 2000)를 높일 수 있는 기초 자료를 제공할 수 있을 것이다.

참 / 고 / 문 / 헌

- 안운석 (1994). 「소비자 관여에 관한 연구」, 경기대학교대학원 박사학위논문.
- 이충기 · 이태희 (2000). "경주세계문화엑스포에 대한 축제참가 동기 분석," 『관광학연구』 23권 2호: 84-98.
- Bloch, Peter H. (1981) "An Exploration into the Scaling of Consumers Involvement with a Product Class", *Advances in Consumer Research*,, Vol. 8, : 61-65
- Celsi, R. L. and J. C. Olson (1988). "The Role of Involvement in Attention and Comprehension Processes", *Journal of Consumer Research*, 15: 212
- Day, George S (1979). *Buyer Attitude and Brand Choice*, Free Press.
- Engel, J. F. & R. D Blackwell (1982). *Consumer Behavior*, 4th ed. Hinsdale III : Dryden Press: 21-40.
- Houston, M. J. & M. L. Rothechild (1978). "Conceptual and Methodological Perspectives in Involvement", Chicago : AMA: 184-185
- Bowen, Lawrence & Seven H. Chaffee (1974). "Product Involvement and Pertinent Advertising Appeals", *Journalism Quarterly*, 51(Winter): 613-621
- Mitchell, Andrew A. (1979). "Involvement : A Potentially Important Mediator of Consumer Behavior", *Advances in Consumer Research*, 6: 191-196.
- Peter, J. P. & J. C. Olson (1990). *Consumer Behavior: Marketing Strategy Perspective*, Richard D. Irwin, Inc: 87-90.
- Robertson, Thomas S. (1976). "Low-Commitment Consumer Behavior", *Journal of Advertising Research*,, 16(April): 19-24
- Zaichkowsky, J. L. (1985). "Measuring the Involvement Construct", *Journal of Consumer Research*, 12(December): 341-352.
- Zaichkowsky, J. L. (1985a). "Conceptualizing Involvement", Discussion Paper, Faculty of Business Administration, Simon Fraser Univ.

Chapter 20

♡ 러브마크 축제 홍보

러브마크 축제 홍보

Chapter 20

Ⅰ. 패키지화·쌍방향화를 통한 홍보효과

1. 패키지화를 통한 마케팅 효과의 증대

축제자체가 각종 전시와 공연, 서비스, 인적 요소 등을 하나로 묶은 패키지이듯이, 모든 행사는 기본적으로 그 자체가 하나의 '패키지'(package)이다. 따라서 축제가 매력적인 행사로 인식되기 위해서는 패키지화를 통해 이들 각 요소의 매력이 상승효과를 일으킬 수 있어야 한다. 그러나, 패키지는 행사 내적 요소에 국한되지 않는다. 하나의 문화행사를 향유하기 위해서는 숙박, 교통 등 많은 외부적 요소가 필요한데, 마찬가지로 행사와 적절히 결합되었을 때 본래 행사의 가치를 더욱 증대시킬 수 있다. 이것이 패키지화의 효과이다.

패키지로 추가될 수 있는 요소는 크게 두 가지이다. 하나는 숙박, 교통수단, 다른 관광시설 등 행사에 부가가치를 추가할 수 있는 부가요소이고, 다른 하나는 영화제, 학술대회 등과 같이 독립된 다른 개별행사이다. 부가요소와의 패키지화는 행사 자체에 편의와 매력을 증대시키면서 동시에 지역사회에 경제적 추가혜택을 가져다 줄 수 있다.

한편, 축제 개최지역 주변에서 열리는 영화제, 학술대회와 같은 별도의 행사도 축제와 패키지를 이룰 수 있다. 이러한 행사간 패키지는 두 행사에 모두 긍정적인 마케팅 효과를 거둘 수 있다는 점에서 상호보완적이다. 이처럼 패키지화는 방문객에게는 관광과 관련된 모든 서비스를 단 한번의 구매로 해결할 수 있는 원스톱쇼핑(one-stop shopping)의 편리성을 제공하고, 행사 측에게는 부가적인 가치의 창출을 통한 매력증대의 효과를 통해 관람객을 증대시킬 수 있는 수단이 된다.

매력적인 패키지를 구성하기 위해서는 앞서도 강조했듯이 관람객의 필요를 구체적으로 파악할 필요가 있다. 일단 서로 다른 취향과 요구를 가진 표적집단을 식별하고, 특정한 표적집단에 어울리는 방식의 패키지를 구성해야만 관객유인효과가 배가될 수 있다. 이런 의미에서 패키지의 구성에 일정한 테마를 부여하는 것도 하나의 방법이 될 수 있다.

패키지 참가자들에게 일반 참가자에 비해 차별화된 서비스를 보장해야 한다는 점도 패키지 성공의 열쇠이다. 이는 일반관람객을 패키지관람으로 유도하는 효과를 거둘 수도 있다. 예를 들면, 특별한 환영이나 송별행사, 보다 상세한 정보, 기념품의 제공, 공연자와의 만남 등은 관람객들에게 특별한 기억을 갖게 함으로써 패키지의 매력을 더욱 높일 수 있다.

패키지의 개발은 조직위원회만의 몫은 아니다. 패키지의 구성과 운영까지를 조직위원회가 모두 담당하려 한다면 어렵고 위험한 일이 될 것이다. 중요한 것은 관광업체와 지역사회 등 패키지의 구성요소를 확보할 수 있는 다양한 단위와의 관계를 긴밀히 하는 것이다. 조직위원회의 역할은 오히려 축제를 패키지 구성에 활용할 수 있도록 최대로 개방적이고 유연한 자세를 취하는데 있다. 다만 패키지 구성을 외부에 의존하더라도, 패키지의 품질이 축제에 대한 이미지와 직결된다는 점을 중시하고 철저한 사전 검토를 통해 엄격한 품질수준을 유지하는 것이 필수적이다.

2. 쌍방향적 홍보이벤트의 활성화

이제 축제의 관람객들은 과거와 같이 전시품이나 공연을 그냥 지켜보는 것에 만족하지 못한다. 참여해서 직접 무언가를 할 수 있는 기회를 찾는다. 그들은 '보고 즐기는 것'보다 '뛰면서 즐기기'를 원한다. 그러므로, 홍보 역시 일방향적인 정보전달에 그치지 말고, 쌍방향적(interactive) 홍보를 지향해야 한다.

이를 위해서는 홍보 자체를 이벤트화 하는 노력이 필요하다. 잠재적인 관람객들인 시민들이 행사에 대한 참가의지를 높일 수 있도록 다양한 형식과 내용의 이벤트를 행사 준비단계마다 개최할 필요가 있다. 특히 축제 개최 1년 전, 100일 전, 50일 전에 기념이벤트를 개최하여 개최분위기를 고취시키는 동시에 축제에 대한 흥미를 환기시키고 호감도를 높이는 것이 중요하다.

직접적인 홍보이벤트 외에도 간접적으로 홍보효과를 거둘 수 있는 이벤트들도 있다. 이런 이벤트에도 어떤 형태로든 가능한 한 많은 당사자들이 참여할 수 있도록 하는 것이 바람직하다. 예를 들면, 축제 폐막 후 자원봉사자, 참가자, 공연작품 등에 대한 시상식을 개최함으로써, 어떤 방식으로든 축제에 관련되었던 모든 사람들에게 축제 행사에 대한 애착심과 자긍심을 갖도록 유도할 수 있다.

이처럼 다양한 방식으로 참여를 이끌어내는 사전 홍보이벤트들은 시민들의 참여욕구에 부응하는 동시에, 행사의 의의와 프로그램 등을 자연스런 방식을 홍보할 수 있다는 점에서 유용한 홍보수단이다. 나아가 비단 참가자들에 대한 홍보효과뿐만 아니라, 그 자체가 텔레비전과 같은 대중매체의 취재대상이 되도록 함으로써 그 효과를 자연스럽게 증폭시킬 수 있다.

3. 커뮤니티의 형성을 통한 능동적 홍보자의 확보

홍보의 쌍방향성은 궁극적으로 행사 전반에 대한 시민들의 참여공간 확대로 이어져야 한다. 최근 인터넷이나 컴퓨터 통신공간에는 이색적인 행사에 애착을 가진 소수의 사람들의 모임이 늘고 있다. 이들은 그 대상에 애착을 가졌다는 단순한 이유만으로도 스스로 각종 정보를 수집, 공유하고 행사의 기획에

까지 직접 참여하기도 한다. 행사 주최자 역시 특별한 관심을 가진 일반인들의 의견을 수렴하고 참여공간을 만들어줌으로써, 행사의 기획을 풍부하게 하고 적잖은 사전홍보효과를 거둘 수 있다는 장점이 있다.

따라서, 축제 테마나 소재에 특별한 관심과 애착을 가진 사람들을 적극 후원함으로써 능동적인 정보발신자의 역할을 할 수 있도록 하는 것도 쌍 방향적 홍보의 중요한 전략이 될 수 있다. 물론 이들을 일방적인 홍보 대행자로 간주할 경우 이들의 활동은 오히려 역효과를 가져올 수 있다. 왜냐하면 일반인들이 이들에게 얻고자 하는 것은 조직위가 홈페이지에 올려놓은 내용의 단순한 반복이 아니라, 다양한 요구에 신속하게 부응할 수 있는 보다 생생한 정보이기 때문이다. 만약 이들이 단순히 조직위의 홍보를 대행하는데 그친다는 인상을 준다면, 일반인들은 이들을 찾지 않을 것이다.

이런 점에서 축제 조직위의 역할은 축제의 주제에 애정을 가진 사람들에 대한 적극적인 배려를 통해 이들이 행사에 여러 방식으로 참여할 수 있도록 활동공간을 열어주는 것이다. 실제로 축제 홈페이지의 게시판에서 이런 사람들은 자발적으로 타 지방사람들의 질문에 세세하게 답해주기도 하고, 그들이 쏟아내는 비판에 한편으로 공감을 하면서도 또 한편으로 이해를 구하는 글을 올리기도 한다. 이들이 행하는 홍보는 축제 전체에 큰 소득을 가져다 줄 수 있다.

1) 축제 종료 후의 서비스

따라서 축제 조직위원회가 상세한 정보를 주기적으로 제공한다든지, 참여에 대한 감사의 편지를 발송하고, 축제 후 특별보고회를 갖는다든지 하는 작은 배려를 보여줄 필요가 있다. 나아가 그들이 보고 듣고 느낀 소감이나 의견들을 수렴할 수 있는 집담회 등의 행사를 통해 이들을 축제에 애착을 가진 '커뮤니티'(community)로 묶어내는 노력이 필요하다. 작은 배려만으로도 엑스포에 대한 이들의 애정과 능동적인 정보발신자로서의 역할을 공식적으로 인정해 줌으로써 이들의 자긍심과 애착심을 높이는 효과를 낳을 수 있다. 특히 지역민의 경우 지역사회에 대한 자긍심을 매개로 이러한 활동을 이끌어내기에 더욱 용이할 것이다. 이들의 활동이 때로 매스미디어의 홍보보다 더 큰 효과를 낼 수 있다는 점을 늘 염두에 두어야 한다.

2) 구전효과의 극대화

이러한 접근법은 지역축제나 문화행사의 홍보에서 '구전효과'(word of mouth)가 차지하는 중요성과도 관련된다. 누차 강조했듯이, 행사에 처음 오는 사람들의 경우, 이미 행사에 다녀온 주변사람이 제공하는 정보가 때로는 참석 여부를 좌지우지하기도 한다. 최근에는 정보교환에서 인터넷 등의 온라인 매체가 차지하는 비중이 점차 늘고 있다. 이 경우 과거 관람객들이나 새로운 매체들이 과거 매스미디어가 수행했던 정보의 '게이트키퍼'(gatekeeper) 역할을 하는 것이다. 따라서 이와 같은 온라인 커뮤니티의 존재는 축제 홍보에 있어서 파급력을 더욱 높일 것으로 기대된다.

3) 축제홍보주체의 다양화

결론적으로 중요한 것은 축제의 홍보는 홍보담당자만이 하는 것이 아니라, 축제에 관련된 모든 사람이 한다는 발상의 전환이다. 이런 점에서 비공식적 홍보 영역에 대한 조직적 홍보전략 수립은 매우 중요하다. 더 많은 조직, 더 많은 사람이 관계할수록, 잠재적인 홍보의 범위는 커진다. 많은 자원봉사자의 참여가 큰 홍보효과를 가지는 것도 이와 같은 이치이다. 최소한 그들의 수만큼 축제에 관심과 애정을 가진 긍정적 홍보주체를 확보하는 것이다. 이런 점에서 본다면 단순한 관람객도, 공연자도 모두 훌륭한 잠재적 홍보자가 될 수 있다. 중요한 점은 이들이 자기 지역을 돌아가서 홍보할 수 있도록 책자, 기념품 등 소재를 제공하는 등 최소한의 배려를 아끼지 않음으로써 그 기회를 충분히 살리는 것이다.

Ⅱ. 러브마크 지역축제 홍보의 ABC

1. 지역축제 홍보의 ABC

'축제홍보'의 핵심은 무차별적인 다량의 광고가 아니라, 종합적인 홍보계획의 설정을 통한 홍보 목표를 설정하고 홍보기반을 확보하는 것이다. 이를 통해 지역별, 매체별, 대상별로 차별화된 홍보, 그리고 홍보활동의 효과를 극대화 할 수 있는 구체적인 실천사항 등이 단계적으로 조화를 이루며 실행되어야 할 것이다.

이러한 점을 고려해 볼 때, 축제의 홍보에는 다음과 같은 단계별 홍보전략이 제시될 수 있다.

1) 축제 고유의 '브랜드 이미지' 를 안정적으로 확보

우선, 축제가 일회적 일과성 행사가 아니라 주기적인 행사라는 점을 고려하여 홍보의 체계화와 일상화를 통해 축제 고유의 '브랜드 이미지'를 안정적으로 확보하도록 해야한다.

2) 효과적인 홍보활동을 위한 환경의 조성

이를 위해 효과적인 축제 홍보활동을 위한 환경의 조성이 필요하다. '브랜드 이미지'의 구축은 홍보활동의 궁극적인 목표가 되는 활동이라 할 수 있으나, 이는 쉽게 구축할 수 있는 시스템이 아니며, 이전행사를 통해 부정적 이미지가 형성되어 방문객들의 재방문률이 낮거나 저조한 충성도를 보이는 경우 그 필요성은 더더욱 절실해 진다.

3) 체계적인 시스템의 홍보조직을 구성

이런 문제점을 극복하기 위해서는 체계적인 시스템의 축제홍보조직을 구성하여 홍보활동의 기반을 조성하여야 한다. 이를 토대로 장기적인 안목에서 홍보시기의 확장과 계획적이고 지속적인 홍보활동을 통해 홍보하고자 하는 축제에 대한 긍정적 이미지의 창출과 정착에 노력해야 한다.

4) 표적 집단에 맞는 차별화된 홍보전략을 구사

기존의 무차별적인 축제홍보를 넘어서 지역, 연령, 성별, 라이프스타일 등에 따른 선호와 요구의 차이를 식별하고, 각 표적 집단에 맞는 차별화된 홍보전략을 구사해야 한다. 홍보에 있어 활동의 대상이 되는 표적시장의 세분화는 이미 당연시되어 오고 있는 작업이다. 그럼에도 불구하고, 축제의 홍보활동에서 차별화가 더욱 강조되는 것은 축제 홍보활동의 대상이 특정한 세대에 국한되어지는 것이 아니라, 학생 등에서 노인층에 이르는 다양한 계층을 전제로 하고, 주변에서 해외에 이르는 광범위한 지역을 고려해야만 하기 때문이다.

5) 홍보 메트릭스의 구성

홍보지역별로 특성에 맞는 홍보전략을 구사하며, 매체와 관람객의 특성에 맞는 다양화된 홍보계획을 마련할 필요가 있으며, 대상차별화의 기준이 되는 지역, 연령과 수단으로 활용되는 홍보의 매체들이 유기적으로 결합할 수 있는 홍보 메트릭스의 구성이 필요하다.

장화왕후가 왕건을 만났다던
완사천의 모습

6) 행사간 패키지화, 쌍방향적 홍보

축제 홍보효과의 극대화를 위해 행사 외적 혹은 행사간 패키지화, 쌍방향적 홍보를 통한 참여공간의 확대 등의 발전적인 세부시행방안을 마련하고 실행해야 한다. 홍보의 효과를 높이기 위해서는 다양한 소프트 상품과 연계하여, 축제 방문의 매력도를 높이는 것이 요구되어 지고 있다.

홍보의 방법에 있어서도 홍보의 대상이 되는 잠재 고객과 직접 접촉을 통해 메시지를 전달해야 하며, 또한 고객들 스스로가 축제에 관심을 가지고 참여할 수 있는 분위기를 조성하여야 한다. 이를 위해 다양한 내용과 형식의 패키지상품 개발에 힘쓰고, 가능한 한 많은 사람들이 참여할 수 있는 쌍방향적 홍보이벤트를 시행하며, 시민들이 능동적으로 홍보에 참여할 수 있는 공간을 조성함으로써 궁극적으로 '나주 축제 커뮤니티'를 형성하도록 해야 한다.

이를 정리하면 다음의 〈그림 20-1〉과 같다.

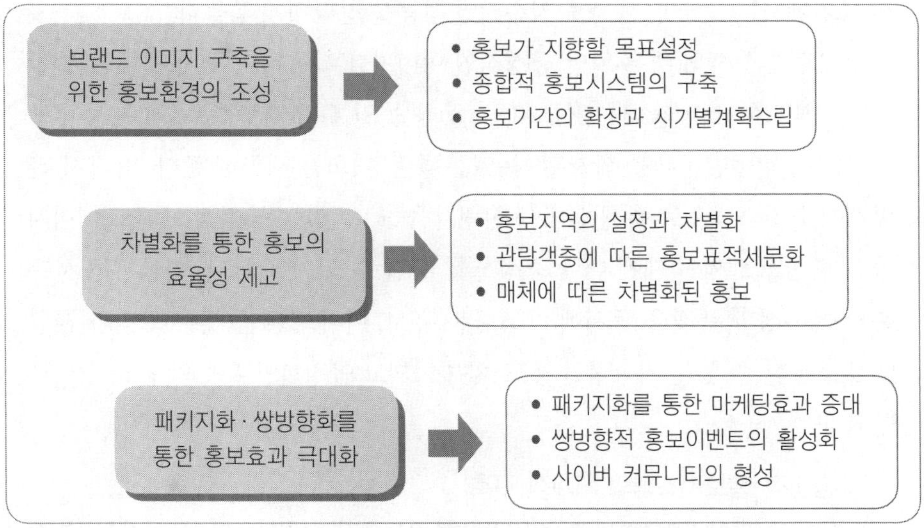

그림 20-1 성공적인 단계별 축제 홍보전략

2. 러브마크 축제홍보의 단계적 실행방안

1) 러브마크 이미지 구축을 위한 홍보환경의 조성

① 축제홍보가 지향할 목표의 설정

대부분의 행사에서 홍보는 행사의 목적과 의의, 개최의 당위성, 행사내용,

참여방식 등을 알림으로써 행사에 대한 인지도와 이미지를 높이고, 이를 통해 행사에 대한 일반인들의 관심과 참여를 높이는 것을 목표로 한다. 그러나, 홍보를 단순히 알리는 행위로만 바라보는 협소한 개념규정 속에는 홍보의 대상과 활동을 따로 떼어놓고자 하는 생각이 자리잡고 있다. 홍보할 대상은 홍보활동과 관계없이 이미 존재하는 고정적인 것으로 간주하고, 홍보는 단순히 '차려진 밥상'을 먹음직스럽다고 선전하기만 하면 되는 역할로 한정되는 것이다. 그러나, 전세계적으로는 물론 전국적으로도 한 해에 수천, 수백 건의 행사가 관람객들을 유혹하고 있고, 그 가운데는 비슷비슷한 것이 비일비재하다. 이런 상황에서는 그 어떤 행사도 지속적인 성공을 장담하기 힘들다.

주기적인 행사의 경우 일단 긍정적인 이미지를 획득하여 행사에 대한 관람객의 신뢰도(credibility)와 충성도(loyalty)를 높일 수 있다면, 주기적 특성이 오히려 고정적인 방문객을 확보할 수 있는 좋은 기회를 제공해 준다. 따라서 관람객에게 지속적으로 축제에 대한 신뢰감을 줄 수 있는 긍정적 브랜드 이미지를 구축함으로써 축제에 대한 충성도를 높일 수 있어야 한다. 이를 위해서는 축제 독특성과 품질을 동시에 강조하는 홍보, 이미 관계를 맺은 고객과 끊임없이 소통할 수 있는 지속적인 홍보, 차별화되고 안정적인 홍보의 중요성이 부각된다.

② 종합적 홍보시스템의 체계적 구축

문화행사의 상품은 보여주는 것을 넘어서 즐길 수 있는 다양한 경험, 수준 높은 서비스, 신뢰성 있는 브랜드 네임(brand name), 다채로운 패키지 관광상품 등으로 확장되고 있다. 홍보는 단순히 공연과 전시의 내용이나 시간, 장소 등을 알리는 것에 그쳐서는 안된다. 홍보에 대한 보다 적극적이고 종합적인 접근을 위해서는 무엇보다도 홍보를 총괄할 종합적인 홍보시스템을 체계적으로 구축해야 한다.

따라서 축제 홍보를 전담할 수 있는 인력과 조직이 뒷받침되어야 한다. 축제가 주기적으로 개최된다고 할 때, 매회 보다 나아진 홍보전략을 구축, 실행하기 위해서는 반복적인 경험으로부터 지속적으로 노하우(know-how)를 축적, 개선시키는 동시에, 국내외 다른 행사들의 경험으로부터 유용한 정보를 확보할 수 있어야 한다. 따라서 이러한 홍보전략의 수립과 시행, 평가를 전문적으로 수행할 홍보인력을 확보하고 물적 지원체제를 갖추는 것은 시스템 구축의 필수요건이다.

③ 홍보관련 연결망(network)을 효율적으로 구축

그렇다고 해서 많은 인력과 방대한 조직이 최선은 결코 아니다. 실제로 많은 홍보업무는 대행사 등 외부기관과의 계약이나 협조를 통해 이루어진다. 따라서 필요한 것은 많은 인력이 아니라, 이러한 홍보관련 연결망(network)을 효율적으로 구축, 유지, 발전시킬 수 있는 능력을 가진 전문홍보인력이다.

일단 전문적인 홍보인력과 조직이 갖춰지면, 그 다음으로는 행사기획 전반에서 마케팅 마인드의 확산이 필요하다. 홍보가 단순히 만들어진 상품을 선전하는데 그치는 것이 아니라고 한다면, 상품의 기획에서부터 판매까지의 전과정을 홍보 및 마케팅과 연계시키는 적극적 전략을 모색해야 한다. 이를 위해서는 홍보조직과 행사기획조직 간의 유기적 연계, 나아가 상호침투가 불가피하다.

④ 홍보기간의 확장과 시기별 홍보계획 수립

한번 열리고 마는 일회성 행사는 "독특함"이나 "이번에 여기서만 볼 수 있다"는 생각을 심어주는 것이 중요하다. 반면, 주기적으로 열리는 행사는 그렇지 않다. 만약 독특함이나 특이함으로만 시선을 끌고자 한다면, 한번 온 관람객은 다시 찾지 않을 것이다. 왜냐하면 독특함도 여러 번 반복된다면 더 이상 흥미를 유발할 수 없기 때문이다. 이런 식의 접근은 고객을 '소비'할 뿐 '창출'하지 못한다. 따라서 주기적으로 개최되는 축제는 "언제나 믿고 찾을 수 있는" 행사라는 이미지를 주어야 한다. 관람객을 유치하는 것만큼 관람객을 지킬 수 있는 전략이 필요한 것이다. 이를 위해 지역 축제의 홍보는 시간적 범위를 확장할 필요가 있다. 행사는 주기로 열린다고 하더라도 홍보는 사실상 끊임없이 이어져야 한다.

단순한 홍보기간의 확대만으로 실질적인 홍보효과를 기대할 수 있는 것도 아니다. 늘어난 기간을 제대로 활용하기 위해서는 홍보기간을 단계별로 세분화하여 각각 활동목표를 설정하고, 목표에 맞는 세부계획을 수립해야 한다.

〈야마구치 축제〉

주지기	이해기	행동기		개최후
3개월	1년	1년 6개월	(행사기간)	6개월

〈기타규슈 축제〉

인지이해촉진기 출전참가촉진기	예매권판매촉진기	관객유치 촉진기		성과 전달기
1년	1년 2개월		6개월 (행사기간)	4개월

■ 행사기간

그림 20-2 축제 홍보 시기별 전략의 두 가지 경우

⑤ 충분한 사전홍보와 사후홍보의 중요성

충분한 사전홍보와 사후홍보의 중요성도 제기되어야 한다. 정보의 제공은 짧은 기간 안에 이루어질 수 있지만 잠재고객이 이를 인지하고 유인되기까지는 많은 시간이 걸린다. 따라서 충분한 사전홍보기간을 두고 축제에 대한 이해와 이미지를 높이는 작업이 착실히 이루어져야 하다. 그래야만 직전의 집중홍보가 효과를 발휘할 것이다. 또한 집중홍보 역시 행사홍보와 굳이 구별해서 진행될 필요가 없다.

보통 지역축제에 한 관람객이 참여할 수 있는 기간은 짧으면 하루, 길어야 2일이다. 따라서 행사가 이미 시작된 이후에 홍보에 접한 사람도 충분히 축제 참여를 결정할 수 있다. 이처럼 미진한 초반홍보를 만회할 기회가 있다는 점은 비교적 긴 기간동안 개최되는 행사의 경우에 유리한 점이다.

또한, 사후홍보를 단순한 정리홍보 차원이 아니라, 다음 해 열릴 축제의 사전홍보로 인식하고 만전을 기해야 한다. 보통 사후홍보는 정확한 행사기록을 정리하고 이를 언론이나 유관단체를 통해 알리는 작업을 말한다. 많은 경우 사전홍보에는 신경을 쓰면서 막상 행사가 끝나고 나면 홍보도 끝난 것으로 생각하고 소극적이기 일쑤다. 그러나, 일회적 행사가 아닌 주기적 행사의 경우 사후홍보는 행사에 대한 긍정적인 평가를 사회적으로 확산시킴으로써 다음 행사에 대한 당위성을 확보하는 중요한 역할을 한다. 그러므로, 축제 사후홍보를 통해 거둔 성과를 적극적으로 알림으로써 긍정적 이미지는 최대한 확산시키고, 혹시 발생했을 지 모를 부정적 이미지는 평가과정과 결과를 공개적으로 알림으로써 불식하도록 해야 한다.

표 20-1 축제 홍보기간 설정안 (예)

2011년	2012년			2013년
3 9	1 7		9 11	1 3
기반홍보	확산홍보	집중	홍보	결산홍보
5개월	10개월	5개월		4개월
이해도, 인지도 확대, 지지기반의 구축	축제의 주제와 주요 행사에 대한 이해도 증대	세부 행사와 패키지 홍보를 통해 관람객 유치		성과 정리를 통한 이미지 제고

주: 축제 개최가능기간

2) 차별화를 통한 홍보의 효율성 제고

① 홍보지역의 설정과 차별적 홍보전략

홍보전략은 시기에 따라 달라져야 할 뿐만 아니라, 지역에 따라서도 달라져야 한다. 왜냐하면 아무리 수준 높은 행사를 한다고 하더라도, 모든 지역에서 관람객이 균등한 비율로 오는 것은 아니기 때문이다. 여전히 공간적인 거리는 이동을 제약한다. 따라서 나주를 중심으로 지역을 구분하여 각 지역별로 내용과 형식을 달리하는 홍보전략의 수립이 실질적인 관람객 확보에 도움이 될 수 있다.

지역별로 차별화 된 홍보전략은 각 지역에 대해 가지는 축제의 매력(attraction)의 차이, 축제 방문의 현실적인 용이성, 각 지역 매체환경의 특성 등을 종합적으로 고려하여 구성될 수 있다. 따라서 해당 축제가 해당 지역민들에게 호소할 수 있는 매력이 무엇인지, 얼마의 기간을 할애해서 관광이 가능한지, 그들에게 가장 영향력 있는 매체와 홍보방식은 무엇인지를 구체적으로 분석하여 정확한 홍보지역과 차별화된 전략을 도출할 필요가 있다.

나주 고분군을 둘러보는 방문객들의 모습

하늘에서 내려본 나주평야의 고분군

② 관람객층에 따른 홍보표적의 설정

대량생산, 대량소비 모델에 따른 표준화된 홍보전략과 달리 표적홍보전략은 관람객 집단을 특성에 따라 세분화하고 각 집단의 중요성을 평가한 다음, 각 집단에 맞는 홍보전략을 구사하는 것을 말한다.

소비자 욕구의 다양화, 문화행사의 증가에 따라 표적홍보전략은 지역축제와 같은 행사 홍보에서도 매우 중요한 수단이 된다.

물론 어떤 행사이든 연령, 성별, 지역 등의 측면에서 특정한 집단만이 참여하는 경우는 드물다. 관람객층이 다양하다고 해서 표적홍보전략의 유용성이 없거나 떨어지는 것은 아니다. 각 경우에 누가 방문을 결정하는데 있어서 중요한 역할을 했는지, 그 동기는 무엇인지, 어떤 기대를 갖고 있는지, 어떤 기준으로 방문의 성과를 평가하는지는 서로 다르기 때문이다. 어떤 집단에서는 어린이의 선호가 방문에 결정적이었던 반면, 다른 집단에서는 주부의 영향력이 컸을 수 있다. 또한, 어떤 집단에서는 숙박문제의 해결이 방문여부를 좌우하는 기준이라면, 다른 집단에서는 공연과 전시내용만 가지고도 충분히 만족할 수 있다.

표 20-2 나주 축제에 적용한 지역시장별 홍보 전략

	지 역	홍보의 주안점
제1차 홍보지역	개최지인 나주시를 중심으로 한 인접 도시권 (광주, 목포, 영광, 고창, 해남, 강진 등)	● 축제의 주인의식과 참가의식을 고취 ● 반복방문에 대한 할인혜택 부여 ● 야간방문의 매력을 높임으로써 잦은 방문 유도
제2차 홍보지역	당일방문이 가능한 전주, 남원, 순천, 광양시를 포괄하는 원형의 지역	● 시내관광시설과 제휴, 매력적 당일관광 홍보 ● 알차고 보람있는 주말여가지라는 인식 확대 ● 초,중,고생 등 학생층에 대한 홍보 강화
제3차 홍보지역	대전, 대구, 진해, 부산 등을 포함하는 충청도, 경상도 전역	● 부산, 대구, 대전 등 지방 미디어와 적극적 제휴 ● 도내 자치단체의 참가를 통해 방문 촉진 ● 나주 광주지역 신규관광코스 개발을 통한 패키지 관광의 매력 증대
제4차 홍보지역	관광의 주소비지인 서울을 비롯한 수도권 대도시와 북미·일본 등 해외지역	● 전남 전체의 관광캠페인과 연계, 방문객 유치 ● 타 축제나 자매·우호도시 등을 통한 홍보 ● 중국, 일본 등 인접 해외지역의 홍보 강화

표적홍보전략을 구사하기 위해서는 이러한 관람객의 구성, 성향, 선호, 필요 등에 대한 상세한 조사를 통해 주요한 홍보표적집단을 구분해 내는 작업이 우선되어야 한다. 방문객에 대한 동기분석조사작업은 한번으로 끝나는 것이 아니라, 매회 지속적으로 이루어져야 한다. 조사 형식도 각 조사간의 변화추세를 비교 분석할 수 있도록 만들어져야 한다. 나아가 지속적으로 조사방법을 정교하고 세련되게 만듦으로써 궁극적으로 축제 방

나주의 목사내아의
단아한 건물의 모습

문객 조사에 대한 표준적인 도구로 자리잡도록 해야 한다.

최근 홍보환경의 변화에서 빼놓을 수 없는 것이 뉴미디어의 등장이다. 이러한 현상은 관광, 요리, 패션 등 부문별로 특화된 매체의 출현과, 인터넷과 같은 새로운 전자매체의 등장으로 크게 나누어 볼 수 있다. 두 경우 모두의 공통점은 새로운 매체가 표적집단에 따라 차별화된 홍보전략을 구사하기에 유리한 환경을 조성한다는 것이다.

전주 한옥마을 스마트 폰 앱

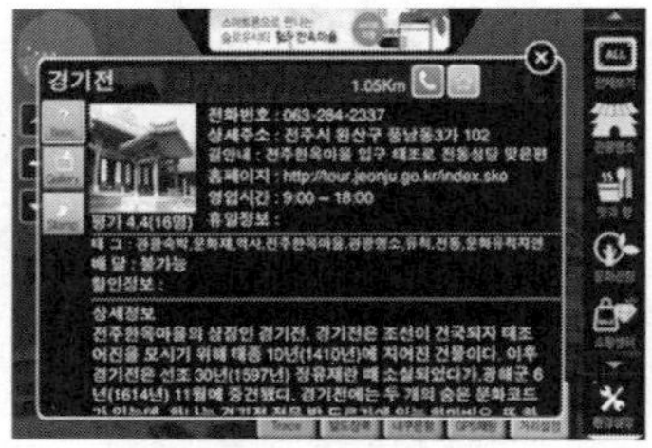

전주 한옥마을 스마트 폰 앱

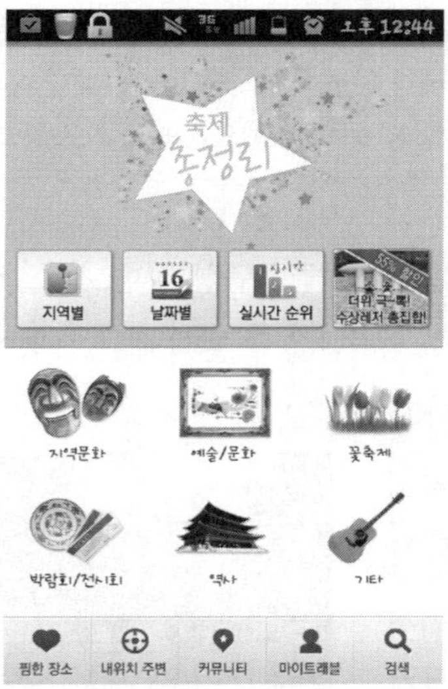

축제 총정리 스마트 폰 앱

춘천 마임축제 스마트 폰 앱

케이블 TV 등으로 대표되는 특화된 미디어들은 방송(broadcast)의 단점인 대상집단의 무차별성을 극복하게끔 해준다. 이들 협대역(narrowcast) 매체들은 특정한 취향, 관심을 가진 집단만을 대상으로 하므로 표적집단을 색출해 내는데 용이할 뿐만 아니라, 적은 비용으로도 높은 홍보효과를 기대할 수 있다. 또한, 멀티미디어 쌍방향 매체인 스마트 폰은 동영상이나 증강현실 등을 통한 다채로운 방식의 홍보를 저렴한 비용에 가능하도록 해 주며, 각 표적집단에 적합한 방식과 내용을 가진 '맞춤정보'(customized information)를 제공함으로써 홍보의 효율성을 높일 수 있는 가능성을 제공한다.

예를 들어, 축제방문 희망자가 스마트 폰 앱을 통해 방문희망일자, 방문을 원하는 공연이나 행사, 희망하는 교통수단 및 숙박시설을 선택하면, 자동적으로 희망자에게 소요비용 등 구체적이고 세세한 정보를 제공하고 더불어 예약할 수 있는 코너까지 마련할 수 있다. 이 경우 방문객은 자신의 기호에 맞는 모든 정보를 한꺼번에 편리하게 받을 수 있다는 점에서 유리하다. 또한 축제 조직위원회로서는 관람객의 취향과 기호를 자동적으로 파악해서 데이터베이스화할 수 있다는 점에서 효과를 거둘 수 있다.

③ 매체에 따라 차별화된 홍보전략의 수립

매체의 선택범위는 크게 신문, 잡지 등의 인쇄·출판매체(print media), 텔레비전, 라디오 등의 방송매체(broadcast media), 인터넷 등의 전자매체(electronic media)로 구분할 수 있다.

● 다다익선 홍보의 지양

유유히 흐르는
영산강의 아름다운 뱃길

매체의 선택에서 가장 쉽게 범하는 실수는 '다다익선'(多多益善)에 대한 지나친 신뢰이다. 가능한 많은 매체를 통해 가능한 많은 정보를 전달할수록 홍보효과가 좋을 것이라는 막연한 생각을 갖기 쉽다. 더욱이 실제로 홍보효과를 평가하는 것이 쉽지 않다는 점과, 이로 인해 대체로 광고시간이나 건수와 같은 양적, 가시적 지표를 통해만 성과를 평가한다는 점이 이런 경향을 심화시킨다.

● 수요자 중심의 관점으로 전환

매체별 차별화된 홍보를 구사하기 위해서는 사전에 포괄적이고 복합적인 매체활용전략(communication mix)을 수립하는 것이 중요하다. 단순히 활용가능한 홍보수단과 홍보방식에만 의존하는 수동적 자세로는 부족하다. 축제를 관람객에게 '알릴 수 있는' 방식으로 홍보하는 '공급자 중심'의 시야를 벗어나서 관람객이 축제에 대해 '알고자 하는' 방식으로 홍보하는 '수요자 중심'의 홍보로 전환해야 한다.

● 화제성의 부각

이 점을 염두에 두고 홍보매체의 활용방안을 세운다면, 우선 텔레비전이나 라디오의 경우 뉴스보도, 교양·오락프로그램 등을 통한 접근이 광고비의 추가 부담 없이 시청자에게 강한 신뢰감을 조성할 수 있다는 점에서 유용할 것이다. 이를 위해서는 매체에서 다뤄질 수 있는 다채로운 화제를 발굴하는 것이 중요하다.

최근 급증하고 있는 스마트 폰 매체를 통한 홍보는 매우 유용한 수단이 될 수 있다. 이것은 TV 등이 제공할 수 있는 시각적, 정서적 효과와, 신문이나 잡지 등의 가진 정보전달효과를 동시에 수행할 수 있다. 이 가운데 인터넷 홈페이지나 스마트 폰의 맵은 축제의 또 하나의 얼굴에 해당한다. 따라서 애초부터 내용과 형식을 내실 있게 만드는 것은 물론, 지속적인 정보제공, 다채로운 자체 이벤트 등을 통해 그 가치와 효과를 지속적으로 발휘하도록 해야 한다.

표 19-12 홍보매체별 활용방식

매체	활용방식	주안점
텔레비전 라디오	• 직접 광고 • 뉴스 보도 • 교양 · 오락프로그램을 통한 간접 홍보	• 뉴스보도 등 신뢰성 있는 간접전달 방식을 적극 활용 • 축제에 관련한 소규모 경품행사(퀴즈코너 등) • 프로그램의 소재가 될 수 있는 다양한 화제 발굴
신문 잡지	• 직접 광고 • 뉴스 보도 • 문화, 여행, 관광 등의 지면을 통한 소개	• 문화담당기자 대상으로 한 사전홍보를 통해 기사화 유도 • 주, 월 단위로 주요행사를 소개할 수 있는 지면 확보 • 부정적 독자투고에 대한 성의 있는 대처로 긍정적 이미지 유지
전자매체	• 인터넷 홈페이지 • 인터넷 배너광고 • CD-ROM/DVD	• 내실 있는 인터넷 홈페이지의 지속적 운영과 주기적인 정보제공, 다양한 온라인 이벤트 개최를 통해 안정적인 홈페이지 방문객을 확보 • 관련된 주요 유명사이트에 링크 요청 • 홍보영화도 비디오테잎뿐만 아니라 CD-ROM/DVD방식으로 보급
인쇄 홍보물	• 카탈로그, 팜플렛 • 리플릿 • 포스터, 스티커 • 홍보우편물(DM) • 티셔츠, 버튼	• 카탈로그나 팜플렛 등은 해외관광객 홍보에 유용한 수단 • 포스터는 예술품으로서 판매도 가능 • DM 등을 통한 과거 관람객에 대한 지속적 홍보 중요 • 쿠폰 등을 통한 관객 유인효과 활용
홍보 조형물	• 옥내, 외 전광판 • 홍보탑, 아치 • 현판	• 지속적인 시설관리로 홍보효과 유지 • 대도시의 경우 각종 규모의 전광판을 통해 보다 다채로운 홍보 가능
스마트 폰 앱	• 상세 정보 즉시 제공 • 위치기반형 정보 제공 • SNS 연계 정보 제공	• 고객 위주의 필요한 정보 맞춤형 제공 • 즉시 전달, 즉시 결정 유도

Memo

Chapter 21

♡ 러브마크 축제의 세계화

러브마크 축제의 세계화

Chapter 21

Ⅰ. 러브마크 축제 국외사례

1. 독일의 맥주 축제

축제의 유래

독일의 맥주 축제는 9월말에서 10월초까지 뮌헨에서 열린다. 이 축제는 1810년 18살의 공주 태레즈와 루드빅 1세의 결혼을 축하한 페스티벌에서 유래한다. 행사에는 경마 등의 볼거리를 마련하여 근방 사람들을 초대했고 참석한 모든 사람들에게 맥주와 안주를 돌린 일에 근거한다. 그리고 1850년 이 후에는 이 공주의 이름을 딴 정원(광장)에 텐트를 쳐서 맥주홀을 마련하고 여러 가지 즐길거리를 마련하기 시작한 것이 맥주 축제의 시작이 되었다.

옥토버 페스트, 맥주축제의 모습

축제의 규모

6백만명 이상의 방문객이 찾아오는 이 축제는 1회 축제행사에 5백만 리터의 맥주, 40만개의 소시지, 6만 마리의 튀김 닭이 소비되는 대규모 축제 그 자체라 할 수 있다. 축제에 고용되는 사람 수 만 해도 1만 2천명가까이 되 지역의 고용창출 효과도 큰 행사이다. 축제 개막시에 맥주업자의 화려한 퍼레이드가 있고 뮌헨시장의 첫 맥주 개봉 및 쏟아 붓기, 세계 민속무용단과 오케스트라단의 연주가 포함되는 등 다양한 내용으로 구성된다.

2. 프랑스의 작은 도시 앙굴렘 만화 축제

앙굴렘(Engulem)이란 도시

앙굴렘은 인구 10만명 정도의 프랑스 도시다. 파리로부터 약 450km정도 떨어진 이 곳은 만화 축제가 열리기 전에는 프랑스에서 흔히 볼 수 있는 포도 재배도 불가능한 곳이었다. 따라서 별다른 산업형성이 부진했던 이 도시는 30대 초반의 민선시장이 70년대 초에 부임하면서 만화 페스티발을 도시경제 활성화의 수단으로 열게 되었다. 결과적으로 만화 축제 하나만으로 전 세계에 유명해진 이 도시는 지방자치정부, 만화산업 전문가, 시민단체, 문화지원 기업과 정부의 협력이 만들어낸 성공적인 축제의 유형을 만들어 냈다.

만화축제의 시작

1974년에 만화가, 출판업자, 서점업자들이 모여 '천만개의 영상'이란 발표회를 가졌는데 시정부가 이 페스티발을 정기적으로 열기로 결정했다. 사실 이 방식은 유명한 아비뇽 연극제의 창설에서도 비슷하게 이용됐다. 1976년에는 앙굴렘 시립 박물관이 상설 작품을 모으기 시작했다. 1982년에는 축제가 본 궤도에 올라 성공적이자 문화부 장관이 앙굴렘을 방문했다. 같은 해 앙굴렘 축제 전시작품이 뉴욕에서 전시되었고 앙굴렘이 속한 주의 주립 미술학교에 만화학과가 창설되는 결과를 낳기도 했다.

앙굴렘의 축제 전시장 모습

앙굴렘의 성공은 1985년에 대통령이 직접 앙굴렘을 방문해 '만화와 영상 국립센터'의 설립을 약속하는 큰 성과를 가져왔다. 1991년에는 시장의 도움으로 전국적으로 대기업 기업인의 지원을 받을 수 있게 되고 함께 금융 기관의 지원도 받게 되었다. 1993년에는 앙굴렘 축제 20주년 기념으로 15일 동안의 행사가 열렸다. 1995년에는 만화업이 발달한 이태리의 만화업계를 초청, 공동 전시했고 이후로 앙굴렘은 유럽만화의 중요한 중심역할을 하게 되었다. 앙굴렘이 세계적으로 알려지게 되면서 주민들이 자신들의 도시에 대해 자부심을 갖게 된 것은 당연한 결과다.

앙굴렘 축제의 내용

앙굴렘 축제는 해마다 그랑프리 작가를 한 명씩 선정하여 그 작가로 하여금 공식적인 축제 포스터를 작성하게 한다. 축제 입장료는 1일 권은 40프랑, 2일 권은 70프랑, 4일 권은 100프랑 정도이다. 이 입장권을 사면 전문가 워크샵 외의 거의 모든 전시를 관람할 수 있다. 관람할 수 있는 전시내용도 앙굴렘시 어린이 만화공모, 신진작가 작품전, 만화벼룩 시장, 고등학교의 멀티미디어 전시, 해외초청 작가전, 작가와의 만남, 출판사별 홍보전시장, 유명 만화의 이미지 전시관 등 다양하다.

기존 시설의 활용

앙굴렘의 경우도 연극제로 성공한 아비뇽처럼 축제가 안정 궤도에 오르면서 어쩔 수 없이 도시 기반 시설의 확충이 불가피했다. 그러나 새로운 기반 시설의 도입은 전체적인 기존 도시의 틀과 철저히 조화되도록 진행되었다. 앙굴렘 외곽에 건립한 만화 및 영상 박물관 외에는 새로운 건물을 만화축제만을 위해서 건립하지는 않았다. 기존의 도시 건축물을 효과적으로 이용하는데 성공한 것이다. 예를 들어 성당도 성경에 관한 만화 전시를 위한 전시장으로 이용했다. 또한 각 초·중·고등학교 건물도 해당 연령 계층에 맞는 청소년 관련 전시 시설로 활용했다. 공원도 대규모 전시 공간으로 이용되었다.

유럽만화 산업의 성장에 기여

앙굴렘의 만화축제 성공은 여러 가지 면에서 의미를 갖지만 특히 소도시의 축제를 통해서 자국 문화의 자생력을 키우는데 성공했고 만화를 통한 세계 공략의 계기를 마련했다는 점에서 큰 의미를 찾을 수 있다. 미국에 비해 경쟁력이 떨어지는 유럽의 만화 산업을 키우는데 큰 기여를 한 것이다. 지역축제가 갖는 관광이나 여가 측면의 중요성도 있지만 지역 문화의 발전의 계기를 가져온다는 점이 매우 중요한 것이다. 이를 통해 지역주민의 자부심과 지역문화에 대한 재평가가 이루어 질 수 있다.

3. 일본 유후인 마찌의 축제

영화관 하나 없는 곳의 영화제

온천마을로서만 오랫동안 존재했었던 유후인 마찌는 1970년 인근 벳푸시가 국제 관광온천도시로 발전하면서 상대적으로 경쟁력이 뒤쳐지면서도시는 쇠퇴하게 되었다. 이런 위기상황 속에 벳푸와의 차별화를 강조하기 위해 "산과 물, 호수와 고원, 맑은 공기"라는 슬로건을 내걸고 재도약을 위한 홍보를 시작했다. 그 후 1976년에는 "영화관 하나도 없는 마을, 그러나 거기에는 영화가 있다."라는 슬로건을 이용하면서 영화관 하나 없는 것을 오히려 역으로 이용하여 독창적인 이벤트를 창출해 냈다. 매년 8월이면 마을 공회당을 빌려 영화를 관람케하고, 그 영화에 출연했던 출연진과 스타들이 심포지움을 벌이도록 하여 영화축제의 형태를 도입하게 된 것이다.

특이 이벤트의 마련

유후인 마찌에서는 영화축제 외에도 '소고기 먹고 소리지르기 대회와 같은 특이 이벤트를 매년 열고 있다. 매년 10월 10일에 열리는 이 이벤트는 말 그대로 소고기를 먹은 후에 큰 소리를 지르는 대회다. 이 이벤트의 광경이 TV를 통해 전국에 방영되므로 전국의 일본인에게 유후인을 알릴 수 있다. 홍보비용을 들이지 않고도 얻을 수 있는 홍보효과(publicity)인 것이다.

소고기먹고 고함지르기 이벤트

이 이벤트는 원래 농가의 소득 증대를 위해 실시된 '소 한 마리 목장 운동'의 일환으로 시작되었다. 도시에 살고 있는 사람들이 원하는 수의 구좌를 출자하는 형식으로 투자하고, 주주가 된 이들이 농가와의 친선 모임을 가지면서 소리지르기 대회를 열게된 것이다. 농가의 소득도 올리고 특이한 관광체험이 가능한 관광지로서의 이미지도 높이는 다양한 성과를 나타내고 있다.

또 400년 전부터 내려온 전통 리듬을 북소리로 재현해 내는 '유후인 원류 타이거' 행사의 북치는 이벤트도 관광객을 끌어 모으는 또 하나의 유인력이 되고 있다.

식도락 상품과의 연계

축제의 성공을 위해서는 음식문화와의 연계는 필수적이다. 무공해 작물을 경작하여 관광여관이나 식당에 조달하고, 관광객들에게 직접 팔기도 한다. 청결한 시설과 서비스가 제공되는 식당과 관광농원이 식도락 상품을 파는 주 공간이 되고 있다.

유후인 마을의 전원적 풍경

민예촌의 상술

특산물 판매는 지역축제를 방문한 관광객들에게 쇼핑의 기회를 줄 뿐만 아니라 지역주민들에게 경제적 혜택을 가져오는 효과가 있다. 야후인의 전통민예품을 전시하는 '민예촌'에서는 직접 각 물건의 제조과정을 보여주어 교육적인 효과도 높이고 호기심을 물심과 연결하여 구매욕구를 높이고 있다.

환경적 이슈

축제가 열리는 지역은 방문객들이 몰리게 되므로 쾌적한 환경의 유지를 위한 환경 운동의 필요성도 필요하다. 야후인에서는 이처럼 축제와 환경보호가 같이 가고 있다. 한 예로 관광객들이 타고온 자동차로 인한 교통체증과 매연을 억제하기 위해 마을을 도는 셔틀을 운영한다. 이 순환차는 공해가 없는 전기자동차로 중앙부처인 환경성의 지원을 받아 운행한다. 또 '쓰지바샤'라고 불리는 전통 조랑말 마차를 타고 관광을 할 수도 있다.

이러한 노력으로 인구 1만2천명이 채 안돼는 작은 도시가 년간 관광객 4백만명에 숙박관광객은 1백만명인 관광도시로 발전하였다. 이 작은 마을에 숙박시설수가 120개이며 1만 5천명 정도의 수용능력을 갖추어 관광마을이라는 소리를 들을만하다.

4. 샌 페르민(San Fermines) 축제

샌 페르민 축제의 핵심

샌페르민 축제는 헤밍웨이가 그의 소설의 배경으로 다룬 후 더 유명해진 스페인의 축제다. 축제일정 중 가장 집중적인 관심을 받는 핵심 행사는 역시 일주일중 매일 아침 8시에 반복되는 소몰이(los encierros) 체험이다. 소몰이 축제는 당일 오후 투우장에 투입될 소들을 오전에 거리에 무방비상태로 풀어놓는 것으로 시작된다. 이 거친 소들은 투우 경기장까지 연결되는 거리를 거의 광란의 모습으로 질주한다. 팜플로나(Pamplona)에 살고 있거나 일부 방문객들까지 합세한 수백명의 젊은이들이 하얀색 옷 허리에 빨간색 목도리를 차고 위험하기까지 한 소들을 아슬아슬하게 앞질러 달린다. 매 년 더욱 더 많은 관광객들이 이 소몰이 모험에 동참하거나 관람을 하게 된다.

모험을 통한 극단적 일탈의 경험

광장으로 뛰쳐 나와 광분해서 거리를 달리는 소들 앞을 달린다는 것은 실

제로 가끔 부상이 심해 죽음에 이르는 젊은이가 생기는 사례를 보더라도 애

산 페르민 축제의 일탈경험

우 위험한 일이다. 그럼에도 불구하고 소 앞을 뛰어 달리는 아주 오래된 전통의식은 직접 참여하는 젊은이들에게는 극단적인 모험과 일탈의 시간이 된다. 구경하는 사람들은 보는 것만으로 충분히 자극적인 경험이 되는 것은 말할 나위도 없다.

샌 페르민 축제의 유인력

샌 페르민 축제가 열리는 팜플로나(Pamplona)에는 약 185,000명의 주민이 거주한다. 이 도시에 샌 페르민 축제가 열리는 7월 6일부터 일주일 동안은 도시인구가 50만명을 웃돈다. 숙박업소에 방문객들에게 주어질 침대가 동이나 버리는 것은 당연한 결과다. 호텔, 유스호스텔이나 싸구려 여인숙과 같은 펜시온 등의 모든 방들은 몇 달 전부터 예약이 끝난 상태다. 방을 구하지 못한 사람들은 밤을 공원이나 광장에서 보내게 된다. 팜플로나(Pamplona)시는 유럽에서 축제기간 중에 거리에서 자는 것이 허용된 유일한 도시이다. 샌 페르민 축제의 유인력을 알 수 있는 대목이다.

5. 국제 에니메이션 페스티발 Cartoons on The Bay

이탈리아의 해변 전원도시 아말피에서 매년 봄에 개최 (96년 4월 15 - 18일 제 1회 개최)되는 카툰스 온더 베이 에니메이션 축제는 국제 에니메이션 공모전 성격이 강한 이벤트이다. 이탈리아의 자그마한 아름다운 전원풍의 아말피라는 해안도시를 국제적으로 유명하게 만드는데 성공한 축제라고 할 수 있다. 이 에니메이션 축제는 불과 4일간의 이벤트 효과를 개최전후로 2-3년간 지속

되도록 했다는데 큰 의미가 있다.

◎ 페스티벌 주관

"카툰스 온더 베이"는 이탈리아의 국제적인 영상물 배급사인 사시스(Sacis) 인터네셔널사가 주최한다. 그외 방송사인 RAI사, EU의 야심적인 영상물 육성 프로그램인 미디어프로모션, 유니세프, 텔레몬테카롤사의 주니어 TV, Giffoni 사등이 행사를 후원하고 있다. 지방정부도 공동주관 형식으로 행사의 개최를 지원하고 있다.

◎ 축제의 홍보

96년 개최한 제 1회 페스티발은 조직위원회가 1년여 전부터 세계 주요 영상전문지에 광고를 게재함과 동시에 앙시, 히로시마 페스티발에 참가하여 적극적으로 홍보하였다.

◎ 개최비용의 최소화

절벽을 배경으로한 지중해 연안 도시 아말피의 광장에 대형 가설 전시장을 설치하여, 바다와 만화영화와 아름다운 도시의 풍광이 조화되는 경험을 제공하도록 최소의 비용으로 만족스런 효과를 창출해낸 축제라 할 수 있다.

방송사나 유럽연합과 같은 공적기관이 후원하는 국제행사임에도 불구하고 대도시나 대규모 상업전시장에서의 대규모의 예산을 들여 하는 축제를 지양하고 아말피 광장에 대형 가설전시장을 만들어 개최비용을 최소화한 반면, 관광객들을 위한 편의시설 확충등 서비스를 확대하였다.

◎ 행사참여도 평가

96년 제 1회 페스티벌의 경우, 전세계 130여개 에니메이션 제작사의참여속에 경선 57개 작품과, 비경선 부문 53편 등 총 110여편의 작품들이 상영되었다. 아름다운 지중해에 인접한 에니메이션 축제장소의 잠재력을 활용하여 주변 관광자원과의 연계를 통해서 이탈리아의 알려지지 않은 한 작은 도시 아말피를 전 세계에 홍보하였다.

6. F1 그랑프리 이벤트

F1 그랑프리는 3월에 시작해서 10월까지 16~17차례 프랑스, 영국, 독일 등 유럽은 물론이고 브라질, 아르헨티나 등의 남미 그리고 일본, 호주 등 아시아 태평양 지역까지 전 세계를 돌며 한 달에 두 번 꼴로 이벤트가 치러진다. 또한 이벤트 때마다 6000여 명의 보도진이 취재경쟁을 벌이고 한 해 동안 450억여 명이 이 F1 그랑프리를 시청하는 것으로 추산되고 있다.

이런 대규모 이벤트이기에 여기에 모여드는 자본도 만만치 않다. 자동차와는 거리가 멀지만 말보로, 마일드 세븐 등의 담배 회사, 베네통 같은 의류업체, 일본의 후지 TV 같은 방송국 등 대규모 기업들이 이 F1에 예산을 쓰고 있다. 물론 쉘(Shell)이나, 굳이어(Good Year)등 자동차와 관련된 업체는 예산 지원은 물론 기술과 제품을 동시에 투자하기도 한다. 한국도 대한항공이 1996년에는 티렐 야마하라는 팀에, 1997년에는 베네통 르노팀에 서브 스폰서십을 통해 홍보를 하고 있다.

F1그랑프리 경주의 모습

F1 그랑프리의 정의

길고 낮은 차체에 밖으로 노출된 두꺼운 타이어를 달고 있는 경주용 자동차를 포뮬러 머신(Formula Machine)이라고 하는데, 이 포뮬러 머신을 이용해 치르는 자동차 경주를 F1 그랑프리라 정의할 수 있다.

F1그랑프리대회에서 열광하는 축제참가자들의 모습

F1 그랑프리의 유래

1895년 프랑스에서 세계 최초로 자동차 경주가 열린다. 파리와 보르도 구간을 왕복하는 경주였다. 이후 1903년에는 파리와 마드리드간의 경주가 치러졌다. 이런 형태로 유럽의 자동차 경주가 태동되는 듯 했으나 두 차례에 걸친 세계대전으로 대표적인 스피드 스포츠 이벤트 탄생은 40년 넘게 연기될 수 밖에 없었다.

표 21-1
F1그랑프리
개최국가와 도시

	그랑프리	개최도시
1	호주	멜버른
2	브라질	인털라고스
3	아르헨티나	부에노스아이레스
4	산마리노	이몰라
5	모나코	몬테카를로
6	스페인	바르셀로나
7	캐나다	몬트리올
8	프랑스	마니쿠스
9	영국	실버스톤
10	독일	호켄하임
11	헝가리	엉가로링
12	벨기에	스파프랑코샹
13	이탈리아	몬자
14	오스트리아	A1링크
15	룩셈부르크	뉘느부르크링
16	일본	스즈카
17	포르투칼	에스토릴
18	중국	상하이
19	한국	영암
20	말레이시아	세팡

전쟁이 끝나고 2년 후인 1947년 포뮬러 규정이 만들어지면서 자동차 경주는 새로운 전기를 맞이하였다. 1950년 5월 10일 영국 실버스톤 서킷(Circuit)에서 첫 그랑프리 대회가 열렸다. 1957년까지 F1 그랑프리는 한 해에 6~8번

치렀으나 1958년부터 1966까지는 8~10회로 늘어났다. 1967년 이후에는 11회로 늘어났고 최근에는 년간 20라운드를 치르는 것으로 일반화되었다.

표 21-2 월드컵과 F1의 비교

	월드컵	F1	F1의 매력
관중수	경기당 5만명 (1개월, 64경기, 300만명)	경기당 20만명 (3일간)	비용대비 효과측면에서 월등한 경제성 보유
건설비용	약 2조원 (10개 경기장)	약 2천 ~ 3천억원 (1개 경기장)	
개회횟수	1회 개최	7년 연속 개최 (연장개최 가능)	지역개발 측면에서 월등한 효율성 보유
개최지역	다수지역분산개최	한 지역 집중개최	

기타 자동차 경주이벤트

인디카(Indy Car Carnival)는 F1 그랑프리에 견줄 만한 또 하나의 큰 이벤트이다. F1 그랑프리가 전 세계를 무대로 한다면 인디카 경주는 주로 미국을 중심으로 한 이벤트이다. 또 F1 그랑프리는 경주에 참가하는 드라이버의 기량이 한 차원 높아야 한다. 경주 트랙이 굴곡이 많은 테크니컬 코스이기 때문이다. 그러나 인디카 경주는 굴곡이 없는 큰 타원형 코스의 경기장이다. 미국 인디애나폴리스의 유명한 자동차 경주 트랙인 인디500에서 유래한 스피드 카니발인 것이다. 이 밖에도 점수 계산, 머신의 규정, 엔진 메이커와 샤시 메이커의 관계 등 경기 진행 규정이나 컨스트럭터스 구성에서 F1 그랑프리와 인디카는 차이를 보인다. F1 그랑프리와 인디카 카니발은 세계 서킷 경주의 양대 이벤트라 볼 수 있다.

F1 그랑프리 외에도 F3000, F3 등의 경주가 있다. F3000은 F1 그랑프리보다 경기 진행 방식이나 포인트 계산 등이 F1 그랑프리와 크게 다를 것이 없다. 다만 경주용 자동차의 크기나 엔진 배기량에서 F1 그랑프리 머신보다 낮은 수준에 머무르는 제한을 두고 있다. F3000보다 하위 개념의 경주가 F3이다. 같은 포뮬러 경주이지만 포뮬러 경주의 초급 단계라고 할 수 있다.

F1 머신

F1 머신을 자동차라고 하지 않고 머신이라고 하는 것은 일반 자동차의 성능을 훨씬 뛰어넘는 힘과 속도를 갖고 있기 때문이다. F1 머신은 길고 낮은 차체에 타이어가 밖으로 노출되어 있다. 빨리 달리는 것이 목적의 전부이기 때문이다. F1 머신의 엔진은 르노나 푸조, 포드 같은 자동차 메이커에서 공급한다. 그 성능은 보통 700마력이나 되고 최고 속도는 시속 340킬로미터대에 이른다. 반면에 무게는 500킬로그램 밖에 되지 않는다.

F1 머신의 엔진 개발을 위해 축적된 기술은 수년 내에 생산되는 일반 자동차의 엔진 개발에 활용된다. F1 그랑프리는 최대 규모의 오토 스포츠 이벤트인 동시에 자동차 개발의 시험장 역할도 하고 있다.

F1 그랑프리가 열리는 서킷은 흥분과 긴장의 도가니이다. 시속 300킬로미터를 넘나드는 머신들의 질주는 보는 이로 하여금 속도감의 극치를 경험하게 해준다. 또 700마력의 괴력을 내는 엔진의 소음은 귀마개를 해야 할 정도이나 일반 자동차의 소음과는 달리 먼 곳에서 가까이 왔다가 사라지는 선율처럼 들리기도 한다. F1 그랑프리는 현대 문명 속에서 인간과 과학 기술이 만들어낸 최고의 스피드 이벤트이다.

표 21-3
F1그랑프리
개최효과 사례 분석

	총 관중수	입장권 수입	경제적 파급 효과
영국 실버스톤 그랑프리 2002	410,000명	총매출액 약 675억원 입장권 수입 175억원, 식음료/기념품 판매 110억원	고용유발효과 총 1,148명
중국상하이 그랑프리 2005	270,000명	300억원	약 1,500억원 대회 개최기간 상하이 방문객수 24.5% 증가
호주 멜번 그랑프리燕	370,000명	410억원	약 2,000억원 고용유발효과 3,650명

Ⅱ. 지역축제의 세계화 및 러브마크 홍보 전략

1. 러브마크의 국내외 홍보 및 참여 유도 전략

1) 화성 문화제의 경우

화홍문의 모습

수원 화성문화제는 1966년 10월 15일 도청사 기공일을 시민화합의 날로 기념하기 위해 시민의 날로 정하고 이를 경축하기 위해 화홍문화제를 제정하면서 시작되었고, 1996년 종전 시민의 날을 화성 준공일인 9월 10일을 양력으로 환산하여 10월 10일에 행사하게 되며 현재는 매년 10월 7일부터 13일까지 문화·역사·화합·민속·체육과 함께 수원 갈비를 통한 맛의 행사인 종합문화행사로 자리잡게 되었다.

전 세계적으로 유명한 성곽이나 성곽도시로는 프랑스의 성채 구역 몽생미셸(Mont-Saint-Michel), 모로코의 페즈(Fez) 같은 역사 성곽 도시, 스코틀랜드의 에딘버러(Edinburgh)와 같은 성곽 역사문화 도시를 들 수 있다. 그러나 우리 역시 서울의 숭례문 흥인지문 등 성문을 비롯한 낙안읍성 해미읍성 등의 성읍마을, 몽촌토성 반월성 같은 유수한 문화와 유산을 보유하고 있는 성을 보유하고 있으며 유네스코 세계문화유산으로 1997년 지정된 '화성'이 있다.

화성의 전경

더욱이 수원의 화성은 오래된 성곽 유산이라기보다 도시와 하나가 되어 살아 있으며 시민의 손길 발길과 어우러져 함께 하는 유산으로서 더욱 가치가 있다. 나아가 동양의 18세기의 신기술과 과학문명을 보여주는 척도다.

화성은 수원 시민들이 하나가 되고 또한 역사와 문화

와 현대가 한 데 어우러지는 '수원 화성문화제'의 무대로서 문화적인 생명력을 과시하고 있기도 하다. 1999년부터는 유네스코 지정과 더불어 과거의 '화홍문화제'에서 '화성문화제'로 이름을 바꾸며, 화성이 축제의 주무대이며 모체임을 더욱 확실히 보여주고 있다.

무엇보다 수원 화성문화제가 타지역 축제들과 차이를 두는 점은 첫째, 관광을 통한 지역경제 활성이 주가 되는 소비형 축제가 아니라 시민의, 시민을 위한, 시민이 직접 참여하는 축제라는 점이 다. 둘째, 시와 동떨어진 행사장을 별도로 조성하지 않고 시민들의 상징적인 중심지인 화성 안팎에서 도시와 함께 하는 축제라는 데 의의가 있다. 마지막으로는 전시와 보존만을 위한 유산이 아닌 살아 있는 유산으로서의 화성을 적극적으로 활용한 면에서 차이를 보이고 있다. 이러한 점이 '화성문화제'의 정체성이라고 볼 수 있다. (김규원,, 2001)

2) 화성에 대해

화성은 조선조 제22대 정조대왕18년(1794년) 1월에 착공하여 2년 9개월 후인 왕20년(1796)9월에 완공하였다. 정조대왕은 그의 아버지 사도세자의 원침을 양주 배봉산에서 수원화산으로 옮기고 부근에 용주사를 세워 부왕의 명복을 빌었다. 당시 화산 아래에 있던 관청과 민가를 팔달산 아래로 모두 이전시키고 수원부를 유수부로 승격시킨 것이 현재의 수원이다.

화성은 축성사에 있어서 역대의 걸작으로 알려져 있다. 성의 시설물은 41개소이며 미복원 시설물은 7개소이다. 200년전에 축조된 화성은 가장 근대적은 규모와 기능을 갖추고 있다. 성문,누대등 건축양식이 동양의 웅대함과 서양의 아름다움을 혼합하여 성곽시설물들이 수려할 뿐만 아니라 당시 화기에 대한 공격과 방어에 대처할 수 있는 시설을 갖추는 등 우리 나라에서 가장 과학적인 설계로 축성한 성곽이며 동양성곽의 백미로 꼽히고 있을 정도이다. 또한 그 가치가 인정되어 유네스코

화성 창룡문의 모습

지정 세계문화유산으로 등록되었다.

화성은 성의 형태뿐만 아니라 포루, 곡성, 돈대, 치성의 적절한 안배로 실전에 있어서 가장 효과적으로 근접하는 적을 견제 섬멸할 수 있도록 하였다. 토성과 석성의 취약점을 보완, 벽돌과 돌을 함께 사용해 견고성과 디자인의 단순성 등을 최대한 살렸다.

화성은 정조대왕의 기본계획에 따라 당시 영중추 부사 채제공이 총괄하고 비변사 행부사직 조심태가 집행하였다. 이때 거중기, 녹로, 유형거 등을 특수 고안하여 사용하였고, 대거, 평거, 발차, 동차, 썰매 등의 운반기구가 사용되었는데 거중기는 정약용이 특수 고안한 것으로써 40근의 힘으로 2만5천근의 무게를 움직일 수 있었다.

화성은 불과 2년9개월만에 준공되었음에도 불구하고 비용의 절감,철저한 감독 그리고 완벽한 시공이 이루어졌다, 또한 '화성 성역 의궤'라는 준공보고서는 벽돌의 몇 장이 어디에 쓰였는지를 기록할 정도로 매우 철저하고 세밀하게 작성되었고, 이는 당시의 문화적 자신감을 보여준 것이었다. 이것은 우리에게는 귀중한 사료일 뿐만 아니라 당대의 사회적 역량과 역사적 안목을 알 수 있는 18세기 문화의 소산이자 우리의 자랑이다.한마디로 화성은 18세기 조선 문화의 세련성과 우수성을 과시한 건축물이다. 그것은 화성이 이전 시대의 전통을 이어받으면서 당대의 사회 변화에 부응한 건축물이라는 점에서 더욱 가치가 크다.

당시 조선이 가지고 있는 문화의 결합체가 화성이라고 볼 수 있기 때문에 화성은 그 자체로서의 평가도 평가려니와 조선의 총체라고 해도 지나친 말이 아닐 것이다. 더 거슬러 올라가자면 삼국시대와 통일 신라시대의 찬란한 문화, 고려시대의 문화적 결정체가 조선시대로 흡수되었다고 볼 수 있겠다.

화성 서포루의 전경

또한 이 찬란한 문화들은 하나의 공통점을 가지고 있

으니, 바로 국가적 변란기나 위기시대에 잉태되고 탄생된다는 점이다. 즉 화려한 꽃을 피우면 열매를 맺기 위해 꽃이 지듯이, 화려한 문화적 업적을 탄생시키고 나서는 국가의 생명도 다했던 것이다. 이러한 연장선 위에 화성이 있다고 본다면 화성은 조선의 화려한 꽃이요, 화성이 다 세워지고 나서 겪게 되는 정조의 사망, 그리고 이어지는 세도 정치의 폐해 속에 조선의 해는 저물어 갔던 것이다.

화성 서남암문의 모습

통일 신라의 클라이맥스가 찬란한 문화로 대표되는 불국사와 석굴암이라면 고려의 클라이맥스는 팔만대장경과 고려청자 등이고, 조선의 정점은 조선 성리학과 이를 토대로 하여 세워지는 진경문화라고 볼 수 있으니 이 진경문화의 정점에 실학 사상이 녹아들게 되면서 화성 축성으로까지 이어지게 되는 것이다.

화성은 성곽이라는 하나의 군사적 건축에 정치와 경제 그리고 당대의 과학기술과 문화를 총화한 결정체로서 수원뿐만 아니라 우리 나라를 대표하는 문화유산으로 손색이 없다

3) 화성 문화제 행사개요

화성문화제는 문화관광축제로서 연중행사로 분산 개최되고있다.

◐ 2월 水原 '華城文化祭' 선포행사

Suwon Hwaseong Cultural Festival Proclamation Event

∴ 2. 18(일) 장안공원

'2001 한국문화관광축제'로의 화려한 출발을 알리는 행사로서 정월대보름 민속놀이와 어우러진 경축한마당

∴ 대보름민속놀이 한마당

2. 18(일) 장안공원

4월 시와 음악이 있는 밤

The Night of Poems & Music

∴ 4. 28(토) 수원야외음악당

KBS극회 인기성우들의 시낭송과 인기가수의 노래가 함께 어우러지는 행사

∴ 민속예술제

4. 10(화) ~ 16(월) 수원미술전시관

∴ 대한민국 화성서예대전

4. 12(목) ~ 18(수) 경기도 문화예술회관

∴ 나혜석 여성미술대전

4. 26(목) ~ 5. 1(화) 경기도 문화예술회관

∴ 孝의 성곽순례

4. 29(일) 화성일원

5월 수원갈비축제

Suwon Galbi Festival

∴ 5. 26(토) ~ 30(수) 만석공원

엄선된 양질의 갈비와 천연조미료로 수원의 전통비법만으로 만들어진 세계적 향토음식인 수원양념 갈비 맛자랑 한마당이 다채로운 이벤트와 함께 펼쳐짐

∴ 대륙간컵 축구대회

5. 30(수), 6. 3(일), 6. 7(목) 수원월드컵경기장

∴ 시장거리축제

5. 26(토) ~ 27(일) 팔달문 시장거리 일대

∴ 세계 막사발 장작가마 축제

5. 30(수) ~ 6. 10(일) 장안공원

6월 정조시대 전통무예전

The Reenactment of The Great Jeongjo Dynasty's Martial Arts

∴ 6. 2(토) 연무대

정조대왕의 개혁정치와 실학사상의 산물인 '무예도보통지'에 수록된 24반무예 재연과 택견시연, 국군전통 의장대 검법 및 취타 연주가 함께 어우러져 민족전통무예의 진수를 보임

전통무예전의 모습

∴ 수원화성 국제연극제

6. 1(금) ~ 10(일) 화성일원

7월 정조대왕 선발대회

A Contest for Selecting Personages who will Play the Roles of King Jeongjo

∴ 7. 14(토) 수원야외음악당

- 화성축성(10월 10일)을 기념하는 10월 7일 능행차에 출연할 정조대왕, 혜경궁홍씨역 선발대회가 화려한 축하공연과 함께 개최됨
- 선발된 두사람은 1년간 수원을 대표할 홍보사절로 활동

시민의 날 행사모습

∴ 수원예술제

7. 13(금) ~ 15(일) 만석공원

8월 빛.소리화성, 화성영상쇼

Light and Sound Hwaseong Image Show

∴ 8. 11(토) ~ 12(일) 방화수류정 및 화홍문, 장안공원

화성의 역사와 성곽의 건축예술제 가치를 화려한 영상,빛과 소리를 통해 표현하는 총체 예술제로 200여년전 화성축성의 모습, 당시의 사람을 재연

∴ 수원여름음악축제

8. 11(토) ~ 14(화) 수원야외음악당

9월 전국 활쏘기 대회

National Archery Competition

양로 재현 행사

∴ 9. 1(토) ~ 3(월) 연무대

전국의 궁사 1,500여명이 참여하여 국궁활쏘기대회와 관람객 참여 이벤트 등 다채로운 행사가 펼쳐짐

∴ 화성백중제

9. 1(토) ~ 2(일) 장안공원

∴ 수원국제음악제

9. 11(화) ~ 14(금) 수원야외음악당, 경기도문화예술회관

10월 능행차 연시, 융릉제향 재연

The Reenactment of Royal Tomb Visitation Procession

The Revival of the Yungneung Royal Tomb Worship Ritual

∴ 10. 7(일) 지지대고개 ~ 융릉

조선조 복식의 장수와 군관들이 궁중악대의 연주에 맞춰 정조대왕의 부친 사도세자의 묘소인 융릉까지 대장정의 어가행진을 거행

- 2,000여명의 시민들이 스스로 참여한 가운데 펼쳐지는 세계 최대의 가두퍼레이드로 다양한 이벤트와 함께 재연

정조대왕 친림 과거시험재연

The Reenactment Event of the State Examination in the King Jeongjo Period

∴ 10. 8(월) 화성행궁

200여년전 화성행궁에서 치루어진 정조대왕의 과거시험과 경로잔치의 모습을 재현

시민의 날 경축행사

citizen's Day Festivities

∴ 10. 10(수) 수원종합운동장

수원 '화성문화제' 및 수원시 체육대회를 경축하는 기념행사와 축하공연 및 전통 민속놀이 계승행사가 펼쳐짐

무예행렬의 모습

∴연계행사 (10. 6 ~ 10. 10)

불꽃축제, 갈비축제, 화성문화예술축전, 화성깃발전, 華城을 花成으로 전국사진촬영대회 등

11월 종합전시축제

Composite Exhibition Festival

∴ 11. 3(토) ~ 9(금) 화성일원, 수원미술전시관

예술, 막사발, 환경, 퍼포먼스 등 다양한 장르별 전시와 공연이 다채롭게 개최됨

∴ 동북아시아 사진교류전

11. 3(토) ~ 9(금) 수원미술전시관

12월 Finale 축제

Finale Festival

∴ 12. 22(토) 화성일원

1년간의 수원 '화성문화제'를 총결산하고 다음해를 기약하는 종합행사로서 모든 출연자가 어우러진 대동한마당 축제

∴ 캐롤축제 12. 15(토) ~ 24(월)

∴ 제야 음악회 12. 31(월) 22 : 00

4) 화성문화제의 홍보전략

신문을 통한 홍보

외국 언론사를 직접 접촉 할 때는 축제의 성격이나 연출되는 매력, 축제개최

의 명분, 배경 등에 대해 보다 구체적이고도 친절한 설명이 필요하다. 일반적으로 주한외신을 활용하여 화성문화제에 대한 기사가 해외 언론에 실리도록 하는 것이 바람직하다.

한국관광홍보
– 일본시장상대의 잡지광고

- 해외신문의 경우는 축제고유의 특화성을 기사로 부각시키거나 화성문화제와 관련된 외국의 주요인물을 부각시키는 방법이 축제 홍보에 바람직하다. 축제를 특집으로 실어 홍보하는 경우 여행사나 항공사와 같이 외국현지의 마케팅 파트너가 보유하고 있는 네트웍을 활용하는 것도 가능하다. 축제에 관한 보도자료를 배포하고 난 후에 매체별로 추가적인 정보제공의 구체성과 성실도에 따라 기사화의 여부는 물론 홍보효과를 높이는 수준이 달라진다.

잡지를 통한 홍보

- 잡지의 경우는 홍보의 영향력이 가장 오래가는 매체이다. 잡지는 그 종류가 다양하며 잡지가 다루는 내용에 따라 독자들의 특성 또한 달라지므로 화성이라고 하는 문화유산의 성격에 맞는 잡지를 신중히 선정해야한다. 화성 문화제와 같은 문화관광축제의 경우 잠재 방문객들의 방문시기를 결정짓는데 충분한 시간적 여유를 두고 홍보가 이루어져야 하므로 최대한 1년 전부터 잡지사와의 섭외를 준비해야 한다. 일단 섭외가 이루어지면 취재시에 제공되는 정보의 구체성과 축제가 연출하고자 하는 주제 전개에 대한 이해전달 등 노련한 취재협조 노하우가 있어야 기대효과를 거둘 수 있다.
- 화성문화제의 경우 고 건축 관련 잡지, 문화유산관련 잡지, 세계 문화여행관련 잡지, 문화 인류학 관련 잡지 등에 소개되기에 적합한 아이템이라 할 수 있다.

TV 및 라디오 홍보

- TV 및 라디오를 통해 홍보하는 경우도 뉴스, 드라마, 다큐멘터리 등 장르

에 따라 접근하는 방법을 달리 할 수 있다. 뉴스의 내용으로 보도되면서 축제를 홍보하려는 경우 해외통신사를 활용하면 전세계 방송은 물로 신문에도 보도될 수 있으므로 그 파급효과가 크다고 할 수 있다.

- 방송사에게 배포될 보도자료를 작성할 때는 매체별, 프로그램별로 흥미를 부여할 수 있는 내용을 발굴해 사진 및 동영상 자료를 통해 그 내용을 최대한 부각시키는 접근을 취해야 한다.
- 외신기자를 활용하는 것도 화성 문화제를 해외에 알릴 수 있는 중요한 방법 중의 하나다. 재외한국문화원에 화성 문화제에 대한 가능한 한 많은 자료를 제공하는 것도 필요한 홍보수단중의 하나다. 외신기자나 재외문화원에 자료가 배포된 이후에 들어오는 문의에 대해서는 철저히 완벽한 답변을 제공하여야 하며 의문을 갖는 측이 갖는 시각을 정리하는 기회로 삼아 축제의 프로그램이나 연출에 활용하는 것도 홍보과정을 통한 피드백으로 활용할 수 있는 방법 중의 하나다.
- 행사에 임박해서는 실제로 곧 개최될 화성문화제가 갖는 매력을 구체적으로 알릴 수 있는 보도자료가 작성되어야 하고 언론방송사에 대한 노련한 취재협조시스템을 갖추어 놓아야 함은 물론이고 사전에 방송사 측이 요구하는 추가적인 협조 사항이 무엇인지를 파악하여야 한다. 지속적인 홍보를 위해서는 축제가 소개되기에 적합한 드라마, 다큐멘터리 프로그램에 대한 사전 조사를 철저히 하여 그에 걸맞는 적합한 아이템을 구체적으로 제공하고 보도되는 내용과 방식에 대해 방송사 측과 논의하여야 한다

인터넷을 통한 홍보

인터넷은 정보화 시대에 가장 빠르고 정확한 정보를 전달하는 매체로서 그 파급효과가 큰 홍보수단이다. 포탈 사이트에 화성문화제를 링크하거나, 한시적으로 정보제공채널을 확보하는 방법, 인터넷방송국 프로그램의 협찬을 업어 홍보하는 방법, 또는 주요여행사 및 여행관련사이트에 홍보하는 것이 가장

직접적으로 표적 시장을 상대로 홍보하는 내용이 될 수 있다.

기타 SP(Sales promotion)로는 인쇄광고물, 조형광고물, Promotion Event를 들 수 있다.

리플렛, 포스터 등 각종 인쇄홍보물을 통한 홍보에 있어서 중요한 것은 커뮤니케이션의 오류가 없도록 완벽한 번역과 표현이 중요하다. 또한 홍보물의 제작보다 우선해야할 것이 배부대상 및 용도를 분명히 정하는 것이다. 기본적으로 영어, 일본어, 중국어(간자,번자) 2종 등 총 4개국어로 제작된다

홍보탑, 각종 사인물, 옥외광고등 조형광고물을 통한 홍보는 행사장 내부 또는 근접지역에서 가장 빈번하며 장소의 선정이다. 관람객의 동선과 이동노선, 시선 등을 고려해 가장 효과적인 장소를 선정하며 표현에 있어 중요한 것은 스쳐 가는 시선을 잡을 수 있도록 Simple해야한다는 것이다.

끝으로, 미디어투어, 팸투어, 국내외관광설명회, 기자간담회, 전시박람회의 개최 및 참가 등 다양한 프로모션이벤트를 활용할 수 있다. 소비자를 향한 보다 직접적인 소구방법으로서 정해진 시간 내에 목적을 달성할 수 있도록 치밀한 준비가 필수이다. 프로모션 이벤트는 이벤트 자체로서의 성과도 중요하지만 PR Item으로서 활용가치가 높다

2. 러브마크의 이미지 홍보

관광목적지의 이미지는 한 관광객의 관광지 방문 의사결정과정 뿐만 아니라 재방문의사 혹은 그 주변인물들이 그 목적지에 대해 갖게 되는 인식에 매우 큰 영향을 미치게 된다. 관광이미지의 창출은 기존의 유형적·물리적 관광자원이 갖는 유인력이 한계를 벗어나 특히 서비스 등의 무형의 질이 중요시되는 현대 관광시장에서 한 관광목적지를 매력을 지닌 상품으로 인식시켜 더 많은 사람들이 그 곳을 찾게 하는데 중요한 역할을 하는 것이다.

기존의 자원이 관광상품으로서 뛰어남에도 불구하고 그런 상품이 관광객

에게 소개되지 않고 있거나 관광객들이 오히려 그 지역·국가에 대해 부정적인 이미지를 형성하고 있는 경우에는 긍정적 이미지를 창출해 내기 위한 홍보활동이 절실히 필요하다. 그 지역이 갖는 강점과 매력요소를 부각시켜 형성된 긍정적 이미지는 그 어떤 유형의 관광자원보다도 관광객을 유인하는 힘이 큰 것이다.

외래관광객과 내국인 관광객들에게 유인력이 있는 수원과 화성의 이미지를 창출하여 관광홍보에 적용하는 것은 화성 문화제를 관광차원에서 진흥시킬 수 있는 기초를 마련할 뿐만 아니라 화성을 세계에 알리는데 필수적인 내용이 된다. 화성이 갖는 역사와 문화를 경주의 외형적 물리환경 변화 속에서 강조하고, 경제 사회적 위상변화 속에서의 다양성과 역동성을 표현하는 수원의 이미지 창조는 화성문화제의 관광진흥을 위한 급선무다. 급속도로 변화하는 방문객 관광욕구의 변화를 수용하는데 적합한 화성의 이미지를 해외에 효율적으로 홍보할 수 있는 이미지 전략을 마련할 필요성이 대두되는 것이다.

1) 관광목적지로서 수원에 대한 인지도 제고

화성의 관광이 진흥하기 위해서는 무엇보다도 관광목적지로서의 수원에 대한 인지도를 높여야 한다. 수원의 인지도를 높이기 위해서는 수원의 역사나 전통을 중심으로 한 이미지 외에도 다양한 유인력을 이미지 체계로 구축하여야 할 것이다. 관광지로서의 인지도를 높이고 관광 상품적 매력을 잠재관광객에게 홍보하기 위해서는 수원의 다양한 관광매력을 보유하고 있다는 것을 알려야 하는 것이 가장 우선되어야 할 중심내용이다.

따라서 인지도 제고를 위한 이미지체계 설정의 기본방향으로는 다양성을 제공하는 것을 중심과제로 설정하고 그 이미지를 4가지 기본방향, 즉 관광객의 1차적 기본욕구를 충족시키고 그들의 주요동기를 만족시키며, 동시에 관광목적지로서 수원의 위상을 정립하고 궁극적으로 다양한 유인력을 갖고 다각적 만족을 주는 관광지로서의 이미지를 전달하는 방향으로 설정토록 한다〈그림

21-1⟩. 그리고 위와 같은 기본방향을 근거로 하여 이미지 주제를 대주제, 부주제, 소주제로 나누어 내용체계를 갖추고 다시 아래에 나타난 4가지 광고방식을 부주제와 소주제의 이미지 전달방식에 적용하면 ⟨그림 21-2⟩와 같다.

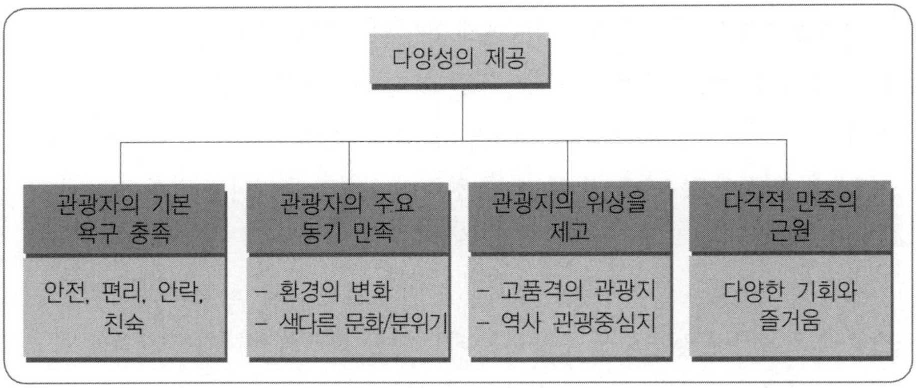

그림 21-1 수원 관광이미지 체계 설정의 기본 방향

우선 상품 설명식 접근에는 관광객의 1차적 필요라고 할 수 있는 신변안전, 편리성, 쾌적성의 내용을 포함토록 한다. 관광객 욕구 자극식 접근방법에는 수원의 색다른 문화와 생활방식, 전통 이벤트 등을 소재로 하여 환경의 변화, 새로움과 신기성을 경험하고자 하는 관광의 기본적 동기를 자극하는 내용을 포함토록 한다.

그리고 위상을 강화하는 방법으로는 수원에서의 관광경험이 고품질, 고품격의 여건과 환경에서 이루어질 수 있음을 강조하고 이와 관련하여 국제회의 개최지로서의 포지셔닝과 세계문화유산이 존재하는 역사문화의 도시로서의 이미지를 전달할 수 있도록 한다. 또한 이미지 정립식 접근에서는 다양한 모습, 매력, 선택의 기회가 주어지는 관광지로서의 이미지를 형성시키는 내용을 포함하도록 한다. ⟨그림 21-2⟩는 인지도제고를 위한 주제별 수원관광이미지 체계를 구체적으로 나타낸 것이다.

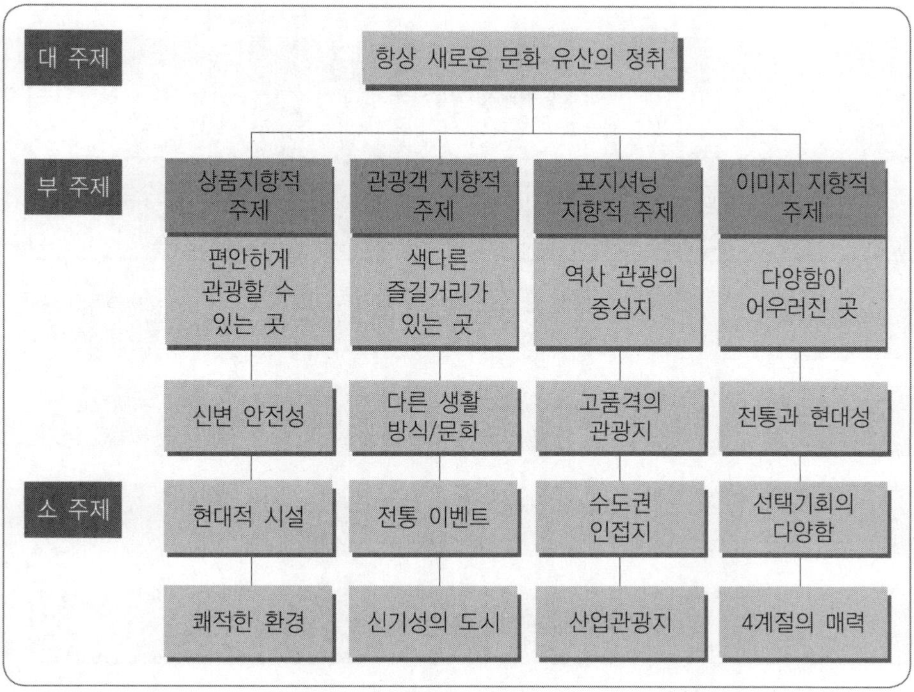

그림 21-2 인지도제고를 위한 수원관광이미지 체계

2) 핵심이미지의 창출

관광에서 핵심이미지의 역할은 관심을 유발하고 방문결정의 실마리(key)를 제공하는데 있다. 따라서 수원의 전체적 핵심이미지를 항상 새로운 정취가 있는 문화유산의 도시(Fee the Rejuvenating Heritage)로 설정하고 관광객 시장별 혹은 관광대상요소별 핵심이미지를 구별하였다(〈그림 21-3〉).

그림 21-3 수원관광 핵심이미지 창출

3) 관광 슬로건 선정

슬로건(Slogan)

중심슬로건은 CI 전략의 중심주제로서 특정 이미지가 형성될 때까지 일정기간 지속적으로 사용되는데 중심슬로건 선정시 고려해야 할 중요한 사항으로는 다음의 4가지를 들 수 있다.

- 관광지로서의 고유매력·독특함(uniqueness)을 강조할 수 있는 것
- 국제관광객들을 대상으로 전세계 속에서의 수원 화성 관광자원의 우수성을 알릴 수 있는 것
- 강력한 표현으로서 관심과 흥미를 유발할 수 있는 내용 및 단어를 사용한 것
- 우리의 고유성이 곧 세계화될 수 있는 자원임을 강조한 것

이와 같은 중심슬로건 선정시 고려해야 할 사항을 도식화하면 다음과 같다.

Feel the Rejuvenating	+	City of the World Heritage
①, ③의 내용을 반영		②, ④의 내용을 반영

세부슬로건은 주변상황이나 시장의 여건에 따라 변화하는데 이것은 무엇보다도 관광객 욕구변화에 신속히 대응할 수 있어야 한다.

본 연구에서 예로 다루고 있는 수원과 화성의 세부 슬로건이 선정되는 과정에서 고려된 내용을 살펴보면 다음과 같다.

① 생동감 (Dynamic History and Modern)

수원의 역동적인 이미지를 표현하는 것으로, 전통적 역사성과 최첨단의 현대적 생활이 어우러지고 있으며 빠른 변화템포와 휴식·휴양에 적합한 긴장완화의 자연적 템포가 상존하는 다양한 삶의 모습을 수원의 이미지로 표현한다.

② 저렴한 비용

수원에 가격·여행비용측면에서 저렴하게 선택 가능한 대안이 존재함을 홍보(Surprisingly Affordable ~)하고 특히 경비를 적게 들이면서도 즐길 수 있는

관광요소와 매력이 있다는 것을 강조(Affordable Pleasure Ingredients)한다.

③ 전통과 현대성(A Fine Line Between Old and New)

전통적인 것은 관광객의 역사·문화에 대한 욕구를 충족시키고 현대적인 것은 관광객의 관광 편리성·쾌적한 환경을 보장하는 의미로서 양자의 조화를 부각(A Fine Line)시킨다.

④ 다양성(More than Heritage)

수원에는 역사와 오래된 문화 전통 외에도 그 이상의 관광매력이 더 많이 존재한다는 것을 강조(More than ~)한다.

⑤ 차별화(Feel the Difference, the Taste of Real Korea)

유사하게 인식될 수 있는 국내 타 경쟁관광지와의 차별성을 부각(Feel the Difference)하고, 독특하게 차별화된 수원관광의 진수를 경험할 수 있는 자원·매력의 존재(The Taste of Real Korea)를 알린다.

표 21-4 화성 이미지 홍보를 위한 슬로건 체계

구 분	내 용	
중심 슬로건 (main slogan)	Feel the Rejuvenating City of World Heritage	
세부 슬로건 (sub slogan)	생 동 감	- Dynamic History and Modernism
	저렴한 비용	- Surprisingly Affordable Pleasure Ingredients
	공 존 성	- A Fine Line Between Old and New
	다 양 성	- More than Heritage
	차 별 화	- Feel the Difference, the Taste of Best
	방 문 가 치	- Your Visit Pays off
	한국미의 정수	- The Cream of Korea's Fantasy

⑥ 방문가치(Your Visit Pays off)

수원 방문후 기대이상의 만족을 누릴 수 있다는 것과 또한 방문에 소요된

시간과 경비가 충분한 가치를 지니도록 만족스런 관광경험을 갖게 될 것이라는 것을 강력하게 표현(Your Visit Pays off)한다.

⑦ 고유매력(The Cream of Korea' s Fantasy)

국내 관광지 중 수도권에 인접한 최상의 매력과 관광자원을 보유한 곳임을 강조(The Best of Korea)하면서 수원이 갖는 화려하고 환상적이며 동시에 신비로운 고유매력을 강조(The Best Fantasy)한다.

4) 상징물의 선정

새로운 상징물의 선정과 그것을 로고(logo)화하여 홍보에 새로이 추가하는 데에는 막대한 예산이 소요되므로 상징물의 선정은 별도의 전문적 연구를 통해 신중히 고려되어야한다. 수원을 대표하는 상징물의 선정 시 고려해야 할 점은 대표성, 고유한 의미, 형태가 뚜렷한 것, 부르기 쉬운 이름, 경주를 방문한 사람이 한번쯤 볼 수 있는 것 등이다.

대안으로 제시될 수 있는 상징물은 역시 화성으로서, 특정적인 형태를 갖고 있는 것이나 시각디자인상의 도안으로서 특정의 구조물을 형상화할 수 있기에 더욱 적합하다.

5) 이미지 홍보 매체의 선정

효율적인 관광이미지의 홍보를 위해서는 이미지 홍보를 위한 매체의 선정도 매우 중요하다. 홍보의 예산이나 홍보 목적에 따라 매체의 선정은 그 형태를 다르게 할 수 있지만 매체 전반적으로 가능한 화성 이미지 홍보 전략을 요약하여 보면 다음 표 21-3과 같다.

표 21-5
이미지 홍보매체별 화성 문화제 홍보전략

이 미 지 변 화 매 개 체	홍보전략
대중적 유발체 I (Overt Induced I) - 일반 광고매체 (TV, 라디오, 브로셔, 간판, 각종 인쇄물 등)	화성문화제의 홍보를 위해 해외의 TV광고나 라디오 광고는 불가능하더라도 잠재 방문고객의 목록을 득한 후 홍보 브로셔나 팜플렛등을 해외 잠재 고객들에게 직접우편 마케팅방식으로 전달하여 홍보의 폭을 넓힘
대중적 유발체 II(Overt Induced II) - 관광오퍼레이터나 홀세일러로부터 얻는 정보	화성문화제가 외국인들에게 해외여행상품으로 인정받을 수 있도록 해외여행 오퍼레이터나 홀세일러들을 초청하여 상품기획의 가능성을 타진할 뿐만 아니라 홍보의 기회로 삼음
간접적 유발체 I (Covert Induced I) - 지명도 있는 인물 · 그룹을 통한 상품홍보(일반 광고매체를 이용)	해외의 정치인,연예인,예술인,체육인등 유명인들로 하여금 화성문화제를 여행 목적으로하여 방문하도록 유도하거나 국내 타 지역을 방문한 후에 방문 할 수 있도록하여 화성문화제를 해외 언론매체에 기사화함
간접적 유발체 II(Covert Induced II) - 기자 · 작가 등의 그룹을 통한 상품홍보(신문 · 잡지의 여행관련 기사에 실리게 함)	해외의 일반 신문 잡지의 기자나 여행관련 인쇄매체의 기자나 작가를 단체로 팸투어(Fam Tour)시키는 전략을 펴나감
자연발생적 유발체(Autonomous) - 자발적으로 만들어진 뉴스, 기사 다큐멘터리, 보고서, TV 프로그램	세계문화유산으로서 화성을 그 역사성들을 주제로 다큐멘터리화하여 홍보효과를 높이도록함
우연적 구전유발체(Unsolicited Organic) - 친지나 친척으로부터 우연히 듣게 되는 정보	화성문화제 혹은 화성방문 외래객들 상대로 지속적인 방문만족도를 조사함. 외래객 위치파악이 용이한 서울의 특급호텔 숙박객들에게는 방문을 기념할 수 있는 기념품을 증정하거나 및 방문 감사서한을 귀국후에 받아볼 수 있도록 우송함
요청된 구전유발체(Solicited Organic) - 필요에 의해 수집되는 입으로 전해지는 정보	인터넷을 통해 제공되는 화성관련 정보의 양과 깊이를 확대하고 관광협회등을 통해 화성에 관한 정보를 받아볼 수 있는 통로를 다양하게 마련함
유기적 형성체(Organic) - 직접적 방문	화성방문을 사전계획하지 않았던 개별 여행객들을 상대로 하여 주요 출입국공항, 항구, 철도역등에 화성관련 홍보물이 습득가능케하여 화성방문을 유도함으로써 구전 마케팅의 계기가 되도록 함

3. 러브마크의 해외 교류를 통한 세계화 전략

자매도시의 활용방안

수원과 이미 자매도시의 관계에 있는 해외의 도시를 활용함은 물론 자매도시의 수를 국가나 대륙별로 늘려서 수원시 자체를 홍보할 수 있는 해외교류의 물꼬를 틈은 물론 화성문화제를 해외에 알리고 외국으로부터의 방문객 수를 늘리는데 기여할 수 있다.

자매 축제의 활용방안

화성 문화제와 동질적인 축제가 아니더라도 외국의 문화축제와 자매관계를 맺어 쌍방향 교류의 관계를 형성하면 문화교류는 물론이고 축제를 해외에 알리는데 큰 효과를 나타낼 수 있다.

성곽관련 학회, 연구단체, 동호회를 통한 교류

화성 문화제 자체가 화성이라는 성곽을 중심 주제로 갖는 축제이므로 전 세계에 고건축을 연구하는 동호회나 학술단체, 인류학 연구단체 등을 중심으로 화성을 연구하고 연구결과를 발표함은 물론 고건축 관련 잡지나 학술지에 화성의 유래와 문화를 소개할 수 있는 기회로 활용한다.

기존 지명도의 활용

화성을 전세계에 알림에 있어서 삼성전자나 여타 산업체는 물론 수원과 관련 있는 기업, 물품 중에서 지명도를 확보하고 있는 대상을 선정하여 그 지명도를 활용하여 홍보와 교류에 적용하는 방식(leveraging effect)을 택한다. 가령, 삼성전자 제품에 화성의 이미지를 부여할 수 있는 공동홍보방안을 삼성전자와 관련하여 강구할 수 도 있다. 특히 대기업들이 민간이나 공공부문의 문화활동에 큰 지원을 보이는 외국의 사례를 통하여 관련된 단체나 기업을 설득할 수 있다.

이와 같이 수원 화성의 세계화를 위한 전략으로서는

첫째, 세계 각 국의 유명 성곽도시나 마을과의 활발한 교류를 통하여 관련기구를 만들거나 상호협력체계 구축을 모색하여야 한다. 이를 통해 UNESCO의 "세계문화유산"에 등재된 화성의 문화적 독창성과 우수성을 국제적으로 널리 알리고, 성곽유적의 개발·이용·보존·관리 방안에 대한 학술교류를 위해 가칭 "세계성곽학회"를 구성하여 국외단체와 공동연구를 시행하고 그 결과를 연례화 할 수 있다.

둘째, 수원시와 문화관광부는 문화행정의 전문 요원 확보 차원에서 화성을 전문적으로 보존하고 활용할 수 있는 전문가를 양성하기 위해 담당공무원의 외국 전통성곽 도시 시찰 기회를 늘려, 성곽유적 관광상품화와 관련된 정책이나 제도 개선 시 세계 각 국의 성공적인 사례를 참고로 해야 할 것이다.

셋째, 세계화에 부합하는 과제 중 시급히 요구되는 것은 홍보의 과학화·체계화이다. 전 세계적 정보화 추세에 따라 컴퓨터를 활용한 관광정보화, 즉 화성전문 인터넷 홈페이지 개발을 통한 정보네트워크 구축 및 한국관광공사 관광안내시스템, 지방자치단체의 지역안내시스템 등과 연계하여야 한다.

넷째, 화성이 매력 있는 국제문화교류의 거점이 될 수 있도록, 화성에서 주기적으로 전통연극이나 전통음악회 등 다양한 국제적 이벤트나 가칭 "화성예술제"를 개최함으로써, 수원 주민들이 국제적 인식 속에서 지역주체성을 확립하고, 문화적 자부심을 느낄 수 있도록 한다.

4. 러브마크화를 통한 지역상품화

1) 화성 문화관광상품 개발방안

● 문화관광은 일반적으로 다음과 같은 특징들을 갖는다.

- 문화관광에 참여하는 관광객은 일반적으로 고학력, 고소득의 경영자 층, 전문 직업인이 많다.

- 일반관광에 비해 여행기간이 긴 편이다.
- 관광대상에 대한 관광객의 인식수준이 높다.
- 관광객의 소비수준이 높기 때문에 지역사회에 미치는 경제적 효과가 크다.
- 관광활동이 자연조건에 큰 영향을 받지 않는다.
- 접촉, 참여, 교류를 통한 지식 확대 및 인격 성장의 교육적 효과를 추구한다.

● 문화관광을 그 세부 특성별로 나누어 보면 다음과 같다.

표 21-6 문화관광의 유형

문화관광의 유형	특　징	사　례
유적관광 (Heritage Tourism)	과거에 대한 향수와 다양한 문화적 환경을 경험하려는 욕구에 기반을 둔 유형과 무형의 유적을 소재로 한 관광	- 이집트 피라미드 탐방 - 유럽의 박물관 순례 - 민속축제 참관
예술관광 (Arts Tourism)	미술, 조각, 연극, 기타 인간 표현과 노력의 창조적 형태를 경험하는 여행	- 파리 화랑 순례 - 반 고호 서거 100주년 기념행사
교육여행 (Educational Travel)	특정분야에 대한 배움의 목적을 충족시켜줄 수 있는 경험을 위주로 한 여행	- 어학연수여행 - 음악연수여행
종족생활체험관광 (Ethnic Tourism)	살아있는 문화인 인간과의 실제적 접촉을 통해 이민족의 생활문화를 생생하게 체험하는 여행	- 태국 고산족 탐방여행 - 보르네오 통나무집 거주민 탐방여행 - 자바 인형극마을 탐방 여행

● 화성의 문화관광상품 개발방안

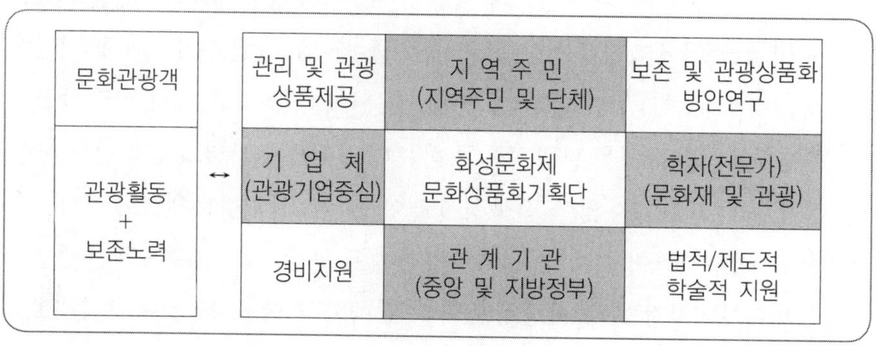

그림 21-4 화성문화제 관광상품화의 주체

- 화성문화제 관광상품화의 주체는 개인이나 어떤 한 단체만이 아닌 〈그림 21-4〉에서와 같이 각 집단이 공동으로 참여하는 공동기구 형태로 조직하여 접근하는 것이 타당할 것이다.
- 이를 위해서는 지역주민과 화성문화제 관광상품화의 재정적 지원을 담당할 관광기업(또는 기업), 행정적·정책적 지원을 담당해야할 중앙 및 지방정부, 한국관광공사 및 한국문화예술진흥원 등의 공공기관, 화성문화제의 유지·보존·계승과 관광상품화에 대한 이론적 기초를 제공할 연구집단으로서의 전문학자들이 망라된 기구로서의 가칭 '화성문화제 관광상품화기획단'의 구성이 요구된다.
- 화성을 관광상품화를 효율적·능동적으로 추진하기 위한 조직기구(organization)로서 "화성 관광상품화 기획단"은 화성의 역사성, 전통성, 문화성 및 특성, 문화적 동질성, 자긍심, 민속, 문화경쟁력 등을 파악하는 것이 필요하다.
- 이를 위해서는 당시의 문헌 및 민속자료를 바탕으로 화성을 중심으로 수원의 전통문화를 얼마나 전승·보존·유지하고 있는지 실태를 조사하고, 접근성이나 숙박시설, 교통시설, 도로사정, 자연환경 등의 관광상품성을 종합적으로 평가하는 '관광환경평가'를 실시하는 것이 바람직하다.
- 화성의 관광상품화에 있어서 개인적 차원의 주체 선정은 경제적, 조직적, 합리적인 점에서 한계가 있으며, 기업이 주체가 될 경우 이윤추구만을 목적으로 할 수도 있어 화성 관광상품화의 취지를 제대로 살릴 수가 없게 될 것이다. 개인이나 기업이 주체가 될 경우 또한, 전통적인 건조물과 조경, 성곽 등으로 구성되어 있는 화성을 관광상품화 하는데 있어서 충분한 고증이나 역사성, 전통성을 고려하지 않아 전문성이 결여 될 수 있다는 문제점이 있다.
- 한편, 정부기관이 주체가 될 경우 공공성은 보장이 되나, 주도적인 사업추진이 이루어지지 못해 관광상품화의 진행이 중단 또는 정체될 수 있고, 지나친 보존관리 위주의 폐쇄적 상품화가 진행될 수도 있을 것이다.

● 반면에 "화성 관광상품화 기획단"은 문화관광부의 문화재 전문가와 한국관광공사의 관광상품기획 전문가, 관광학자, 향토사학자, 민간투자가, 지역주민 등 화성과 관련이 있는 모든 개인과 단체가 주체로서 역할을 할 수 있기 때문에 화성이 갖는 다양한 특성과 관광환경성, 역사성, 전통성, 보존성, 경제성 및 주민생활보호 측면 등 모든 면을 고려하여 화성의 관광상품화를 시행할 수 있다는 장점이 있다.

● 관광상품적 가치를 분석·평가하기 위해서는 외국의 전통민속마을 관광상품화 사례를 분석하여, 구체적으로 관광상품적 가치를 부여하는 방법이라든가 관광상품화의 과정을 어떻게 전개하였는지를 타산지석으로 삼을 필요가 있다.

● 화성의 관광상품화는 이처럼 다부문의 전문성과 효율이 개입되도록 철저한 계획 하에 진행되어야만 한다. 왜냐하면 만약 그렇지 못할 경우, 상품화의 목적을 달성하지 못할 뿐만 아니라 화성중심의 전통문화의 발굴이 미약하게 왜곡되는 돌이킬 수 없는 결과를 불러올 수 있기 때문이다.

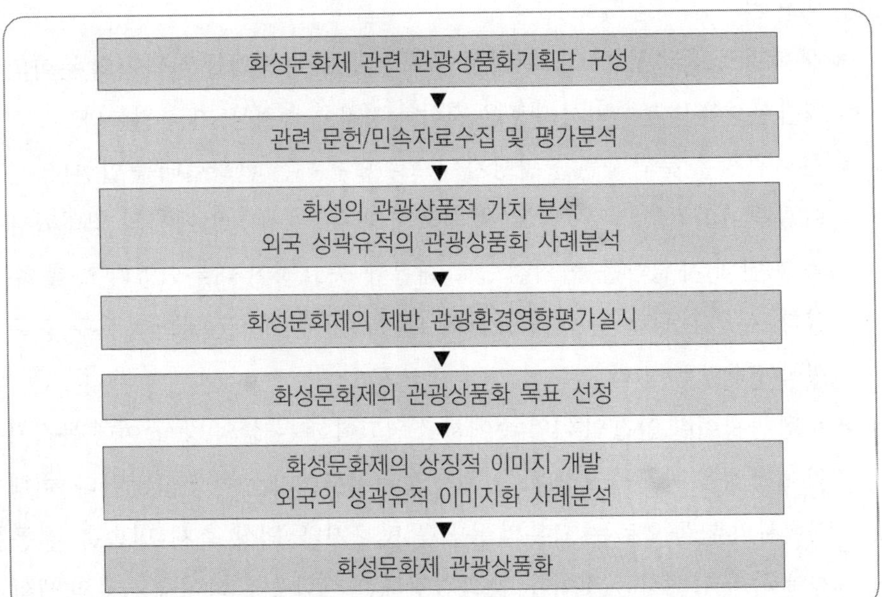

그림 21-5 화성문화제 관광상품화 과정

세계 문화관광의 추세

- 세계관광기구에 의하면 전세계 모든 여행의 37%가 문화관광의 형태를 포함하고 있으며, 이러한 관광 형태는 매년 15%씩 증가할 것이라고 추정하였다. 또 관광시장의 20%가 핵심 문화관광객으로 교육 수준이 높고 관광지출 수준이 많은 것으로 나타났다.
- 한편, 유럽의 여러 나라들은 그들의 문화유산을 아끼고 잘 보존하며 관광상품화 하는 데에도 성공, 단순히 많은 외화를 벌어들일 뿐 아니라 자신들의 역사적·문화적 우수성을 자랑하며 국가적 위상을 높이는 데에도 이러한 문화관광자원을 적절히 활용하고 있다.
- 이와 같은 문화유산의 가치를 인식, 나라마다 문화재 보존에 세심한 주의를 기울이고 있으며, 전세계적으로 문화재의 보존은 이제 '점'으로서의 문화재가 이것이 속해 있는 집단에 이르는 이른바 '면'으로, 이것은 다시 그들의 의식과 역사를 포용하는 '공간'적 차원의 문화재로서 재정립되고 있다.
- 문화관광을 목적으로 관광활동을 하는 문화관광객들은 과거의 문화와 역사현장을 방문하면서 새로운 지식과 경험을 축적하 기를 원한다.
- 문화관광은 문화자원을 관광자원으로 활용하는 관광형태를 말한다. 문화관광이라는 개념은 날로 확대되어 가는 관광산업에서의 영역확대와 70년대 자원파동을 기점으로 새롭게 중요성이 대두되었다고 볼 수 있다. 문화관광은 관광을 통하여 관광객이 추구하는 문화적 욕구 충족 형식이라 할 수 있다.
- 문화관광이란 인간의 기억 속에서 소멸되어 가는 삶의 방식, 여행 목적지의 지방색을 관찰하고자 하는 목적으로 이루어지는 여행을 말한다. 여행지에서의 활동으로는 고유의 음식을 맛보거나, 의상 축제, 민속춤, 전통공예 등에 참여하는 것이다. 문화관광이란 사람들로 하여금 서로의 생활방식과 사고의 방법을 배우게 하는 모든 형태의 여행을 말한다.

- UN WTO의 문화관광 정의상 "문화적 동기"라는 것은 너무 추상적 인 개념이어서 문화관광과 기존관광과의 차별성을 인지하기 어렵다.
- 국내에서는 문화관광의 개념을 "전통문화에 초점을 맞춘 관광"으로 축소해석 하여 문화재나 박물관 등 주로 전통문화유적을 소재로 한 관광만을 문화관광이라고 생각하는 경향이 있으나, 최근 세계적으로 그 잠재성을 주목받고 있는 문화관광이란 단지 전통문화에 국한하지 않고 현대의 생활문화와 예술도 포괄하는 보다 다양한 문화자원을 소재로 하는 관광부문이다.
- 문화관광은 단지 문화적 동기를 가졌거나 문화자원을 소재로 한 관광이라고만 말할 수 없으며, 이는 문화라는 관심분야에 초점을 맞춘 특정관심분야관광(SIT)의 일종으로서 SIT의 특성상 그 동기나 소재 면에서 뿐만 아니라 활동내용 면에서도 "문화성"을 가져야 하며, 기존의 "보는 관광"의 차원에서 한걸음 나아가 적극적 접촉과 교류를 통해 "문화를 체험하는 관광"을 진정한 문화관광이라고 할 수 있다.

○ 문화관광상품 개발관련 미국의 민관협력 사례

- 민관협력 투어코스 개발: American Pathway 2000

- 투어오퍼레이터, 투어버스 회사 등이 코스지정 신청하면 관련 기관에서 심사를 거쳐 지정여부를 결정
- 신청 투어코스는 American Pathway 2000가 제시하는
  - 미국 내 다양한 민족의 음식문화체험
  - 미국의 영토확장역사와 원주민 문화체험
  - 자유와 평등을 향한 흑인들의 투쟁의 역사체험
  - 다민족 이민 역사의 체험
  - 미국 대중문화에의 다민족 구성의 영향을 체험하는 것의 다섯 가지 주제 중 하나 이상을 반영해야 함

◐ 민관협력 문화관광활성화: Partners in Tourism

- 미국정부는 문화관광의 중요성을 강조, 이를 상품화하기 위해 관련 민간조직과의 협력을 위해 민관 협조체제를 Partners in Tourism 이란 명칭으로 구축
- 미국 전국의 문화관광 관련협회 중에서 미국 박물관 협회(American Association of Museum), 주 인문학협의회연합(Federation of state Humanities Councils), 주 정부예술기관전국회의(National Assembly of State Arts Agencies), 흑인 유산보존 전국협회(National Association for African-American Heritage Preservation), 국가 문화유산 개발센터(National Center for Heritage Development), 주 역사보존담당관 전국회의(National Conference of State Historic Preservation Offices), 역사보존 내셔널리스트(National Trust for Historic Preservation)등이 연방정부와 더불어 문화관광의 상품화를 체계적으로 기획하는데 참여하 고 있다.
- 문화관광협력체(Partners in Tourism)의 창설 목적은 연방정부, 주, 지역의 관광정책이 문화와 역사유산에 부가가치를 높여 상품 화하는데 촉진제 역할을 하기 위한 것이다.
- 연방정부는 주정부와 지역정부를 위한 실행의제 개발을 위해 6개 지역의 문화관광 리더쉽 포럼을 창설하여 문화계와 관광업계 간의 새로운 협력체제 구축에 조정과 촉진 역할을 한 경우라 하겠다.

2) 전통문화의 산업화

화성문화제의 가치는 축제 자체가 갖는 매력 외에도 해당 축제와 연계되는 수원의 문화자원의 유인력에 의해서도 결정이 난다. 따라서 수원이 보유하고 있음에도 불구하고 상품화되지 않고 있거나 방치되어 있는 문화자원을 적극적으로 발굴, 상품으로 개발하여 화성문화제의 방문을 통해 경험할 수 있는

문화상품의 다양성의 폭을 넓혀야할 것이다.

수원의 향토 지적재산 발굴 및 관리

- 지역에 이익이 되는 왜래 관광객 유치를 위해서는 전문기관에 용역을 의뢰 도내에 산재한 각종 향토 지적(知的)재산을 발굴하여 상품화할 필요가 있다. 지적 재산은 종류도 각양각색. 토종 동식물. 전통음식. 문화유적 등 유형(有刑)재산 외에 전래풍속. 민간 설화등 형체가 없는 것까지 포함된다.
- 이들 가운데 상품 가치가 높은 재산을 권리화 대상 품목으로 선정하여 ▶특허 ▶상표 ▶의장등 재산권으로 등록해 수익화를 꾀할 수 있다. 국내 사례로서 강원도는 '정선아리랑' 의 발상지로 알려진 정선군 북면 여량리 일대에 부지 면적 30만㎡ 규모의 테마관광단지를 만들기로 하였다. 관광객들이 정선아리랑을 직접 듣고 배우며 토속적인 문화체험을 즐길 수 있는 문화공간을 조성하는데 역점을 두고 있다. 이밖에 춘천시는 국민 애창가요인 '소양강 처녀'를 소재로 한 캐릭터를 개발했다. 시는 기본 캐릭터를 바탕으로 앞으로 응용형 디자인을 개발하는 한편 캐릭터 명칭 공모전을 열 계획이다. 이와 함께 머그잔. 티셔츠. 관광용품. 팬시용품 등 각종 상품도 개발해 본격 판매에 나설 계획이다. 소양강 처녀는 상품개발이 쉽고 사업성 측면에서 무한한 가능성을 내포하고 있어 캐릭터로 개발되었다.

수원 문화콘텐츠 사업의 전개

- 수원시의 경우도 테마관광객을 대대적으로 유치하기 위해서는 대학이나 민간업체와 공동으로 화성을 포함한 수원의 문화 역사 관광자원 등을 망라해 소개하는 "문화콘텐츠사업"을 벌일 필요가 있다. 수원의 문화 관광유산을 담은 단행본을 발간하고 이를 디지털화해 CD롬과 인터넷사이트 등을 통해 판매하는 사업을 벌일 수도 있다.

- 이 사업은 자치단체가 사업비 전액을 투자하는 기존방식과 달리 민간부문이 제작비를 부담하고 판매는 자치단체가 담당하는 방식으로 추진될 수 있다. 이들 문화정보의 신뢰도를 높이기 위해 대학교수 등으로 평가단을 구성할 수도 있다. 특히 수원의 음식문화를 보존.육성하고 관광자원화하기 위해 "수원음식 명가", "별미집" 등을 선정, 이를 음식테마벨트로 구축하는 것도 구상해 볼만하다.
- 이 콘텐츠는 수원의 유명 음식점을 벨트화해 1박2일 동안 음식테마 기행을 할 수 있도록 안내하며, 이들 음식점에는 관광객들이 쉽게 방문할수 있도록 수원시가 보증하는 표지판(CI)을 부착하도록 한다.
- 민간이나 대학교와 연계하여 매칭펀드 방식으로 수원의 자연지리, 고고역사, 문화예술, 생활민속, 문화재, 인물 등 6개 분야로 구성된 "수원 향토문화백과사전"을 발간하고 이를 스마트 폰이나 태블릿 PC의 앱으로 제작해 판매하는 것도 상품으로서 고려해 볼만하다.

관광 수원 10선 선정운영

- 수원이 보유하고 있는 유·무형의 관광자원 중 관광수원 10선을 선정, 수원 관광의 이미지를 쇄신하고 지역적 특성과 개성이 담긴 소재를 개발, 상품화한다. 선정된 10개의 자원은 전화카드의 제작 판매, Post카드, 관광평가엽서의 제작에 활용하고, 와이드칼라(서울역, 김포공항등 소재)제작 및 기타 관광홍보물에 활용한다.

외국인 관광객 민박알선 창구 운영

- 수원인근을 찾는 외국인 관광객에게 보다 저렴하고 토속적인 여행여건을 제공하고 "관광 수원"의 이미지를 제고하며 지역 고유문화, 생활양식을 접함으로써 국위선양에 기여할 목표로 가정, 가옥 단위로 외국인 민박가정을 지정해 외국인 관광객 민박알선 창구를 활성화시킨다.

◐ 관광 '수원' 평가제 운영

- 화성 문화제 관광상품화의 종합적인 진단과 모순점을 파악하여 관광상품을 변화시키는 시책에 반영하고 다양한 시장의 관광성향 및 관광욕구를 파악하여 마케팅 시책에 활용하는 방침을 도입 필요가 있다. 관제엽서를 이용해 여행사, 호텔, 콘도미니엄, 일반숙박업소, 개인택시조합, 관광안내소, 시외버스 터미널, 역 등에 비치하여 축제 기간 동안 활용함과 동시에 수원 화성문화제 기간 외에도 수원을 방문한 외래 관광객 대상으로 년 1회 혹은 2회의 정기적 의견조사를 실시하여 이를 바탕으로 전문가에 의한 수원관광의 발전 상황을 종합적으로 평가하도록 한다.

◐ 관광열차를 이용한 마케팅사업추진

- 외국인들에게 유인력을 갖는 상품이라면 우선적으로 내수시장에게도 인정을 받는 것이어야 한다. 따라서 국내 내국인들이 일부러 찾아올 수 있는 경기도를 만드는 것도 외래객 유치 전단계에서는 매우 중요한 전략적 마케팅이라 할 수 있다.
- 관광열차를 이용한 관광객 송출실적이 많은 역사(30개소)를 표적시장으로 하여 최근 3년간 관광열차를 가장 많이 이용한 계층을 대상으로 철도공사와 협력을 구축하여 경기 관광상품으로 개발하고 독창적인 홍보전략을 수립한다.
- 이 사업의 운영 체계는 외지 여행사에서 관광객을 모집하고, 열차를 알선해 경기도 내의 각 관광지에 도착한 후 주력 관광코스로 이동하는 프로그램을 갖고 각 관광코스별 관광업체를 지정하며 홍보에 주력하는 방법으로 운영된다.

3) 관광지 표적시장에 대한 마케팅전략

- 대부분의 관광지는 주요 관광매력에 따라서 〈표 21-6〉처럼 몇 가지의 유형으로 분류할 수 있다. 관광지 유형을 이해함으로써 마케터는 그 유형에 적합한 마케팅 믹스를 개발하여 적절한 표적시장에 전달할 수 있다.

● 이러한 과정이 끝나게 되면 전통민속마을을 대표하는 상징적 이미지를 찾아내고 상품적 가치를 지닌 관광자원을 분석하여 구체적인 상품화 과정을 전개하여야 한다. 특히 관광상품화 과정에서 주의하여야 할 점은 전통민속마을의 관광수용력인데 이는 관광목적지 적정수용력(carrying capacity)평가기법을 활용하는 것이 타당할 것이다. 그 동안 전통민속마을이 관광객의 과다유입이라든가 또는 관광활동의 무분별함으로 인하여 훼손되고 제대로 활용되지 못하였다는 점을 간과하여서는 안될 것이다.

전통민속마을의 관광상품화에 있어서 반드시 필요한 과정은 전통민속마을별 이미지 창출이라고 할 수 있다. 이는 우리의 전통민속마을들이 안고 있는 한계 -대상 마을들이 모두 조선시대의 민속문화를 가지고 있는- 를 극복하고 각 민속마을의 특성을 부각시키는데 필수적인 과제가 된다.

화성의 이미지 창출은 정체성(正體性) 정립 차원에서 이루어져야 하며, 화성이 수원 문화관광의 중심지로서 역할을 할 수 있도록 하는 지역별 특화 전략의 일환이라고 할 수 있다.

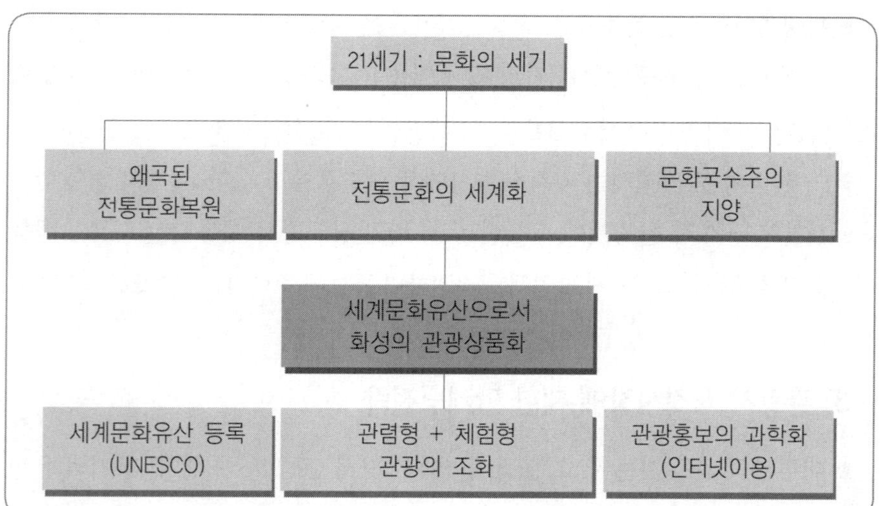

그림 21-6 화성의 관광상품화 방안

화성의 이미지 홍보

- 화성의 상징적 이미지 홍보는 관광객들이 수원을 여행목적지로 결정하는데 중요한 역할을 할 것이다. 각종 책자나 홍보용 브로셔를 활용하는 외에, 인터넷을 활용하여 화성의 이미지를 깊이있는 정보와 함께홍보한다면 큰 효과를 거둘 수 있을 것이다.
- 현재의 관광관련 인터넷 웹사이트는 초기의 홍보용 브로셔와 같은 단순한 정보가 아닌 각자의 개인 컴퓨터에서 인터넷에 접속하여 세계 각국의 모든 관광정보 및 필요한 경우에는 E-Mail을 이용하여 자료의 요청이나 질문 등을 할 수 있다.
- 인터넷 관련도구들의 발달로 WWW(월드와이드웹)에서 각종 관광관련 정보를 영상 및 동영상 또는 음성으로 접할 수 있기 때문에 관광관련정보를 시청각적으로 접할 수 있어 현장감과 생동감이 넘치는 가상 인터넷 여행을 즐길 수도 있다.
- 이러한 인터넷을 활용, 화성의 문화적 가치를 홍보하는 전문 사이트를 활용하여 화성에 대한 사진영상과 함께 화성의 세계문화유산 유적지로서의 가치 등을 홍보한다면 큰 관심을 불러일으킬 수 있을 것이다.
- 일본의 전통마을 시라카와무라(白川村)의 경우, 인터넷에 고유의 홈페이지를 개설하고 다양한 사진자료와 만화 등을 활용하여 마을에 대한 홍보를 효과적으로 하고 있다.

일본의 세계유산 관리사례

- 첨단 과학화, 정보화로 급변하는 시대적 조류 속에서 문화유산과 전통을 훼손하지 않고 보존하는 방법과 관광개발과 문화재 보존간의 충돌은 어떻게 조화를 유지할 것인지 등은 이미 전 지구적인 관심사가 되고 있다.
- 화성과 같은 세계문화유산을 관광상품화 하는데 있어서도, 현대문화의 테두리 안에서 전통문화와 민속을 어떻게 복원·보존하며 조화시켜 나갈

것인가가 중요한 과제가 되고 있다.

- 전통문화와 현대문화를 조화롭게 연결하여 성공한 민속마을의 사례는 이웃 일본의 토야마현(富山縣) 타이라무라(平村)의 경우에서 찾아 볼 수 있다. 이 마을은 내륙에 위치한 해발 500m 이상의 산간마을로서 교통이 불편한 오지이며, 일본 내에서도 인구감소 현상이 가장 심한 지역 중 하나였다.
- 타이라무라는 또한 일본청주, 된장, 일본김치 등 전래 특산품을 관광상품화 하는데 성공하였고, 이곳 전통 민가군은 "세계문화유산조약"에 1994년 가입되어 현재 유네스코에 의해 보호되고 있으며, 종이는 이 마을의 지역 특산품으로 신기술의 축적 등을 통한 마을 장기발전계획 장려물품으로 지방정부의 지원을 받고 있다.

이러한 외국의 성공 사례를 모델로 우리 민속마을의 실정을 감안, 현대와 전통이 조화된 민속마을 구상을 위한 방안으로 다음과 같은 내용을 제시하고자 한다.

전통문화유산과 기업의 교류를 통한 현대와 전통의 조화를 꾀할 수 있다. 화성과 같은 문화유산을 통해 주민의 소득을 증진하는데, 기업체의 경제력과, 연구력, 과학적 생산에 대한 노하우, 광역판매망 구축 등의 도움을 받도록 하는 것이다. 이는 현재 기업체가 문화단체를 지원하고 있는 "메세나운동"과 같은 맥락이라고 볼 수 있다.

표적시장의 발굴

- 관광지의 이미지 또한 마케팅 리서치를 통하여 개발되며, 개발된 이미지는 관광지의 브랜드 가치를 높이기 위한 판촉활동의 방향을 제시해 준다. 판촉캠페인의 효율성을 평가하여 비용 대비 효과가 가장 높은 매체가 선정되고 표적시장을 대상으로 관광지를 방문하도록 설득하는 작업이 시작된다. 〈표 21-7〉은 마케팅 리서치가 관광지 마케팅에 기여하는 사례를 제시하고 있다.

주요 표적시장 일본

- 일본 시장에서 한국과 경쟁 관계인 홍콩·싱가포르·미국 등이 10% 이상 감소하고 있는 점을 감안할 때, 유독 한국 방문객만 높은 증가율을 보이는 것은 경이적인 현상으로 받아들여지고 있다. 또한, 일본인 해외여행의 흐름을 주도하고 있는 20대 여성층이 2년 연속 소폭 하락하고 있음에도 불구하고, 한국을 찾은 숫자는 무려 44.7%나 늘어났다.

표 21-7
마케팅 리서치의 관광지 마케팅 기여

o 시장이 원하는 속성 발굴
o 관광상품과 서비스의 설계
o 관광지 이미지의 평가 및 개발
o 시장세분화 및 마케팅 믹스 개발
o 새로운 시장 개척 및 기존 시장에 대한 의존도 축소
o 시장별 수요의 탄력성 평가
o 세분시장별 마케팅을 통한 특정 계절 편중도의 축소
o 관광지 방문 저해요인의 분석
o 다른 표적시장과의 양립성 평가
o 대체 유통채널의 조사
o 관광지의 관광영향의 평가 및 적합한 시장 발굴
o 마케팅 효과의 평가 및 홍보 매체 선택

- 이는 미용관광·음식관광 등을 중심으로 한 공사의 일본 여성층 대상 판촉 및 홍보 전략이 주효한 결과로 분석되며, 이같은 성과로 일본인 관광객 중 여성 비율이 사상 처음으로 40%를 넘어서기도 했다.

4) 관광지의 포지셔닝과 관광상품개발

- 관광지는 그 지역의 자원을 전체적으로 재평가하고 각각의 표적시장별로 적합한 관광상품을 발굴해야 할 것이다. 주제가 있는 관광 또는 대체관

광(alternative tourism)은 관광지가 독특한 경험을 제공하여 고급관광지로 성장하는 데 도움이 된다.

- 예를 들어, 그리스는 문화유산과 역사에 중점을 두어 고대/신화 체험 관광을 제공할 수 있으며, 이탈리아는 문화/예술/디자인/패션/음식 주제를 개발할 수 있을 것이다. 루마니아는 드라큐라 전설, 발리섬은 독특한 종교의식과 문화적 전통을 주제로 삼아야 할 것이다. 마찬가지로 자연, 농업, 문화, 예술, 문화유산 등이 관광소재가 될 수 있다.
- 관광상품개발의 목적은 관광지를 성숙단계로 유지시키고 침체, 포화나 쇠퇴단계로의 이행을 막는 것이다. 축제와 이벤트 및 특별한 주제가 있는 상품개발을 통해 비수기의 수요를 증대시킬 수 있고 적합한 표적시장의 유치로 계절의 편중을 분산시킬 수 있을 것이다.

건강관광상품 개발사례: 태국

- 태국관광청(Tourism Authority of Thailand)은 건강관광(health tourism)차 태국을 방문하는 시장의 중요성을 인정하고 그들의 규모와 소비내역 등에 대해 검토해볼 가치가 있다고 발표했다.
- 태국관광청(TAT)은 최근 태국 건강트래블 마트(Thailand Health Travel Mart)를 개최하였는데 이곳에서 108개 건강프로그램 운영자들이 홍콩, 싱가포르, 일본, 말레이시아, 프랑스, 영국, 미국에서 온 78명의 바이어들과 상담했다. 병원도 전시관을 열어 상당히 저렴한 비용으로 검진과 수술을 하는 것에서부터 성전환수술에 이르기까지 다양한 판촉전을 펼쳤다.
- 전문화된 건강프로그램을 보고 태국에 온 여행객들 외에도 많은 사람들이 저렴한 시설은 물론 호화호텔에서 온천과 마사지치료 등의 건강서비스를 받고자 한다. 태국관광을 판촉하기위해 50개 여행사를 거느리고 있는 태-일 관광협회(Thailand-Japan Travel Association)에 따르면, 일본의 건강치

료비용은 태국의 2배에 달한다. 저렴한 가격은 물론태국 고유의 문화, 해변, 음식 및 환대가 모두 어우러져 일본인을 태국으로 유인하는 요인으로 작용했다.

- 태국의 몇몇 시설은 건강치료상품에 대한 세계적 수준의 표준을 가지고 있는 것으로 인정받았다. 그럼에도 불구하고 TAT는 국제관광객들이 좀더 태국적인 상품을 경험하러 건강축제에 오도록 하고있다. 또한 신체치료를 편하게 하는 태국만의 독창성에 초점을 맞추어 여행사들로 하여금 칸차나부리(Kanchanaburi)지역의 시설을 검토해볼 것을 권장해왔다. 칸차나부리에는 활발히 영업중인 3개 건강관련 리조트가 있는데 이 리조트 프로그램의 대부분은 내국인을 유치하기위한 것이다. 이 중 콰이강 리거시리조트에서는 장수음식, 신체운동, 해독, 약초사우나, 요가, 마사지를 결합하여 월 1회 건강프로그램을 운영한다.

태국 수공예품 쇼핑관광상품 장려정책

태국에는 수공예 진흥을 위한 기구가 있는데, 이는 1976년 태국의 Sirikit 여왕이 태국 농촌의 대체수입원 마련과 태국왕가의 오래 전부터 내려온 공예기술을 부활시키기 위한 방안을 모색하여, SUPPORT라고 알려진 기구(Foundation for the Promotion of Supplemen- tary Occupations and Related Techniques)를 설립하게 된데서 비롯됐다. 이 계획이 번창하여 오늘날 SUPPORT 지도하에 공예가들이 수많은 종류의 화려한 태국의 전통수공예품들을 만들어내고 있다. 이 SUPPORT공예품들은 이 기구의 체인 전문 대리점인 Chitrlada Shop에서만 구입할 수 있다.

5) 관광 프로모션

- 관광지 프로모션은 기본적으로 관광지의 인지도 제고 및 여행상품 구매

를 늘리기 위해 고객과 다른 이해관계자들간의 커뮤니케이션 채널을 개발하는 것을 의미한다. 관광지 프로모션은 지역 내 모든 관광사업자 및 공급업자들을 위한 조정된 캠페인과 메시지를 필요로 한다. 비용대비 효과적인 프로모션 믹스를 개발하는 것은 관광지 내 공급업자와 전 세계에 걸쳐 있는 소비자층의 다양성 때문에 어려운 일이다.

- 적정한 시기에 적정한 메시지를 적정한 시장을 대상으로 내 놓는 것은 다양한 지역에서 다양한 언어적, 문화적 배경을 갖고 있는 소비자를 유치해야 하는 관광지로서는 항상 어려운 과제이다. 비용이 많이 소요되기는 하지만 광고는 관광객 유치 또는 체류 연장에 영향을 주기도 하고 관광지 브랜드의 개발에 도움이 될 수 있기 때문에 매우 중요한 의미를 갖는다.

화성문화제 관광슬로건의 마련

- 광고는 관광수요 추세를 따르고 관광지 이미지의 쇄신을 위해 슬로건을 자주 사용한다. 스페인은 최근 전통적인 "바다와 태양" 위주의 상품에서 벗어나 문화적 다양성과 지역 주민의 생활양식에 바탕을 두고 훨씬 더 고급스러운 상품을 강조하기 위해 슬로건을 "everything under the sun"에서 "passion for life"로 바꾼 바 있다.

관광교역전 참가

- DMO로서 수원시는 광고 외에도 전시박람회에 참가하여 여행중개업체들을 만나거나 소비자들과 직접적으로 접촉해야한다. 또한 관광지 정보를 담은 브로셔를 제작하여 여행중개업체나 소비자에게 배포한다. 이외에도 관광업계에 배포할 travel trade manual을 제작 배포한다. 비록 DMO가 지역 내 관광공급업자들에 대한 정보를 제공하는 정보센터를 운영하기는 하지만 타 관광사업자를 제치고 특정업체의 개별 상품이나 서비스를 프로모션할 수는 없다. 대신에 소비자가 정보를 문의해 오면 그들의 수요를 충족시

켜줄 수 있는 관광사업자를 소개해주는 역할을 하게된다.

loyalty club을 개발

- 화성문화제 관광을 위한 loyalty club을 개발함으로써 재방문의 잠재력이 큰 시장을 찾아내고 그 시장의 특성을 이해할 수 있다. 할인제도나 보너스 제도 등이 충성도가 높은 고객에게 보상을 주고 고객을 유지하기 위해 일부 관광지에서 최근 개발되고 있다.
- 수학여행 시장의 경우에는 학생 시절에 방문하고 성인이 되어서 방문하고 결혼 후 자녀와 함께 도 장년이 되고 나서 다시 부부가 함께 방문할 수 있는 가능성이 큰 시장이므로 10대들을 대상으로 한 마케팅을 적극 활용하여야 할 것이다.

수학여행 시장 상대 마케팅

- 화성 문화제를 수학여행의 목적지로서 자리 매김하고 그 매력을 홍보하는 교직자 초청사업을 실시하여 일본 현직 교사들을 대상으로 수원 및 경기도의 풍부한 역사문화자원·안전성·근거리 및 저렴한 여행경비 등 수학여행 매력을 집중 홍보한다. 이를 위해 도쿄·오사카·나고야 등 일본 주요 도시 교사들을 팸투어에 초청, 참가하도록 한다.
- 현재 일본은 국제화시대를 맞아 청소년들의 국제적 시야 확대 차원에서 일본 공립고교의 해외수학여행 규제를 완화하는 추세로, 일본청소년의 해외수학여행은 더욱 늘어날 전망이며, 수원시 역시 일본의 수학여행 유치활동을 지속적으로 강화할 필요가 있다.
- 지자체별 국제교류가 한창이던 '80년대 이후 일본은 지방경제를 활성화시킬 목적으로 국제공항을 건설하여 그 수는 '86년 37개에서 '98년 57개로 증가하였다. 그러나 이용률은 미미하여 각 지방자치단체는 궁여지책으로 단체수학여행에 눈을 돌리게 되었다. 단체여행은 공항의 이용률을 높일 수

있다는 판단에서이다.

- 센다이공항 국제촉진협의회는 교사의 해외답사비용 보조제도를 도입하였고, 아오모리, 아키타현에서도 학교와 부모에게 여행비용을 보조해줌으로써 공항이용을 촉진하고 있다. 수학여행단이 국제선이용자의 10-20%를 점하는 곳도 있다.
- 나리타, 하네다 공항이 있는 도쿄일대의 지자체만 유독 해외수학여행 허가를 늦추고 있는 데 다른 지역에서 해외수학여행 허가율이 높은 이유는 아이러니컬하게도 공항운영문제 때문이다. 공항이용률이 높은 도쿄 및 근교의 자치단체는 이와같이 해외여행을 촉진해야할 이유가 없다. 다시 말해 해외수학여행을 허가하지 않는 자치단체가 도쿄쪽에 몰려있는 이유는 다른 지방자치단체와 같이 운영난을 겪고있는 공항이 없기 때문이다.

6) 미래의 경쟁력있는 관광지 마케팅

혁신적이고 특화된 상품을 생산함으로써 관광지는 목적을 지닌 수요를 유발하고 상품을 차별화할 수 있다. 유연성있게 특화를 하는 경우 관광지는 국제적인 경쟁은 물론 소비자 추세와의 연계 및 새롭게 등장하는 구미가 까다로운 고객들의 욕구에 맞추어 나감으로써 지역의 공급업자 및 관광지 전체의 편익을 높이는데 기여할 수 있다. 이러한 원칙을 이해하는 관광지는 경쟁우위를 개발하고 유지하여 전략적 목표를 달성할 수 있다.

특화관광상품의 개발

화성 건축실명제 확인상품

- 화성은 축성사 역대의 걸작으로 성의 시설물이 41개소, 미복원 시설물도 7개소에 이른다. 200년 전에 축조된 성으로서는 가장 근대적인 규모와 기능을 갖추고 있다. 성문, 누대등 건축양식이 동양의 웅대함과 서양의 아름다

움을 혼합하여 성곽시설물들이 수려할 뿐만 아니라 당시 화기에 대한 공격과 방어에 대처할 수 있는 시설을 갖추는 등 우리 나라에서 가장 과학적인 설계로 축성한 성곽이며 동양성곽의 백미로 꼽히고 있을 정도이다. 또한 그 가치가 인정되어 유네스코 지정 세계문화유산으로 등록되었다.

- 화성은 성의 형태뿐만 아니라 포루, 곡성, 돈대, 치성의 적절한 안배로 실전에 있어서 가장 효과적으로 근접하는 적을 견제 섬멸할 수 있도록 하였다. 토성과 석성의 취약점을 보완, 벽돌과 돌을 함께 사용해 견고성과 디자인의 단순성 등을 최대한 살렸다.
- 화성은 불과 2년 9개월만에 준공되었음에도 불구하고 비용의 절감, 철저한 감독에 희한 완벽한 시공이 이루어진다. 또한 화성 성역의궤 라는 준공보고서는 벽돌의 몇 장이 어디에 쓰였는지를 기록할 정도로 매우 철저하고 세밀하게 작성되었고, 이는 당시의 문화적 자신감을 보여준 것이었다. 이것은 우리에게는 귀중한 사료일 뿐만 아니라 당대의 사회적 역량과 역사적 안목을 알 수 있는 18세기 문화의 소산이자 우리의 자랑이다
- 이 화성성역의궤는 일종의 건축실명제에 의한 건축기법을 기록화 한 것으로 화성건축의 특징이자 화성 건립과정을 해설대상으로 한 관광상품으로서의 가치를 충분히 지니고 있다. 특히 건축을 전공하는 학생이나 고건축에 관심있는 동호회를 대상으로 한 상품으로부터 시작하여 일반 초, 중, 고 학생이나 일반인에 이르기까지 그 저변을 확대시킬 수 있는 상품으로의 잠재력이 충분하다고 하겠다.

화성의 문화유적 해설상품

- 한마디로 화성은 18세기 조선 문화의 세련성과 우수성을 과시한 건축물이다. 그것은 화성이 이전 시대의 전통을 이어받으면서 당대의 사회 변화에 부응한 건축물이라는 점에서 더욱 가치가 크다. 당시 조선이 가지고 있는 문화의 결합체가 화성이라고 볼 수 있기 때문에 화성은 그 자체로서의

평가도 평가려니와 조선의 총체라고 해도 지나친 말이 아닐 것이다. 더 거슬러 올라가자면 삼국시대와 통일 신라시대의 찬란한 문화, 고려시대의 문화적 결정체가 조선시대로 흡수되었다고 볼 수 있겠다.

● 또한 이 찬란한 문화들은 하나의 공통점을 가지고 있으니, 바로 국가적 변란기나 위기시대에 잉태되고 탄생된다는 점이다. 즉 화려한 꽃을 피우면 열매를 맺기 위해 꽃이 지듯이, 화려한 문화적 업적을 탄생시키고 나서는 국가의 생명도 다했던 것이다. 이러한 연장선 위에 화성이 있다고 본다면 화성은 조선의 화려한 꽃이요, 화성이 다 세워지고 나서 겪게 되는 정조의 사망, 그리고 이어지는 세도 정치의 폐해 속에 조선의 해는 저물어 갔다.

● 통일 신라의 클라이맥스가 찬란한 문화로 대표되는 불국사와 석굴암이라면 고려의 클라이맥스는 팔만대장경과 고려청자 등이고, 조선의 정점은 조선 성리학과 이를 토대로 하여 세워지는 진경문화라고 볼 수 있으니 이 진경문화의 정점에 실학 사상이 녹아들게 되면서 화성 축성으로까지 이어지게 되는 것이다.

● 화성은 성곽이라는 하나의 군사적 건축에 정치와 경제 그리고 당대의 과학기술과 문화를 총화한 결정체로서 수원뿐만 아니라 우리 나라를 대표하는 문화유산으로 손색이 없다.

수원 주변의 특이체험상품-무속신앙 상품화

● 우리 나라의 무속신앙의 기원은 정확하게 밝혀진 바 없으나 대체로 아시아 시베리아의 샤마니즘(shamanism)을 무속신앙의 연원으로 삼는다. 조선시대에는 유교를 제외한 어떤 종교도 허용되지 않았다. 억불정책과 더불어 무속신앙에 대한 탄압이 심해졌다. 무당의 신분이 최하층으로 전락되기는 했지만 민간대중의 마음 속 깊숙이 자리잡고 있는 무속신앙을 완전히 근절하지는 못했다. 특히 사대부들이 유교를 숭상한 반면에 왕비나 여성들은 무속신앙을 통해 마음의 위안을 얻으려 했으므로 그 생명력은 현대까지 면면히 내려오고 있다. 그리고 한국인의 생활과 정서 속에는 무속에 대

한 잠재력이 부분적으로나마 상존하고 있다고 보아진다.

- 일제때는 문화탄압정책의 일환으로 한국 무속신앙의 총본산격인 남산에 있는 국사당(國師堂)을 현재의 인왕산으로 옮긴 사건이 있었지만, 일제의 탄압에도 불구하고 여전히 건재하다. 흔히들 무속신앙을 미신이라고 치부하고 종교로 간주하지 않기도 하지만 무속신앙은 한국사회 구석구속에 한국인의 삶의 저변에 깔려있는 신앙으로 자리잡아 오늘에 이르고 있다.

사례: 경기도 도당 굿(중요무형문화재 제 98호)

- 경기도 도당 굿은 경기도 일대의 한강 이남 지역에 전승되던 마을굿이다. 1960년대까지도 해안이나 도서의 어촌에 더 많이 전승되고 있었는데, 지금은 부천의 장마릉 한 곳에만 완전하게 남아 있다. 보통 대를 이어서 무당이 되는 세습무속은 호남의 단골무속와 유사한 점이 많고, 대를 이어서 기예 등을 연마하니 음악과 무용이 강신무들보다는 월등하게 뛰어나다.
- 도당굿은 다른 지역과 차별화된 독자적인 형태로 많은 화랭이들이 참여해서 재담과 덕담에 소리와 재주놀이들을 벌이고 축제분위기를 돋우었다. 지금은 화랭이나 무녀도 다 사라지고 한두명씩 남아 있다. 도당굿의 음악성은 판소리와 같기 때문에 판소리 연구에 귀중한 자료가 될 수 있으며, 화랭이 중심의 춤이 아직도 많고 제의성·연희성 춤들이 다양하다.
- 이굿은 놀이형태가 다양해서 탈놀이들과의 관련에서도 상호간의 교류나 발전, 발생을 헤아려보는 데 중요한 자료가 된다. 예전에는 3일이상 계속되는 마을의 축제였으나 지금은 오전에 시작하여 밤새 계속하여 다음날 아침에 끝내는 정도이다.

맞춤형 서비스(mass-customized services)

- 신기술과 인터넷의 활용을 통해 관광지는 경쟁력을 향상시킬 수 있다. 신기술은 지역의 모든 공급업자의 효율성을 향상시키고 차별화된 관광상품

을 개발하고 전달할 수 있는 도구를 제공한다. 지역 내 시설과 관광자원에 대한 정보의 제공은 새롭고 까다로운 형태의 관광수요를 유발할 수 있는 능력을 결정한다. 최근의 관광지 관리시스템의 발전은 관광지가 지역 내의 모든 상품과 서비스의 조정 및 국제적인 판촉을 가능하게 해준다. 차별화되고 고객취향에 맞춘 상품의 제공이 점점 쉬워져 가고 있으며, 지역 자원과 서비스에 대한 정보의 이용이 가능해짐으로써 개별여행의 비용이 줄어들게 되고 관광지가 대규모 소비자를 상대로 한 맞춤형 서비스(mass-customized services)가 가능하다.

- 더욱 중요한 것은 새로운 IT 도구의 발달로 소형업체들도 대형업체들과의 동등한 경쟁이 가능하게 되어 자신들의 경쟁력을 높일 수 있는 새로운 기회를 맞고 있다. 그 주요 혜택 중의 하나는 관광상품 유통을 위해 중개업체에 의존하는 비중이 줄어든다는 점이다. 결과적으로 관광공급업자들은 여행도매업자들과의 교섭력을 향상시키고 보다 유익한 유통전략을 개발할 수 있다. 이러한 상황은 관광사업체나 정부가 관광에 대한 의존도가 높지만 종합적인 마케팅 캠페인을 착수하기에는 전문성과 자원이 부족한 원거리, 주변 또는 도서관광지의 경우에 특히 의미가 있다. 고객과의 장기적인 관계를 가능하게 해주는 loyalty/fun club을 통한 공동마케팅(partnership marketing)은 관광지와 공급업자 모두에게 이익이 된다. DMO는 소비자와 지역주민을 연결시켜주는 효과적인 장치를 제공함으로써 관광의 효과를 최적화시켜야 한다.

관광안내해설체계의 개선

수원 화성으로 국내외 관광객들을 끌어들이기 위해서는 고도의 연출과 관리가 필수적이다. 특히 문화의 관광상품화에 있어서 해설은 관광의 성패를 결정짓는 중요한 요소라 할 수 있다. 이러한 관광안내체계에는 안내원의 전문성과 서비스의 소프트웨어(software)적인 면과 관광안내소, 표지판 등의 하드웨어(hardware)적인 면이 상호 조화롭게 구비되어야 효과가 극대화 될 수 있다.

안내서비스의 질 향상

● 문화상품을 설명하는 안내원의 경우에는 문화적 테마를 충분히 이해할 수 있는 문화지식을 겸비해야 한다. 문화관광상품 성공의 관건중의 하나는 자질있는 안내원에 의한 문화상품의 적절한 해설작업이라 할 수 있다. 즉 문화상품의 포장작업의 첨병이 바로 안내원의 해설과정이므로 보다 양질의 전문적인 안내원이 요망된다.

전문관광안내원 확보 노력

● 현재의 관광안내원 활용에는 한계가 있으며, 안내원의 부실안내 및 관광의 질 저하 문제를 해결하기 위해서는 전문관광안내원을 확보하도록 한다. 특수분야(불교, 유교, 예술, 역사, 고미술, 고건축 등)는 퇴직 전문가와 교수를 전문안내원으로 활용하는 방안을 모색하여 해당분야의 해박한 지식과 언어능력을 지닌 전문인력을 충분히 활용한다.

관광진흥법 시행령 자격시험, 자격요건 강화

● 안내내용은 암기위주가 아닌 본질을 충분히 이해하여 전달할 수 있는 능력을 배양하도록 관광진흥법상 자격요건을 강화한다. 전문관광가이드를 위한 자격시험에는 문화와 관련된 분야, 즉 문화인류학, 민속학, 한국사와 문화재보호법과 관광법규 등의 분야에 대해 시험을 선택적으로 치루게 해야 하며, 자격시험 이후에도 소정의 이수과정을 거쳐 문화관광의 요원으로서 자질을 향상시켜야 한다.

◐ 전문안내원의 양성

안내원의 처우 개선

● 현실적으로 각종 안내소에서 근무하는 안내원들의 근무여건이 매우 열악한 편이어서 안내서비스의 질이 떨어지므로 안내원들의 급여수준을 적정화하

고 직업의식과 업무에 대한 자긍심을 고취토록 해야 한다. 우수한 자질을 가진 사람이 안내원을 선호하도록 근무여건 및 급여, 인센티브 등 처우를 개선하도록 한다.

안내원 교육강화

- 단기교육이나 연수는 지양하고 전문가를 중점지도 육성토록 한다. 안내원들이 효과적으로 안내하도록 서비스 방법, 환대서비스, 정보처리 방법 등에 대해 지속적으로 교육·훈련한다.
- 특히 문화상품의 경우, 안내원이 어떠한 해설을 하는가에 따라 상품의 가치가 달라지므로 전문적인 안내를 할 수 있도록 한국관광공사, 한국관광협회 등의 전문기관이 연 1-2회 정도 종교 및 문화에 대한 교육을 정기적으로 실시하여 안내의 질을 향상시킨다.

안내시스템 정비

- 국내외관광객들에게 보다 신속하고 편리하게 관광안내정보를 제공하기 위해 안내시스템의 정비가 필요하다. 단순한 관광정보의 차원을 넘어서 고급정보를 다양하게 제공할 수 있도록 개선이 요망된다.

안내서비스의 체계 개선

- 자동안내시스템(ARS)와 인터넷, 스마트 폰 앱 등에 다양한 관광정보를 수록하고 서비스를 제공한다. 각종 사업체, 운송회사, 단체에서 개별적으로 실시되는 안내시스템을 통합하여 연계서비스망을 구축토록 한다. 또한 전국의 관광안내소와 수원 간의 네트워크를 강화하고, 해외문화원과 재외공관, 공사 해외지사 등을 수원과 연계한 국제관광안내 정보 네트워크를 구축한다.

관광데이타베이스를 연계한 시 종합 관광안내정보망 구축

● 수원시 관련 관광안내정보를 데이터베이스화하여 경기도 관광정보를 내외관광객에게 종합적으로 제공할 수 있는 수원시 관광데이타 베이스 구축이 이루어져야 한다. 추진방향은 시 소재 혹은 시 인접 지역 관광자원과 관광시설에 대한 이용, 교통, 주의사항 등을 포함한 지역안내 데이터베이스를 구축토록 하고, 이 때 시는 시 전체 데이터망의 표준화 방안을 제시토록 하여 시 산하 세부지역별 독자성과 특색을 살리되 전체적인 구성은 통일되도록 길잡이 역할을 한다.

참 / 고 / 문 / 헌

- 강해상 (2005). 축제평가체계에 관한 연구. 경기대학교 박사학위논문.
- 고경순 (2004). 『경험마케팅』. 서울: 도서출판 대명.

- 고경순 (2004). 『경험마케팅』. 서울: 도서출판 대명.

- 고동우 (1998). 선행 관광행동연구의 비판적 고찰. 『관광학연구』, 22(1), 207-229.
- 고선영 (2006). 장소자산에 기반한 농촌체험관광마을의 유형화: 경기도 4개 마을을 사례로. 서울대학교 박사학위논문.
- 고순화ㆍ이영선 (2008). 의류브랜드의 체험이 소비자-브랜드 관계와 브랜드 충성도에 미치는 영향. 『한국의류학회지』, 32(1).
- 고은별 (2010). 자동차 감성브랜딩 전략의 제고를 위한 연구: MINI의 사례를 중심으로. 홍익대학교 석사학위논문.
- 권민택 · 정미화 · 최낙환 (2010). 브랜드-자아이미지 일치성이 브랜드 사랑과 몰입에 미치는 영향. 『고객만족경영연구』, 12(1), 108-131.
- 권순달 (2004). 사랑의 이론과 측정 도구의 생태학적 평가. 『교육문제연구』, 21(1), 34-50.
- 권상미 (2009). 고객기반 브랜드자산(CBBE)을 활용한 축제 개최지역의 태도와 이미지에 관한 연구: 함평 나비축제 사례를 중심으로. 세종대학교 박사학위논문.
- 권유홍 · 손대현 (2004). TV 드라마 촬영지의 포스트모던한 관광체험: 미니시리즈 '겨울연가'의 촬영지 남이섬을 사례로. 『관광학연구』, 29(2), 104-131.
- 권익현 · 유창조 (1997). 레저 시설 내에서의 소비자 감정적 반응에 대한 실증연구: 스키 리조트를 중심으로. 『소비자학연구』, 8(1), 59-78.
- 권정택 (2000). 관광이벤트의 방문동기와 사후이미지가 만족과 재방문의도에 미치는 영향. 대구대학교 박사학위논문.
- 김경덕 (2009). Means-End Chain과 Laddering방법을 이용한 체험서비스의 가치측정에 관한 연구: 부산불꽃축제와 진주유등축제를 중심으로. 영산대학교 석사학위논문.
- 김경희 (2010). 축제 서비스품질이 축제 이미지와 지각된 가치, 행동의도에

미치는 영향 연구. 경기대학교 박사학위논문.

- 김경희·이용철 (2008). 축제참가자의 라이프스타일과 참가만족영향요인에 관한 연구. 『한국관광연구학회』, 22(1), 22-40.
- 김계석 (2004). 관광경험에서 유도된 정서가 관광자 태도와 재구매의도에 미치는 영향에 관한 연구. 상지대학교 박사학위논문.
- 김규영 (2006). 컨벤션센터 이용자의 지각된 환경단서, 내적반응, 행동의도와의 관계. 동아대학교 박사학위논문.
- 김규영 (2009). 감성브랜딩을 위한 디자인 매뉴얼 개발에 관한 연구. 이화여자대학교 석사학위논문.
- 김규영·임상택 (2006). 컨벤션센터의 지각된 환경단서, 이미지, 만족, 애호도, 재참가 의도의 관계. 『한국컨벤션학회』, 13(1), 81-105.
- 김기완 (2005). 체험관광 구성요인과 환경태도의 관계. 한양대학교 석사학위논문.
- 김기수 (2009). 호텔이용 경험이 고객만족, 소비자브랜드 관계에 미치는 영향에 관한 연구. 경기대학교 석사학위논문.
- 김남정 (2005). 도시브랜드 이미지의 구성요소와 영향에 관한 연구. 경원대학교 박사학위논문.
- 김대중 (2005). 인터넷 쇼핑몰의 물리적 환경이 소비자 구매의도에 미치는 영향에 관한 연구. 서울대학교 석사학위논문.
- 김명자 (1995). 지역축제의 방향을 위한 시론. 『비교민속학』, 12, 185-186.
- 김미지자 (1998). 『21C 디자인을 위한 감성공학』. 서울: 디자인오피스, 4-5.
- 김민철 (2001). 멀티플렉스 영화관에서 서비스 물리적 환경에 대한 인식이 고객행동에 미치는 영향에 관한 연구. 중앙대학교 석사학위논문.
- 김병재 (2007). 브랜드 커뮤니티 내 상호작용을 통한 동일시 및 성과에 관한 연구: 커뮤티니 경로와 브랜드 경로를 중심으로. 서울대학교 박사학위논문.
- 김선화 (2002). 백화점 의류매장의 지각된 서비스 환경이 고객의 내적반응과 외적행동에 미치는 영향. 충남대학교 박사학위논문.
- 김선희 (2007). 지역축제에 참여한 지역주민과 외지관광객의 만족도 비교연구. 『관광학연구』, 31(1), 405-420.
- 김성수 (2010). 서비스관계에 따라 서비스품질, 서비스가치, 감정반응 및 명

성이 고객만족과 재이용의도에 미치는 영향에 관한 연구. 한양대학교 박사학위논문.

- 김성혁·고호석·김순하 (2000). 지역축제 방문객의 시장세분화와 선택속성에 관한 실증적 연구: 10대 지역축제를 중심으로. 『관광학연구』, 24(1), 259-280.
- 김성규 (2006). 브랜드에 대한 정(情) 척도개발 및 구조분석과 브랜드 정(情)-브랜드자산 구성요인간의 관계에 관한 연구. 영남대학교 박사학위논문.
- 김승주 (2005). 소비자-브랜드 관계의 결정요인과 제품유형의 조정효과. 연세대학교 석사학위논문.
- 김유경 (2002). 소비자-브랜드 관계(Brand Relationship)유형과 영향요인에 관한 실증연구. 『광고연구』, 54. 7-32.
- ______(2003). 전략적 대안으로서 경험 커뮤니케이션 모델의유용성에 관한 연구. 『광고학연구』, 14(4), 21-35.
- 김유경· 허웅 (2003). 소비자와 브랜드 관계의 질적요인(BRQ)에 관한 연구: 제품 및 커뮤니케이션요인을 중심으로). 『한국언론학회』, 47(4), 33-59.
- 김윤수 (1999). 서비스의 물리적 환경이 서비스 품질평가에 미치는 영향에 관한 연구: 물리적 환경의 결정변수와 산업별 비교를 중심으로. 경희대학교 박사학위논문.
- 김완석 (2000). 『광고심리학』. 서울: 학지사.
- 김익권 (2007). 지역발전을 위한 지역축제 활성화 방안: 경남고성공룡 세계엑스포를 중심으로. 경남대학교 석사학위논문.
- 김정은 (2008). 브랜드 탄생 광고의 스토리 유형이 브랜드 태도에 미치는 영향에 대한 연구. 홍익대학교 석사학위논문.
- 김정현 (2008). 소비자-브랜드 관계의 선행 후행 변인들의 관계에 관한 연구. 『한국광고홍보학보』, 10(1), 29-46.
- 김정희 (2002). 점포선택행동과 소매업종별 고객만족도 비교연구. 『마케팅관리학회』, 7(1), 123-152.
- 김진성·오성택 (2010). 전주한지문화축제 참가 기업인의 참가목적, 만족도 및 행위 의도에 관한 연구. 『서비스경영학회지』, 11(1), 29-52.
- 김진수 (2002). 문화적 고유성이 관광행동에 미치는 영향. 한양대학교 박사학위논문.

- 김창수 (2005). 지역축제 서비스품질이 지역발전 성과에 미치는 영향. 『한국관광정책학회』, 11(2), 66-80.
- 김창수 · 전대희 (2007). 지역축제의 서비스 품질과 만족도 평가 비교분석. 『대한관광경영학회』, 22(2), 265-284.
- 김철원 (2001). 관광목적지의 브랜드와 및 브랜드자산가치. 『한국관광정책』, 11(3), 51-55.
- 김철원 · 임성택 (2003). 박람회의 물리적 환경이 고객만족과 재방문, 그리고 구전에 미치는 영향. 『관광학연구』, 7(3), 115-139.
- 김철원 · 박유미 · 이향정 (2005). 컨벤션 개최지의 이미지가 만족도 및 사용반응에 미치는 영향. 『관광학연구』, 28(4), 273-294.
- 김형국 (2002). 『고장의 문화판촉-세계화시대에 지방이 살 길』. 서울: 학고재.
- 김훈철 · 장영렬 · 이상훈 (2008). 『브랜드 스토리텔링의 기술』. 서울: 멘토르 출판사.
- 나까마찌미쥬오 (1994). 『감성공학』. 울산: 울산대학교출판부(UUP).
- 남윤희(2005). 체험프로그램이 축제만족에 미치는 영향. 경기대학교 석사학위논문.
- 노경호 · 손선미 (2002). 문화관광의 체험 선택요인에 관한 연구. 『문화관광연구학회』, 4(3), 63-81.
- 노장오 (2003). 『한국형 브랜딩 성공의 법칙 22』. 서울: 더난.
- 두산백과사전 (2010). 서울: 두산동아.
- 류시영 · 엄서호 (2008). 쾌락적/실용적 기대-성과 불일치가 관광자 만족/불만족에 미치는 상대적 영향. 『한국관광학회 학술대회 발표논문집』, 241-250.
- 문경주 (2007). 축제 웹사이트의 서비스품질과 웹 이용형태가 만족과 행동의도에 미치는 영향. 경기대학교 박사학위논문.
- 문은아 (2004). 문화콘텐츠 산업의 상품화에 감각적 체험 마케팅활용에 관한 연구. 『한국디자인트렌드학회』, 9(1), 179-197.
- 문화연대 (2003). 『2002 하반기 축제평가 보고서』
- 문화관광부 (1996). 『한국의 지역축제』. 서울: 문화관광부.
- 문화체육관광부 (2007). 『2006 문화과광축제 종합평가 보고서』. 서울: 문화체육관광부.
- ________(2009). 『2009 문화관광축제 선정내역』. 서울: 문화체육관광부.

- __________(2009). 『2009 지역축제 총괄표』. 서울: 문화체육관광부.
- 민병호 · 손대현 (2000). 지역축제의 서비스품질 개발에 관한 연구. 『한국호텔관광학회』, 4(1), 26-45.
- 민양기 (2005). 문화관광축제 참여 영향요인이 행위의도에 미치는 영향. 경기대학교 박사학위논문.
- 박건실 (2004). 지역축제 서비스 품질이 고객 만족도에 미치는 영향. 『산업경제연구』, 17(4), 1171-1194.
- 박근수 (2004). 축제유형별 브랜드개성의 차이를 활용한 대전엑스포과학공원 활성화 방안. 『관광학연구』, 28(2), 253-270.
- 박석희 (1994). 『신관광자원론』. 서울: 일신사.
- ______(2001). 『나의 문화관광 탐구』. 서울: 백산출판사, 146.
- _______(2005). 관광 · 체험 · 변화의 개념과 유형에 관한 철학적 천착. 『농촌관광연구』, 12(1), 17-49.
- 박성연 · 배현경 (2006). 매장 내 감각적 체험이 매장태도와 애호도에 미치는 영향: 소비감정과 만족의 매개적 영향을 중심으로. 『마케팅관리연구』, 11(3). 1-13.
- 박성연 · 황정은 (2005). 매장내 체험적 경험이 브랜드 태도 및 구매의도에 미치는 영향: 디지털 체험관을 중심으로. 『경영논총』, 23(2), 69-93.
- 박영일 (2008). 체험유형 선호에 따른 농촌체험 관광마을태도가 방문의도에 미치는 영향. 상명대학교 박사학위논문.
- 박인수 (2006). 마케팅 환경 변화에 따른 브랜드 아이덴티티 개발 프로세스에 관한 연구: 마케팅 환경 분석에 소비자 감성 분석기법을 도입하여. 상명대학교 예술디자인대학원 석사학위논문.
- 박정하 (2008). 호텔 컨벤션 고객의 선택속성 중요도에 대한 지각차이 및 만족도가 행동의도에 미치는 영향. 세종대학교 박사학위논문.
- 박종진 (2009). 지방박람회 환경단서와 장소성이 지속가능성 및 지역이미지 형성에 미치는 영향 연구. 경기대학교 박사학위논문.
- 박진실 (2007). 일탈성 체험이 축제만족에 미치는 영향: 보령머드축제를 중심으로. 한양대학교 석사학위논문.
- 박창규 (1998). 관광자만족의 결정요인에 관한 연구. 경기대학교 박사학위논문.
- 박현지 · 박영술 · 권영국 (2000). 2000 광주비엔날레의 안전요인 만족도와 재

방문의사간의 관계분석. 『문화관광연구』, 2(1). 213-223.

- 박희석 (2007). 관광관련 온라인 브랜드 커뮤니티의 상호작용성이 관계품질, 브랜드 충성도와 브랜드 사랑에 미치는 영향: Flow 경험의 매개역할을 중심으로. 『고객만족경영연구』, 9(2), 1-22.
- 변세일(2008). 경로분석방법론(Path Analysis): 인과관계의 논리적 설명은 경로분석을 통해서. 국토연구원, 4(318), 59-67.
- 삼성경제연구소(2006). 『소비자의 브랜드 사랑』. 서울: 삼성경제연구소.
- 서철현 · 송은주 · 이상돈(2003). 자연휴양림 이용객들의 이용 후 평가에 관한 연구. 『문화관광연구』, 5(2), 169-188.
- 서헌 (2006). 관여에 따른 카지노 이용객의 지각된 가치가 고객만족 및 재방문의도에 미치는 영향에 관한 연구. 경희대학교 박사학위논문.
- 서헌 · 이충기 · 이용기 (2008). 지각된 가치가 방문객 만족, 재방문의도 및 추천의사에 미치는 영향: 강원랜드 카지노방문객을 중심으로. 『호텔경영학연구』, 17(4), 181-195.
- 서휘석 · 이동기 (2000). 물리적 환경이 지역축제의 만족과 재방문 및 구전의도에 미치는 영향에 관한 연구: 익산시의 보석문화축제를 중심으로. 『한국행정학회』, 34(1), 229-243.
- 서희정 (2005). 프로축구의 브랜드자산 구성요소가 브랜드충성도에 미치는 영향. 단국대학교 박사학위논문.
- 석재민 · 김대관 (2004). 컨벤션 장소 선정에 영향을 미치는 서비스품질 속성 평가. 『한국관광학회 제 55차 학술논문 발표대회 학술발표 논문집』, 333-346.
- 성영신 · 고동우 · 정준호 (1996). 여가 경험의 심리적 본질. 『소비자학연구』, 7(2), 35-57.
- 성영신 · 반은아 (1995). 광고에 대한 감정의 유형화: 유발된 감정과 느낀 감정. 『광고학연구』, 6(2), 8-47.
- 성현선 · 임재국 (2008). 지역축제 서비스품질이 방문객의 감정, 만족 및 행동의도에 미치는 영향. 『호텔경영학연구』, 17(4), 247-263.
- 손선미 (2007). 연구논문: 체험지향성과 관광축제이벤트의 프로그램, 물리적 요소, 방문의도의 관계. 『이벤트컨벤션연구』, 6, 1-23.
- 손일권 (2003). 『브랜드 아이덴티티』, 서울: 경영정신.

- 손일화 (2000). 국적별 문화관광체험과 관광지 속성이 만족과 선택에 미치는 영향에 관한 연구. 동아대학교 박사학위논문.
- 송학준 · 이진영 · 이충기 (2008). 환경지각단서를 이용한 내국인카지노 시장 세분화 연구. 『호텔경영학연구』, 17(2), 117-130.
- 신재익 (2005). 관광목적지의 물리적 환경단서, 이미지, 만족, 재구매 의도간의 관계. 경상대학교 박사학위논문.
- 심상욱 (2009). 축제의 서비스스케이프 이미지가 지역이미지에 미치는 영향에 관한 구조분석. 배재대학교 박사학위논문.
- 아키노 노루보/미쯔비시 종합연구소 (1991). 『전예측-1990년대의 일본』. 서울: 청계연구소출판국.
- 안광호 · 임미화 (2008). 제품편익이 브랜드 애착과 브랜드 몰입에 미치는 영향: 제품유형과 자기감시성의 조절적 효과. 『소비자연구』, 19(1), 169-189.
- 안영철 (2002). 전통예절과 문화를 주제로 한 체험관광 프로그램 연구: 안동지역을 중심으로. 『문화관광연구』, 4(4), 99-120.
- 양경미 (2006). 서비스환경의 단서(Cues)가 고객기대와 구매결정에 미치는 영향에 관한 연구: 호텔 식음료 레스토랑을 중심으로. 경기대학교 박사학위논문.
- 양년화 (2005). 제품 유형에 따른 경험 마케팅이 브랜드 로열티에 미치는 영향에 관한 연구: 고관여 이성제품과 감성제품의 비교를 중심으로. 경희대학교 석사학위논문.
- 양영순 (2003). 체험마케팅이 브랜드인식에 미치는 영향에 관한 실증연구: 여성화장품 소비자를 중심으로. 서경대학교 석사학위논문.
- 양봉석 (2006). 문화관광지의 관광체험과 고유성, 관광만족의 관계 연구. 동아대학교 박사학위논문.
- 양정영 · 손선미 (2002). 문화관광에서의 체험마케팅 활용방안. 『여행학연구』, 16(1), 45-66.
- 오명환 (1991). 인간의 오감을 능가하는 첨단 센서 기술; 감성 공학이란 무엇인가. 『과학동아』, 71, 118-121.
- 오순환 (2001). 한국의 전통축제와 놀이형태에 관한 고찰. 『관광학 연구』, 25(2), 197-215.

- 오수희 (2005). 감각, 감성, 인지 체험간 관계가 경험적 가치와 브랜드태도에 미치는 영향에 관한 연구. 이화여자대학교 석사학위논문.
- 오정근 (2008). 축제의 체험속성과 환경단서가 방문객 만족에 미치는 영향. 『관광학연구』, 32(4), 301-324.
- 유명의 (2008). 지역문화축제행사로서의 패션쇼 기획에 관한 사례 연구. 『한국일러스트학회』, 2(11), 91-100.
- 윤보라(2007). 컨벤션 센터의 물리적 환경단서가 고객만족 및 재방문 의도에 미치는 영향에 관한 연구: COEX사례를 중심으로. 동덕여자대학교 석사학위논문.
- 윤선정 · 오선영 (2009). 항공사의 소비자-브랜드 관계의 질적차원(BRQ) 측정을 위한 척도개발에 관한 연구. 『한국관광학회 제 66차 학술대회 발표논문집』, 228-237.
- 유재하 (2004). 브랜드 자산의 구성 요소에 관한 연구: 소비자와 브랜드간의 감성-관계를 중심으로. 성균관대학교 박사학위논문.
- 유흥렬 (2007). 지역문화축제 브랜드 디자인의 상징표현이 미치는 영향성과 가치평가에 관한 연구. 한양대학교 박사학위논문.
- 윤동구(2001). 관광객만족구조 모형의 개발에 관한 연구. 경기대학교 박사학위논문.
- 윤설민(2007). 축제개최 관광지의 매력 평가 및 만족도에 관한 연구: 문화관광축제와 관광진흥법상 관광지의 상호비교를 바탕으로. 경희대학교 석사학위논문.
- 윤유식 · 선종갑 (2005). 주제공원의 관광동기가 관광체험에 미치는 영향. 『사회과학연구』, 26, 1-17.
- 윤정현 (2005). 지역축제의 사회적 영향 척도 개발에 관한 연구: 전라남도 보성군 지역축제를 중심으로. 조선대학교 박사학위논문.
- 이강욱 (1998). 『문화관광축제의 영향 및 운영효율화 방안: 금산인삼축제 사례연구』. 서울: 한국관광연구원, 6, 67-91
- 이경모 (2005). 축제시설이 만족도와 재방문의도에 미치는 영향연구. 『이벤트컨벤션연구』, 1, 137-152.
- 이경희 (2003). 축제의 서비스 품질 평가분석: 대전 한밭문화제를 중심으로

『문화관광연구』, 5(2), 29-44.

- 이구형 (1998). 감성과 감정의 이해를 통한 감성의 체계적 측정 평가. 『감성과학』, 1(1), 113-122.
- 이문규 (1999). 서비스 충성도의 결정 요인에 관한 연구. 『마케팅연구』, 13(2), 1-25.
- 이범재 (2009). 축제 방문객의 체험동기와 프로그램의 체험몰입, 축제성과 간의 영향관계. 세종대학교 박사학위논문.
- 이보람 (2005). 체험마케팅과 브랜드 퍼스낼리티의 적합성이 브랜드 로열티에 미치는 영향에 관한 연구. 부산대학교 석사학위논문.
- 이수부 · 유영진 · 하동현(2008). 연구논문: 울산 및 대구지역 레스토랑의 브랜드 퍼스넬리티가 브랜드 인지, 연상, 브랜드 감성-관계 및 브랜드 이미지 및 브랜드 애호도에 미치는 영향. 『한국식생활문화학회』, 23(2), 172-183.
- 이승곤 · 한지훈 (2005). 지역축제 서비스 품질의 만족이 재방문 의도에 미치는 영향: 안동국제탈출페스티벌을 중심으로. 『관광연구저널』, 19(2), 299-313.
- 이영찬(2009). 무대공간 영역변화에 의한 감성 반응 연구. 세종대학교 박사학위논문.
- 이영희 (2001). 『광고는 과정이다』. 서울: 예경.
- 이완복 (2009). 지역축제 방문객의 생활양식에 따른 축제선택속성 실증분석. 호서대학교 박사학위논문.
- 이용기 · 이덕우 · 이충기 (2003). 지각된 환경단서가 방문객 만족과 충성도에 미치는 영향. 『관광학연구』, 27(1), 85-104.
- 이유재 (1995). 고객만족의 정의 및 측정에 관한 연구. 『경영논집』, 29(2), 145-168.
- 이유재 (1997). 고객만족형성과정의 제품과 서비스간 차이에 대한 연구. 『소비자학연구』, 8(1), 101-118.
- 이유재 · 김우철 (1998). 물리적 환경이 서비스 품질 평가에 미치는 영향에 관한 연구. 『마케팅연구』, 13(1), 61-86.
- 이유재 · 이지영 (2004). 브랜드 동일시, 브랜드 감정, 브랜드 로열티의 관계에 관한 연구. 『광고연구』, 65, 101-125.
- 이윤원 (2003). 소비자와 브랜드 관계의 질 측정을 위한 척도 개발. 연세대

학교 석사학위 논문.

- 이장우 (2005). 공연예술 작품에 대한 감성과 경험이 공연 브랜드 일체감과 애호도 및 카테고리 애호도에 미치는 영향에 관한 연구. 성균관대학교 박사학위논문.
- 이정록 · 안종현 (2004). 지역축제의 방문자 만족에 관한 연구. 『한국경제지리학회』, 7(3), 503-518.
- 이준엽 (2003). 지역이벤트 관광객의 추구편익에 따른 만족도에 관한 실증적 연구. 『관광레저연구』, 14(3), 193-212.
- 이준엽 · 유정림 · 조현민 · 조태영 (2005). 축제 프로그램의 체험성에 관한 연구: 서산해미읍성 사례를 중심으로. 『문화관광연구』. 7(2), 97-111.
- 이지연 (2005). 탄산음료 웹 프로모션 사이트에서 감성적 체험이 브랜드이미지에 미치는 영향과 디자인 전략 연구. 홍익대학교 석사학위논문.
- 이충기 · 이태희 (2000). 경주문화엑스포에 대한 축제참가 동기분석. 『관광학연구』, 23(2), 84-98.
- 이태희 (2001). 한국관광목적지 브랜드 창출을 위한 브래드 지수 평가에 관한 연구. 『관광학연구』, 25(3), 171-192.
- ______(2003). 『축제브랜드 경영론』. 서울: 대왕사, 21-22, 28-35.
- ______(2003). 잔차분석을 통한 관광목적지의 관광브랜드 과부족에 관한 연구. 『관광연구저널』, 17(2), 55-74.
- ______ · 오민재 · 한혜숙 (2005). 일본인 해외여행자의 관여수준에 따른 관광목적지 브랜드가치 비교. 『문화관광연구』, 7(1), 335-350.
- ______ · 김홍렬 · 윤설민 (2007). 축제와 관광지 매력의 중요도-성취도 비교연구. 『관광레저연구』, 19(1), 61-76.
- ______ · 김홍렬 · 윤설민 · 장윤정 (2007). 로지스틱 회귀분석을 이용한 관광객 만족도에 영향을 미치는 축제와 관광지 매력에 관한 연구. 『관광레저연구』, 19(2), 73-90.
- ______(2010). 러브마크이론을 적용한 전북 관광체험 가치의 평가 틀 도출 및 러브마크 가치 상향화 전략. 『한국관광학회 제68차 학술연구 발표논문집』, 845-863.
- 이태희(2011). 『러브마크 감성행동론』. 서울: 새로미

- 이학식 · 임지훈 (2002). 소비관련 감정척도의 개발. 『마케팅연구』, 17(3), 55-91.
- 이현종 (2007). 체험관광동기에 따른 관광목적지유형에 관한 연구. 경희대학교 박사학위논문.
- 이혜련 · 김정만 (2003). 컨벤션참가자의 개최지서비스에 대한 인식: 중요도와 성취도. 『관광연구』, 18(1), 79-94.
- 이효선 (2005). 개인가치와 관광체험추구성향이 관광체험상품 선정에 미치는 영향: 일본인 Inbound 시장 세분화를 중심으로. 경희대학교 박사학위논몬.
- 이훈 (2006). 축제체험의 개념적 구성모형. 『관광학연구』, 30(1), 29-42.
- 임명재 (2007). 관광이벤트의 체험이 관광목적지 브랜드자산에 미치는 영향. 배재대학교 박사학위논문.
- 장경 · 고현민 (2004). 멀티플렉스에서의 물리적 서비스환경과 고객의 만족에 관한 연구. 『한국산업경영시스템학회』, 27(2), 29-36.
- 장경수 (2005). 축제의 서비스품질의 방문자 만족과 행동의도에 미치는 영향 : 대구약령시 축제를 대상으로. 『관광연구』, 19(3), 131-145.
- 장병권 (2006).전북지역축제의 평가방법과 차별적 지원방안. 『2006 국제관광학회 학술세미나』, 183-208.
- 장양례 (2005). 축제 평가속성이 방문객 만족과 충성도에 미치는 영향연구. 『문화관광연구』, 7(2), 163-180.
- 장은영 (2005). 『관광체험의 이론과 실제』. 서울: 백산출판사.
- 정강환 (1996). 『이벤트관광전략』. 서울: 일신사.
- 정강환 · 윤유식 (2004). 축제 방문객 만족도가 지역 문화관광에 미치는 영향에 관한 연구. 『관광레저연구』, 16(2), 287-303.
- 정광현 (2003). 레스토랑 속성평가, 지각된 가격, 가치와 만족 및 재이용 의도간의 관계. 동아대학교 박사학위논문
- 정미리 (2009). 지역축제 방문객의 방문동기가 프로그램 만족도 및 충성도에 미치는 영향: 청도반시축제 · 진영단감축제 중심으로. 세종대학교 석사학위논문.
- 정선미 (2004). 관광속성이 체험관광객 만족에 미치는 영향: 해미읍성 역사체험축제를 중심으로. 세종대학교 석사학위논문.
- 정수진 (2006). 브랜드 아이덴티티 개발을 위한 감성마케팅의 시각적 분석

연구. 『디자인연구』, 9(2), 75-84.

- 정우철 (2010). 지역축제에서의 이해관계자간의 만족도에 대한 비교분석. 『관광연구』, 25(1), 327-347.
- 정지원 (2004). 관광이벤트 참가자 만족과 불만족의 사후행위의도에 관한 연구. 경기대학교 박사학위논문.
- 정철 (2000). 대중관광객의 비교를 통한 생태관광객의 동기, 체험, 만족에 관한 연구. 한양대학교 석사학위논문.
- 조명제·권명광·안상수 (2000). 『디자인 사전』. 서울: 안그라픽스.
- 조배행 (2007). 지역축제 영향에 대한 지역주민의 지각차이 분석. 『한국지역지리학회지』, 13(1), 68-81.
- 조영훈 (2002). 경험 마케팅이 브랜드 자산 평가에 미치는 영향에 관한 연구. 아주대학교 석사학위논문.
- 조태영·서태양 (2008). 이벤트의 지각된 환경단서가 방문객 만족과 충성도에 미치는 영향에 관한 연구. 『관광연구』, 23(2), 1-22.
- 지진호 (2008). 축제참여자의 지각된 가치, 만족, 행동의도와의 영향관계. 『여행학연구』, 29(1), 1-20.
- 차동욱 (2004). 지역축제 만족도에 의한 방문자의 재방문 및 구전홍보 결정요인에 관한 연구. 『관광레저연구』, 16(1), 55-69.
- 최민욱·조병량 (2006). 소비자-브랜드 관계의 질적 차원에 관한 연구: 브랜드 자산 요소와의 관계를 중심으로. 『한국광고홍보학회』, 7(4), 127-168.
- 최원주 (2008). 소비자-브랜드 감성적 관계에 대한 사랑의 삼각이론적 접근. 『한국언론정보학보』, 44(Dec), 8-18.
- 최원주·최준환 (2008). 브랜드 사랑, 그 개념적 요인과 합의. 『주관성 연구』, 17, 45-66.
- 최인호·손대현 (2004). 영상 촬영지 관광객의 체험. 『관광레저연구』, 16(1), 105-120.
- 하광수·한범수 (2001). 주제공원방문자의 만족과 방문 후 행동의도의 결정요인. 『관광학연구』, 25(1), 329-347.
- 한국관광공사 (1994). www.knto.or.kr
- 한국문화관광정책연구원 (2006). 『한국 지역축제 조사평가 및 개선방안 연

구 총괄보고서』. 서울: 한국문화관광정책연구원.

- 한국문화관광연구원 (2008). 『지역축제평가 및 지원체계연구』. 서울: 한국문화관광연구원.
- 한국문화정책개발원 (1994). 『향토축제 활성화를 위한 모형개발 연구』. 서울: 한국문화관광정책연구원, 25-26.
- 한숙영 엄서호 (2005). Pine과 Gilmore의 체험영역 모델에 관한 검증: 한산모시축제 체험활동 참가자 만족을 중심으로. 『관광학연구』, 29(2), 131-148.
- 한은경·오현정·이용진 (2007). 도시평판 척도개발에 관한 연구. 『서울도시연구』, 8(4), 31-51.
- 한은경·유재하 (2003) 브랜드 자산평가를 위한 감성 및 관계척도 개발에 관한 연구. 『광고학연구』, 14(4), 37-66.
- 홍경완 (2007). 지역축제 물리적 환경이 방문객 감정과 만족에 미치는 영향. 『관광연구저널』, 21(1).
- 홍경완·김현철 (2005). 관광축제 서비스품질, 즐거움과 각성 및 방문객 만족에 관한 인과관계 연구. 『관광학연구』, 30(3), 125-144.
- 황선아·황선진 (2005). 종업원의 고객지향성에 따른 관계 질(만족, 신뢰, 몰입)이 재방문의도에 미치는 영향에 관한 연구. 『서비스경영학회지』, 6(2), 151-186.
- 황윤용·최수아 (2008). 축제에서 체험요소가 참여자감정반응과 애호행동에 미치는 영향. 『한국산업경제학회』, 21(5), 2113-2131.
- 허은아 (2008). 브랜드매너의 구성차원 및 고객기반의 브랜드자산에 미치는 영향. 성균관대학교 박사학위논문.
- 허중욱 (2007). 문화관광축제 방문동기와 경험후 행동관계에서 지역주민의 정주의식 영향 분석: 정선아리랑제를 중심으로. 『관광연구』, 22(3), 301-322.
- 허희옥 (2006). 내러티브 사고 양식인 스토리텔링 기법을 이용한 멀티미디어 교육 컨텐츠 개발. 『교육공학연구』, 22(1), 195-224.
- 현경석 (2009). 서비스의 물리적 환경, 고객 가치, 행동 의도에 구조적 관계에 관한 연구: 제주지역 특 1급 호텔을 중심으로. 경희대학교 박사학위논문.
- Aaker, David A. (1991). *Managing Brand Equity*. San Francisco: Free Press.
- Aaker, David A. (1997). Dimensions of Brand Personality. *Journal of Marketing*

Research, 34(3), 347-356.

- Aaker, David A. (2005). *Building Strong Brand*. New York: The Free Press.
- Altman, I. & Taylor, D. A. (1973). *Social Penetration*, New York: Holst, Rinehart, Winston.
- Anderson, J. C., & Gerbing, D. W. (1988). Structural equation modeling in practice: A review and recommended two-step approach. Psychological Bulletin, 103 (3), 411-423.
- Backman, K., S. Backman, Uysal, M., & Moh, K. (1995). An Examination of Motivation and Activities. *Festival Management & Event Tourism*, 3(1): 15-24.
- Baker, J. Levy, M., & Grewal D. (1992). An Experimental Approach to Making Retail Store Environmental Decisions. *Journal of Retailing*, 68(4), 445-462.
- Barlow J, Maul D. (2000). *Emotional value: Creating strong bonds with your customers*. San Francisco: Berrett-Kohler Pub.
- Bayus, B. L. (1985). Word of Mouth : The Indirect Effects of Marketing Efforts. *Journal of Advertising Research*, 25(3), 31-38.
- Bello, D. C., & Etzel, M. J. (1985). The role of novelty in the pleasure travel experience. *Journal of Travel Research*, 24(1), 20-26.
- Berry, L., (1983). *Relationship Marketing*. American Marketing Association, Chicago, 146.
- Bitner, M. J. (1987). *Contextual Cues and Consumer Satisfaction: The Role of Physical Surroundings and Employee Behaviors in Service Settings*. Ph.D dissertation, University of Washington.
- ______ (1992). Servicecapes the Impact of Physical Surroundings on Customers and Employees. *Journal of Marketing*, 56(April), 57-71.
- Blackston, M. (1992). Building Brand Equity by Managing the Brand Relationship, *Journal of Advertising Research*, 32(3), 79-83.
- ______ (1993). *Brand Equity and Advertising*: Advertising Role in Building Strong Brands, Hillsdale, 113-124.
- Booms, B. H., & Bitner, M. J. (1982). Marketing services by managing the environment, *Cornell Hotel and Restaurant Administration Quarterly*, 23(May),

35-39.

- Boulding, W., Kalra A., Staelin R., & Zithaml V. A. (1993). A Dynamic Process Model of Service Quality: From Expectations To Behavioral Intentions, *Journal of Marketing Research* 30(Feb), 7-27.
- Bradbury, T. N., & Fincham, F. D. (1990). Attributions in marriage: Review and critique. Psychological Bulletin, 107(1), 3-33.
- Buchholz, A., & Wordemann, W. (2000). *What makes winning brands different*. New York: John & Sons.
- Burke, M. C., & Edell, J. A. (1989). The impact of feelings on ad-based affect and cognition, *Journal of Marketing Research*, 26(1), 69-83.
- Caroll, B. A., & Ahuvia, A. C. (2006). Some antecedents and outcomes of brand love. *Marketing. Letters* 17(1), 79-89.
- Carmichael, B. (1996). Conjoint analysis of down hill skiers used to improve data collection for market segmentation. *Journal of Travel & Tourism Marketing*, 5(3), 187-206.
- Chang. P. L., & M. H. Chieng (2006). Building Consumer-Brand Relationship: A Cross-Cultural Experiential View: *Psychology and Marketing*, 23(11), 927-959.
- Chaudhuri, A., & Holbrook, M. (2001). The chain of effects from brand trust and brand effect to brand performance: the role of brand loyalty. *Journal of Marketing*, 65(2), 81-93.
- Cohen, E. (1979). Rethinking the sociology of tourism. *Annals of Tourism Research*, 6(1), 18-35.
- ______ (1988). Authenticity and commodification in tourism. *Annals of Tourism Research*, 15(3), 371-386.
- Clawson, M., & Knetsch, J. L. (1966) *Economics of outdoor recreation*. Baltimore: Johns Hopkins Press.
- Crompton, J. L., & Childress, R. D. (1997). A Comparison of Alternative Direct and Discrepancy Approaches to Measuring Quality of Performance at a Festival. *Journal of Travel Research*, 35(3), 42-45.
- Czipiel, J. A., & Rosenbergn J. (1974). *Perspectives on consumer satisfaction*.

AMA educator, Chicago.

- Coulter, K. S., & Coulter, R. A. (2002). Determinants of trust in a service provider: the moderating role of length of relationship, *Journal of Services Marketing*, 16(1), 35-50.
- Daniel C. B., & Michael J. E. (1985). The Role of Novelty in the Pleasure Travel Experience. *Journal of Travel Research*, 24(1), 20-26
- Dann, G. M. S. (1977). Anomie, Ego-enhancement and Tourism, *Annals of Tourism Research*, 4(4), 184-194.
- Dawson, D. A. (1991). Critical Analysis of Ethnic and Multicultural Festival, *Journal of Applied Recreation*. Research, 16(2), 116-132
- Day, R. L. (1980). Research Perspectives on Consumer Complaining Behavior. AMA Prcoceedings, *American Marketing Association*, 211-215.
- Dewey, J. (1916). *Democracy and Education*. New York: The Macmillan Company.
- Dick, A. S., & Basu, K. (1994). Customer Loyalty: Toward an Integrated Conceptual Framework. *Journal of the Academy of Marketing Science*, 22(2), 99-113.
- Donovan, R. J., & Rossitter, J. R. (1982). Store atmosphere: an Environmental Physical approach. *Journal of Retailing*, 58(Spring), 34-57.
- Donovan, R. J., Rossitter, J. R., Lian, M. G. & Andrew, N. (1994). Store Atmosphere and Purchasing Behavior. *Journal of Retailing*, 70(Fall), 283-294.
- Doney, Patricia M., & Cannon, Joseph P. (1997). An Examination of the Nature of Trust in Buyer-Seller Relationships. *Journal of Marketing*, 61(2), 35-51.
- Dowling, G. R. (2004). Corporate reputation : should you compete on yours?. *California Management Review*, 46(3), 19-36.
- Ross, E. D., & Iso-Ahola, S. E. (1991). Sightseeing tourists motivation and satisfaction. *Annals of Tourism Research*, 18(2), 226-237.
- Ewert, A., & Hollenhorst, S. (1994). Individual and setting attributes of the adventure recreation experience. *Leisure Sciences*, 16(4), 177-191.
- Fombrun, C, J., & Shanley, M. (1990). What's in a name? Reputation building

and corporate strategy. *Academy of Management Journal*, 33(2), 233-258.

- Fombrun, C. J. (1996). *Reputation : Realizing Value from the Corporate Image*. Boston : Harvard Business School Press.
- Fombrun, C. J., & Van Riel, C. (1997). The reputational landscape. *Corporate Reputation Review*, 1(1/2), 5-13.
- Fornell, C. (1992). A National Customer Satisfaction Barometer: The Swedish Experience. *Journal of Marketing*, 56(1), 6-21.
- Fournier, Susan (1994). A *Consumer-Brand Relationship Framework for Strategy Brand Management*. unpublished doctoral dissertation University of Florida.
- _______ (1998). Consumers and Their Brands: Developing Relationship Theory in Consumer Research. *Journal of Consumer Research*, 24(4), 343-373.
- Gardner, J. D. (1985). Mood States and Consumer Research: A Critical Review, *Journal of Consumer Research*, 12(3), 281-300.
- Garvin, D. A. (1987). *Competing on the eight dimensions of quality*. Harvard Business Review, 65(6), 102-109.
- Getz. D. (1991). *Festivals, Special Events, and Tourism*. New York: Van Nostrand Reinhold.
- _______ (1997). *Event Management & Event Tourism*. 331. New York: Cognizant Communication Corporation.
- Gilmore, J., & B. Pine Ⅱ (1999). *The Experience Economy : Work is Theatre & Every Business A Stage*. Harvard Business school Press.
- Gitelson, R., & Cromption, J. (1984). Insights into the repeat vacation phenomenon. *Annals of Tourism research*. 11(2), 199-217.
- Gitelson, Kerstetter, & Kiernan. (1995). Evaluation the Educational Objects of Short-term Event. *Festival Management & Event Tourism*, 3(1), 9-14.
- Gnoth, J. (1997). Tourism motivation and expectation formation. *Annals of Tourism Research*, 24(2), 283-304.
- Gobe, M. (2001). *Emotional Branding: The new paradigm for connecting brands to people*. New York, NY : Allworth Press.
- Gobe, M. (2002). *Emotional Branding*. 이상민 역, 감성디자인 감성브랜딩, 서

울: 김앤김북스.

- Goldblatt (2001). *The International Dictionary of Event Management. Second Edition*. Publisher: John Wiley and Sons
- Guilford. J. P. (1950). *Creatively. American Psychologist*, 5(9), 444-454.
- Gwinner, K. P., Gremler, D. D., & Bitner, M. J. (1998). Relational Benefits in Services Industries: The Customer's Perspective. *Journal of the Academy of Marketing Science*, 26(2), 101-114.
- Hatcher, L. (1994). *A Step-by-Step Approach to Using the SAS System for Factor Analysis and Structural Equation Modeling*. Cary, NC: SAS Institute Inc.
- Hawkins, D. I., Best, R. J., & Coney, K. A. (1992). *Consumer Behavior: Implication for Marketing Strategy(5th)*. Chicago: Richard D. Irwin.
- Hayllar, B., & Criffin, T. (2005). The Precinct Experience: a Phenomenological Approach. *Tourism Management*, 26(4), 517-528.
- Hui, T. K., Wan, D., & Ho, A. (2007). Tourists satisfaction, recommendation and revisiting Singapore. *Tourism Management*, 28(2), 965-975.
- Hunt, H. (1997). *Overview and future research directions*. Cambridge. Mass; Marketing Science Institute.
- Jefferson, A., & Lickorish, L. (1991). *Marketing Tourism*, 2nd edition. Essex. Longman.
- Johnson, M. P. (1973). Commitment: A Conceptual Structure and Empirical Application. *Sociological Quarterly*, 14(3), 395-406.
- Schuster, J. M. (1995). Two Urban Festivals: La Merce and First Night. *Planning Practice and Research*, 19(2), 186.
- Kovecses, Z. (1990). *Emotion concepts*. New York: Springer-Verlag.
- Lounsbury, J. W., & Polik, J. R. (1992). Leisure needs and vacation satisfaction. *Leisure Sciences*, 14(2), 105-119.
- Li, H., Daugherty, T. & Biocca, F. (2001). Characteristics of Virtual Experience in Electronic Commerce: A Protocol Analysis. *Journal of Interactive Marketing*, 15(3), 13-30.
- Li, Y. (2000). Geographical Consciousness and Tourism Experience. *Annals of*

Tourism Research, 27(4), 863-883.

- Lucas, A. F. (2000). *The determinants and Effects of Slot Servicescape Satisfaction in a las Vegas Casino*. Doctoral Dissertation, University of Nevada, Las Vegas.
- Marsha L. Richins (1997). Measuring Emotions in the Consumption Experience. *Journal of Consumer Research*, 24(2), 127-146.
- Masberg, B. A., & Silverman, L. H. (1996). Visitor experience at heritage sites : A phenomenological approach. *Journal of Travel Research*, 34(4), 20-25.
- MacCannell, D. (1973). Staged authenticity: Arrangements of social space in tourist settings. *American Journal of Sociology*, 79(3), 589-603.
- ________ (1976). *The tourist: A new theory of the leisure class*. New Your : Schoken.
- Michael, J. Siverstein, & Neil Fisk (2005). *Trading Up: Why Consumers Want New Luxury Goods And How Companies Create Them*. 보스턴컨설팅그룹 역, 소비의 새물결: 트레이딩 업, 서울: 세종서적.
- Morgan, R. M., & Hunt, S. D. (1994). The commitment-trust theory of relationship marketing. *Journal of Marketing*, 58(3), 20-38.
- Mohr, K., Backman, K. F., Gahn, L. W. & Backman, S. J. (1993). An Investigation Festival Motivation and Event Satisfaction by Visitor Type. *Festival Management & Event Tourism*, 1(3), 89-97.
- Nicholas, I. (2003). *Beyond Branding: How the New Values of Transparency and Integrity Are Changing the World of Brands*. Kogan Page Publishers
- Nunnally, Jum C. (1978). *Psychometric Theory*. 2nd ed., NY : MaGraw-Hill.
- Oliver, R. L. (1980). A congnitive model of the antecedents and consequences of satisfaction decisions. *Journal of Marketing Research*, 17(4), 460-469.
- Oliver, R. L. (1999). Whence customer loyalty?. *Journal of Marketing*, 63(special issue).
- Pawle, J. & Cooper, P. (2006). Measuring Emotion—Lovemarks: The Future Beyond Brands, *Journal of Advertising Research*, 46(1), 38-48.
- Parasuraman, A., Zeithaml, V. & Berry, L. (1988). SERVQUAL a Multi-Item Scale

for Measuring Perspectives of Service Quality. *Journal of Retailing*, 64(1), 12-40.

- Pearce, P. L. (1982). 『The Social Psychology of Tourist Behavior』. London: Pergamon.
- Pine Ⅱ B. J. & Gilmore, j. H. (1998). *Welcome to the Experience Economy*. Havard Review, July-August: 97-105.
- Pizamm, A., Neummann, Y., & Reichel, A. (1978). Dimension of Tourist satisfaction with a destination area. *Annals of Tourism Research*, 5(3), 314-322.
- Reichheld, F. F. & Sassaer, W. E. (1990). *Zero Defections: Quality Comes to Service*. Harvard Business Review, September-October, 105-111.
- Robert, K. (2003). *Gotta find a way*. Lovemark Speeches to the 10th International Snack Food Exhibition & Conference.
- Roberts, K. (2004). Lovemarks: the future beyond brands. 양준희 역(2005), 브랜드의 미래. 러브마크 , 서울 : 서돌.
- Roberts, K. (2006). Lovemarks effect : winning in the consumer revolution. 이상민 역(2007), 러브마크 이펙트, 서울 : 서돌
- Robinette, S., Brand, C., & Lenz, V. (2001). Emotion marketing : the Hallmark way of winning customers for life. New York: McGraw-Hill.
- Russel, J. A., Ward, L. M. & Pratt, G. (1981). Affective Quality Attributed to Environments: A Factor Analytic Study. *Environment and Behavior*, 13(3), 259-288.
- Schmitt, B. H. (1999). *Experiential Marketing*. New York: Simon & Schuster.
- Smith, S., & Wheeler, J. (2002). Managing the customer experience - turning customers into adocates. 정우찬 역(2003). 브랜드 가치를 높이는 고객경험, 서울: 다리미디어.
- Stage, Frances K., Hasani C. Carter, and Amaury Nora(2004). Path Analysis: An Introduction and Analysis of a Decade of Research. *The Journal of Educational Research*, 98(1), 5-13.
- Stern, B.B. (1997). Advertising Intimacy: Relationship Marketing and the Services Consumer. *Journal of Advertising*, 26(4), 7-20.
- Sternberg, R, J. (1997). Construct validation of a triangular love scale. *European*

Journal of Social Psychology, 27, 313-335.

- Simmons, Carolyn J., & John G. Lynch, Jr. (1991). Inference Effects Without Inference Making? Effects of Missing Information on Discounting and Use of Presented Information. *Journal of Consumer Research*, 17(2), 477-491.
- Sirdeshmukh, D., Singh, J., & Sabol, B. (2002). Consumer trust, value, and loyalty in relational exchanges. *Journal of Marketing*, 66(1), 15-37.
- Sirgy, M., & Su, C. (2000). Destination Image, Self-Congruity and Travel Behavior: Toward an Integrative Model. *Journal of Travel Research*, 38(May), 340-352.
- Smith, V. (1978). *Hosts and Guests*. Oxford : Blackwells.
- Tas, D. K., & Wilton, P. C. (1977). Model of consumer satisfaction: An extension. *Journal of Marketing Research*, 25(2), 204-212.
- Uysal, M., Gahan, L., & Martin, B. (1993). An Examination of Event Motivations: A Case Study. *Festival Management & Event Tourism*, 1(1), 5-10.
- Wakefield, K. L., & Blodgett, J. G. (1996). The Effect of Servicescape on Customer's Behavior Intentions in Leisure Service Setting. *Journal of Service Marketing*, 10(6), 45-61.
- Walker, J. (1995). Service encounter satisfaction : Conceptualized. *Journal of Service Marketing*, 9(1), 7-11.
- Ward, J. C, Bitner, M. J., & Bearnes, J. (1992). Measuring the Prototypicality and Meaning of Retail Environment, *Journal of Retailing*, 60(2), 194-220.
- Westbrook, A., & Day, R. (1979). A rating scale for measuring product satisfaction. *Journal of Marketing*, 44(Fall), 68-72.
- Wicks, B. E., & Fesenmaier, D. R. (1993). A Comparison of Visitor and Vendor Perceptions of Service Quality at a Special Event. *Festival Management & Event Tourism*, 1(1), 19-21.
- Stewart, W. P. (1992). Influence of the onsite experience on recreation experience preference judgements. *Journal of Leisure Research*, 24(2), 185-198.
- Lee, Y. K., Lee, C. K., Lee, S. K., & Barry J. Babin (2008). Festivalscapes and patrons' emotions, satisfaction, and loyalty. *Journal of Business Research*, 61(1),

56-64.

- Zeithaml, V. A. (1998). Consumer Perceptions of Price Quality and Value: A Means-End Model and Synthesis of Evidence. *Journal of Marketing*, 52(July), 2-22.
- Zithaml, V. A., Berry, L. L. & Parasuraman, A. (1996). The Behavioral Consequences of Service Quality. *Journal of Marketing*, 60(2), 31-46.
- Zimmer, M, R. & Golden, L. L. (1988). Impression of retail Store: A Content Analysis of Consumer Image. *Journal of Retailing*, 64(3), 265-296.

Memo

저자약력

이 태 희

· 서울대학교 조경학과 학사, 서울대학교 대학원 생태조경학과 석사
· 미국 Texas A & M University 관광자원개발학박사 Ph. D.

· 미국 텍사스주 관광정보연구소 연구원
· 교통부 산하 교통개발연구원 관광정책연구센터 책임연구원
· 명지대학교 교통관광대학원 문화관광학과 교수
· 현재, 경희대학교 호텔관광대학 관광학부 관광학과 교수

· 민주평통 15대자문위원
· 문화관광부 정책심사위원, 문화관광부 문화관광진흥권 자문위원
· 문화관광부 상설공연상품 심사위원, 문화관광부 관광지 리모델링 위원
· 문화관광부 으뜸명소 선정위원, 관광의 별 선정 심사위원, 관광특구 심사위원
· 서울시 관광특구 심사위원
· 문화관광부 국제협력사업 ESCAP 전문위원, APEC 전문위원
· 교과부 BK 21 관광브랜드개발사업 책임교수, 행안부 공기업선진화 평가위원

· 한국관광공사 마케팅 전략위원회 위원, 글로벌 관광컨설팅 추진 자문위원
· 경기관광공사 자문위원, 인천도시개발공사 자문위원
· 성남시 특급호텔유치 자문위원
· 용인시 관광진흥자문위원, 동두천시 도시계획위원
· 세계 한민족축전 평가위원, 관광통역안내원 국가자격시험 면접위원
· 고등학교 관광영어 교과서 편찬집필위원
· 관광발전국민연대 공동대표
· 일본 미야자키현 관광홍보대사, 중국 내몽고 호론보르시 관광홍보대사

· 한국관광학회 정책포럼위원장
· 서울시 인재개발원 관광마케팅 교수, 지방행정연수원 관광상품마케팅 교수
· 중앙공무원교육원 연수 심사위원, 독립기념관 활성화사업 자문위원
· 한화국토개발 뉴브랜드 리조트 개발 자문교수, 대명콘도 2단계 개발 자문위원

■ 주요 단독 저서
· 관광산업발전론(일신사), 관광상품기획론(백산출판사)
· 축제브랜드경영론(대왕사), 에코 브랜드 매니지먼트(대왕사),
· 관광브랜드분석론(대왕사), 관광브랜드기회론(대왕사)
· 러브마크감성행동론(새로미, 2011)

축제 러브마크화 전략론

2011년 8월 25일 초판1쇄 인쇄
2011년 8월 30일 초판1쇄 발행

저 자 이 태 희
펴낸이 임 순 재
펴낸곳 **한올출판사**

등록 제11-403호
121 - 849
주 소 서울시 마포구 성산동 133-3 한올빌딩 3층
전 화 (02) 376-4298 (대표)
팩 스 (02) 302-8073
홈페이지 www.hanol.co.kr
e-메 일 hanol@hanol.co.kr
정 가 20,000원

저자와의
협의하에
인지생략

■ ISBN 978 - 89 - 94948 - 37 - 9